성욕에 관한 세 편의 에세이

성욕에 관한 세 편의 에세이

지크문트 프로이트 박종대 옮김

열린책들

일러두기

1. 열린책들의 『프로이트 전집』 2020년 신판은 기존의 『프로이트 전집』(전15권, 제2판, 2003)을 다시 한 번 교열 대조하여 펴낸 것이다. 일부 작품은 전체를 재번역했다. 권별 구성은 제2판과 동일하다.
2. 번역 대본은 독일 피셔 출판사S. Fischer Verlag 간행의 『지크문트 프로이트 전집*Sigmund Freud Gesammelte Werke*』과 현재까지 발간된 프로이트 전집 가운데 가장 충실하고 권위 있는 전집으로 알려진 제임스 스트레이치James Strachey 편집의 『표준판 프로이트 전집*The Standard Edition of the Complete Psychological Works of Sigmund Freud*』을 사용했다. 그러나 각 권별 수록 내용은 프로이트 저술의 발간 연대기순을 따른 피셔판 『전집』이나 주제별 편집과 연대기적 편집을 절충한 『표준판 전집』보다는, 『표준판 전집』을 토대로 주제별로 다시 엮어 발간된 『펭귄판』을 참고했다.
3. 본 전집에는 프로이트의 주요 저술들이 모두 수록되어 있다. 다만, (1) 〈정신분석〉이란 용어가 채 구상되기 이전의 신경학에 관한 글과 초기의 저술, (2) 정신분석 치료 전문가들을 위한 치료 기법에 관한 글, (3) 개인 서신, (4) 서평이나 다른 저작물에 실린 서문 등은 제외했다. (이들 미수록 저작 중 일부는 열린책들에서 2005년 두 권의 별권으로 발행되었다.)
4. 논문이나 저서에 이어 ( ) 속에 표시한 연도는 각 저술의 최초 발간 시기를 나타내며, 집필 연도와 발간 연도가 다를 경우에는 [ ] 속에 집필 연도를 병기했다.
5. 주석의 경우, 프로이트 자신이 붙인 원주는 각주 뒤에 〈— 원주〉라고 표시했으며, 옮긴이주는 별도 표시 없이 각주 처리했다.
6. 본문 중에 용어의 원어가 필요할 때는 독일어를 병기했다.

이 책은 실로 꿰매어 제본하는 정통적인 사철 방식으로 만들어졌습니다.
사철 방식으로 제본된 책은 오랫동안 보관해도 손상되지 않습니다.

차례

성욕에 관한 세 편의 에세이

성욕에 관한 세 편의 에세이

Drei Abhandlungen zur Sexualtheorie(1905)

『꿈의 해석』과 더불어 인간의 삶의 본질을 파악하는 데 가장 크게 기여한 독창적인 작품의 하나로 꼽히는 이 글은, 1905년 처음 발표된 이후 약 20여 년에 걸쳐 수정 보완되면서 판을 거듭한 유명한 작품이다. 프로이트는 1890년대 중반 이후 어린아이의 성욕에 관심을 기울인 것으로 알려졌다. 불안 신경증과 신경 쇠약의 병인으로 성적인 요소가 중요하다는 사실을 임상을 통해 관찰한 그는, 이후 정신 신경증의 원인에도 성적인 요소가 개입되어 있다는 사실을 알게 된다.

그러나 초기의 성에 대한 프로이트의 관심은 다분히 생리학적이고 화학적인 관점이 지배적이었다. 그러다 1897년, 자기 분석을 통한 오이디푸스 콤플렉스의 발견과 그 이전까지 히스테리를 설명하면서 거론하던 유혹 이론, 즉 어린 시절 어른의 개입으로 인한 성적 유혹의 외상적 결과가 히스테리로 나타난다는 이론을 파기함으로써 그는 새로운 성 이론으로 나아가는 계기를 마련했다. 결국 그의 성욕 이론은, 성적 충동은 외부의 자극 없이도 어린아이들에게 정상적으로 작용하는 충동이라는 새로운 인식과 더

불어 출발한 것이었다.

이 논문은 1905년 도이티케 출판사에서 처음 출간되었으며, 그 후 수정을 거듭해 1922년에는 제5판이 발행되었다. 1924년에는 『저작집』 제5권에 재수록되었으며, 1926년에는 제6판을 발간, 『저작집』 제5권에 재수록되었다. 또한 1942년에는 『전집』 제5권에도 실렸다. 영어 번역본은 1910년 브릴A. Brill이 번역하여 *Three Contributions to the Sexual Theory*라는 제목으로 뉴욕에서 발간되었으며, 1916년에는 *Three Contributions to the Theory of Sex*로 제목을 바꾸어 출간되었고, 1938년에는 『지크문트 프로이트의 기초 이론들*The Basic Writings of Sigmund Freud*』에 수록되었다. 또한 1949년에는 제임스 스트레이치가 번역하여 *Three Essays on the Theory of Sexuality*라는 제목으로 런던에서 출간되었고, 『표준판 전집』 제7권(1953)에도 수록되었다.

제2판 서문

나는 이 저술에 부족하고 모호한 점이 있다는 사실을 부정하지 않지만, 지난 5년 동안의 연구 결과를 여기에 덧붙이고픈 유혹을 어렵사리 이겨냈다. 그랬다가는 자칫 이 글의 통일적이고 자료적인 성격이 훼손될 수 있기 때문이다. 따라서 원래 글에다 소소한 수정만 가하고, 주석 몇 개를 첨가하는 것으로 만족한다. 그 밖에 이 책이 어서 빨리 시대에 뒤떨어졌으면 하는 간절한 바람이 있다. 한때는 보편적으로 받아들여질 정도로 제법 쓸모가 있던 이 책의 새로운 점들을 비롯해 부족한 부분까지 더 훌륭한 연구들이 나와 대체되기를 바란다는 뜻이다.

1909년 12월

빈에서

제3판 서문

나는 지난 10년 동안 이 책이 독자들에게 어떻게 받아들여지고 어떤 파장을 불러일으키는지 죽 지켜보았다. 그래서 이번 3판을 계기로 그동안 독자들이 갖고 있던 오해와 채워질 수 없는 요구에 대해 새로운 서문을 쓰게 되었다. 우선 강조하고 싶은 점은 이 글의 내용이 전적으로 일상적인 임상 경험을 토대로 하고 있고, 거기다 정신분석학적 연구 결과를 덧붙여 깊이와 과학적 유의미성을 만들어 내려고 했다는 것이다. 성 이론에 관한 이 세 편의 논문은 정신분석학적으로 받아들일 수 있고 확증된 것만 담고 있다고 할 수 있다. 따라서 이 논문들이 언젠가 하나의 〈성 이론〉으로 확장되는 것은 배제되어야 하고, 또한 성생활의 다른 중요한 문제들에 대해 입장을 밝히지 못한 점도 이해해 주기 바란다. 물론 그렇다고 이 거대한 주제에서 다루지 않은 부분들을 저자인 내가 모르고 있다거나, 아니면 별로 중요한 부분이 아니어서 등한시했다고 생각하지는 말아 달라.

이 책이 정신분석학적 경험에 토대를 두고 있다는 사실은 주제의 선택뿐 아니라 그 순서에서도 드러난다. 각 주제의 순서는 일정한 우선순위의 원칙에 따라 정해졌다. 먼저 우연적 요소가 앞자리에 오고 기질적 요소는 뒤로 밀렸으며, 계통발생적 요소보다 개체발생적 요소를 더 우선적으로 고려했다. 왜냐하면 정신분석에서 핵심 역할을 하는 것은 우연적 요소이고, 이 요소는 정신분석학적으로 거의 남김없이 분석될 수 있기 때문이다. 따라서 기질적 요소는 이 우연적 요소 뒤에 나온다. 기질적 요소의 토대가 되는 모종의 체험을 분석하는 것은 정신분석학의 영역을 훨씬 넘어서는 과제다.

개체발생과 계통발생 사이의 관계도 비슷하다. 개체발생은 최근의 경험에 의해 계통발생이 수정되지 않는 한 이 계통발생의 반복으로 간주될 수 있다. 계통발생적 소질은 개체발생의 과정이 지난 뒤에 형성되기 때문이다. 그러나 원칙적으로 기질은 종(種)의 과거 경험이 축적된 것이고, 여기에 개체들의 새로운 경험이 우연적 요소들의 합계로서 추가된다.

이 논문의 성격과 관련해서, 나는 정신분석적 연구에는 철저히 따랐지만 생물학적 연구와는 의도적으로 거리를 두었음을 강조하고 싶다. 나는 정신분석 기법으로 인간의 성 기능을 밝히려는 이 논문에 일반 성생물학의 연구 결과나 특정 동물 종에 관한 과학적 연구 결과를 끌어들이지 않도록 세심히 신경 썼다. 실제로 내 목표는 인간 성생활의 생물학을 심리학적 연구를 통해 얼마나 밝힐 수 있을지 알아내는 것이었다. 나는 이 연구 결과로 나오는 연결점과 일치점들을 적시하겠지만, 여러 중요한 부분들에서 정신분석학적 방법이 단순히 생물학적으로 근거를 둔 것들로부터 확연히 벗어나는 견해와 결과에 이른다고 해도 지금까지의 노선을 수정할 필요를 느끼지 못했다.

3판에는 새로 추가한 주석이 많다. 하지만 2판처럼 따로 기호를 붙여 구분하지는 않았다. 현재 우리 분야의 학문적 연구는 발전이 더디다. 그럼에도 최신 정신분석학의 동향을 알려면 이 책에 그런 보충 작업을 하는 것은 불가피해 보인다.

1914년 10월

빈에서

제4판 서문

전쟁의 홍수가 물러가고 나자 전쟁의 소용돌이 속에서도 대체로 정신분석학적 연구에 대한 관심이 줄지 않고 계속 유지되어 온 것을 확인하면서 만족스러움을 느낀다. 물론 정신분석 이론의 모든 영역이 동일한 운명을 겪은 것은 아니다. 무의식, 억압, 질병을 유발하는 갈등, 질병의 이점, 증상의 메커니즘 등에 관한 순수 심리학적 가설과 연구는 점점 인정을 받고 있고, 심지어 원칙적인 반대론자들의 주목까지 받고 있다. 하지만 이 저술의 토대가 된, 생물학과 접경을 이루는 영역은 여전히 예전과 같은 비중으로 반대의 물결에 휩싸여 있다. 심지어 그로 인해 한동안 적극적으로 정신분석에 뛰어들었던 사람들조차 정신분석을 포기하고 새로운 견해를 주장하는 일이 일어난다. 즉 정상적인 정신생활과 병적인 정신생활 모두에서 성적인 요소가 차지하는 역할을 다시 제한해야 한다는 것이다.

그럼에도 나는 정신분석 이론의 이 영역이 다른 어떤 영역보다 우리가 밝혀야 할 현실에서 멀리 동떨어져 있다는 주장을 받아들일 수 없다. 대신 기억과 줄기차게 반복되는 검증을 통해 이 영역 역시 정교하고 편견 없는 관찰에서 비롯되었다고 확신한다. 그리고 사람들의 공식적인 인정이 그렇게 분열된 이유도 어렵지 않게 설명할 수 있다. 우선 여기에 설명된 인간 성생활의 단초들은 환자의 소아기(小兒期)를 분석하는 데 필요한 충분한 인내와 기술적 요령을 가진 정신분석가들만 확인할 수 있다. 물론 여기서도 그럴 가능성은 크지 않다. 왜냐하면 의술이라는 것은 어쨌든 겉으로 드러난 질병의 증상만을 빨리 치료하는 데 집중하기 때문이다. 그러므로 정신분석을 실시하는 의사들 외에 다른 의사들은 그런 영역에 아예 접근조차 하지 못하고 있고, 혐오감이나 선입견의 영향을 받지 않고 자유로운 판단을 내릴 가능성은 없다. 만일 우리가 어린아이를 직접 관찰하는 것만으로 무언가를 알 수 있었다면 이 세 편의 논문은 결코 나오지 않았을 것이다.

또 하나 기억해야 할 것은 이 논문의 일부 내용, 즉 인간의 모든 성취에서 성생활의 중요성을 강조하는 내용이나 성욕의 개념을 확대하려는 시도 같은 것이 오래전부터 정신분석에 대한 거부감을 불러일으키는 강력한 동기가 되었다는 사실이다. 급기야 사람들은 좀 더 선명한 구호로 비난하려는 의도에서 정신분석의 〈범(汎)섹슈얼리티〉라는 말을 만들어 냈을 뿐 아니라 정신분석이 〈모든 것〉을 성으로 설명하려 한다는 터무니없는 질책까지 서슴지 않았다. 만일 정서적인 요인이 사람들을 혼란스럽게 하고 망각으로 빠뜨리는 그 경로를 우리가 알지 못했다면 세상의 그런 비난이 놀라울 수 있다. 그러나 놀랍지 않다. 철학자 아르투어 쇼펜하우어조차 이미 오래전에 인간의 행동과 의지가 어느 정도는 성적 욕망(보편적인 의미다)에 의해 결정된다는 사실을 지적하면서 인간들을 꾸짖었기 때문이다. 전 세계 독자들도 그런 충격적인 경고를 마음속에서 완전히 지워 버릴 수는 없을 것이다! 다른 한편 〈성〉이라는 개념의 확대와 관련해서 말하자면 그것은 어린아이와 이른바 성도착자로 불리는 사람들을 분석하기 위해 필요한 일이었는데, 좀 더 고상한 관점에서 정신분석을 경멸적으로 내려다보는 사람은 정신분석의 확대된 성이 신성한 플라톤의 에로스와 얼마나 가까운지 기억해야 할 것이다. (나흐만존Nachmansohn, 「프로이트의 리비도 이론과 플라톤의 에로스 이론 비교Freuds Libidotheorie verglichen mit der Eroslehre Platos」, 『국제정신분석학회지』 제3권, 1915 참조.)

1920년 5월
빈에서

1. 성적 일탈[1]

인간과 동물에게 성적 욕구가 있다는 사실은 생물학에선 성적 본능이라는 말로 표현된다. 그것은 배고픔, 즉 양분을 섭취하고자 하는 욕구와 비슷하다. 일상어에서는 배고픔과 비슷한 차원의 성적 욕구에 해당하는 말이 없지만, 학문에서는 〈리비도*Libido*〉라는 표현이 사용된다.

일반인이 생각하는 성적 욕구의 본질과 특성은 명확하다. 성적 욕구란 어린아이 때는 없다가, 몸이 성숙하는 사춘기에 시작되고, 이성이 내뿜는 거부할 수 없는 매력과 관련해서 표출되고, 그 목표도 성적 결합이거나 아니면 최소한 그 결합으로 가는 과정의 모든 행위라는 것이다.

그런데 이런 일반적인 생각이 현실을 충실하게 반영하지 못하고 있다고 볼 이유는 충분하다. 그 견해를 세밀하게 분석해 보면 오류와 부정확성, 성급함이 차고 넘치기 때문이다.

1 이 첫 번째 에세이를 쓰는 데 기초가 된 자료는 다음과 같다. 크라프트-에빙Krafft-Ebing, 몰Moll, 뫼비우스Moebius, 해블록 엘리스Havelock Ellis, 슈렝크-노칭v. Schrenck-Notzing, 뢰벤펠트Löwenfeld, 오일렌부르크Eulenburg, 블로흐I. Bloch, 히르시펠트M. Hirschfeld의 저작들, 그리고 히르시펠트가 엮은 『성적 중간 단계에 대한 연감』에 실린 논문들. 이 자료들에도 같은 주제에 관한 나머지 문헌들이 적시되어 있기에 여기서는 더 상세히 언급하지 않겠다. 성도착자에 관한 정신분석학적 인식은 자드거I. Sadger의 전언과 나 자신의 경험에 기반을 두고 있다 — 원주.

일단 두 가지 용어를 도입해 보자. 하나는 성적 매력을 발산하는 인물로서의 〈성적 대상〉이고, 다른 하나는 성적 본능이 열망하는 행위로서의 〈성적 목표〉다. 과학적으로 검증된 바에 따르면 성적 대상 및 성적 목표와 관련해서는 규범과의 관계를 면밀히 조사할 필요가 있는 수많은 일탈 행위가 존재한다.

1. 성적 대상과 관련한 일탈 행위

성적 욕구에 관한 이론을 설명하는 아름다운 우화가 있다. 원래 하나였던 인간이 여자와 남자라는 반쪽으로 나뉘었고, 사랑을 통해 다시 하나가 되려 한다는 것이다.[2] 때문에 여자가 아닌 남자를 성적 대상으로 삼는 남자들이 있고, 또 남자가 아닌 여자를 성적 대상으로 삼는 여자들이 있다는 이야기를 들으면 무척 충격을 받는다. 그런 사람을 가리켜 우리는 〈반대 성욕자〉 또는 〈이상 성욕자〉라고 부르고, 그런 행위를 〈성도착〉이라 한다. 이런 사람의 수가 정확히 얼마나 되는지는 파악하기 어렵지만 상당히 많아 보이는 것은 사실이다.[3]

2 플라톤의 『향연』에서 아리스토파네스가 털어놓은 이야기를 가리킨다. 그에 따르면 인간은 원래 원통형의 암수한몸으로 머리 둘에 손발이 네 개 달려 있었다고 한다. 그런데 인간들이 자기 힘을 믿고 기고만장하게 굴자 제우스가 인간을 반으로 쪼개 버렸다. 그 뒤로 인간은 평생 자신의 반쪽을 찾아 헤매고, 에로스가 그런 인간을 불쌍히 여겨 사랑 속에서 둘을 하나로 다시 결합시켜 준다고 한다.

3 성도착자의 수가 얼마나 되는지와 그것을 파악하려는 시도의 어려움에 대해서는 『성적 중간 단계에 대한 연감*Jahrbuch für sexuelle Zwischenstufen*』에 실린 히르시펠트의 논문 「동성애자들의 수에 관한 통계학적 연구Statistische Untersuchungen über den Prozentsatz der Homosexuellen」(1904)를 참조하기 바란다 — 원주.

(1) 성도착

성도착자들의 행동

성적 대상과 관련한 성도착자들의 유형은 다양하다.

a) 절대적 성도착자. 이들의 성적 대상은 오직 동성뿐이다. 이들에게 이성은 결코 성적 욕망의 대상이 되지 못한다. 이성에 대해서는 무덤덤하거나, 심지어 성적 혐오감을 느끼기도 한다. 남자 동성애자는 이성에 대한 혐오감으로 정상적인 성행위를 하지 못하거나, 하더라도 즐거움을 느끼지 못한다.

b) 양성애적 성도착자. 심리적으로 암수한몸인 사람들이다. 이들의 성적 대상은 동성일 수도 있고 이성일 수도 있다. 이런 유형의 성도착증에는 배타성이 없다.

c) 조건적 성도착자. 이들은 정상적인 성적 대상을 찾을 수 없는, 모방의 가능성만 주어진 특수한 외적 조건에서 동성을 성적 대상으로 삼고, 동성과의 성행위에서 만족을 느낀다.

자신의 특이한 성 충동에 대한 성도착자의 자기인식 역시 다양하다. 어떤 이들은 정상인의 이성애적 본능처럼 자신의 성도착증을 지극히 자연스러운 것으로 받아들이면서 정상인과 똑같은 권리를 강력히 주장한다. 하지만 또 다른 사람들은 자신이 성도착자라는 사실에 반발하면서 자신의 그런 성향을 병적 강박으로 느낀다.[4]

또 다른 변형들은 시간과 관계가 있다. 성도착적 특성은 개인의 기억이 닿을 수 있는 시점부터 죽 이어져 왔거나, 아니면 사춘기 전후의 특정 시점에야 자각하게 된다.[5] 이런 성향은 평생 유

4 자신의 성도착 강박 증세에 대해 반발한다는 것은 암시 치료나 정신분석으로 개선될 가능성이 있다는 것이다 — 원주.

지되기도 하지만, 일시적으로 사라지거나 정상적 발달 과정에서 나타나는 일회성 해프닝으로 그치기도 한다. 물론 오랫동안 정상적인 성생활을 하다가 늦게 나타나는 경우도 있고, 정상적인 성적 대상과 성도착적 성적 대상을 주기적으로 바꾸는 현상도 관찰된다. 그중에서 정상적 성적 대상과 좋지 않은 경험을 한 뒤 도착적 대상 쪽으로 리비도가 바뀌는 사례가 특히 관심을 끈다.

일반적으로 이런 다양한 일련의 변형들은 서로 독립적으로 나란히 존재한다. 가장 극단적인 형태는 성도착증이 아주 어린 시기에 발현되고, 그래서 당사자가 그런 특이 성향을 완전히 자신의 일부로 느끼는 경우다.

많은 전문가들이 여기서 거론된 사례들을 하나의 통일적 단위로 묶는 것을 거부하고, 그 집단들의 공통점 대신 차이점을 강조하는 쪽으로 나아가는데, 그건 그들이 선호하는 성도착증에 대한 판단과 관련이 있다. 다만 그런 분리가 타당하다고 하더라도 각 유형들 사이의 중간 단계가 충분히 존재하고, 그래서 일련의 집단이 자동으로 형성되는 것은 불가피해 보인다.

성도착증에 대한 이해

초기에는 성도착증이 신경성 변성(變性)[6]의 선천적 징후라는 견해가 주를 이루었고, 그런 평가는 의사들이 처음엔 신경증 환

5 성도착자가 언제 성도착적 성향이 처음 나타났는지 이야기하는 것을 믿을 수 없다는 것은 여러 측면에서 옳은 지적이다. 왜냐하면 성도착자가 자신의 이성애적 감정에 대한 증거들을 기억에서 억압했을 수 있기 때문이다. 정신분석학자들은 성도착증 사례들을 통해 이러한 의심이 사실임을 확인했고, 환자들이 잊어버렸던 어린 시절의 기억을 되살려 줌으로써 그들의 병력을 확실히 변화시켰다 — 원주.

6 생체 조직이나 세포가 이상 물질을 만나 그 모양이나 성질이 변하는 것을 가리킨다.

자나 그런 인상을 주는 사람들에게서 성도착적 증세를 발견했다는 사실과도 일치한다. 이 성격 규정에는 서로 독립적으로 판단 내려야 할 두 가지 가설이 언급되어 있다. 하나는 선천성이고, 다른 하나는 변성이다.

변성

변성 *Degeneration*이라는 말의 무분별한 사용을 반대하는 여러 목소리들이 있다. 그런데도 외상이나 감염이 원인이 아닌 모든 형태의 병상(病狀)을 퇴행성 변성으로 귀속시키는 것이 유행했다. 변성에 관한 발랑탱 마냥Valentin Magnan의 분류조차 신경 활동의 탁월한 일반화에서 변성의 개념이 사용될 여지를 열어 주었다. 상황이 이렇다 보니 〈변성〉에 관한 이런 판단에 어떤 이점이 있고 어떤 새로운 내용이 들어 있는지 당연히 의문이 제기될 수밖에 없다. 내가 볼 때는 다음의 경우에만 변성이라는 말을 쓰는 것이 좀 더 적절해 보인다.

1) 표준에서 벗어난 여러 심각한 일탈 현상이 동시에 나타나는 경우.

2) 업무 능력과 생존 능력이 전반적으로 심각하게 손상된 것처럼 보이는 경우.[7]

성도착자들이 이러한 좀 더 적절한 의미의 변성에 속하지 않는다고 보는 데는 몇 가지 근거가 있다.

7 뫼비우스는 「변성에 관하여Über Entartung」에서 변성의 진단은 무척 신중하게 접근해야 하고, 그 진단 결과에 실질적인 가치를 크게 부여할 수 없다고 밝힌다. 그의 말을 직접 들어 보자. 〈만일 여기서 몇 가지 특성을 살펴본 변성의 폭넓은 영역을 감안한다면 변성을 진단하는 일이 얼마나 가치가 없는 일인지 당장 알게 될 것이다〉 — 원주.

1) 성도착자는 성도착증 말고는 규범에서 심각하게 벗어난 다른 일탈 현상을 보이지 않는다.

2) 성도착증은 사회적 업무 능력이 손상되지 않은 사람이나, 지성이 고도로 발달하고 탁월한 윤리 의식을 가진 사람들에게서도 나타난다.[8]

3) 의사들이 경험한 환자들을 차치하고 시야를 좀 더 넓히면 다음 두 가지 방향에서 성도착증을 변성의 징후로 볼 수 없다는 것을 알게 된다.

a) 성적 대상과 관련한 성도착증이 고도의 문화를 구가했던 고대 민족들에게서도 빈번하게 나타났을 뿐 아니라 심지어 중요한 기능이 부여된 관습이었음에 주목해야 한다.

b) 성도착증은 야만족과 원시 민족들 사이에서도 널리 퍼져 있던 현상이다. 반면에 변성이라는 개념은 고도의 문명사회에 국한된다(블로흐의 견해). 그리고 유럽의 문명화된 민족들 사이에서조차 기후와 인종이 성도착증의 확산과 평가에 지대한 영향을 미쳤다.[9]

선천성

선천성이라는 말은 당연히 성도착자 중에서도 가장 정도가 심한 절대적 성도착자 부류에만 붙여졌다. 그것도 그들이 삶의 어떤 시기에도 다른 성적 성향을 드러내지 않았다는 확증 위에서

8 우리가 아는 세상에서 가장 뛰어난 남자들 가운데 몇몇도 성도착자, 그것도 어쩌면 절대적 성도착자였을 거라는 〈우라니스무스*Uranismus*〉(동성애) 연구의 대표자들이 하는 말을 인정해야 한다 — 원주.

9 성도착증 연구 분야에서는 병리학적 연구가 인류학적 연구로 대체되었다. 이런 변화에는 블로흐의 공이 크다(Bloch, 「정신병리학적 성욕의 원인에 관한 논고 Beiträge zur Ätiologie der Psychopathia sexualis」 제2권, 1902/3). 그는 고대 문명국가들에서 성도착증이 널리 퍼져 있던 사실을 강조했다 — 원주.

말이다. 하지만 다른 두 부류, 특히 조건적 성도착자들은 선천성의 개념으로 묶기 곤란하다. 그래서 성도착증의 선천성을 지지하는 사람들은 절대적 성도착자를 다른 부류로부터 떼어내려 하고, 그로써 성도착증의 보편적 특성에 대한 설명을 포기하고 만다. 이런 학자들의 견해에 따르면, 성도착증은 일부 집단에서는 선천적 성격을 띠는 데 반해 다른 집단에서는 다른 방식으로 생겨날 수 있다.

이러한 견해에 반대되는 것이 성도착증이란 후천적으로 습득한 성 충동의 성격을 띤다는 생각이다. 이 두 번째 견해의 근거는 다음과 같다.

1) 절대적 성도착자를 포함해 많은 성도착자들의 경우 삶의 이른 시기에 영향을 끼친 어떤 특별한 성적 인상이 있었는데, 그 인상의 지속적인 결과가 동성애적 성향으로 나타난다.

2) 다른 많은 사례들에서도 삶의 이른 시기건 늦은 시기건 성도착증의 고착화로 이끈 외부 영향(성도착적 성향을 촉진하는 영향이건 저지하는 영향이건 간에)을 확인할 수 있다. 그런 영향으로는 오직 동성들과의 교류, 전쟁 중의 남성 공동체, 감옥 생활, 이성 교류의 위험성, 독신, 성적 결함 등이 있다.

3) 성도착증은 최면 암시로 제거되기도 하는데, 그 성향이 선천성이라고 한다면 믿기 어려운 일이다.

이런 관점에서 보자면 성도착증의 선천성에 대한 근간은 심하게 흔들린다. 해블록 엘리스는 선천적 성도착증으로 간주된 사례들을 좀 더 면밀히 관찰하면 아마 리비도의 방향에 결정적으로 영향을 준 어린 시절의 체험이 드러날 것이고, 그 체험은 당사자의 기억에서만 사라졌을 뿐 적절한 자극을 주면 되살릴 수 있다고 주장한다. 이런 전문가들에 따르면 성도착증은 단지 삶의 여러 가지 외부 환경에 의해 결정되는, 성적 본능의 빈번한 변형으로 규정될 뿐이다.

그러나 일견 명백해 보이는 이 견해도 많은 사람이 똑같은 성적 영향(이른 청소년기의 유혹이나 상호 수음도 포함된다)을 받았음에도 불구하고 누구는 성도착 증세를 보이고, 누구는 평생 그런 성향을 보이지 않는다는 반박에 직면하면 흔들릴 수밖에 없다. 때문에 선천적이냐 후천적이냐 하는 양자택일로는 성도착증을 완벽하게 설명하지 못하거나, 아니면 그런 이분법을 성도착증의 모든 사례에 적용할 수 없다는 추정에 이르게 된다.

성도착증에 관한 설명

성도착증의 본질은 선천성으로도, 후천성으로도 설명되지 않는다. 전자의 경우는 성도착증에서 어떤 점이 선천적이냐고 묻지 않을 수 없는데, 그러려면 인간은 특정 성적 대상에 대한 성적 본능을 타고난다고 하는 조야하기 짝이 없는 설명을 받아들여야 한다. 반면에 후자의 경우는, 다양한 우발적 영향이 환자의 개인적 특성과 결합되지 않고도 그 자체로 성도착증을 일으킬 만큼 충분한지에 대한 의문이 제기된다. 하지만 앞에서 보았듯이 후천적 요인이 존재한다는 사실은 부인할 수 없다.

양성성(兩性性)

프랭크 리드스턴Frank Lydstone, 키어넌Kiernan, 슈발리에Chevalier 이후 성도착증의 가능성을 설명하기 위해 세간의 통념과는 다른 일련의 새로운 사고들이 원용되었다. 통념에 따르면 인간은 남자 아니면 여자로 태어난다. 하지만 과학적 연구는 다른 결과를 말해 준다. 성적 특징이 불분명하고, 그래서 성적 규정조차 불분명한 사례들이 있다는 것이다. 그것을 가장 뚜렷이 확인해 주는 것이 해부학이다. 해부학적 보고에 따르면 생식기에 남성과 여성의 특징이 동시에 나타나는 사람들(남녀추니)이 있다. 이때 두 생식기가 완전히 발달한 경우(완전 남녀추니)는 드물고, 대개 발육 부진의 왜소한 상태로 발견된다고 한다.[10]

이러한 비정상적인 예들의 중요성은 그것들이 정상적인 발달에 대한 우리의 이해를 의외의 방식으로 도와준다는 데 있다. 그러니까 해부학적으로 어느 정도의 남녀추니는 정상적인 범주에 속한다는 것이다. 실제로 모든 정상적인 남자와 여자에게서 자신의 성과 반대되는 성 기관의 흔적이 발견되는데, 이 기관들은 퇴화된 채 아무 기능 없이 흔적만 남아 있거나 아니면 다른 기능을 수행하는 기관으로 변형되어 있다.

오래전부터 알려져 온 이런 해부학적 사실에서 끄집어낼 수 있는 결론은 이렇다. 인간은 원래 양성적인 신체 구조를 가졌지만 진화 과정에서 퇴화된 성의 미세한 흔적만 남긴 채 각각 하나의 성으로 발달했으리라는 것이다.

이러한 가설을 심리적 영역으로 확대해서 성도착의 다양한 사례들을 모두 심리적 남녀추니의 표현으로 이해하고픈 생각이 불쑥 들었다. 게다가 이 문제를 해결하기 위해서는 성도착증이 남녀추니의 심리적·신체적 징후와 함께 전반적으로 발생한다는 사실만 밝히면 될 것 같았다.

그러나 기대는 빗나갔다. 가정된 심리적 양성과 증명된 해부학

10 육체적 남녀추니에 관한 다음의 최근 연구 자료를 참조하기 바란다. 타루피P. Taruffi, 「남녀추니와 생식 능력Hermaphroditismus und Zeugungsunfähigkeit」; 『성적 중간 단계에 대한 연감』에 실린 노이게바우어Neugebauer의 논문들 — 원주.

적 양성 사이에는 그렇게 밀접한 관계를 찾아보기 힘들었다. 물론 성도착자들에게서는 성 충동의 전반적인 저하(해블록 엘리스)와 성 기관의 가벼운 해부학적 퇴화 현상이 빈번하게 발견되었다. 하지만 빈번하기만 할 뿐 결코 규칙적이거나 일반적으로 나타나지는 않았다. 따라서 성도착증과 신체적 남녀추니는 전반적으로 무관하다는 점을 인정해야 한다.

그 외에도 사람들은 이른바 2차, 3차 성적 특징에 상당한 의미를 부여했고, 성도착자들에게서 그런 특징이 빈번하게 나타나는 점을 강조했다(해블록 엘리스). 물론 이 주장에도 타당한 면이 다수 있지만, 잊어서는 안 되는 것은 2차, 3차 성적 특징이 다른 성에서도 상당히 자주 나타날 뿐 아니라 성도착적 의미에서 성적 대상이 바뀌지 않으면서 양성의 징후를 생성한다는 사실이다.

심리적 남녀추니 이론은 만일 그 대상자에게 성적 대상의 성도착증과 함께 반대 성의 심리적 특성과 충동, 성격까지 나타난다면 그 실체를 인정받게 될 것이다. 그러나 그런 성격적 도착은 여자 성도착자들에게서만 어느 정도 일정하게 관찰될 뿐이다. 남자들의 경우에는 가장 완벽한 정신적 남성다움이 성도착증으로 이어질 수 있다. 심리적 남녀추니의 가설과 관련해서는 그 가설이 다양한 분야에서 상호 간의 경미한 조건성만 드러낸다는 점을 덧붙여야 한다. 이는 신체적 남녀추니도 마찬가지다. 할반J. Halban에 따르면 위축된 생식기관과 2차 성적 특징들도 서로 상당히 무관하다고 한다.

양성 이론의 한 대표적 이론가는 남성 성도착자에 대해 〈남자의 몸에 여자의 뇌〉를 가진 사람이라고 아주 거칠게 표현했다. 그러나 우리는 〈여자의 뇌〉의 특징을 잘 모른다. 또한 심리학적 문제를 해부학적 문제로 대체할 필요가 없고, 그럴 권리도 없다. 크라프트-에빙의 설명은 울리히스Ulrichs의 설명보다 좀 더 정교한 듯하지만 본질적으로 크게 다르지 않다. 크라프트-에빙은 말한다. 개인의 양성애적 소질은 신체적 성 기관과 더불어 남자의 뇌 중추와 여자의 뇌 중추에도 똑같이 영향을 미친다고. 이 중추는 소질 면에서는 이것과 독립된 생식샘의 영향을 받아 대개 사춘기 무렵에 발달한다. 하지만 남성과 여성의 뇌에 해당하는 것은 남성과 여성의 중추에도 똑같이 해당한다. 게다가 우리는 뇌에서 언어를 담당하는 영역(중추)이 따로 있는지 모르는 것처럼 성 기능만을 담당하는 영역이 따로 있는지도 알지 못한다.[11]

어쨌든 위의 논구에서 두 가지 생각이 분명해진다. 첫째, 양성

11 성도착증에 대한 설명으로 양성적 소질을 제시한 최초의 학자는 외젠 글레Eugène Gley로 보인다(『성적 중간 단계에 관한 연감』 제6권 문헌 목록 참조). 그는 1884년 1월에 이미 『철학 잡지*Revue philosophique*』에 「성 충동의 일탈Les abérrations de l'instinct sexuel」이라는 논문을 발표했다. 그 밖에 주목할 점은 성도착증의 원인을 양성 소질로 보는 다수 학자들이 이 요인을 성도착자뿐 아니라 모든 정상인들에게도 적용하고, 이를 토대로 성도착증을 성장 과정에서 겪은 장애의 결과로 간주한다는 것이다. 슈발리에(「성도착증Inversion sexuelle」, 1893)와 크라프트-에빙(「반대 성의 성적 감성에 대한 설명Zur Erklärung der konträren Sexualempfindung」)은 말한다. 〈최소한 이 두 번째 중추(열등한 성의 중추)의 잠재적인 존속을 증명하는〉 관찰들은 상당히 많다고. 또 아르두인Arduin 박사(「여성 문제와 성적 중간 단계Die Frauenfrage und die sexuellen Zwischenstufen」)라는 사람은 『성적 중간 단계에 관한 연감』(1900) 제2권에서 이런 주장을 했다. 〈모든 인간 속에는 남자의 인자와 여자의 인자가 함께 들어 있다(『성적 중간 단계에 관한 연감』, 1899, 제1권. 히르시펠트, 「동성애의 객관적 진단Die objektive Diagnose der Homosexualität」 p. 8~9 참조). 다만 성이 여성이냐 남성이냐에 따라, 한쪽의 인자가 다른 쪽보다 비교할 수 없을 정도로 강하게 발달한다. 이성애적인 경우에 한해서 말이다.〉 헤르만G. Herman(『기원, 생식의 법칙*Genesis, das Gesetz der Zeugung*』 9권, 「리비도와 마니아Libido und Mania」, 1903)도 모든 여자에게는 남성적인 인자와 특성이, 모든 남자에게는 여성적인 인자와 특성이 존재한다고 생각한다. 그 밖에 플리스W. Fließ는 『삶의 과정*Der Ablauf des Lebens*』(1906)에서 성의 이중성이라는 의미로 양성 소질에 대해 독특한 의견을 내놓았다. 비전문가들은 인간의 양성 소질에 대한 이런 가설이 요절한 철학자 바이닝거O. Weininger의 산물이라고 생각한다. 바이닝거가 별로 사려 깊지 못한 책 『성과 성격*Geschlecht und Charakter*』(1903)에서 그런 생각을 내비쳤기 때문이다. 그러나 내가 위에서 기술한 바에 따르면 이런 주장이 얼마나 근거 없는 것인지 알 수 있을 것이다 — 원주.

적 소질은 성도착자에게도 고려 대상이지만, 그 소질이 해부학적 구조를 넘어 어디에서 기인하는지는 모른다. 둘째, 문제의 핵심은 성 충동의 발달 과정에서 생기는 장애라는 것이다.

성도착자들의 성적 대상

심리적 남녀추니 이론은 성도착자들의 성적 대상이 일반인과 정반대라는 점을 전제로 한다. 다시 말해 성도착증 남자는 여자가 남자의 몸과 마음에 매료되는 것처럼 남성적 매력에 푹 빠진 채 자신을 여자로 느끼며 남자를 찾는다는 것이다.

그러나 이 이론이 상당수 성도착자에게 딱 맞아떨어진다고 하더라도 성도착증의 일반적 특성을 드러내는 데는 분명히 한계가 있다. 성도착증 남자의 대다수가 심리적으로 남성성을 유지하고, 반대 성의 2차적 성 특징을 별로 드러내지 않으면서 자신의 성적 대상에서는 여자의 심리적 특성을 찾는다는 것은 의심할 여지가 없다. 그렇지 않다면 성도착증 남자들에게 몸을 파는 남자 매춘부들이 고대에도 그렇지만 오늘날에도 여자들의 의상과 태도를 모방한다는 사실을 어떻게 이해할 수 있겠는가? 그렇지 않다면 이러한 모방은 성도착자들의 이상을 모욕하는 것이 될 테니까 말이다. 굉장히 남성적인 남자들이 성도착적 경향을 보였던 고대 그리스에서는 이 남자들의 사랑에 불을 지핀 것은 소년의 남성적 성격이 아니라 여자에 가까운 육체를 비롯해 수줍음, 얌전함, 그리고 배움과 도움이 필요할 것 같은 여성적 특성이었음이 분명하다. 소년은 성인이 되어야만 남자 어른들의 성적 대상에서 벗어날 수 있었는데, 어쩌면 그 자신도 나중에 〈남자아이 성애자〉가 되었을지 모른다. 그렇다면 이 경우를 비롯해 많은 다른 경우에서도 성적 대상은 동성이 아니라 양성적 특성의 결합, 즉 남자에 대한 갈망과 여자에 대한 갈망 사이의 절충이다. 물론 성적 대상의 육체가 남성 생식기를 가진 남자여야 한다는 기본 조건은 변하지 않겠지만. 아무튼 성도착자의 성적 대상은 자신의 양성적 본성이 반영된 것이다.[12]

12 (참고로 이 마지막 문장은 1915년에, 각주는 1910년에 추가되었다.) 정신분석은 지금껏 성도착증의 기원을 완전히 해명하지 못했으나, 그 생성의 정신적 메커니즘을 발견하고 거기서 더 나아가 고려해야 할 문제의 범위를 획기적으로 넓혔다. 조사했던 모든 사례를 통해 우리는 훗날의 성도착자들이 소아기에 단기적으로 무척 강하게 여자(대개 어머니)에게 집착하고, 그 시기가 지나면 스스로를 여자와 동일시하면서 자기 자신을 성적 대상화하는 것을 확인했다. 즉 나르시시즘에서 출발해서 어머니처럼 자신을 사랑해 줄, 자신과 비슷한 젊은 남자를 찾는 것이다. 게다가 이른바 성도착자라고 하는 사람들이 결코 여자들의 매력에 무감각한 것이 아니라 여자로 인해 유발되는 감정적 흥분을 남성적 대상에게 지속적으로 전이하는 것도 자주 확인할 수 있었다. 성도착증을 불러일으키는 이러한 심리적 기제는 평생 반복된다. 그들의 남자들에 대한 어쩔 수 없는 갈망은 여자들로부터의 끊임없는 도피에서 생기는 것으로 드러났다.

(1915년에 추가된 각주) 정신분석적 연구는 동성애자들을 변질된 특수 집단으로 여기면서 남들과 분리하려는 시도에 단호하게 반대한다. 정신분석은 명백한 성적 흥분 외에 다른 것들도 연구하면서 누구나 동성애적인 기질을 갖고 있고, 게다가 실제로 한 번쯤 무의식적으로 동성애를 실행한다는 사실을 발견했다. 동성에 대한 리비도적 애착은 일상적인 정신생활의 요소로서 그 역할이 결코 작지 않지만, 질병의 원인으로서는 반대 성에 해당되는 것보다 그 역할이 훨씬 크다. 정신분석적 입장에서는, 대상 선택이 성에 무관하다는 것, 즉 아동기나 원시시대, 또는 역사시대 초기에 관찰되는 것처럼 남성이건 여성이건 상관없이 자유롭게 대상을 선택하던 것이 이런저런 제한을 받으면서 정상적인 유형과 성도착적 유형을 발현시킨 것으로 보인다. 따라서 정신분석에서는 여자에 대해 남자만 느끼는 성적 매력도 근본적으로 몸의 화학 작용에 따른 자연스러운 결과로 받아들이지 않고 해명이 필요한 문제로 본다.

개인의 최종적인 성적 취향은 사춘기가 지나서야 결정되는데, 그것은 우발적 인자나 기질을 포함해, 아직은 다 밝혀지지 않은 많은 요인들이 함께 작용한 결과다. 물론 이 요인들 가운데 몇몇은 결과에 확고한 영향을 끼칠 정도로 비중이 아주 큰 게 분명하다. 그러나 일반적으로는 여러 결정적인 계기들이 결과의 다양성을 통해 사람들의 명확한 성적 태도에 반영된다. 성도착자의 경우, 아주 어린 시절의 기질과 정신적 메커니즘이 두드러지게 나타난다. 이들의 가장 본질적인 특징은 나르시시즘적인 대상 선택과 에로틱한 부위로 항문을 중시한다는 점이다. 그런데 이런 기질적 특성을 근거로 극단적인 형태의 성도착자들을 나머지 유형과 분리하는 것은 별무소득이다. 극단적 증상의 근거로 보기에 충분한 것들도, 경미한 수준이기는 하지만 과도기 유형이나 정상인의 기질에서도 발견되기 때문이다. 결과의 차이는 질적인 차이일 수 있지만, 정신분석은 결정 요인들 사이의 차이가 양적인 차원일 뿐이라는 사실을 보여 준다. 대상 선택에 영향을 미치는 우발적 요인들 가운데서 주목할 만한 것은 좌절(이른 시기의 여자들의 경우는 이런 상황이 한층 더 명확하다. 물론 여기서 도 더 면밀히 들여다보면 훨씬 다양한 결과가 나오겠지만, 대체

성적 위축감)이고, 거기다 부모의 존재 유무도 중요한 역할을 한다는 점을 눈여겨볼 필요가 있다. 일례로 어릴 때 엄한 아버지 없이 컸을 경우 성도착증에 빠지는 경우가 드물지 않다. 따라서 우리는 이렇게 주장할 수 있다. 성적 대상과 관련한 성도착증은 성적 특성의 혼합과 개념적으로 엄격하게 구분할 필요가 있다고. 게다가 이 둘 사이의 관계에도 상호 무관성이 일정 정도 명확하게 존재한다.

(1920년에 추가된 각주) 페렌치S. Fereczi는 「남성 동성애자(호모에로틱)의 질병 분류학Zur Nosologie der männlichen Homosexualität」(1914)이라는 논문에서 성도착의 문제에 대해 여러 가지 중요한 관점을 제시했다. 우선 그는 신체적·정신적 측면에서 동등한 가치가 없는 매우 다른 상태들을, 성도착 징후가 공통적으로 드러난다는 이유만으로 동성애(〈호모에로틱〉이라는 명칭으로 대체되어야 한다고 주장한다)로 한데 묶는 것에 반대한다. 그러면서 동성애를 최소한 두 유형으로 엄밀하게 구분할 것을 요구한다. 즉 스스로 여자라고 느끼면서 여자처럼 행동하는 〈주관적 동성애자〉, 그리고 전형적인 남성이면서 성적 대상만 여자에서 남자로 바꾼 〈객관적 동성애자〉. 그는 첫 번째 유형을 마그누스 히르시펠트의 개념에 입각해서 진정한 〈성적 중간 단계〉로, 두 번째 유형을 강박장애 환자로 부른다(이 두 번째 명칭은 첫 번째보다 좀 더 부적절하다). 여기서 성도착 성향에 반발하고 정신적 영향에 노출되는 경우는 객관적 동성애자뿐일 것이다. 그러나 이 두 유형의 존재를 인정한다고 하더라도 많은 사람들의 경우, 주관적 동성애와 객관적 동성애가 어느 정도씩 섞여 나타난다는 사실을 덧붙일 수밖에 없다.

최근 몇 년에 걸쳐 슈타이나흐E. Steinach를 필두로 생물학 분야에서 동성애와 성적 특성의 신체적 조건에 대한 연구가 활발히 진행되어 왔다. 우선 포유동물을 거세한 뒤 반대되는 성의 생식샘을 이식하는 실험을 통해 다양한 종의 수컷을 암컷으로, 암컷을 수컷으로 바꾸는 데 성공했다. 이 변화는 몸의 성적 특징뿐 아니라 성 심리적인 태도(주관적 동성애자와 객관적 동성애자 공히)에도 결정적인 영향을 미쳤다. 그런데 성을 결정하는 이 힘을 담당하는 곳은 성세포를 형성하는 생식샘이 아니라 이 기관의 간질성(間質性) 조직(성숙샘)이라고 한다.

한편 결핵으로 고환의 기능을 상실한 남자에게도 성적 변화가 일어났다는 사례가 보고되었다. 그 사람은 성생활에서 수동적인 동성애자처럼 여성적인 태도를 보였고, 신체적으로도 명백한 여성의 2차 성적 특징이 나타났다. 예를 들어 털이나 수염이 자라지 않는다든지 가슴과 엉덩이가 부풀어 오른다든지 하는 변화였다. 그런데 다른 남성 환자로부터 건강한 고환을 이식받은 뒤로는 다시 남성적으로 행동하고, 리비도도 정상적으로 여자들에게 향하기 시작했다. 동시에 신체적으로도 여성적인 특징이 사라졌다(립쉬츠A. Lipschütz, 「성숙샘과 그 영향Pubertätsdrüse und ihre Wirkungen」, 1919).

이런 흥미로운 실험들이 성도착 이론에 새로운 근거를 제공했고, 이로써 동성애 치료의 보편적 길이 열렸다고 기대하는 것은 성급하고도 온당치 못한 주장이다. 플리스는 이런 실험적 발견들로 고등동물의 일반적 양성 소질 이론이 용도 폐기되는 것은

로 여자들은 아주 적극적인 성도착자들만이 남자의 신체적·정신적 특성을 갖추고 있고, 성적 대상에게서 여성적인 것을 찾기 때문이다.

성도착자들의 성 목표

명심해야 할 것은 성도착자들의 성 목표는 결코 통일적으로 규정할 수 없다는 사실이다. 남자들의 경우 항문 성교는 성도착증과 결코 일치하지 않기에 자위가 그들의 유일한 성 목표가 될 때가 많고, 단순한 감정 발산을 비롯해 성 목표의 제한도 이성애자들보다 훨씬 더 자주 나타난다. 여자 성도착자들도 성 목표가 다양해 보이는데, 그중에서도 입의 점막 접촉을 선호하는 현상이 눈에 띈다.

결론

지금껏 서술한 내용으로 성도착증의 기원을 만족스럽게 설명했다고는 보지 않지만 그래도 이 연구로 상기 과제의 해결보다 더 중요한 인식을 얻은 것 같기는 하다. 즉 우리는 지금까지 성 충동과 성적 대상 사이의 관계를 실제보다 훨씬 더 밀접한 관계로 상상하고 있었다는 것이다. 우리는 비정상적으로 보이는 사례들을 조사한 결과 그들의 경우 성 충동과 성 대상 사이에 하나의 땜질이 있음을 알게 되었다. 성 충동에 이어 성 대상이 자연스럽게 따라올 거라고 믿는 정상인들의 획일적 사고에서는 간과할 위험이 큰 땜질이다. 따라서 우리의 머릿속에 확고하게 자리 잡은 성 충동과 성 대상 사이의 단단한 매듭을 조금 느슨하게 풀 필요가

아니라고 강조한다. 물론 일리가 있다. 그러나 내가 보기엔 오히려 그런 연구가 앞으로 더 나와야 양성 소질의 가정을 직접적으로 확증하는 결과가 나올 듯하다 — 원주.

있어 보인다. 우선 성 충동은 그 대상과 무관할 가능성이 크고, 그 기원도 성 대상의 매력에 기인한 것으로 보이지 않는다.

(2) 성 대상으로서 성적으로 미성숙한 사람과 동물들

정상적이지 않은 성 대상을 지향하는 사람들, 즉 성도착자라고 하더라도 일반인의 눈에는 다른 면에선 아주 건전한 개인들의 집단으로 비칠 수도 있지만, 성적으로 미숙한 사람(아동)을 성 대상으로 택하는 사람은 곧장 개별적 정신이상으로 간주된다. 오직 아동만을 성적 대상으로 삼는 경우는 예외적이다. 대개 아동은 겁 많은 성불구자가 대용물을 원하거나, 아니면 당장 해소해야 할 만큼 강렬한 성적 충동이 일면서 적합한 대상을 손에 넣을 수 없을 때 성 대상이 된다. 인간의 성 충동이 성 대상의 잦은 변형을 허용하고 그로써 그 대상의 가치를 떨어뜨린다는 사실은 성 충동의 본질을 해명하는 데 하나의 중요한 단서가 될 수 있다. 대상에 훨씬 강력하게 집착할 수밖에 없는 배고픔조차 정말 극단적인 경우에나 대상의 다양한 선택을 허용할 뿐이니까 말이다. 어쨌든 이런 언급은 특히 시골 사람들 사이에서 드물지 않게 나타나는 동물과의 성교에도 해당한다. 성적 매력이 종의 장벽을 뛰어넘은 경우다.

우리는 심미적 근거에서 이런 사람들을 성 충동의 다른 심각한 일탈처럼 정신병으로 판정하고 싶지만, 그게 그리 쉽지 않다. 경험에 따르면, 이들 두 성도착자에게서 나타나는 성 충동 장애는 건강한 사람들을 비롯해 그 어떤 인종과 신분에서도 일어날 수 있기 때문이다. 예를 들어 아동에 대한 성적 학대는 교사나 아이를 돌봐 주는 사람들에게서 가장 빈번하게 발생하는데, 이는 단지 그럴 기회가 가장 많이 주어져 있기 때문인 것으로 보인다. 정신병자는 그 일탈의 정도가 심하거나, 아니면 나중에는 오직 아동만 성적 대상으로 삼을 정도로 아동이 정상적인 성적 만족을 대신하는 경우에만 해당한다.

건강한 사람에서 정신장애에 이르는 등급 사다리와 성적 변이들 사이에 존재하는 이런 주목할 만한 관계는 생각할 거리를 던져 준다. 나는 성적 충동이 정상 상태에서도 고결한 정신 활동에 의해 통제되기 가장 힘든 충동 중 하나라고 생각한다. 내 경험에 비추어 볼 때 사회적으로건 윤리적으로건 정신적으로 비정상적인 사람은 항상 예외 없이 성생활에서도 비정상적이었다. 그런데 성생활에서는 비정상적이지만 다른 면에서는 지극히 정상적인 사람도 많다. 성욕이 약점일 수밖에 없는 인간 문화가 자기 속에 각인된 사람들이다.

이 모든 논구의 가장 일반적인 결론은 다음과 같다. 아주 다양한 조건에서, 그리고 놀랄 정도로 많은 개인들에게서 성 대상의 종류와 가치는 부차적인 문제이고, 성 충동에서 본질적인 상수는 다른 무엇이라는 사실이다.[13]

2. 성 목표와 관련한 일탈

정상적인 성 목표는 성교라는 행위를 통해 성적 긴장을 완화하고 성 충동을 일시적으로 해소하는 생식기끼리의 결합을 의미한다(이는 배고픔을 해소하는 것과 비슷한 만족감을 준다). 그런데

13 (1910년에 추가된 각주) 고대인의 성생활과 우리의 성생활 사이의 가장 뚜렷한 차이는 아마 고대인들은 본능 그 자체를 중시한 반면 우리는 그 대상으로 강조점을 옮겼다는 사실일 것이다. 고대인들은 본능을 찬양했고, 그 본능을 위해서라면 열등한 대상까지도 그 가치를 높일 준비가 되어 있었다. 그러나 우리는 본능적인 행위 그 자체는 경멸하고, 그 대상에 납득할 만한 가치가 있어야만 본능을 인정한다 — 원주.

지극히 정상적인 성행위 과정에서도 성도착증이라고 불리는 일탈 행위의 조짐이 보인다. 왜냐하면 만지거나 보는 행위처럼 성교에 이르는 과정에서 발생하는, 성 대상과의 중간 단계적 행위들도 일시적인 성 목표로 볼 수 있기 때문이다. 이러한 행위들은 한편으론 그 자체로 즐거움을 선사하고, 다른 한편으론 최종적인 성 목표에 도달하기까지 지속되어야 할 흥분을 고조시킨다. 특히 입술 점막끼리 접촉하는 키스는 해당 신체 부위가 생식기의 일부가 아닌 소화기관의 입구일 뿐임에도 고도로 발달한 문명국가들을 비롯해서 많은 민족들에게서 무척 큰 성적 의미를 가진다. 이와 함께 성도착을 정상적인 성생활과 연결하고, 그것들의 분류에 적용할 수 있는 계기들이 주어진다. 즉 성도착은 1) 성적 결합을 위한 것으로 정해진 신체 부위들의 해부학적 확장이거나, 2) 정상적으로 최종 성 목표로 나아가는 과정에서 신속하게 지나가야 할, 성 대상과의 중간 단계에서 이루어지는 지체다.

(1) 해부학적 확장

성 대상에 대한 과대평가

성 충동의 이상적 목표로서 성 대상에 대한 심리적 평가는 그 대상의 생식기로 한정되는 경우가 매우 드물다. 대개는 몸 전체로 확장될 뿐 아니라 성 대상에서 뿜어져 나오는 온갖 감정적 작용까지 포함하는 경향이 있다. 게다가 이런 식의 과대평가는 정신적인 영역으로까지 확대되어 성 대상의 정신적 능력과 완벽함에 사로잡혀서 판단력이 흐려지고 얼이 빠지거나, 아니면 상대방의 판단에 맹목적으로 따르는 형태로 나타난다. 이러한 맹목적인 사랑은 권위의 가장 근원적인 형태까지는 아니더라도 한 가지 중요한 원천이 된다.[14]

이런 성적 과대평가는 원래의 성 목표인 생식기의 결합으로 국한하는 것과는 잘 맞아떨어지지 않는 대신 성 목표를 다른 신체 부위로 확장하는 것을 도와준다.[15]

성적 과대평가라는 요소의 중요성은 남자들을 대상으로 한 연구에서 쉽게 인지된다. 우리는 남자들의 성생활에만 접근할 수 있기 때문이다. 반면에 여자들의 성생활은 한편으론 문화적 영향 때문에, 다른 한편으론 여자들의 전통적인 침묵과 솔직하지 못한 면 때문에 아직도 꿰뚫어볼 수 없는 어둠에 덮여 있다.[16]

입술과 입 점막의 성적인 사용

입을 성적 기관으로 사용할 경우 한 사람의 입술 또는 혀가 다른 사람의 생식기와 접촉할 때는 성도착으로 간주되지만, 두 사람의 입술 점막이 접촉할 때는 성도착이 아니다. 즉 이 두 번째 예외적인 경우는 정상적인 성생활의 범위에 드는 것이다. 인류 초창기부터 사용되어 온 것으로 보이는 다른 관행적인 행위들을 성

14 이와 관련해서 나는 최면에 걸린 사람이 최면술사에게 맹목적으로 따르는 장면이 자동으로 떠올랐다. 그 장면들을 보면서 나는 최면의 본질이 최면술사라는 인물에게 환자의 리비도를 무의식적으로 고정시키는 것이 아닐까 하는 추측을 하게 되었다. 성 충동의 마조히즘적 요소를 이용해서 말이다 — 원주.

(1910년에 추가된 각주) 페렌치는 「투사와 전이Introjektion und Übertragung」(1909)에서 이런 암시적 성격을 〈부모 콤플렉스〉와 연관 지었다. — 원주

15 (위에 실린 본문과 다음의 각주는 1920년에 약간 수정되었다.) 그런데 성적인 과대평가는 대상 선택의 메커니즘에서 생겨난 것이 아니라는 점을 지적하고 싶다. 그리고 나중에 우리는 다른 신체 부위들의 성 역할에 대한 다른 직접적인 설명을 접하게 될 것이다. 호헤Hoche와 블로흐가 생식기 외의 다른 신체 부위로 성적 관심을 확장하기 위해 끌어들인 〈자극 갈증〉이라는 개념은 내가 보기에 별로 맞아떨어지는 것 같지 않다. 리비도가 걸어가는 다양한 길들은 처음부터 서로 통하는 파이프들처럼 연결되어 있다. 우리는 부수적 흐름 현상을 고려해야 한다 — 원주.

16 (1920년에 추가된 각주) 전형적으로 볼 때 여자들은 남자들과 같은 〈성적 과대평가〉가 없다. 다만 자기가 낳은 아이에 대해서는 그런 과대평가를 하지 않는 경우가 거의 없다 — 원주.

도착이라고 역겨워하는 사람들은 그런 성 목표를 받아들이지 못하게 하는 명백한 혐오감에 굴복한 것이다. 그런 혐오감의 경계는 인습적일 때가 많다. 그래서 아름다운 아가씨에게 뜨겁게 키스할 수 있는 남자도 어쩌면 그 여자와 칫솔을 같이 쓰는 것은 역겨워할 수 있다. 스스로에게는 역겹지 않은 자신의 구강이 여자의 구강보다 청결하다고 생각할 근거가 전혀 없음에도 말이다. 따라서 우리는 여기서 성 대상의 리비도적인 과대평가를 방해하지만 다른 한편으로는 리비도를 통해 극복할 수 있는 역겨움의 요소에 주목하게 된다. 역겨움 속에는 성 목표를 제한하는 여러 힘들 가운데 하나가 보인다. 이 힘들은 대체로 생식기 자체에서 멈춘다. 이성의 생식기도 그 자체로 역겨움의 대상이 될 수 있다는 것은 의심할 여지가 없다. 그런 태도는 히스테리 환자(특히 여자 환자)에게서 자주 나타난다. 하지만 성 충동이 강한 사람은 그런 역겨움을 기꺼이 극복한다.

항문의 성적인 사용

항문을 이용한 성행위를 성도착이라고 낙인찍는 이유는 앞에서 언급한 경우들보다 더 뚜렷한 역겨움을 주기 때문이다. 그럼에도 내가 다음과 같이 말한다고 해서 편파적이라고 생각하지는 말아 주길 바란다. 즉 이 신체 기관이 배설을 담당하고 그 자체로 역겨운 배설물과 직접 접촉하는 것을 역겨움의 근거로 대는 사람들은 남성 생식기가 오줌을 누는 데 사용된다는 이유로 역겹다고 하는 히스테리컬한 여자들보다 크게 설득력이 있다고 보기는 어렵다는 것이다.

항문 점막의 성적 역할은 결코 남자들 사이의 행위에만 국한되지 않는다. 항문 선호를 두고 성도착적 특성이라고 볼 만한 이유는 없다. 오히려 반대로, 남성들의 항문 성교는 여성과의 행위를 흉내 내는 것에 그 역할의 뿌리가 있는 듯하다. 반면에 상호 간의 수음은 성도착자들의 행위에서 가장 흔히 발견되는 성 목표다.

다른 신체 부위의 의미

다른 신체 부위로의 성적 확장은 아무리 그 변형이 많아도 원칙적으로 새로운 것을 제공해 주지 못할뿐더러 오직 갖가지 방식으로 성적 대상을 취하는 것만이 목적으로 보이는 성 충동에 관한 지식을 추가하지도 못한다. 그런데 이런 해부학적 확장에는 성적 과대평가 외에 일반적으로 잘 알려져 있지 않은 두 번째 요인이 작용한다. 그러니까 실제 행위에서 흔하게 사용되는 입과 항문 점막 같은 신체 부위는 사실상 그 자체로 하나의 생식기로 여겨지고 다루어져야 한다는 것이다. 우리는 나중에 이 요구가 성 충동의 발달 과정에서 어떻게 정당화되고, 특정한 병리적 상태의 증상학 속에서 어떻게 충족되는지 알게 될 것이다.

성 대상의 부적절한 대체물로서 페티시즘

정상적인 성 대상이 그것(정상적인 성 대상)과 관련이 있기는 하지만 정상적인 성 목표에 이용되기에는 극히 부적절한 다른 대상으로 대체되는 사례들이 특히 주목을 끈다. 분류의 관점에서 보자면 성 충동의 일탈 면에서 몹시 흥미로운 이 집단은 성 대상과 관련한 성 일탈로 언급하는 편이 더 나을지도 모른다. 그러나 우리는 성 목표의 포기와 결부된 이 현상들의 뿌리를 이루는 성적 과대평가의 요소를 알게 되기까지는 그것을 미루어 왔다.

성 대상의 대체물은 일반적으로 성 목표에는 별로 적합하지 않은 신체 일부(발과 털)나, 성 대상과 관련이 있는, 그것도 그 대상의 성과 관련이 있는 물건(옷가지나 흰 속옷)이다. 이런 대체물을 원시인이 신의 화신이라 믿으며 숭배하던 물신과 비슷한 것으로 보는 것도 일리가 없지는 않다.

성 목표를 이루기 위해 성 대상에서 페티시즘적인 조건(예를 들면 특정한 머리카락 색깔, 옷, 심지어 신체적 결함)이 하나라도 필요한 경우, 정상적이건 도착적이건 성 목표를 포기한 페티시즘으로 넘어간다. 병리학적 증상을 드러내는 성 충동의 다른 어떤 변형도 페티시즘만큼 우리의 관심을 끌지는 못한다. 그만큼 그로 인해 야기되는 현상이 독특하다. 정상적인 성 목표를 향한 어느 정도의 충동 감소(성 기능 부전)가 모든 사례의 전제 조건처럼 보인다.[17] 정상적인 것과의 연결은 성 대상에 대한 심리적으로 필수적인 과대평가, 즉 성 대상을 연상시키는 모든 것으로 불가피하게 확장된 과대평가를 통해 이루어진다. 따라서 어느 정도의 페티시즘은 정상적인 사랑에서도 일반적으로 존재한다. 특히 정상적인 성 목표가 달성될 수 없거나 저지당한 사랑의 단계에서는.

그녀의 가슴에서 목수건을 풀어서 줘,
내 사랑의 양말대님도!

괴테의 『파우스트*Faust*』 중에서

물건에 대한 집착이 그런 조건들을 넘어 고착화해서 정상적인 성 목표를 대신할 때, 더욱이 그 물건이 특정 인물에게서 분리되어 그 자체로 유일한 성 대상이 될 때 병리학적인 단계가 시작된

17 (1915년에 추가된 각주) 성 기능 부전은 체질적 조건에 따른 결과로 보인다. 그러나 정신분석은 이것이 우발적 조건으로서 어린 시절의 성적 위축에서 오는 것임을 밝혀냈다. 즉 정상적인 성 목표에서 퇴짜를 당한 경험 때문에 대체물을 찾게 되었다는 것이다 — 원주.

다. 이것이 바로 성 충동의 단순한 변종이 병리학적 일탈로 넘어가는 일반적인 조건이다.

비네A. Binet가 최초로 주장했고 나중에 수많은 연구들로 증명되었듯이, 페티시한 물건의 선택에는 대개 아주 어린 시절에 받은 성적 느낌의 지속적인 영향이 나타나는데, 이는 〈사람은 항상 첫사랑으로 되돌아간다〉라는 속담처럼 정상적인 첫사랑의 끈질긴 힘에 비견될 만하다. 이런 사실은 페티시즘이 단순히 성 대상에 한정되는 경우에 특히 명백하다. 어린 시절의 성적 느낌에 대한 의미는 나중에 다른 자리에서 접하게 될 것이다.[18]

다른 사례들을 보면, 페티시한 물건을 통해 성적 대상의 대체로 이끄는 것은 당사자가 보통 자각하지 못하는 상징적 〈사고 연결〉이다. 이런 사고 연결의 과정들은 항상 확실하게 증명되는 것은 아니다(예를 들어 발은 신화에도 등장하는 아주 오래된 성적 상징물이고,[19] 모피의 페티시한 역할은 아마 여자의 치구에 난 털, 즉 음모에 그 뿌리가 있는 듯하다). 하지만 그렇다고 하더라도 이 같은 상징성이 아동기의 성적 경험과 항상 무관한 것은 아니다.[20]

18 (1920년에 추가된 각주) 점점 깊이 파고드는 정신분석 연구는 비네의 주장에 합당한 비판을 제기한다. 그의 모든 관찰은 페티시한 물건과의 첫 만남을 내용으로 하는데, 그 물건이 어떻게 그런 의미를 갖게 되었는지에 대한 부수적인 설명은 전혀 없이 그냥 그런 성적 관심을 불러일으켰다고 한다. 게다가 비네는 어린 시절의 이 모든 성적 인상이 대여섯 살 이후의 일이라고 하는데, 정신분석은 병리학적 집착이 그렇게 늦게 나타날 수 있는지에 대해 의문을 품는다. 실은 페티시한 물건에 대한 최초의 기억 뒤에는 가라앉고 잊힌 성 발달의 단계가 있다는 것이 올바른 설명으로 보인다. 페티시한 물건과 〈덮개-기억〉으로 대변되는 이 단계는 페티시한 물건의 찌꺼기이자 침전물이다. 유년 시절에 해당하는 이 단계의 페티시즘적 전환과 페티시한 물건 그 자체의 선택은 기질적으로 결정된다 — 원주.

19 (1910년에 추가된 각주) 신발이나 슬리퍼는 여성 생식기의 상징이다 — 원주.

20 (1910년에 추가된 각주) 정신분석은 페티시즘의 이해에서 아직 공백으로 남아 있는 부분 중 하나를 채워 넣었다. 그러니까 페티시한 물건의 선택과 관련해서 억압을 통해 잃어버린, 대변 냄새에 성적 흥분을 느끼는 분변기호증적 쾌감의 의미를 일깨운 것이다. 발과 털은 불쾌한 냄새 때문에 배척당한 뒤 페티시한 물건으로 부상한,

(2) 일시적 성 목표의 고착화

새로운 목표의 등장

정상적인 성 목표의 도달을 어렵게 하거나 뒤로 미루게 하는 모든 내적·외적 요소, 즉 발기불능, 성 대상을 찾는 데 드는 비싼 대가, 성행위의 위험성 등으로 인해 사람들은 종종 준비 단계에서부터 지체하다가 정상적인 목표 대신 새로운 성 목표로 돌아서는 경향을 보인다. 충분히 이해할 수 있는 일이다. 그런데 좀 더 면밀히 들여다보면 이러한 새로운 목표들 가운데 가장 낯설어 보이는 것조차 항상 정상적인 성 과정에서 이미 징후가 나타났음을 알 수 있다.

만지는 것과 보는 것

상대를 어느 정도 만지는 것은 정상적인 성 목표를 달성하기 위해선 꼭 필요한 일이다. 잘 알려져 있다시피 성 대상과의 피부 접촉은 그 자체로 쾌감을 주는 동시에 새로운 흥분을 불러일으킨다. 따라서 성행위가 진행 중일 때 접촉 단계에 오래 머무는 것은 성도착으로 보기 어렵다.

이는 결국 〈만지는 것〉에서 파생하는 〈보는 것〉에도 비슷하게 적용된다. 시각적 인상은 리비도의 흥분을 가장 빈번하게 일깨우는 통로이자, 또한 이런 식의 목적론적 고찰 방식이 허용된다면

강한 냄새를 풍기는 대상들이다. 따라서 발 페티시즘과 관련한 성도착에서는 오직 더럽고 역겨운, 냄새 나는 발이 성적 대상이다. 발을 선호하는 페티시즘에 관한 또 다른 설명은 소아 성 이론에 나온다. 발은 여자의 남근, 즉 여자에게 없어져서 몹시 아쉬운 남근을 대체한다 — 원주.

(1915년에 추가된 각주) 그사이 발 페티시즘의 여러 사례를 통해 밝혀진 바에 따르면, 원래 생식기에 맞추어져 있던 시각적 욕구, 즉 아래쪽에서부터 그 대상에 가까이 다가가려던 시각적 욕구가 금지와 억압을 통해 중도에 제지되었고, 그 때문에 발이나 신발이 페티시한 물건으로 자리 잡게 되었다. 이때 어린아이들은 여자에게도 남자 생식기가 있는 것으로 생각한다 — 원주.

성 대상을 아름답게 발전시킴으로써 자연선택을 가능하게 하는 통상적인 과정이다. 문명의 발달과 함께 몸을 가리는 현상이 점점 심해질수록 성적 호기심은 더욱 자극되고, 가려진 신체 부위를 벗김으로써 성 대상을 완성하려 애쓴다. 물론 이런 호기심은 생식기에서 몸 전체로 관심을 돌리는 순간 예술적인 영역으로 전환 또는 승화될 수 있다.[21] 성적으로 강조된 〈보는 것〉이라는 이 중간 단계의 성적 목표에 지체하는 것은 대부분의 정상적인 사람들에게서도 일정 정도 나타난다. 또한 이러한 지체는 리비도의 일부를 좀 더 고차원적인 예술적 목표로 돌릴 가능성을 제공하기도 한다. 반대로 시각적 욕구가 성도착이 되는 경우도 있다. a) 그 욕구가 오직 생식기에만 국한된 경우, b) 과도한 혐오감과 관련된 경우(남의 배설 장면을 훔쳐보면서 쾌감을 느끼는 관음증), c) 정상적인 성 목표에 이르는 준비 단계로서가 아니라 아예 그 욕구가 정상적인 성 목표를 대신하는 경우. 보는 즐거움이 성 목표를 대신하는 경우는 노출증 환자들에게서 특히 두드러지게 나타난다. 내가 몇 차례의 분석으로 유추하자면 그 환자들은 자신의 행위에 상응하는 대가로 타인의 생식기를 보기 위해 자신의 생식기를 노출하는 듯하다.[22]

21 프로이트가 출판물에 〈승화〉라는 표현을 쓴 것은 여기가 처음이라고 한다. 물론 그전의 논문 「도라의 사례 연구」(1901)에 두 번 나오기는 하지만, 이 논문은 이 책보다 늦게 출간되었다.

(1915년에 추가된 각주) 내가 보기에 〈아름답다〉라는 말은 성적 흥분에 그 뿌리가 있는 개념으로서 원래는 성적으로 자극시키는 것(이른바 〈매력〉)을 의미한다. 이것은 보는 것만으로도 가장 강한 성적 흥분을 불러일으키는 생식기조차도 원래는 결코 〈아름답지〉 않다는 사실과 관련이 있다 — 원주.

22 (1920년에 추가된 각주) 정신분석을 해보면 이 도착증을 비롯해 대부분의 성도착증에 예상치 못할 정도로 다양한 동기와 의미가 있음을 알 수 있다. 예를 들어 노출 강박은 거세 콤플렉스와 밀접하게 연결되어 있다. 즉 그것은 자신의 (남성) 생식기가 완전하다는 것을 끊임없이 강조하는 수단이자, 그런 생식기가 없는 여자들에 대한 소아적 우월감을 반복적으로 표현하는 수단이다 — 원주.

보거나 보여 주는 것에 집중하는 성도착의 경우에는 무척 특이한 성격이 나타나는데, 이 부분에 대해서는 바로 다음에 이어지는 성적 일탈에서 좀 더 중점적으로 살펴보게 될 것이다. 다만 간략하게 말하자면 이런 성도착의 성 목표는 두 가지 형태, 즉 능동적 형태와 수동적 형태로 나뉜다.

시각적 욕망의 대척점에 있고, 경우에 따라서는 그 욕망에 짓눌리기도 하는 힘은 앞에서 살펴본 역겨움과 비슷한 차원의 수치심이다.

사디즘과 마조히즘

성도착증을 통틀어 가장 흔하고 중요한 도착증은 성 대상에게 고통을 주거나 고통을 받으려는 성향이다. 크라프트-에빙은 그것이 능동적이냐 수동적이냐에 따라 사디즘과 마조히즘으로 명명했다. 다른 학자들은 〈고통 도착증*Algolagnie*〉이라는 좀 더 협소한 의미의 용어를 선호하는데, 이 용어는 고통으로 인한 쾌감, 즉 잔인성을 강조하는 데 비해 크라프트-에빙이 선택한 명칭은 모든 형태의 굴욕과 굴종 속에서 느끼는 쾌감을 전면에 내세운다.

능동적인 고통 도착증에 해당하는 사디즘은 그 뿌리가 정상적인 것 속에 있음은 쉽게 증명된다. 남자들의 성욕에는 대부분 공격성이 섞여 있다. 일종의 찍어 누르려는 성향인데, 이것의 생물학적 의미는 성 대상의 저항을 구애 행위와는 다른 방식으로 제압하려는 필요성에 있는 것으로 보인다. 그런 면에서 사디즘은 성 충동의 공격적인 요소에 해당한다. 독립적으로 변하고 과장되고, 그리고 자리 이동을 통해 주도적 위치를 빼앗는 공격적 요소 말이다.

일반적으로 사디즘이라는 개념은 성 대상에 대해 처음엔 단순히 적극성을 띠다가 점점 폭력적으로 변하는 태도에서부터 오직 성 대상을 굴복시키고 학대하는 데서 만족을 느끼는 사례까지 아우른다. 그러나 엄밀히 말하자면 성도착이라고 부를 만한 것은 후자의 극단적 현상뿐이다.

반면에 마조히즘이라는 용어는 성생활과 성 대상에 대한 모든 수동적 태도를 포괄한다. 가장 극단적인 형태가 성 대상이 상대방에게 육체적 또는 정신적 고통을 받으면서 쾌감을 느끼는 경우다. 성도착으로서의 마조히즘은 사디즘보다 정상적인 성 목표에서 더 멀리 떨어져 있는 것처럼 보인다. 우선 마조히즘이 독립적으로 생긴 것이냐, 아니면 일반적으로 사디즘의 변형으로 생긴 것이냐 하는 의문이 제기된다.[23] 마조히즘이 당사자 본인이 성 대상의 역할을 대신하는 사디즘의 연장에 지나지 않는다는 의견도 꽤나 많다. 마조히즘적 성도착의 극단적 사례들에 대한 임상 분석은 원래 수동적인 성적 태도를 과장하고 고착화하는 상당수 요인들(거세 콤플렉스, 죄책감 등)이 그 안에 함께 작용하고 있음을 보여 준다.

여기서 환자들이 이겨 내는 고통은 저항적 힘으로서 리비도를 막아섰던 역겨움과 수치심의 대열에 합류한다.

사디즘과 마조히즘은 성도착증 중에서도 특별한 위치를 차지한다. 그것들의 기조를 이루는 능동성과 수동성의 대립이 성생활

23 (1924년에 추가된 각주) 마조히즘에 대한 내 판단은 정신 기관의 구조와 그 기관에서 작용하는 충동들에 관한 몇몇 특정 가설에 토대를 둔 나중의 성찰을 통해 광범하게 바뀌었다. 우선 나는 원래적 또는 성욕 자극적 마조히즘을 인정하게 되었고, 거기서 두 가지 형태, 즉 여성적 마조히즘과 도덕적 마조히즘이 나온다고 판단했다. 그리고 실생활에서는 거의 사용되지 않는 사디즘이 환자 자신에게로 향함으로써 원래적 마조히즘에 덧붙여지는 부차적 마조히즘이 생겨난다. 「마조히즘의 경제적 문제」, 『국제정신분석학회지』 제10권, 1924(프로이트 전집 11, 열린책들) 참조 — 원주.

의 일반적 속성에 속하기 때문이다.

인간의 문화사를 보면 잔인성과 성 충동이 밀접하게 연결되어 있다는 것은 의심할 여지가 없다. 하지만 그 관계를 설명함에 있어서 리비도의 공격적인 요소를 강조하는 것 외에는 더 이상 특별히 밝혀진 것이 없다. 일부 학자들에 따르면 성 충동에 깔린 이런 공격적인 요소는 원래 식인 풍습적 욕망의 잔재라고 한다. 즉 개체발생학적으로 더 오래된 다른 거대한 욕구를 충족시키는 데 사용되는 지배 기구에의 동참이라는 것이다.[24] 그 밖에 모든 고통은 그 자체로 쾌감의 가능성을 품고 있다는 주장도 있다. 일단 여기서는 이 성도착적 경향에 대한 설명이 만족스럽게 이루어지지 못했을 뿐 아니라 어쩌면 하나의 결과를 만들어 내려고 여러 심리적 흐름을 하나로 묶을 가능성도 있다는 사실을 확인하는 선에서 만족하고 넘어가자.[25]

그런데 이 성도착에서 가장 눈에 띄는 특성은 그것의 능동적 형태와 수동적 형태가 통상적으로 같은 사람에게서 동시에 나타난다는 사실이다. 성관계 때 상대에게 고통을 주는 데서 쾌감을 느끼는 사람은 마찬가지로 자신이 성관계에서 당하는 고통도 쾌감으로 받아들일 자질이 있다. 그래서 사디스트는 언제나 사디스트인 동시에 마조히스트다. 성도착의 능동적 측면 또는 수동적 측면 중 하나가 더 강력하게 발달해서 자신의 두드러진 성적 성향으로 자리 잡더라도 말이다.[26]

24 (1915년에 추가된 각주) 성 발달 과정에서 〈성기 이전 단계〉에 대한 나중의 언급을 참조하기 바란다. 거기에 이런 견해가 기술되어 있다 — 원주.

25 (1924년에 추가된 각주) 마지막으로 인용된 연구에서 나는 사디즘과 마조히즘이라는 대립 쌍에 본능의 기원에 뿌리를 둔 특별 지위, 즉 다른 성도착 집단과 특별히 구분되는 지위를 부여했다 — 원주.

26 이 주장에 대해 많은 증거를 제시하는 대신 해블록 엘리스의 『성 감정*Das Geschlechtsgefühl*』(1903)에 나오는 한 대목을 인용하겠다. 〈크라프트-에빙조차 인용

이렇듯 성도착적 성향 가운데 어떤 것은 통상적으로 서로 대립되는 성향과 나란히 나타나는 것을 알 수 있는데, 이는 나중에 제시될 자료들과 관련해서 이론적으로 상당히 중요한 의미를 지닌다.[27] 게다가 사디즘과 마조히즘이라는 대립 쌍의 존재를 공격성의 요소로만 직접 유추할 수 없음은 자명하다. 그래서 한 인간 안에 동시에 존재하는 이런 대립 쌍을 양성적 속성으로 통합된 남성적인 것과 여성적인 것의 대립과 연결시키는 시도가 필요해 보인다. 정신분석에서는 능동성과 수동성의 대립으로 볼 때가 많은 대립이다.

3. 모든 성도착과 관련한 일반적인 내용

변형과 질병

처음에는 성도착을 특이 사례와 특별한 조건의 관점에서만 연구했던 의사들이 동성애의 경우와 똑같이 그것들에 변성이나 질병의 성격을 부여하는 것은 당연한 흐름으로 보인다. 그런데 이 견해는 동성애보다 일반적인 성도착에 적용하는 것이 한결 쉽다. 일상적인 경험에 따르면, 이런 위반 현상의 대부분, 또는 적어도 그중 덜 심각한 현상은 건강한 사람의 성생활에서도 일반적으로 나타날 뿐 아니라 당사자들 또한 그것을 다른 사사로운 일들과 별로 다르게 받아들이지 않는다. 만일 적절한 상황이 주어진다면 정상적인 사람도 정상적인 성 목표를 그런 도착적 행위로 한동안

한 바 있는, 사디즘과 마조히즘에 관해 알려진 모든 사례들에 따르면 (콜린, 스콧, 페레가 이미 증명한 바 있는) 두 현상 집단의 흔적이 항상 동일한 한 개인에게서 나타난다〉 — 원주.

27 (1915년에 추가된 각주) 나중에 언급할 〈양향성(兩向性, *Ambivalenz*)〉을 참조하기 바란다 — 원주.

대체하거나, 아니면 둘 다 병행할 수 있을 것이다. 건강한 사람치고 정상적인 성 목표 외에 성도착으로 간주될 수 있는 행위를 하지 않는 사람은 없다. 이러한 보편성을 감안하면 성도착이라는 말을 비난의 뜻으로 사용하는 것은 부당한 일이다. 만일 우리가 성생활의 영역에서 우리의 심리적 범주 안에 있는 단순한 변형들을 병적인 증상과 명확하게 구분하려고 하면 그 즉시 현재로선 해결할 수 없는 특별한 난관에 봉착하게 될 것이다.

그럼에도 이런 성도착 중에는 새로운 성 목표의 질과 관련해서 특별한 평가를 요하는 것이 여럿 있다. 그중 어떤 것들은 내용적으로 정상적인 것과 너무 동떨어져 있어서 병적이라고 부르지 않을 수 없다. 특히 배설물을 핥거나 시체와 성교하는 행위처럼 성 충동이 참기 어려울 정도의 수치심과 구역질, 공포, 고통 같은 저항을 부르는 경우가 그렇다. 하지만 이런 경우에도 그들을 확실한 예단을 갖고 정신병자나 다른 종류의 심각한 비정상으로 섣불리 단정해서는 안 된다. 여기서도 우리는 평소엔 정상적으로 행동하는 사람조차 모든 본능 중에서도 가장 통제할 수 없는 본능의 지배를 받는 성생활의 영역에서는 환자로 드러나는 경우가 있다는 사실을 간과할 수 없다. 반면에 삶의 다른 영역에서 명확하게 비정상적으로 행동하는 사람은 예외 없이 성적으로도 비정상적인 행동을 하곤 한다.

다수의 사례에서 알 수 있듯이, 성도착에서 병적인 성격은 새로운 성 목표의 내용이 아니라 정상적인 성 목표와의 관계에서 드러난다. 만일 성도착이 정상적인 성 목표와 성 대상을 동반하지 않는다면, 그것도 상황의 유불리에 따라 성도착이 조장되거나 정상적인 것이 저지되는 것이 아니라 환경과 상관없이 성도착이 정상적인 것을 완전히 몰아내고 대체한다면, 간단히 말해 성도착의 배타성과 고착화가 뚜렷이 나타난다면 그것은 대체로 병적인 증상으로 판단하는 것이 타당하다.

성도착의 정신적 요인

성 충동의 변화에서 정신적 요인이 가장 많이 작용하는 것은 아마 극심한 혐오감을 유발하는 성도착의 경우일 것이다. 이 경우 행위의 소름 끼치는 결과에도 불구하고 본능의 이상적 가치를 그 정신 작용에서 박탈할 수는 없다. 어쩌면 이 일탈 현상보다 사랑의 무한한 힘이 강력하게 나타나는 경우는 없을지 모른다. 가장 고결한 것과 가장 비천한 것이 가장 밀접하게 연결된 곳이 바로 성의 영역이다(〈하늘에서 세상을 가로질러 지옥으로〉).[28]

두 가지 결론

성도착에 대한 연구를 통해 우리는 성 충동이 모종의 정신적인 힘들과 맞서 싸워 이겨 내야 하고, 그 힘들 가운데 가장 두드러진 것이 수치심과 역겨움이라는 사실을 알게 되었다. 추측건대 이 힘들은 정상으로 간주되는 것 안에 성 충동을 묶어 두는 역할을 하고, 만일 어떤 개인에게 성 충동이 완전히 성숙하기 전에 그 힘들이 일찍 발달할 경우 그 사람의 성 충동의 발달 방향을 결정하는 것도 아마 그 힘들일 것이다.[29]

두 번째로 우리가 끌어낸 결론은 성도착 중 몇몇이 여러 동기의 결합으로만 이해할 수 있다는 사실이다. 만약 그런 성도착증

28 괴테의 『파우스트』 서막에 나오는 구절이다.

29 (1915년에 추가된 각주) 다른 한편 성적 발달을 저지하는 이 힘들(수치심, 역겨움, 도덕성)은 성 충동이 인류의 정신 발생 과정에서 경험한 외부적인 금제의 역사적 침전물로 볼 수도 있다. 우리는 그 힘들이 개인의 발달 과정에서 교육과 외부적 영향의 수신호에 따라 자동으로 발현하는 것을 관찰할 수 있다 — 원주.

을 분석하는 게 가능하다면, 그러니까 여러 요소로 분해하는 것이 가능하다면 그것들은 합성의 성격을 띠고 있는 것이 분명하다. 여기서 우리는 성 충동 자체가 결코 하나의 단순한 사안이 아니라 성도착 속에서 다시 흩어졌던 여러 요소들이 합성된 것이라는 단서를 얻을 수 있다. 그래서 우리는 임상 관찰을 통해 정상인들의 단조로운 행동에서는 관찰할 수 없었던 〈융합〉의 개념에 주목하게 되었다.[30]

4. 신경증 환자들의 성 충동

정신분석

우리는 한 특정한 방법으로만 접근할 수 있는 한 기원에서 정상인에 가까운 사람들의 성 충동을 인식하는 데 중요한 도움이 되는 것을 얻을 수 있다. 이른바 정신신경증 환자들(히스테리, 강박신경증, 신경쇠약으로 잘못 알려진 증상, 조발성 치매, 편집증)의 성생활에 관해 오도되지 않은 완벽한 정보를 얻는 방법은 단 한 가지뿐이다. 즉 그 사람들을 정신분석적으로 조사하는 것이다. 이 조사에 사용된 치료법은 1893년 요제프 브로이어Josef Breuer와 내가 도입한, 당시에는 〈카타르시스〉라 불렸던 치료법이다.

다른 논문들에서 이미 썼지만 이 자리에서 다시 밝히자면, 내 경험으로 미루어 볼 때 이런 정신신경증의 뿌리는 성 충동이었다.

30 (1920년 제4판에 추가된 각주) 성도착의 기원에 관해 미리 한 마디 하자면, 페티시즘의 경우와 마찬가지로 성도착이 고착되기 전에는 정상적인 성 발달의 싹이 존재했다고 볼 만한 이유가 충분하다. 지금까지의 정신분석 결과 몇몇 사례에서는 성도착이 오이디푸스 콤플렉스로 가는 발달 과정에서 생긴 잔재라는 사실이 밝혀졌다. 이 콤플렉스가 억압된 뒤로 성 충동의 가장 강력한 요소들에 대한 억압이 다시 시작된 것이다 — 원주.

물론 그런 성 충동의 에너지가 병적 현상(증상)을 일으키는 힘을 제공한다는 뜻이 아니다. 다만 그 에너지가 신경증의 유일한 상수이면서 가장 중요한 에너지원이기 때문에 그 증상 속에 어떤 식으로든, 즉 전적으로건 우세한 형태건 아니면 부분적으로건 환자의 성생활이 드러난다는 점을 강조하고 싶은 것이다. 그 증상들은 내가 다른 곳에서 표현했듯이 환자들의 성적 활동과 관련이 깊다. 이런 주장에 대한 증거는 25년 전부터 차곡차곡 축적되어 온, 히스테리 환자와 다른 신경증 환자들에 대한 정신분석 자료다. 이 정신분석의 결과들에 대해서는 다른 곳들에서 개별적으로 상세히 보고했고, 앞으로도 계속 보고할 것이다.[31]

정신분석은 히스테리 환자의 증상이 정서적으로 특별한 의미가 있는 일련의 정신 과정이자 소망, 추구의 대체물(〈옮겨 쓰기〉와 유사하다)이라는 가정에 근거해서 그 증상들을 제거한다. 그 증상들은 특별한 심리적 과정(억압) 때문에 의식으로 받아들여질 수 있는 심리 활동을 통한 제거가 실패했다. 그래서 무의식 상태로 남아 있는 이 생각 덩어리들은 나름의 정서적 가치에 합당한 표현, 즉 외부로의 발산을 추구하고, 히스테리의 경우 신체적 현상의 변환 과정, 즉 히스테리 증상을 통해 표출된다. 결국 특수 기법을 이용해서 이 증상들을 정서와 관련된 새롭게 의식된 관념들로 아주 기술적으로 환원할 수 있을 때 예전에는 무의식 상태에 있던 심리적 요인들의 본질과 기원을 정확히 알 수 있다.

31 (1920년에 추가된 각주) 앞으로 내가 만일 이 주장을 다시 수정한다면 그건 앞선 주장을 철회하는 차원이 아니라 오직 더욱 보강하는 것이 될 것이다. 신경증은 한편으론 리비도적인 본능의 요구에, 다른 한편으론 이 본능에 대한 반응으로서 〈자아〉의 반발에 근거를 두고 있다 — 원주.

이런 식으로 히스테리 증상들이 성 충동의 원천에서 에너지를 얻는 충동들의 대체물이라는 사실이 밝혀졌다. 이는 모든 정신신경증 환자의 전형으로 간주된 히스테리 환자들의 발병 전 특성과 발병 동인에 대해 우리가 알고 있는 사실과도 완전히 일치한다. 우리는 히스테리의 특성을 통해 정상치의 범주를 넘어서는 성적 억압, 즉 이미 우리에게 수치심과 역겨움, 도덕성의 형태로 알려진 성 충동에 대한 강력한 저항을 확인할 수 있다. 또한 이러한 억압은 성적 문제를 이성적으로 분석하는 것을 본능적으로 회피하는 형태로도 나타나는데, 이런 회피가 두드러질 경우 성적으로 성숙한 연령에 이를 때까지도 성에 관해 아무것도 모르는 사람이 된다.[32]

피상적으로 관찰하면, 히스테리의 이러한 본질적 특징은 두 번째 요인, 즉 성 충동의 압도적인 발달을 통해 가려질 때가 드물지 않다. 그러나 정신분석은 예외 없이 이 요인을 찾아내고, 히스테리의 모순투성이 수수께끼들을 그 안에 내재된 대립 쌍, 즉 과도한 성적 욕구와 지나친 성적 혐오를 확인함으로써 해결할 수 있다.

히스테리적 소인이 있는 사람은 너무 빠른 성적 성숙이나 삶의 외부 환경으로 말미암아 실제로 성적 요구가 심각하게 발생하는 경우에 발병한다. 그럴 경우 본능의 압박과 성욕에 대한 반감 사이에서 그 질병이 출구로서 튀어나온다. 그런데 이 질병은 갈등을 해소하는 것이 아니라 리비도적인 충동을 증상으로 바꿈으로써 갈등을 회피하려 든다. 예외가 있다면 히스테리 환자, 가령 남자

32 『히스테리 연구』(프로이트 전집 3, 열린책들). J. 브로이어는 자신이 카타르시스 치료법을 처음 사용한 환자에 대해 이렇게 말한다. 그 사람은 〈성적 요소들이 깜짝 놀랄 정도로 발달하지 못한 상태였다〉 — 원주.

가 단순한 감정적인 움직임, 즉 성적 관심과 무관한 갈등으로 인해 병이 나는 경우뿐이다. 하지만 정신분석을 통해 일반적으로 증명된 사실은, 환자에게 정상적인 해결을 위한 정신 과정을 방해함으로써 그 병을 일으키는 것이 갈등의 성적 요인이라는 점이다.

신경증과 성도착

이러한 내 견해에 대한 반박의 상당 부분은 아마 내가 정신신경증 증상으로 유추하는 섹슈얼리티*Sexualität*[33]가 정상적인 성 충동에 일치하는 것으로 비친다는 사실에 근거하는 듯하다. 그러나 정신분석은 훨씬 더 많은 것을 보여 준다. 그에 따르면, 신경증 증상들은 이른바 〈정상적〉이라고 하는 성 충동의 희생 위에서만 (전적인 희생이건 부분적 희생이건) 생겨나는 것이 아니라 사람들이 넓은 의미로 〈도착적〉이라 부를 수 있는 충동들의 표현이라는 것이다. 만일 그 증상들이 의식의 조종 없이 직접적으로 환상과 행위 속에 드러난다면 말이다. 따라서 신경증 증상들은 부분적으로 비정상적인 섹슈얼리티의 희생으로 형성된다. 이런 의미에서 신경증은 성도착의 음화(陰畫)라고 할 수 있다.[34]

정신신경증 환자들의 성 충동은 우리가 지금껏 정상적인 것의 변형으로, 병적인 성생활의 표출로 연구해 온 모든 일탈 현상을 엿보게 한다.

33 섹슈얼리티는 우리말로 옮기기 퍽 까다로운 말이다. 단순히 성행위를 지칭하는 〈섹스〉와 달리 성적 행동, 성적 현상, 성적 욕망, 성적 본능까지 폭넓게 아우르고, 생리적 현상을 넘어 심리적·사회적·문화적 요소까지 고려해야 하는 개념이기 때문이다.

34 우호적인 환경이 조성되면 행위로 전환되는, 명확하게 의식된 성도착의 판타지, 타인에게 적대적으로 투사되는 편집증적 망상 공포, 그리고 정신분석을 통해 그 증상의 배경이 밝혀진 히스테리의 무의식적 판타지는 내용적으로 세세한 부분까지 서로 일치한다 — 원주.

a) 신경증 환자들의 무의식적 정신세계에서는 예외 없이 도착적 충동과 동성에 대한 확고한 리비도가 나타난다. 병적 증상을 판단하는 데 이런 요소들이 어떤 의미가 있는지 평가하려면 깊은 논의가 필요할 것이다. 다만 내가 장담할 수 있는 건 무의식적 성도착의 경향은 어디서건 빠지지 않고 등장하며, 그게 특히 남성 히스테리를 규명하는 데 도움이 된다는 사실이다.[35]

b) 정신신경증 환자들에게서는 무의식 속에서, 또 증상 유발 요인으로서 해부학적 일탈의 성향을 확인할 수 있다. 그중에서도 특히 빈번하고 두드러진 일탈은 입과 항문의 점막이 생식기 역할을 대신하는 경우다.

c) 정신신경증의 증상 유발 요인 가운데 굉장히 큰 역할을 하는 것은 대개 대립 쌍 속에서 나타나는 〈부분 충동〉이다. 새로운 성 목표의 전령으로 알려진 이 부분 충동은 관음증적 충동, 노출증적 충동, 잔인함에 대한 적극적·소극적 충동을 가리킨다. 여기서 마지막 충동은 증상들의 본질적 고통을 이해하는 데 꼭 필요하고, 거의 예외 없이 환자들의 사회적 행동 일부를 지배한다. 리비도와 잔인성의 이런 결합을 통해 사랑이 증오로, 애정이 적대감으로 바뀌는 일이 일어나는데, 이는 신경증의 많은 사례들에서 나타나는 특징이다. 물론 편집증도 비슷해 보인다.

이 결과들은 몇 가지 특별한 사실들로 인해 한층 더 관심을 끈다.

35 정신신경증도 이성애적 성향이 철저히 억압된 명백한 성도착과 관련된 경우가 많다. 이런 생각에 자극을 준 사람은 빌헬름 플리스였다고 해도 과언이 아니다. 그러니까 내가 개별 사례들을 통해 어느 정도 그 점을 확인한 상태에서 베를린에서 플리스를 만났는데, 그의 이야기를 들으면서 정신신경증 환자들에게 나타나는 성도착적 성향의 필수적 보편성에 주목하게 된 것이다 — 원주.

(1920년에 추가된 각주) 이 주장은 아직 충분히 인정받지 못하고 있지만 모든 동성애 이론에 분명 결정적인 영향을 미칠 것이다 — 원주.

a) 반대 충동과 짝을 이룰 수 있는 충동이 무의식 속에서 발견될 경우 그 반대 충동도 통상적으로 함께 작용하는 것으로 확인된다. 그러니까 모든 〈능동적〉 성도착은 그에 상응하는 〈수동적〉 짝을 동반한다. 예를 들어 무의식적 노출증 환자는 동시에 관음증 환자이기도 하고, 억압된 사디즘적 충동으로 괴로워하는 사람은 마조히즘적 성향의 원천에서 나오는 또 다른 요인을 갖고 있기 마련이다. 〈능동적〉 성도착 행위와의 이러한 완벽한 일치는 매우 주목할 만하다. 물론 실제 증상에서는 대립되는 성향 중 하나가 주도적인 역할을 한다.

b) 정신신경증적 특징이 좀 더 명확하게 드러나는 사례에서는 이런 성도착적 충동 가운데 하나만 발달하는 경우는 드물다. 대개 여러 가지 성도착 충동이 동시에 나타나거나, 아니면 모든 충동의 흔적이 한꺼번에 나타난다. 그런데 개별 본능들의 강도는 다른 본능의 발달 정도와 무관하다. 여기서도 우리는 능동적 성도착에 관한 연구를 통해 서로 상응하는 정확한 쌍을 확인할 수 있다.

5. 부분 충동과 성감대

능동적 성도착과 수동적 성도착 연구에서 지금까지 알아낸 것들을 종합해 보면 능동적·수동적 성도착의 기원을 일련의 〈부분 충동들〉로 보는 편이 타당해 보인다. 물론 이 부분 충동들은 어떤 것도 일차적인 성질이 아니고, 또 다른 해체를 허용한다. 〈충동〉이라는 말은 일단 개별적 외부 자극으로 생겨나는 흥분과 달리, 끊임없이 몸속으로 흘러 들어오는 자극원의 심리적 표출로 이해할 수 있다. 그래서 충동은 정신과 육체 사이의 경계에 있는 개념

중 하나다. 충동의 본질에 대한 가장 단순하고 그럴듯한 가정은 그게 그 자체로 어떤 질적 가치가 있는 것이 아니라 단지 정신생활에 영향을 미치는 척도로 보인다는 점이다. 충동들을 구분 짓고 그것들에 특별한 성질을 부여하는 것은 바로 그 충동들의 신체적 근원과 목표와의 관계다. 충동의 근원은 한 기관에서 일어나는 흥분이고, 충동의 직접적인 목표는 이 기관의 흥분을 해소하는 데 있다.[36]

충동 이론에서 우리가 피해 갈 수 없는 또 하나의 잠정적 가정은 신체 기관들의 흥분이 화학적 성질 차이로 인해 두 종류로 나타난다는 사실이다. 여기서 두 종류 중 하나를 우리는 특별히 성적 흥분이라고 부르고, 해당 기관을 바로 거기서 흘러나오는 성적 부분 충동의 〈성감대〉라고 부른다.[37]

구강과 항문을 성적으로 사용하는 성도착의 경우 성감대의 역할을 바로 알아볼 수 있다. 즉 입과 항문이 모든 점에서 생식기의 일부처럼 기능하고 있는 것이다. 히스테리에서는 이 신체 부위와 그에 인접한 점막 부위가 아주 비슷한 방식으로 새로운 감각과 신경 감응 변화(발기에 비견될 수 있는 과정이다)의 중심을 이룬다. 마치 정상적인 성 과정에서 흥분 상태에 빠진 생식기처럼 말이다.

생식기의 부속 기관이자 대용물로서 성감대의 중요성은 정신신경증 중에서도 히스테리에서 가장 극명하게 드러난다. 물론 다른 질환에서는 그 중요성이 떨어진다는 뜻이 아니다. 다만 강박

36 (1924년에 추가된 각주) 충동 이론은 정신분석학에서 가장 중요하면서도 가장 체계가 덜 잡힌 부분이다. 나는 나중에 「쾌락 원칙을 넘어서」와 「자아와 이드」(프로이트 전집 11, 열린책들)에서 충동 이론을 더 한층 발전시켰다 — 원주.

37 (1924년에 추가된 각주) 현재로선 특정한 신경증 질환 사례에 대한 연구에서 도출한 이 가정을 증명하기가 쉽지 않다. 그렇다고 이 가정 자체를 생략하면 충동에 관해 논거 있는 이야기를 하는 것이 불가능할 것이다 — 원주.

신경증이나 편집증 같은 질환의 경우 증상이 신체를 통제하는 특정 중추 기관에서 한층 멀리 떨어진 정신 기관의 영역에서 생기기 때문에 확인하기가 어려울 뿐이다. 강박신경증의 경우는 새로운 성 목표를 만들어 내면서도 성감대와 무관해 보이는 자극들의 중요성이 좀 더 눈에 띈다. 반면에 관음증과 노출증에서는 눈이 성감대이고, 고통과 잔인성의 요소를 품은 성 충동에서는 피부가 같은 역할을 맡는다. 즉 피부는 감각을 담당하는 특별한 신체 부위로서 성행위 시 일종의 점막으로 전환되어 뛰어난 성감대가 되는 것이다.[38]

6. 정신신경증에서 성도착이 우세해 보이는 이유

앞선 논구들로 인해 정신신경증 환자들의 섹슈얼리티에 대해 어쩌면 오해를 할지도 모르겠다. 정신신경증 환자들이 성적 행동에서 성도착자와 비슷한 양상을 보이고, 그런 만큼 정상적이지 않은 것처럼 비칠 수도 있기 때문이다. 사실 성도착이라는 의미를 아주 넓게 적용한다면, 이 환자들의 기질적 소인엔 과도한 성적 억압과 지나치게 강렬한 성 충동 외에도 특이한 성도착적 경향이 있을 가능성이 크다. 하지만 비교적 경미한 사례를 조사해 보면 이 가정이 꼭 그렇지만은 않거나, 아니면 최소한 병적인 결과를 판단할 때 다른 방향에서 영향을 미치는 요소를 고려해야 한다는 사실이 드러난다. 대부분의 정신신경증 환자들은 정상적인 성생활의 요구하에서 사춘기 이후에야 발병한다(여기서 억압은 무엇보다 정상적인 성생활에 맞추어져 있다). 아니면 더 지나

38 여기선 성 충동을 〈접촉 충동〉과 〈사정 충동〉으로 나눈 몰Moll의 견해를 기억해야 한다. 접촉 충동이란 피부 접촉에 대한 욕망을 가리킨다 — 원주.

서 발병하기도 하는데, 리비도가 정상적인 과정으로는 충족되지 않을 때 그렇다. 하지만 두 경우 모두 리비도는 본류가 막힌 물줄기와 같은 상태에서 어쩌면 지금껏 비어 있을 지류들을 채워 나간다. 이로써 정신신경증 환자들의 겉으론 강해 보이지만 실제로는 음성적인 성도착적 경향도 지류적인 성격을 띨 수 있고, 어떤 경우건 지류적인 성도착을 강화한다. 사실 우리는 내면 요소로서 성적 억압을 자유의 속박이나 정상적인 성 대상으로의 접근 불가능, 또는 정상적 성행위의 위험성 같은 외부 요소들의 대열에 합류시켜야 한다. 상황이 달랐더라면 정상으로 남았을지도 모를 개인에게서 성도착을 불러일으킨 그 외부 요소들의 대열에 말이다.

결정적인 요소는 신경증의 개별 사례마다 다를 수 있다. 즉 어떤 경우에는 선천적으로 성도착 성향이 강한 것이, 어떤 경우에는 리비도가 정상적인 성 목표와 성 대상에서 밀려남으로써 도착적 성향이 지류 형태로 고양되는 것이 결정적일 수 있다. 실제로는 협업 관계에 있는 것을 대립 관계로 파악하는 것은 잘못이 아닐 수 없다. 신경증은 언제나 기질과 경험이 같은 방향으로 협력할 때 가장 심각한 결과로 나타난다. 또한 기질이 분명한 경우에는 실제 경험을 통한 지원 없이도 신경증이 생겨날 수 있지만, 다른 한편으론 평균적인 기질을 가진 사람이라도 실생활에서 무언가 큰 충격을 받으면 신경증에 걸릴 수 있다. 이러한 관점은 다른 영역의 선천적인 기질과 우발적인 경험의 병인론적 의미에도 똑같은 방식으로 적용된다.

그런데 특히 강하게 발달한 성도착적 경향이 정신신경증적 기질의 특성에 속한다고 가정할 경우 이런저런 성감대, 즉 이런저런 부분 충동의 선천적 우세에 따라 그런 기질들의 다양성을 구분할 가능성이 열리게 된다. 다만 성도착적 소인과 특별한 질병 사이에 어떤 관계가 있는지는 이 분야의 다른 많은 문제와 마찬가지로 아직 미해결로 남아 있다.

7. 성욕의 유치증(幼稚症)에 대한 주목

우리는 정신신경증의 증상 유발 요인으로서 도착적 충동을 증명함으로써 성도착자의 부류에 넣을 수 있는 사람들의 수를 획기적으로 늘렸다. 그런데 신경증이 무척 많은 인간 군상에 해당할 뿐 아니라 온갖 형태의 신경증 환자와 건강한 사람들이 서로 빈틈없이 연결되어 있다는 사실도 고려해야 한다. 결국 〈우리 모두는 어느 정도 히스테리 환자〉라는 뫼비우스의 말은 옳을 수 있다. 이로써 우리는 성도착이 굉장히 넓게 퍼져 있다는 사실을 통해 성도착적 소인도 희귀한 특수 사례가 아니라 정상적으로 여겨지는 기질의 일부에 해당한다고 가정하지 않을 수 없다.

앞에서 보았듯이, 성도착이 선천적 요인이냐 아니면 후천적 경험으로 생기느냐는 문제는 비네가 페티시즘에 관해 가정한 것처럼 논란이 많다. 다만 현재 상태에서 확실하게 말할 수 있는 것은 성도착의 배후에 선천적인 요소가 있기는 하지만, 그게 사실은 모든 사람이 공통적으로 타고나는 무언가라는 사실이다. 물론 그런 소인은 개인별로 강도의 차이를 보이고, 환경적 영향으로 더 커질 수 있다. 관건은 성 충동의 타고난 기질적 뿌리다. 어떤 경우엔 이 뿌리가 성적 행동의 실질적인 중심으로 발전하고(성도착), 또 다른 경우엔 이 뿌리가 불충분한 압박을 받으면서(억압) 병적 증상이라는 우회의 방법으로 성적 에너지의 상당 부분을 흡수할 수 있다. 또한 이 두 극단 사이의 바람직한 사례로서 그 기질적 뿌리가 효과적인 제한과 다른 수정 작업을 통해 이른바 정상적인 성생활이라고 하는 방향으로 발전할 수 있다.

거기다 덧붙이자면, 모든 성도착의 싹으로 추정되는 기질은 어린아이 때 나타난다. 물론 아이 때는 모든 충동이 별로 대단치 않은 정도로만 나타나지만 말이다. 신경증 환자들의 섹슈얼리티가 어린아이 상태에 머물러 있거나, 어린아이 상태로 돌아간다는 주장이 사실이라면 우리의 관심은 당연히 어린아이의 성적인 생활로 향해야 할 것이다. 이제부터 성도착과 신경증, 또는 정상적인 성생활에 이르기까지 어린아이들의 성 발달 과정에 영향을 미치는 요인들을 추적할 것이다.

2. 어린아이의 성욕

소아기의 무시

어린아이 때는 성 충동이 존재하지 않고 사춘기가 되어서야 일깨워진다는 것이 성 충동에 관한 세간의 통념이다. 그러나 이는 지극히 순진하면서도 파장이 큰 심각한 오류다. 현재 우리가 성 생활의 근본적인 상황들을 제대로 알지 못하는 것은 주로 이 오류에서 비롯되었기 때문이다. 어린아이 시기의 성적 현상을 철저히 연구하면 성 충동의 본질적인 특성이 서서히 실체를 드러내고, 그것의 발달 과정이 폭로되고, 그 충동이 여러 원천으로 조립되어 있음이 밝혀질 것이다.

어른들의 특성과 반응들을 연구하는 전문가들이 어른들의 실존적 삶과 직접적인 관련이 있는 개인의 선사시대, 즉 어린 시절보다 선조들의 삶으로 구성된 인류의 선사시대에 더 많은 관심을 보이고, 그로써 인간의 유전성에 훨씬 더 큰 영향력을 부여하는 것은 퍽 특이한 일이다. 사실 소아기의 영향력은 알아보기가 한결 쉽고, 유전적 영향보다 먼저 고려해야 할 자격도 충분해 보인다.[1] 가끔 연구 논문들에서 어린아이에게서 나타나는 조숙한 성

1 (1915년에 추가된 각주) 소아기에 마땅히 부여해야 할 가치를 인정하지 않고는 유전성에 관한 부분을 제대로 인식할 수 없다 — 원주.

적 행위, 즉 발기, 자위, 심지어 성교와 유사한 행동에 관해 언급한 것을 보게 되지만, 그런 언급조차 언제나 예외적 현상, 즉 이상 행동이나 조숙한 타락의 끔찍한 예로 사용될 뿐이다. 내가 아는 한 어떤 전문가도 아동기 성 충동의 합목적성을 명확히 인식하지 못하고 있고, 아이들의 발달 과정을 다룬 수많은 저술들도 〈성적 발달〉에 관한 부분은 생략하기 일쑤다.[2]

2 여기서 적시된 주장은 나중에 다시 생각해 보니 너무 과도한 느낌이 들어 관련 문헌들을 다시 한 번 훑어보게 되었다. 그러나 나는 결과적으로 이 주장을 바꾸지 않기로 결정했다. 어린아이 시기의 성에 관한 육체적·정신적 현상을 다루는 과학적 연구는 이제 겨우 첫발을 내디딘 상태다. 벨S. Bell이라는 학자는 「양성 간의 사랑의 감정에 관한 예비 고찰A Preliminary Study of the Emotion of Love between the Sexes」(1902)에서 이렇게 말한다. 〈나는 청소년기의 감정을 있는 그대로 세심하게 분석한 학자를 한 사람도 보지 못했다.〉 사춘기 이전 시기의 육체적인 성적 표현은 변태적 현상과의 관련 속에서만, 그리고 변태의 징후로만 관심을 끌었을 뿐이다. 내가 읽은, 이 연령대의 심리학을 다룬 모든 연구서에는 어린아이의 성생활에 관한 부분이 늘 빠져 있었다. 그건 프라이어W. Preyer처럼 일반에 잘 알려진 연구자들의 저술도 마찬가지였다. 예를 들면 볼드윈J. M. Baldwin의 『아동과 인종의 정신적 발달*Die Entwicklung des Geistes beim Kinde und bei der Rasse*』(1898), 페레B. Pérez의 『3~7세 사이의 아동들*L'enfant de 3-7 ans*』(1894), 슈트륌펠L. Strümpell의 『교육학적 병리학*Die pädagogische Pathologie*』(1899), 그로스C. Groos의 『어린아이의 정신세계*Das Seelenleben des Kindes*』(1904), 헬러T. Heller의 『치료교육학 개요*Grundriß der Heilpädagogik*』(1904), 설리J. Sully의 『어린 시절에 관한 연구*Untersuchungen über die Kindheit*』(1897) 같은 책들이다. 그중에서도 아이들에 대한 오늘날의 인식을 가장 잘 보여 주는 책은 1896년부터 발행되고 있는 잡지 『아이들의 실수*Die Kinderfehler*』다. 하지만 어린아이 시기에도 사랑이 존재한다는 사실은 더 증거가 필요 없을 정도로 확실해 보인다. 페레가 그런 입장의 옹호자다. 그로스도 『사람들의 놀이*Die Spiele der Menschen*』(1899)에서 일반적으로 인정된 사실이라며 이렇게 말한다. 〈아주 어린 나이에 성적 감정에 노출되고, 이성과 접촉하고 싶은 충동을 느끼는 아이들이 꽤 있다.〉 특히 벨은 성적인 사랑의 감정(섹스-사랑)이 가장 빨리 나타난 예로 세 살 반 된 아이의 사례를 들기도 했다. 이와 관련해서는 해블록 엘리스의 『성 감정』(1903)을 참조하기 바란다.

(1910년에 추가된 각주) 어린아이 시기의 성 문제를 다룬 문헌들에 대한 상기 평가는 스탠리 홀G. Stanley Hall의 방대한 연구 『청소년기: 그 심리학과 생리학, 인류학, 사회학, 섹스, 범죄, 종교, 교육과의 관계*Adolescence: its Psychology and its relations to Physiology, Anthropology, Sociology, Sex, Crime, Religion and Education*』(1904)가 출간된 뒤로는 더 이상 고수될 필요가 없어졌다. 몰이 최근에 출간한 『어린아이의 성생활*Das Sexualleben des Kindes*』(1909)을 보면 그런 입장을 수정할 이유가 없어졌다. 반대편 입장으로는 다음 책을 참조할 것. 블로일러Bleuler의 『어린아이의 비정상적 성*Sexuelle*

소아기에 대한 기억 상실

이처럼 소아기 성욕이 이상하리만큼 무시된 이유는, 한편으론 학자들이 교육의 결과로 인습적인 측면을 지나치게 고려했기 때문이고, 다른 한편으론 지금껏 설명하기조차 부담스러워했던 심리적 현상 때문이다. 그래서 나는 이제부터 아주 특이한 기억 상실에 관해 말하고자 한다. 모두가 그런 건 아니지만 대부분의 사람이 6세에서 8세 이전의 시기를 잘 기억하지 못한다. 게다가 이런 기억 상실에 대해 우리는 특별히 이상하게 생각하지도 않는다. 하지만 이상하게 생각해야 이유는 충분해 보인다. 왜냐하면 나중엔 몇 가지 모호한 단편적인 것들 말고는 전혀 기억에 없는 어린 시절에도 우리는 외부 인상들에 생생하게 반응했고, 인간적인 방식으로 고통과 기쁨을 표현했으며, 사랑과 질투를 비롯해 당시 우리의 마음을 움직인 다른 격정적인 감정을 표출했고, 심지어 어른들이 통찰력과 판단력의 맹아라고 볼 만한 말까지 했다는 이야기를 듣기 때문이다. 그럼에도 우리는 어른이 되면 어린 시절에 대해 아무것도 모른다. 우리의 기억은 다른 정신적 활동에 비해 왜 그렇게 뒤처져 있는 것일까? 그러나 어린 시절의 이 시기만큼 수용력과 모사 능력이 뛰어난 시기는 없었다고 믿을 만한 근거도 있다.[3]

다른 한편으로 우리는 우리 스스로 잊어버린 바로 그 인상들이

Abnormitäten der Kinder』(1908) — 원주.

(1915년에 추가된 각주) 그 이후 후크-헬무트H. von Hug-Hellmuth는 『어린아이의 정신생활*Aus dem Seelenleben des Kindes*』(1913)에서 지금껏 등한시되어 온 아이들의 성적 요소를 상세히 다루었다 — 원주.

3 나는 「덮개-기억에 대하여Über Deckerinnerungen」(1899)이라는 논문에서 소아기의 기억과 관련한 문제 가운데에서 하나를 풀려고 했다.

(1924년에 추가된 각주) 『일상생활의 정신 병리학』(프로이트 전집 5, 열린책들) 4장 참조 — 원주.

우리의 정신생활에 아주 깊은 흔적을 남겼고 이후의 모든 발달 과정에 결정적인 영향을 미쳤다고 가정해야 한다. 아니, 다른 심리학 연구들을 근거로 그게 사실이라고 확신해도 된다. 그렇다면 어린 시절에 받은 인상들은 실제로 없어진 것이 아니라 신경증 환자들에게서 관찰되는 것과 비슷한 기억 상실일 뿐이다. 억압으로 인해 의식에 접근하는 것이 차단된 기억 상실 말이다. 그렇다면 어떤 힘들이 어린 시절의 인상을 이렇게 억압하는 것일까? 이 수수께끼를 푸는 사람은 어쩌면 히스테리성 기억 상실의 문제도 풀 수 있을 것이다.

어쨌든 우리는 어린 시절에 대한 기억 상실이 아이의 정신 상태와 정신신경증 환자의 정신 상태 사이에 새로운 비교점을 제공한다는 사실을 자신 있게 강조하고 싶다. 앞에서도 우리는 이미 둘 사이에 다른 비교점을 만난 바 있다. 즉 정신신경증 환자의 성욕이 어린아이의 관점에 머물러 있거나 아니면 어린아이 상태로 되돌아간다는 것이다. 그렇다면 어린 시절에 대한 기억 상실 역시 어린 시절의 성 충동과 다시 연관 지을 수 있지 않을까?

게다가 소아기의 기억 상실을 히스테리성 기억 상실과 연결시키는 것은 단순히 언어유희에 그치지 않는다. 억압으로 생겨난 히스테리성 기억 상실은 다음의 상황으로만 설명된다. 즉 개인에게는 의식의 명령에서 벗어나 이제는 연상 작용을 통해, 의식 측면에서 억압에 반발하는 힘이 작용하는 요소를 취하려는 기억 흔적들의 보고(寶庫)가 있다는 것이다.[4] 따라서 어린 시절에 대한 기억 상실이 없다면 히스테리성 기억 상실도 없을 거라고 말할 수 있다.

4 (1915년에 추가된 각주) 억압의 메커니즘은 이 둘의 상호 협력 과정에 대한 설명 없이는 이해되지 않는다. 이는 한편으론 여행객들이 뒤에서 떠밀리고, 다른 한편으론 앞에서 당겨지면서 기자 피라미드 꼭대기로 올라가는 상황과 비슷하다 — 원주.

이제 나는 모든 개인에게 자신의 어린 시절을 마치 아득한 선사시대처럼 만들고, 성생활의 단서들을 은폐하는 소아기의 기억 상실이, 실은 사람들이 일반적으로 어린 시기의 성적 발달 과정에 가치를 부여하지 않는다는 데 그 책임이 있다고 말하고 싶다. 그러나 이런 식으로 생겨난 우리 기억 속의 공백을 관찰자 한 사람이 메워 줄 수는 없다. 다만 나는 1896년에 이미 성생활과 관련한 몇 가지 중요한 현상의 기원을 탐구하면서 어린아이 시절의 중요성을 역설했고, 이후에도 섹슈얼리티에서 어린아이 시기의 요소를 전면에 배치하는 것을 중단하지 않았다.

1. 어린 시절의 성적 잠복기와 그 돌파구들

소아기의 변칙적이고 예외적인 성 충동에 대한 잦은 보고와 신경증 환자들에게서 지금까지 의식되지 않았던 소아기 기억의 재발견을 통해 당시의 성적 행동에 대해 대충 다음과 같은 그림을 그릴 수 있을 듯하다.[5]

인간에게는 젖먹이 때부터 이미 성 충동의 싹이 존재하고, 그 충동은 얼마간 계속 발달하다가 차츰 강도를 높여 가는 억압에 시달리고, 그러다 성 발달의 본격적인 진전에 따라 다시 뚫고 나오거나 아니면 개인적 특성에 따라 제지당하는 것이 분명해 보인다. 돌출과 잠복을 반복하는 이런 발달 과정의 합목적성과 주기성에 대해서는 아직 확실하게 알려진 것이 없다. 그러나 아이들의 성생활은 대체로 3~4세경에 관찰이 가능한 형태로 표현되는

5 두 번째 자료를 사용할 수 있는 것은 훗날 신경증 환자가 될 사람들의 소아기가 정상인으로 성장할 사람들의 소아기와 그 강도와 명료성 면에서는 본질적으로 다르지 않을 거라는 합당한 예상 때문이다 — 원주.

것으로 보인다.[6]

성적 억제

전체적인 잠복기건 아니면 단순히 부분적인 잠복기건 간에 이 시기에는 훗날 장애물처럼 성 충동을 억제하고 둑처럼 그 흐름을 제한하는 정신적인 힘들(역겨움, 수치심, 미적·도덕적 이상에 대한 요구 등)이 형성된다. 문명화된 아이들의 경우 이러한 댐의 형성이 교육의 산물이라는 인상을 강하게 받는데, 교육이 그 과정에 상당한 역할을 하는 것도 사실이다. 하지만 실제로 이런 정신적 힘의 발달은 기질적 조건에 의해 결정되고, 유전적으로 고착화되며, 때로는 교육의 도움 없이도 생겨날 수 있다. 만약 이 발달이 기질적으로 미리 정해져 있는 노선을 따라가면서 거기에 좀

6 내가 소아기의 성 기능 발달 과정으로 믿고 있는 것과 비슷한 해부학적 증거가 하나 있다. 바이어Bayer가 1902년에 발견한 바에 따르면 신생아의 내부 성 기관(자궁)이 대체로 좀 더 나이가 많은 아이들보다 더 크다는 것이다. 그런데 할반에 따르면 생식기의 다른 부분에서도 확인된 출생 이후의 이러한 쇠퇴 현상은 확증된 것은 아니다. 할반은 이러한 쇠퇴 과정이 자궁 밖으로 나온 지 몇 주 만에 완료된다고 보았다 — 원주.

(1920년에 추가된 각주) 생식샘의 간질성 조직을 성의 결정 기관으로 여기는 학자들은 해부학적 연구에 자극받아 자신들의 관점에서 어린아이들의 성욕과 성적 잠복기를 언급하기에 이르렀다. 나는 앞에서 언급한 립쉬츠의 책 『성숙샘과 그 영향』에 나오는 한 대목을 인용하겠다. 〈사춘기에 이루어지는 것으로 알려진 성적 특성의 성숙이 실은 그보다 훨씬 더 이른 시기(내가 보기엔 태아 단계)에 시작되고, 그 과정이 사춘기에 이르러 급속히 가속화된 것뿐이라고 말하는 편이 훨씬 타당할 듯하다.〉 〈이제껏 우리가 사춘기라고 불렀던 것은 어쩌면 10대 중반쯤에 시작되는 사춘기의 두 번째 주요 단계에 지나지 않을지 모른다. (……) 태어나서 이 두 번째 국면 바로 전까지의 시기는 《사춘기의 중간 단계》라고 불러야 할 것이다.〉 페렌치가 한 논문에서 강조한, 해부학적 소견과 심리학적 관찰 사이의 일치는 다음의 진술에서만 삐걱거린다. 즉 성 기관의 발달에서 〈첫 번째 절정〉은 이른 태아기에 일어나고, 소아기 성생활의 초기 개화는 3~4세 때 발생한다는 것이다. 물론 해부학적 성장과 심리학적 발달이 정확히 일치할 필요는 없다. 해당 연구들은 인간의 생식샘에 관한 것이었다. 심리학적 의미에서 동물에게는 잠복기가 없기에 성 발달에서 두 번의 절정이 일어난다는 가정을 뒷받침하는 해부학적 발견이 고등동물들에게서도 증명될 수 있는지 확인하는 것은 시사점이 퍽 클 듯하다 — 원주.

더 분명하고 강한 특징을 부여하는 쪽으로 나아간다면 교육은 철저하게 자신의 제한된 범주 안에 묶여 있을 것이다.

반동 형성과 승화

훗날의 개인적인 문화와 정상적인 성생활에 중요한 그런 힘들은 어떤 수단으로 구축될까? 아마도 어린 시절의 성 충동을 희생시킴으로써 구축되는 듯이 보인다. 그러니까 잠복기 동안에도 유입이 멈추지 않지만, 그 에너지의 전부 또는 대부분이 성적인 것에서 방향을 돌려 다른 목적으로 흘러 들어가는 성 충동을 희생시키는 것이다. 문명사가들은 성 충동을 성 목표에서 새로운 목표로 전환함으로써(이는 〈승화〉라는 이름을 붙일 만한 과정이다) 모든 문화적 성취를 위한 막대한 에너지가 발생한다는 가정에 이견이 없는 듯하다. 거기다 덧붙이자면, 개인의 발달에도 같은 과정이 진행되면서 그 시작을 어린 시절의 성적 잠복기로 돌릴 수 있다.[7]

이런 승화의 메커니즘에 대해서도 대담한 추측이 가능하다. 소아기의 성적 흥분은 한편으론 해소될 수 없는 것들이다. 생식 기능이 유예되어 있다는 것이 잠복기의 주요 특징이기 때문이다. 하지만 다른 한편으로 이 흥분은 그 자체로 도착적일 수 있다. 즉 성감대에서 출발하지만, 개인의 발달 방향에서 불쾌한 느낌만을 불러일으키는 본능에 의해 유지되기 때문이다. 따라서 소아기의 성적 흥분은 그런 불쾌감을 효과적으로 억제하기 위해 앞에서 언급한 정신적 댐들, 즉 역겨움, 수치심, 도덕성을 구축하는 반대 힘들(반동 충동)을 일깨운다.[8]

7 〈성적 잠복기〉라는 용어도 마찬가지로 W. 플리스에게서 빌려 왔다 — 원주.

8 (1915년에 추가된 각주) 여기서 논의된 사례에서 성 충동적인 힘들의 승화는 반동 형성의 과정에서 일어난다. 하지만 일반적으로 우리는 승화와 반동 형성을 개념이 다른 두 과정으로 구분할 수 있다. 또한 좀 더 단순한 다른 메커니즘에 의해 일어나

잠복기의 파열

우리는 어린 시절의 잠복기나 유예기에 관한 인식의 불충분함과 가설적 성격에 빠지지 말고 현실로 돌아가, 소아기 성욕을 그런 식으로 사용하는 것이 결국 교육적 이상, 즉 개인의 발달이 어느 지점에서 막대한 범위로 벗어나기 일쑤인 교육적 이상의 일환임을 적시하고자 한다. 가끔 승화되지 못한 성욕의 일부는 뚫고 나오거나, 아니면 잠복기의 전 기간을 지나 성 충동이 강하게 발현되는 사춘기까지 성적 활동으로 지속된다. 어린아이의 성욕에 조금이라도 관심이 있는 교육자들은 마치 성욕을 희생시킨 대가로 생겨나는 도덕적 방어기제에 대해 우리와 견해가 완전히 일치하는 것처럼, 그리고 성적 활동 때문에 아이의 교육이 어렵다는 것을 알고 있는 것처럼 군다. 하지만 그들은 아이들의 모든 성적 현상을 어떻게 손쓸 여지조차 거의 없는 〈악덕〉으로 규정하고 억누른다. 반면에 우리에겐 교육이 그렇게 우려하는 현상으로 관심을 돌릴 이유가 충분하다. 그런 성적 현상을 통해 성 충동의 본래적인 모습이 밝혀지길 기대하기 때문이다.

2. 어린아이의 성욕의 형태들

빨기

이유는 나중에 알게 되겠지만, 우선 유아기의 전형적인 성 표현으로 빨기(기쁨의 빨기)를 들고 싶다. 이와 관련해서는 헝가리의 소아과 의사 린트너Lindner가 탁월한 논문을 쓴 바 있다.[9]

빨기는 젖먹이 때 시작되어 성숙기까지 계속되거나, 또는 평생

는 승화도 있을 수 있다 — 원주.

9 『어린이 치료학 연감*Jahrbuch für Kinderheilkunde*』 N. F., 14권, 1897 — 원주.

지속되기도 한다. 이 행위의 핵심은 양분을 섭취하는 목적과 무관하게 입(또는 입술)으로 반복해서 무언가를 율동적으로 접촉하는 것이다. 갓난아이가 빠는 행위의 대상으로 선택하는 것은 입술 자체, 혀, 그리고 입이 닿을 수 있는 신체의 다른 부위(심지어 엄지발가락)까지 다양하다. 이때 움켜쥐려는 욕구도 동시에 나타나는데, 그것은 가령 귓불을 잡아당기거나, 같은 목적으로 타인의 신체 부위(대체로 귀)를 만지는 것으로 표출된다. 빨기는 주의력 소진과 연결되어 있기에 빨다가 잠이 들거나, 심지어 일종의 오르가슴과 비슷한 운동 반응으로 이어진다.[10] 또한 가슴이나 외부 생식기 같은 민감한 신체 부위를 문지르는 행위와 연결될 때도 드물지 않다. 많은 아이들이 이런 과정을 거쳐 빨기에서 자위로 넘어간다.

린트너조차 이런 행위의 성적 특성을 명확히 인식하고 침이 마르도록 강조한다. 보육원에서도 아이들의 빨기를 다른 성적인 〈나쁜 버릇〉과 비슷한 행태로 간주한다. 하지만 많은 소아과와 신경과 의사들은 이런 견해에 강력히 반발하는데, 부분적으로 〈성적인 것〉과 〈생식기적인 것〉을 혼동한 것이 분명하다. 아무튼 이들의 항변은 피해 갈 수 없는 어려운 문제로 눈을 돌리게 한다. 즉 어떤 일반적인 특성을 보고 그것이 아이들의 성적 표출인지 아닌지 어떻게 알 수 있느냐는 것이다. 내 생각엔 정신분석학적 연구로 드러난 여러 현상들을 종합한 결과, 빨기를 아이들의 성적 표현으로 간주하고, 그것을 보면서 소아기 성 행동의 본질적 성격을 연구할 필요가 있을 듯하다.[11]

10 성적 만족이 최고의 수면제라는 사실은 이미 여기서 증명되는데, 이는 인간의 삶 전체에 해당하는 사실이기도 하다. 신경증적 불면증은 대부분 성적 만족의 결여에 그 원인이 있다. 못된 보모들이 우는 아이들을 재우기 위해 성기를 어루만진다는 것은 널리 알려진 사실이다 — 원주.

자기 성애

이 사례는 면밀히 검토할 필요가 있다. 이 성적 행동의 가장 두드러진 특징은 성 충동이 타인에게 향하는 것이 아니라 바로 자신의 몸에서 만족을 얻는다는 것이다. 그런 면에서 해블록 엘리스가 적절하게 이름 붙인 〈자기 성애*auto erotism*〉라는 말은 안성맞춤일 듯하다.[12]

더구나 아이의 빠는 행동은 이미 경험한 바 있고 여전히 기억하고 있는 어떤 쾌락에 대한 추구에서 비롯된 것이 분명하다. 간단한 예로 그 아이는 살갗이나 점막을 율동적으로 빠는 행위에서 만족을 찾는다. 또한 처음 맛본 그 쾌감을 기회 닿는 대로 다시 느끼려 한다는 사실도 쉽게 짐작해 볼 수 있다. 아이에게 가장 중요한 생의 첫 번째 활동인 어머니의 젖을 빠는 행위(어머니 젖의 대용물을 빠는 행위도 마찬가지다)가 그 쾌감에 익숙하게 만든 게 분명하다. 그때 아이의 입술은 성감대 같은 기능을 했을 것이고, 입 안으로 흘러 들어온 따뜻한 젖의 자극은 쾌감의 원천으로 작용했을 것이다. 이 성감대의 만족감은 아마 처음엔 양분 섭취 욕

11 (1920년에 추가된 각주) 1919년에 갈란트Galant 박사는 『신경학 학술지』에 「빠는 행위Das Lutscherli」라는 제목의 논문으로 한 성인 처녀의 고백을 발표했다. 이 처녀는 어린 시절에 했던 그 성적인 행동을 포기하지 않았고, 뭔가를 빠는 데서 느끼는 만족감, 특히 연인과의 키스로 얻는 만족감이 성적인 오르가슴과 완벽하게 유사했다고 이야기한다. 〈물론 모든 키스가 빠는 것과 같지는 않아요. 그럼요, 절대 그럴 수는 없죠. 뭔가를 빨 때 얼마나 편안한 느낌이 온 몸을 타고 흐르는지 말로 표현할 수가 없어요. 그냥 이 세상에서 벗어난 느낌이에요. 굉장히 만족스럽고 더 바라는 것이 없을 정도로 행복해요. 이 상태가, 이 평온한 상태가 영원히 중단되지 않았으면 하는 생각밖에 없어요. 정말 말할 수 없이 아름다워요. 고통도 없고 아픔도 없고, 아, 완전히 황홀한 다른 세상에 와 있는 것 같아요!〉— 원주.

12 (1920년에 추가된 각주) 물론 해블록 엘리스는 〈자기 성애〉라는 용어를 약간 다른 의미로 규정했다. 즉 그것은 외부 자극에 의해 유발된 흥분이 아니라 자기 내부에서 기원한 흥분이라는 것이다. 그러나 정신분석에서 중요한 것은 발생학적 기원이 아니라 대상과의 관계다 — 원주.

구의 만족감과 관계가 있어 보인다. 그런 의미에서 성적 행동은 처음엔 생명 보존 기능 중 하나와 관련이 있고, 나중에 가서야 그 기능에서 해방된다. 배부르게 젖을 먹고 발그레한 볼에 행복한 미소를 띠며 잠든 아기를 보면 나중에 성적 만족감을 느꼈을 때의 표정과 비슷하다는 생각이 들지 않을 수 없다. 다만 시간이 가면서 성적 만족감을 반복하고픈 욕구는 양분 섭취 욕구로부터 분리된다. 이가 나면서 양분을 더는 빨아 먹지 않고 씹을 수 있게 되면서 생겨난 불가피한 분리다. 이제 아이는 빠는 대상으로서 타인의 몸을 이용하는 것이 아니라 자신의 살갗 일부를 더 선호하게 된다. 그게 더 편하기도 하고, 아직은 자신이 마음대로 통제하지 못하는 외부 세계에 대한 의존성을 줄여 주기도 하고, 또 다른 한편으로는 그렇게 함으로써 쾌감은 조금 떨어지지만 제2의 성감대를 찾을 수 있기 때문이다. 두 번째 성감대의 쾌감이 떨어진다는 사실이 나중에 왜 타인의 같은 부위, 즉 입술을 선호하게 되는가에 대한 이유이기도 하다(안타깝게도 〈내가 나 자신에게 키스할 수는 없으니까〉).

그런데 모든 아이가 다 빨지는 않는다. 빠는 아이들은 입술 부위의 성적 민감도가 체질적으로 더 발달해 있다고 가정할 수 있다. 만일 그 상태가 계속 유지된다면 그 아이들은 나중에 어른이 되었을 때 키스를 아주 즐기거나, 아니면 도착적인 키스에 빠지는 경향을 보이거나, 혹은 남자라면 음주와 흡연에 강한 욕구를 느끼게 될 것이다. 물론 그에 대해 억압이 가해진다면 음식물을 혐오하고 히스테리성 구토를 일으킬 수도 있다. 입의 두 가지 기능으로 인해 영양 섭취의 욕구까지 억압을 받는 것이다. 섭식 장애, 인두 이물감, 목구멍 수축, 구토 증상을 보이는 내 여자 환자 중에는 어린 시절에 심각할 정도로 빠는 행위에 탐닉했던 사람이 많았다.

아이들의 빠는 행동을 통해 우리는 소아기 성 표현의 세 가지 본질적인 특성을 언급할 수 있다. 첫째, 빠는 행위는 그 자체로 생명 유지에 중요한 신체 기능 중 하나와 관련이 있다. 둘째, 아직 성 대상이 없기에 자기 성애적이다. 셋째, 그것의 성 목표는 성감대에 좌우된다. 미리 밝히자면 이 특성들은 소아기 성 충동의 다른 행동에도 대부분 똑같이 적용된다.

3. 소아 성욕의 성 목표

성감대의 특성

빠는 행위를 통해 우리는 성감대의 특징과 관련해서 몇 가지를 더 추출해 낼 수 있다. 모종의 자극을 통해 특정한 쾌감을 불러일으키는 것은 피부와 점막이다. 쾌감을 일으키는 자극이(이게 무엇인지는 모른다) 특별한 조건에 달려 있다는 것은 의심할 여지가 없다. 그 조건들 가운데 율동적인 성격이 하나의 역할을 하는 것은 틀림없고, 또 근질거리는 자극과의 유사성도 자연스럽게 떠오른다. 그런데 자극으로 생겨난 쾌감의 특성을, 성적 요소를 담고 있다는 점에서 〈특별하다〉고 말해도 될지는 아직 확실치 않아 보인다. 심리학은 쾌락과 불쾌의 문제에서 여전히 어둠 속을 더듬고 있기에 지극히 신중한 가정이 바람직할 듯하다. 우리는 나중에 쾌감의 특별한 질을 뒷받침하는 것처럼 보이는 근거들을 만나게 될 것이다.

성욕을 자극하는 성질은 개별 신체 부위에 탁월한 방식으로 자리 잡을 수 있다. 빨기의 예가 보여 주듯 미리 정해진 성감대들이 있다. 하지만 같은 예에서 알 수 있듯이 피부나 점막의 다른 부위도 성감대 역할을 할 수 있다. 그러니까 그런 기능으로 발전할 소질을 이미 갖추고 있는 것이다. 따라서 자극의 질은 신체 부위의 타고난 특성보다 쾌감의 생산과 더 관련이 있다. 빠는 아이들은 자기 몸을 살펴보고 빨 수 있는 부위를 고르는데, 이 부위들이 나중에 습관적으로 선호된다. 그러다 어쩌다 젖꼭지나 성기처럼 성감대로 미리 정해진 부위를 접하게 되면 거기에 푹 빠진다. 히스테리 증상학에서도 이와 유사한 전위(轉位) 현상이 발견된다. 이 신경증의 경우, 억압은 대개 원래의 생식기 일대로 향해 있는데, 이 부위가 성감대 기능을 다른 부위, 즉 성인에게서는 퇴화된 다른 부위로 넘겨주게 되면 그 뒤부터는 이 부위들이 완전히 생식기와 똑같이 기능한다. 게다가 빨기의 예에서 알 수 있듯이 다른 어느 신체 부위도 성기처럼 자극에 민감한 특성이 장착되어 있어서 얼마든지 성감대로 승격될 수 있다. 성감대와 히스테리 유발 부위는 동일한 성격을 보여 준다.[13]

어린아이의 성 목표

소아의 성 목표는 이런저런 방법으로 선택된 성감대를 적절하게 자극함으로써 만족감을 얻는 데 그 본질이 있다. 이 만족감을 반복하고픈 욕구를 느끼려면 그전에 그것을 경험한 적이 있어야 한다. 자연이 그런 만족감의 경험을 우연에 맡기지 않으려고 안전장치를 해놓았을 거라는 예상을 충분히 할 수 있다.[14] 우리는 입술 부위에서 이미 그런 목적을 충족시키는 장치가 있음을 알고

13 (1915년에 추가된 각주) 이후에 더 깊이 숙고하고 다른 연구들을 살펴본 결과 나는 성감의 성질이 모든 신체 부위와 내부 기관에 존재한다는 생각에 이르게 되었다. 이와 관련해서는 나중에 언급할 나르시시즘 부분을 참조하기 바란다 — 원주.

14 (1920년에 추가된 각주) 생물학적인 논의에서는 목적론적 사고를 피하기 어렵다. 개별 사례에서는 실수를 저지를 위험이 있음을 알고 있는데도 말이다 — 원주.

있고, 그 부위가 동시에 음식 섭취와 직접 연결되어 있는 것도 안다. 우리는 성욕의 원천으로서 또 다른 비슷한 장치들도 만나게 될 것이다. 만족감을 반복하고픈 욕구는 두 가지 방식으로 나타난다. 하나는 그 자체로 불쾌감의 성질을 더 많이 갖고 있는 특유의 긴장감으로, 다른 하나는 중심부에 의해 조건이 정해지고 부차적 성감대로 투영된 근질거리는 느낌이나 자극으로. 따라서 우리는 성 목표를 이렇게도 표현할 수 있다. 성감대에 장착된 감각을 외부 자극, 즉 만족감을 만들어 냄으로써 그 감각을 상쇄하는 외부 자극으로 대체하는 것이 성 목표의 핵심이라는 것이다. 이 외부 자극에는 대개 빨기와 유사한 작동 원리가 작용한다.

성감대의 실질적인 변화를 통해 욕구가 다른 지엽적 부위에서도 일깨워진다는 사실은 우리의 생리학적 지식과도 전적으로 일치한다. 다만 하나의 자극이 상쇄되기 위해선 동일한 자리에 장착된 두 번째 자극을 요구하는 것처럼 보이는 것은 좀 생경하다.

4. 자위의 성적 형태[15]

단 하나의 성감대로 아이들의 성 충동을 이해함으로써 소아의 성적 행동과 관련해서 아주 중요한 사실을 알게 된 것은 정말 반가운 일이다. 신체 부위들 사이의 가장 뚜렷한 차이는 만족까지 가는 데 필요한 실행과 관련이 있다. 입술의 경우 빨기가 본류를 이루는 그 실행 방식은 부위의 위치와 성질에 따라 다른 근육 운동으로 대체되기도 한다.

15 자위와 관련해서, 내용은 충실하지만 관점 면에선 대개 방향성이 없는 문헌들이 있다. 예를 들어 롤레더B. Rohleder의 『자위행위*Die Masturbation*』(1899), 『빈 정신분석학회 토론집*Diskussionen der Wiener Psychoanalytischen Vereinigung*』 제2권 「수음 Onanie」(1912) — 원주.

항문 부위의 활동

항문 부위는 입술 부위와 비슷하게 그 위치로 인해 성욕이 다른 신체 기능을 빌리기에 적합하다. 이 부위의 성감대적 의미는 처음부터 매우 크다고 생각해야 한다. 우리는 정신분석을 통해 이 부위에서 출발한 성적 흥분과 함께 어떤 변화가 정상적으로 추진되는지, 또 이 일대가 평생 생식기적 흥분의 상당 부분을 얼마나 빈번하게 담당하는지 알고 적잖게 놀라게 된다.[16] 아동기에 흔한 장 질환은 항문 부위에 강한 자극을 일으킨다. 아주 어린 나이에 생기는 장염은 사람들 말마따나 아이들을 무척 〈신경질적으로〉 만든다. 그리고 늦은 시기에 생겨난 신경증 질환의 경우 장염이 신경증 증상에 결정적인 영향을 끼치고, 신경증이 각종 장 질환을 좌지우지한다. 어쨌든 변화된 형태로 유지되어 온 장 끝 부위의 성감대적 의미를 생각하면 예전의 의학이 신경증적 상태를 설명하는 데 그렇게 많은 비중을 부여한 치질의 영향도 마냥 비웃을 수는 없다.

항문 부위의 예민한 성적 자극을 경험한 아이들은 대변을 참을 때가 많다. 대변이 장에 쌓여 격렬한 근육 수축을 일으키고, 그러다 마침내 항문을 통해 나오면서 점막을 강하게 자극할 때까지 기다리는 것이다. 그 순간 아프면서도 매우 기분 좋은 느낌이 생겨나는 게 분명하다. 그래서 아이가 변기에 앉혀졌을 때 장을 비우는 것을 완강히 거부하는 것, 그러니까 보모의 바람과 달리 아이가 자기 마음대로 변을 참는 것은 나중의 이상 행동이나 신경과민적 행동의 가장 뚜렷한 조짐 중 하나다. 아이에게는 당연히 잠자리가 더러워지는 것은 문제가 되지 않는다. 다만 배변할 때

16 (1910년에 추가된 각주) 「성격과 항문 성애」, 「항문 성애로 본 충동의 변화」(프로이트 전집 7, 열린책들) 참조 ― 원주.

의 부차적 쾌감을 놓치고 싶지 않은 것이다. 그래서 교육자들이 변을 참는 아이들을 가리켜 〈못됐다〉고 말하는 것은 나름대로 이유가 있다.

장의 내용물은 성적으로 민감한 점막 부위에 대한 자극체로서 아동기가 지난 뒤에야 활동하기 시작하는 한 다른 기관의 선구자처럼 작용하는데, 젖먹이에게 또 다른 중요한 의미가 있다. 즉 그것은 자기 몸의 일부로 취급되는 게 분명하고, 또 젖먹이에게는 그것을 만들어 냄으로써 일종의 순응을, 그리고 배설의 거부로는 주변 환경에 대한 반항을 드러내는 첫 번째 〈선물〉이라는 것이다. 그 뒤 젖먹이는 이 선물로부터 〈아기〉, 즉 어느 소아 성 이론에 따르면 먹는 것을 통해 생겨나고, 장을 통해 태어나는 〈아기〉의 의미를 얻게 된다.

이처럼 항문 부위에서 자위와 같은 자극을 느끼거나, 아니면 자기를 돌봐 주는 사람들과의 관계에 활용하기 위해 고의로 변을 참는 이 행위는 신경증 환자들에게서 흔히 나타나는 변비의 원인 중 하나이기도 하다. 항문 부위의 이러한 전반적인 중요성은 신경증 환자 중에는 남들에게 밝히지는 않지만, 배설물과 관련한 나름의 습관이나 기호를 갖지 않은 사람이 별로 없다는 점에서도 드러난다.[17]

17 (1920년에 추가된 각주) 루 안드레아스-살로메L. Andreas-Salomé는 항문 성애의 의미에 대해 우리의 이해를 넓혀 준 논문 「〈항문적인 것〉과 〈성적인 것〉'Anal' und 'Sexual'」(Imago 4권, 1916)에서 어린아이에게 가해지는 첫 번째 금지, 그러니까 항문 작용과 항문 생산물로부터 얻는 쾌감에 대한 금지가 그 아이의 전체적인 발달에 얼마나 결정적인 영향을 미치는지 보여 주었다. 어린아이는 이 금지를 통해 주변 환경이 자신의 본능적 충동에 얼마나 적대적인지 처음으로 예감한다. 그래서 자신을 그런 외부 환경과 분리하는 법을 배우고, 그 뒤로는 자신의 쾌락 가능성을 향해 처음으로 〈억압〉을 가한다. 그때부터 〈항문과 관련된 것〉은 삶에서 배제해야 하며 비난받아 마땅한 것의 상징으로 남는다. 그런데 나중에 요구된 항문과 생식기 사이의 엄격한 구분은 둘 사이에 존재하는 해부학적 기능적 관련성이나 유사성과 배치된다. 생식기는 언제나

손가락으로 항문 부위를 자극하는 행위, 즉 중추에서 결정되고 국부에서 진행되는 근질거리는 느낌으로 야기되는 이 행위는 더 나이가 많은 아이들 사이에서는 결코 드문 일이 아니다.

생식기 부위의 활동

어린아이의 성감대 중에는 처음엔 분명 그런 역할을 하지 않고, 또한 가장 오래된 성적 흥분 기관이라고 할 수도 없지만, 앞으로는 정말 중요한 역할을 하게 될 성감대가 있다. 이 부위는 남자아이와 여자아이 모두에게 배뇨와 관계가 있고(귀두와 클리토리스), 특히 남자아이의 경우는 점막 껍질로 덮여 있어서 성적 흥분을 부채질하는 분비물에 의한 자극을 이른 시기부터 받게 된다. 실질적인 성기 부위에 해당하는 이 성감대의 성적 활동은 나중에 〈정상적인〉 성생활의 출발점이다.

아이들은 이 부위의 해부학적 위치, 분비물의 범람, 씻는 과정에서의 마찰, 우연한 자극(여자아이의 경우는 장내 기생충의 움직임도 포함된다)을 통해 이 부위가 일으키는 쾌감을 벌써 젖먹이 때부터 알아차리고, 자연스럽게 그 쾌감을 반복하고픈 욕구를 느낀다. 만일 이 부위의 전체적인 시스템을 한눈에 꿰뚫어보고, 청결하든 불결하든 그 작용이 거의 다르지 않다는 것을 고려하면 이 성감대가 거의 모든 사람에게서 발견되는 젖먹이 때의 이런 수음을 통해 장차 여러 성감대 중에서 최우선적인 역할을 맡게 되리라는 결론을 피할 수 없을 듯하다. 자극을 해소하고 만족감을 야기하는 행동은 주로 손으로 그 부위를 비비거나, 아니면 손을 이용하건 양쪽 허벅지를 조이건, 반사적으로 미리 형성된 압

총배설강에 인접해 있고, (루 안드레아스-살로메의 말에 따르면) 〈여자들의 경우는 심지어 거기서 빌려 온 것일 뿐이다〉 — 원주.

력을 가하는 식으로 나타난다. 특히 마지막 방법은 남자아이보다 여자아이에게서 훨씬 빈번하게 나타난다. 남자아이들은 손에 대한 선호가 강한데, 그것은 남성 특유의 장악 욕구가 성행위에서도 중요한 역할을 한다는 것을 보여 준다.[18]

내가 어린아이의 수음을 세 단계로 구분하는 것은 좀 더 명확성을 기하기 위해서다. 첫 번째는 젖먹이 시기이고, 두 번째는 네 살 무렵에 나타나는 성적 활동의 짧은 개화기이고, 마지막 세 번째는 사람들이 오직 이 시기에만 관심을 기울이곤 하는, 본격적인 수음이 시작되는 사춘기다.

소아 자위의 두 번째 단계

젖먹이의 수음은 얼마 뒤에 없어지는 것처럼 보이지만, 실제로는 사춘기까지 중단되지 않고 계속 이어짐으로써 문명인의 성장 과정에서 첫 번째 큰 일탈로 나타날 수도 있다. 젖먹이 이후의 시기, 보통 네 살 전 어느 무렵에 이러한 생식기 부위의 성 충동이 다시 깨어나 새로운 억압을 받을 때까지 한동안 지속되거나, 아니면 억압 없이 계속 이어지곤 한다. 이런 상황은 전반적으로 매우 다양하게 나타나고, 개별 사례들의 더욱 면밀한 분석을 통해서만 그에 대한 논의가 가능하다. 다만 이 두 번째 성적 활동 시기의 모든 세세한 부분은 당사자의 기억에 가장 깊은(무의식적) 흔적을 남긴다. 만일 그게 건강한 상태로 유지되면 당사자의 성격 발달에, 사춘기 이후에 발병하면 신경증 증상에 결정적인 영향을 끼친다.[19] 후자의 경우 우리는 이 성적 활동의 시기가 본인에게

18 (1915년에 추가된 각주) 나중에 나타나는 수음의 특이한 기법은 극복한 수음 금지의 영향을 보여 주는 것처럼 보인다 — 원주.

19 (1915년에 추가된 각주) 최근에 블로일러가 인정한 바에 따르면 신경증 환자들의 죄의식은 대체로 사춘기 시절의 수음에 대한 기억에서 비롯된다고 하는데, 이 문

망각되고, 대신 그 시기에 대한 다른 의식적인 기억으로 옮겨진 것을 발견할 수 있다. 나는 이미 소아기의 정상적인 기억 상실도 그 시기의 성적 활동과 연관 지을 필요가 있다고 언급했는데, 정신분석 기법을 사용하면 그렇게 잊힌 기억을 환자에게 다시 환기시켜 주고, 그로써 무의식적인 심리 요인에서 비롯한 강박을 제거해 줄 수 있다.

젖먹이 자위의 복귀

이 두 번째 자위의 시기에는 젖먹이 시기의 성적 자극이 근질거리는 느낌으로 되돌아오거나(이 자극은 수음을 통한 만족을 요구한다), 아니면 성숙한 시기의 몽정과 비슷하게 직접적 행위 없이도 만족에 이르는 몽정 같은 형태로 되돌아온다. 후자의 경우는 여자아이와 소아 후반기에 더 빈번하게 발견되지만, 이런 복귀의 결정적 요인이 무엇인지는 명확하지 않다. 다만 일반적이지는 않지만 이른 시기의 적극적인 수음이 그 전제 조건으로 보일 때가 많다. 이런 성적 표현의 징후는 빈약하다. 대개 비뇨 기관이 후견인과 비슷한 역할을 맡아 아직 발달하지 못한 성 기관에 신호를 준다. 이 시기에 나타나는 대부분의 방광 장애는 성적 장애이고, 야뇨증은 간질 발작을 동반하지 않는 한 몽정의 한 형태로 볼 수 있다.

이러한 성적 활동의 회귀에는 내적 원인과 외적 계기 모두 결정적인 역할을 하는데, 신경증 사례의 경우 둘 다 그 증상에서 짐작할 수 있고, 정신분석을 통해 좀 더 명확히 확인할 수 있다. 내

제는 좀 더 철저한 분석적 해명이 필요해 보인다 — 원주.

(1920년에 추가된 각주) 그에 대한 거칠면서도 중요한 요인은 수음이 모든 소아기의 성생활을 이루고, 그래서 그에 대한 죄책감을 느끼는 듯하다 — 원주.

적 원인에 대한 언급은 일단 뒤로 미루고, 외적 계기에 대해 먼저 언급하자면, 이 시기에는 외부의 우연한 계기들이 지속적으로 중요한 의미를 지닌다. 그중에서도 맨 앞자리를 차지하는 것은 유혹의 영향이다. 아이들은 무턱대고 외부 유혹을 성적 대상으로 간주하면서 감정이 고조된 상태에서 성기 부위를 통해 어떻게 만족을 얻을 수 있는지 알게 되는데, 그 뒤에는 대개 수음으로 만족감을 얻는 이 행위를 반복할 수밖에 없다. 이런 외부 유혹은 어른이나 또래 아이들에게서 비롯될 수 있는데, 나는 「히스테리의 병인론Über die Ätiologie der Hysterie」(1896)에서 이 영향의 빈도와 의미를 과장했다고는 생각하지 않는다. 비록 내가 당시에는 정상적으로 성장한 개인들도 어린 시절에 그런 경험을 했을 수 있음을 아직 몰랐고, 그 때문에 환자의 성적 기질과 발달 과정상에 주어진 요소들보다 외부 유혹을 더 높이 평가했다고 하더라도 말이다.[20] 아이들의 성생활을 일깨우기 위해서는 유혹이 꼭 필요한 것은 아니고, 그런 일깨움이 내적 원인에서 저절로 생겨날 수도 있다는 것은 자명한 사실이다.

도착적 소인의 다형성(多形性)

유혹에 노출된 아이들이 갖가지 형태의 도착증이나 온갖 일탈로 빠질 수 있다는 사실은 시사하는 바가 크다. 이는 아이들의 소인에 이미 그런 성향이 존재한다는 것을 의미한다. 그래서 그런

20 해블록 엘리스는 〈성 감정〉에 관한 연구(1903)에서 나중에 대체로 정상인으로 성장한 사람들이 초창기 어린 시절의 성적 흥분과 그에 대한 계기들을 자전적으로 고백한 내용을 부록에 실었다. 그러나 이 보고들은 소아기 기억 상실을 통해 은폐되고, 신경증을 앓는 사람의 경우엔 정신분석 기법으로만 채워질 수 있는, 소아기 성생활의 개인적 선사시대가 빠져 있다는 점에서 당연히 빛이 바랠 수밖에 없다. 그럼에도 이런 보고들은 여러 가지 점에서 유용할 뿐 아니라 내가 본문에서도 언급했지만, 병인론적 가설을 수정하게 된 것도 이런 종류의 연구 덕분이다 — 원주.

행동에 대한 저항은 경미하다. 성적 일탈을 막는 정신적 댐, 즉 역겨움, 수치심, 도덕성이 그 나이에는 아직 형성되지 않았거나, 형성 중이기 때문이다. 이런 점에서 아이들은 마찬가지로 다형적인 성도착적 소인을 갖고 있는 보통의 속된 여자들과 다르지 않게 행동한다. 이런 여자들은 평범한 상황에서는 정상적인 성생활을 하지만, 능숙한 유혹자가 손을 내미는 순간 온갖 성도착에서 즐거움을 누리고, 그 도착들을 자신의 성생활로 간직하게 된다. 매춘부들 역시 아이들의 다형적 소인을 직업 활동에 상당 부분 이용한다. 매춘을 하는 여자들과 실제로 매춘을 하지는 않지만 매춘의 성향을 가진 것으로 보이는 여자들이 엄청 많다는 사실을 생각하면, 온갖 성도착으로 발전할 소인 속에는 인간의 보편적이고 근원적인 특성이 있음이 분명하다.

부분 충동들

게다가 유혹의 영향은 성 충동의 초기 상황을 이해하는 데 도움이 되기는커녕 오히려 처음엔 전혀 욕구가 없던 성적 대상에 아이들을 성급하게 끌고 감으로써 성 충동의 초기 상황을 이해하는 데 혼란을 준다. 하지만 우리는 어린아이의 성생활 역시 성감대의 월등한 지배력에도 불구하고 처음부터 타인을 성 대상에 포함시키는 요소들을 보인다는 사실을 인정해야 한다. 그런 요소들은 성감대와 어느 정도 무관하게 나타나는 관음증, 노출증, 잔인성의 충동으로, 이 충동들은 성기와의 긴밀한 관련 속에서 나중에야 나타나지만 소아기에도 벌써 성감대의 성적 활동에서 분리된 독립적 욕구로 관찰된다. 어린아이들은 무엇보다 부끄러움이 없고, 그래서 아주 어린 시절엔 성기의 부각이 주를 이루는 몸의 노출에 대해 분명한 만족감을 보인다. 성도착으로 간주되는 이러한 성향과 짝을 이루는 것이 타인의 성기를 보려는 호기심이다. 이는 수치심에 의한 장애물이 어느 정도 발달한 아동기에야 발현된다. 유혹의 영향 아래서 관음증적 도착은 아동의 성생활에서 아주 중요한 부분을 차지할 수 있다. 그러나 신경증 환자를 포함해 건강한 사람들의 어린 시절까지 조사해 본 결과 나는 관음증적 충동이 아이들에게서 자발적 성 표현으로 나타날 수 있다는 결론을 끄집어낼 수밖에 없었다. 어린아이들은 처음엔 대개 자위를 통해 자기 성기에 관심을 갖다가 차차 외부의 개입 없이 다음 단계로 나아가고, 또래들의 성기에도 큰 관심을 보인다. 이런 호기심은 대개 남들이 대소변을 보는 순간에야 충족할 기회가 생기기 때문에 아이들은 관음증 환자, 즉 타인의 배뇨와 배변 과정을 훔쳐보는 환자가 된다. 이런 성향이 억압받기 시작하면 동성이건 이성이건 남의 성기를 엿보려는 욕망은 고통스러운 갈망으로 남게 되고, 이 갈망이 여러 신경증 사례의 증상을 형성하는 데 강력한 계기를 제공한다.

아이들의 경우 성감대와 연결된 그 밖의 성적 행동과 훨씬 무관하게 발달하는 것이 성 충동의 잔인성 요소다. 잔인성은 아이들의 특성과 전반적으로 가깝다. 아이들은 타인의 고통 앞에서 지배 본능을 멈추게 하는 장치, 즉 타인의 고통에 연민을 느끼는 능력이 비교적 늦게 발달하기 때문이다. 주지의 사실이지만, 이 본능에 대한 철저한 심리적 분석은 아직 충분히 이루어지지 않았다. 다만 이런 잔인성의 충동이 지배 욕구에서 생겨나고, 성기가 아직 본연의 역할을 하지 못하는 시기의 성생활에서 나타난다는 가정만 가능할 듯하다. 그렇다면 잔인성의 충동은 우리가 나중에 〈예비 성기기(性器期)〉라고 부르게 될 성생활의 국면을 지배한다. 동물이나 동무들에게 특히 심한 잔인성을 보이는 아이들은 대체로 성감대에서 강렬하고 조숙한 성적 활동이 일어나고 있는 게 아닌가 하고 의심할 만하다. 하지만 모든 성 충동이 동시에 조숙한 경우는 성적으로 민감한 부위의 활동이 본래적인 활동으로 보인다. 연민의 결여는 어린 시절에 나타나는 잔인성과 성 충동의 이런 연결이 이후의 삶에서도 끊어지지 않을 위험을 불러온다.

장자크 루소의 고백 이후 세상의 교육자들은 엉덩이에 대한 고통스러운 자극이 〈잔인성〉이라는 소극적 본능(마조히즘)의 성적 뿌리라고 인식하고 있다. 여기서 그들은 다음과 같은 타당한 결론을 도출한다. 즉 리비도가 자칫 옆으로 샐 수 있는 아이들에게는 버릇을 고친다는 이유로 그런 체벌, 대개 엉덩이 부위에 집중된 체벌을 가해서는 안 된다는 것이다.[21]

5. 어린아이의 성 탐구

앎의 본능

어린아이의 성생활이 첫 개화기에 이르는 3~5세에 앎의 본능

21 (1910년에 추가된 각주) 1905년에는 어린 시절의 성욕에 대한 상기 주장들을 근본적으로 성인들에 대한 정신분석 연구 결과들로만 입증했다. 당시에는 아이들을 직접적으로, 그리고 폭넓게 관찰하는 것이 불가능했고, 다만 그 관찰을 통해 개별적인 암시와 몇 가지 유익한 확증만 얻었을 뿐이다. 이후 소아 신경증 발병의 개별 사례를 분석함으로써 어린아이의 정신적 성욕에 대한 직접적 통찰이 가능해졌다. 나는 직접적인 관찰이 정신분석으로 얻어진 결론을 확증하고, 그로써 이 연구 방법의 신빙성에 대해 훌륭한 증거를 제시하게 된 것을 흡족하게 생각한다 — 그 밖에 「다섯 살배기 꼬마 한스의 공포증 분석」(프로이트 전집 8, 열린책들)은 정신분석이 미처 예상하지 못한 새로운 사실을 몇 가지 가르쳐 주었다. 예를 들어 성적이지 않은 대상 및 관계를 통한 성적인 것의 상징과 표현은 말을 처음으로 자유롭게 할 수 있는 시기로까지 거슬러 올라간다는 사실이다. 게다가 나는 상기 설명의 결함도 알게 되었다. 그러니까 나는 일목요연함을 위해 자기 성애와 대상 성애라는 두 단계의 개념 구분을 시기적 구분으로도 사용한 것이다. 그러나 벨의 상기 언급과 다른 분석들을 보면 3~5세 아이들도 강한 감정과 함께 대상을 매우 뚜렷하게 선택할 능력이 있음을 알 수 있다 — 원주.

과 탐구 본능이라고 부를 만한 조짐이 동시에 나타난다. 이런 충동은 근원적인 본능 요소에 속하지도 않고, 전적으로 섹슈얼리티에 종속되지도 않는다. 이런 충동적 행동은 한편으론 지배권 장악의 승화된 방법과 일치하고, 다른 한편으론 훔쳐보는 즐거움의 에너지와 함께 활동한다. 하지만 성생활과 이 행동 사이의 관계는 아주 특별하다. 왜냐하면 우리는 정신분석을 통해 아이들에게서 앎의 본능이 예상 외로 일찍, 그리고 기대 이상으로 강렬한 방식으로 성 문제에 의해 이끌리고, 심지어 그것들을 통해 일깨워진다는 사실을 알게 되었기 때문이다.

스핑크스의 수수께끼

아이들을 탐구 행동으로 내모는 것은 이론적 관심이 아니라 실제적 관심이다. 아이들은 동생이 태어나리라는 것을 알게 되거나 그럴지도 모른다는 의심에서 생기는 자기 존재 기반에 대한 불안감, 또 이제부터는 부모의 보살핌과 사랑을 독차지할 수 없으리라는 두려움으로 인해 생각이 많아지고 명민해진다. 아이의 의식을 깨우는 이런 측면과 일치하게 아이가 궁금해하는 첫 번째 의문은 남자와 여자의 성 구분 문제가 아니라 아기가 어디서 나오는지에 대한 수수께끼다. 이것은 조금만 돌려서 생각해 보면 테베의 스핑크스가 제시한 수수께끼이기도 하다. 아이들은 남자와 여자의 두 성이 존재한다는 사실을 처음엔 아무런 거부감이나 의심 없이 받아들인다. 특히 남자아이들은 다른 사람들도 자신과 똑같은 생식기가 있을 거라고 생각해서 그런 것이 없는 사람은 상상조차 하지 못한다.

거세 콤플렉스와 남근 선망

남자아이들은 이러한 확신에 집착하지만 얼마 안 가 관찰을 통해 반대 현실을 확인하게 된다. 그럼에도 그것을 받아들이길 완강히 거부하며 심한 내적 갈등(거세 콤플렉스)을 겪고 나서야 포기한다. 여자에게는 없는 이 남근의 대용물 형성은 다양한 유형의 성도착이 생기는 데 큰 역할을 한다.[22]

성에 관한 여러 특이하고 중요한 아이들의 성 관념 중에서 최초의 것은 인간이라면 누구나 똑같은 (남성) 생식기가 있을 것이라는 생각이다. 생물학이 그런 선입견을 바로잡아 주고 여자의 클리토리스를 남근의 대용물로 인정해야 한다고 가르쳐도 아이들에겐 별 도움이 되지 않는다. 그런데 여자아이들은 자기 것과 다르게 생긴 남자아이의 생식기를 보더라도 남자아이들과 비슷한 거부반응을 보이지 않는다. 오히려 즉시 그 사실을 인정하려 들면서 남근 선망에 빠진다. 그 선망은 자기도 남자아이가 되고 싶다는, 이후의 삶에 중요한 영향을 끼치는 소망에서 절정을 이룬다.

출생에 관한 생각들

많은 사람들이 아기가 어디서 태어나는지 사춘기 이전에 몹시 궁금해했던 것을 또렷이 기억한다. 당시 어른들에게 들었던 해부학적 대답은 무척 다양하다. 아기는 가슴에서 나온다거나, 몸에서 떨어져 나온다거나, 아니면 배꼽이 열리면서 나온다거나 하는 대답들이다.[23] 그런데 소아기의 이런 탐구 활동은 정신분석의 도

22 (1920년에 추가된 각주) 거세 콤플렉스는 여자들에게도 있다. 남자아이건 여자아이건 할 것 없이 모두, 여자도 원래 남근이 있었지만 거세로 잃어버렸다고 생각한다. 그러다 마침내 여자에게는 남근이 없다는 사실을 최종 확인한 남자아이들은 평생 여자들을 경시할 때가 많다 — 원주.

23 (1924년에 추가된 각주) 아동기에 관한 성 이론은 무척 많은데, 이 논문에서

움 없이는 다시 기억해 내기가 무척 어렵다. 이 탐구 활동은 억압의 대상으로 전락하지만, 탐구 결과는 전적으로 일치한다. 즉 어른들은 동화에 나오는 것처럼 특별한 뭔가를 먹음으로써 아기를 갖고, 아기는 대변을 보는 것처럼 창자를 거쳐 태어난다는 것이다. 이런 아이들의 생각은 동물들의 특정 신체 부위, 특히 포유동물보다 열등한 생물들의 총배설강을 떠올리게 한다.

성교에 대한 사디즘적 생각

어린아이들이 어른들의 성교 장면을 보게 되면(이런 기회는 대개 아이들은 아직 성적인 의미를 알아차리지 못할 거라는 성인들의 선입견 때문에 생긴다) 성행위를 일종의 학대나 폭력적 제압 행위로밖에 생각하지 않는다. 즉 성행위를 사디즘적 의미로 해석하는 것이다. 정신분석은 우리에게 소아기의 그런 인상이 나중에 성 목표의 사디즘적 전이를 위한 성향에 많은 영향을 끼친다는 것을 알려 준다. 이후 아이들은 성교, 또는 아이들의 표현을 빌리자면 결혼의 본질을 이루는 문제에 많은 관심을 보이고, 대개 배뇨나 배변 활동과 관련된 일상적 행위 속에서 그 수수께끼의 해답을 찾는다.

아이들 성 탐구의 전형적인 오류들

원칙적으로 우리는 성에 관한 아이들의 생각이 자신의 성적 기질을 모사한 것이고, 그 생각들의 기괴한 오류에도 불구하고 부모들이 예상하는 것보다 아이들이 성적 과정에 대해 훨씬 더 많은 것을 이해한다고 말할 수 있다. 아이들은 임신으로 인한 엄마의 변화를 인지하고 제대로 해석할 줄 안다. 어른들은 아이들에

는 그 가운데 극히 일부만 예로 들었다 — 원주.

게 황새 이야기[24]를 곧잘 들려주지만, 아이들은 대개 그런 이야기에 무언의 깊은 불신을 표한다. 그런데 아이들이 아무리 성적 탐구를 해도 알 수 없는 것이 두 가지 있다. 아이를 갖게 하는 정액의 역할과 여자 몸속에 있는 질의 존재가 그것인데, 아이들이 그것들을 알 수 없는 것은 아직 그 방향으로 신체 조직이 발달하지 않았기 때문이다. 그래서 어린 탐구자의 노력은 보통 결실을 맺지 못하고, 앎의 본능에 영구적인 상처만 남긴 채 포기로 끝나는 경우가 드물지 않다. 항상 고독하게 수행되는 소아기의 성적 탐구는 아이들이 세상에서 자기 길을 찾아 나서는 첫걸음이자, 이전에는 완벽한 신뢰를 부여했던 주변 사람들에 대한 강력한 거리 두기를 의미한다.

6. 성적 조직화의 발달 단계

우리가 지금껏 어린아이 성생활의 특징으로 강조한 것은 이렇다. 소아기의 성생활은 본질적으로 자기 성애적이고(성 대상을 자기 몸에서 찾는다), 아이들의 개별적 부분 충동은 전반적으로 서로 관련성 없이 독립된 채 쾌락을 얻으려 한다는 것이다. 성 기관 발달의 종착점은 이른바 성인들의 정상적인 성생활이다. 이 성생활에서 쾌락 획득은 번식 기능을 수행하면서 이루어지고, 부분 충동들은 유일한 성감대의 우위 속에서 외부 성 대상의 성 목표에 닿기 위한 확고한 조직화를 이루어 낸다.

예비 성기기

이런 발달 과정에서의 장애와 억제에 관한 정신분석학적 연구

24 서양에는 황새가 아기를 물어다 준다는 설화가 있다.

는 이제 우리에게 부분 충동들의 그런 확고한 조직화의 단초와 예비 단계들을 인식하게 해주는데, 이 예비 단계들에서 일종의 성적 시스템이 구축된다. 이러한 성적 조직화의 단계는 일반적으로 그런 것이 존재한다는 징후조차 명확히 드러내지 않고 그냥 지나간다. 이 단계가 활성화되어 대략적인 관찰로도 뚜렷이 알아볼 수 있는 것은 병리적인 사례들뿐이다.

우리는 생식기 부위가 아직 주도적 역할을 시작하지 않은 성적 조직화의 시기를 예비 성기기라 부르고자 한다. 지금껏 우리는 이 시기의 두 단계, 즉 동물적인 초기 상태로 되돌아간 것 같은 두 단계를 확인했다.

첫 단계는 구강기, 혹은 식인기(食人期)다. 이 시기에는 성적 행동이 아직 음식물 섭취와 분리되지 않고, 이 행동 내에서의 대립적 요소들도 구분되지 않는다. 그래서 한 행위(먹는 행위)의 대상은 다른 행위(성적 행위)의 대상이기도 하다. 성적 목표도 먹어서 대상과 한 몸이 되는 것인데, 이는 나중에 영양 섭취와 리비도의 일체화로서 정신적으로 매우 중요한 역할을 하는 과정의 전형이다. 병리학적으로 우리의 관심을 끄는 이 가정적 조직화 단계의 흔적으로 볼 수 있는 것이 빨기다. 빨기에서 음식물 섭취 행위를 대체한 성적 행동은 외부 대상을 포기하는 대신 자기 몸의 한 부위를 대상으로 삼는다.[25]

25 (1920년에 추가된 각주) 성인 신경증 환자들에게 남아 있는 이 단계의 흔적에 대해서는 아브라함Abraham의 다음 논문을 참조하기 바란다. 「리비도의 가장 이른 예비 성기기 연구Untersuchungen über die früheste prägenitale Entwicklungsstufe der Libido」(1916).

(1924년에 추가된 각주) 아브라함은 나중의 논문 「리비도의 발달사 연구Versuch einer Entwicklungsgeschichte der Libido」(1924)에서 구강기 단계뿐 아니라 나중의 사디즘적 항문기 단계까지 대상에 대한 상이한 태도를 기준으로 다시 각각 두 단위로 구분했다 — 원주.

두 번째 예비 성기기는 사디즘적 항문기다. 이 시기에는 성생활 전반을 관통하는 두 대립적 경향이 이미 형성되어 있다. 물론 아직은 남성성과 여성성의 대립이 아니라 능동성과 수동성의 대립 정도로만 부를 수 있는 단계다. 능동성은 지배 본능을 통해 신체 근육 조직에서 생겨나고, 수동적인 성 목표를 가진 기관으로는 무엇보다 성적으로 민감한 장 점막이 떠맡는다. 두 경향 다 대상이 존재하지만 일치하지는 않는다. 또한 이 두 경향 외에 다른 부분 충동들이 자기 성애적 방식으로 작용하기도 한다. 따라서 이 단계에서는 성적인 양극성과 외부 대상이 증명되지만, 생식 기능으로의 조직화와 종속화는 아직 발견되지 않는다.[26]

양향성(兩向性)

성 조직의 이 형태는 평생 지속되면서 성적 활동의 상당 부분을 지배할 수 있다. 사디즘 성향의 우위와 항문 부위의 총배설강적 역할은 이 형태에 탁월한 원초적 특징을 부여한다. 이 형태의 또 다른 특징은 본능들의 대립 쌍이 거의 동등한 방식으로 발달한다는 것이다. 블로일러는 이 특징을 〈양향성〉이라는 말로 적절히 표현했다.

성생활의 예비 성기기에 대한 가정은 신경증 분석에 기초하고, 그래서 신경증에 대한 지식 없이는 그에 관해 올바른 평가를 내릴 수 없다. 정신분석 연구가 더 진전된다면 정상적인 성 기능의 구조와 발달에 대해 훨씬 더 많은 정보가 제공될 것으로 기대한다.

26 (1924년에 추가된 각주) 아브라함은 「리비도의 발달사 연구」에서 항문이 태아 단계의 원구(原口. 동물의 발생 초기에 장차 소화 기관이 될 원장과 통하는 구멍. 입이 되기도 하지만, 대부분 항문이 되거나 일단 막혔다가 다시 그 자리에 항문이 생긴다 — 옮긴이주)에서 생겨난다는 점을 지적하는데, 이는 성 심리 발달의 생물학적 전형으로 보인다 — 원주.

소아 성생활의 그림을 완성하기 위해서는, 우리가 이미 사춘기 발달 단계의 특징으로 내세운 것처럼 어린 시절에도 이미 대상 선택이 자주 또는 습관적으로 이루어진다는 사실을 받아들여야 한다. 그것도 성적 추구의 전 과정이 목표점으로 도달하고자 하는 단 한 사람에게만 향하는 식으로 말이다. 이렇게 해서 사춘기 이후의 최종적인 성생활에 가장 근접한 소아 성생활의 형태가 생겨난다. 다만 두 단계 사이에 차이가 있다면, 소아기에는 부분 충동들을 통합해서 생식기의 우위권 아래 종속시키는 일이 전혀 이루어지지 않거나 불완전하게 이루어진다는 것이다. 결국 번식 기능에 바탕을 둔 생식기의 우위는 성 조직화의 최종 단계에서나 이루어진다.[27]

대상 선택의 두 단계

대상 선택은 두 시기, 즉 두 단계로 일어나는 것이 전형적이다. 첫 단계는 2~5세에 시작해서 잠복기 동안에는 멈추거나 퇴화하는데, 성 목표에 대한 유아기적 성격이 그 특징이다. 두 번째 단계는 사춘기에 시작해서 성생활의 최종 형태를 결정한다.

이 두 단계의 대상 선택은 본질적으로 보면 잠복기의 작용으로 환원될 수 있지만 최종 상태의 장애와 관련해서는 굉장히 중요한 의미를 지닌다. 소아기의 대상 선택의 결과는 나중의 시기에 영향

27 (1924년에 추가된 각주) 최근(1923년)에 나는 이 두 예비 성기기 다음에 세 번째 단계를 추가함으로써 상기 설명을 수정했다. 이미 성기기라 불러도 무방한 이 단계에서는 하나의 성 대상이 나타나고, 그 대상을 향한 성 충동의 집중도 역시 상당히 높다. 다만 성적 성숙의 최종 단계와 구별되는 본질적인 부분이 하나 있다. 이 단계에서는 오직 한 가지 성기, 즉 남자 성기밖에 모른다는 것이다. 그래서 나는 이 시기에 〈남근기〉라는 이름을 붙였다(「소아 성기기: 성욕 이론에 덧붙이며」, 프로이트 전집 7, 열린책들). 아브라함에 따르면 이 단계의 생물학적 원형은 양성 모두에게 똑같이 해당하는 동일한 형태의 태아 성기 구조라고 한다 — 원주.

을 끼친다. 다시 말해 그 결과가 그대로 지속되거나 아니면 사춘기에 되살아난다. 하지만 이 결과들은 두 기간 사이에 발달한 억압 때문에 사용할 수 없는 것으로 입증된다. 성 목표도 완화되어 이제는 성생활의 애정적 흐름이라고 부르는 것이 드러난다. 이러한 애정과 찬탄, 존경의 배경에 지금은 사용할 수 없게 된 소아기 부분 충동의 성적 갈망이 숨어 있다는 사실은 정신분석으로만 밝혀낼 수 있다. 사춘기의 대상 선택은 소아기 때의 대상을 포기하고, 관능적 흐름에 기초해서 다시 시작해야 한다. 이 두 흐름이 하나로 합쳐지지 않으면 성생활의 이상 현상 가운데 한 가지, 즉 하나의 대상을 향한 모든 갈망의 집중에 이르지 못할 때가 많다.

7. 어린아이 성욕의 원천

우리는 지금껏 성 충동의 기원을 추적하는 과정에서 성적 흥분이 1) 다른 유기적 과정들과 관련해서 경험한 만족감의 모방으로서, 2) 성감대에 대한 적절한 주기적 자극을 통해서, 3) 우리가 아직 그 기원을 정확히 이해하지는 못하고 있는 본능들(예를 들어 관음증적 본능, 잔인성에 대한 본능)의 표현으로서 생겨난다는 사실을 밝혀냈다. 그런데 나중의 시기에서 소아기로 거슬러 올라가는 정신분석과 더불어 어린아이에 대한 동시적 관찰을 통해 우리는 성적 흥분의 또 다른 전반적인 기원들을 알 수 있었다. 물론 어린아이에 대한 직접적 관찰에는 오도되기 쉬운 자료들을 가지고 작업해야 한다는 단점이 있고, 정신분석적 탐구에는 그 자료와 결론에 이르려면 긴 우회 과정을 거쳐야 한다는 어려움이 있었다. 그럼에도 우리는 두 방법을 종합하여 만족할 만한 인식적 확실성에 도달하게 되었다.

성감대 연구에서 우리는 이미 우리 피부가 전체적으로 어느 정도 외부 자극에 민감한 성격을 띠고 있고, 성감대는 그 민감도가 특히 높은 부위일 뿐이라는 사실을 확인했다. 그래서 성욕을 일으키는 것이 결국 전반적인 피부 자극의 특정 양태에 불과하다는 사실을 안다고 해서 딱히 놀랄 필요가 없다. 이런 자극들 가운데 특히 주목할 것은 온도에 의한 자극이다. 이는 온수 목욕의 치료 효과와도 일맥상통하는 점이 있다.

기계적 흥분

그 밖에 우리는 여기서 몸의 기계적이고 율동적인 흔들림에 의해 생겨나는 성적 흥분도 언급해야 할 것이다. 이 자극은 세 가지 방식, 즉 전정신경의 감각기관, 피부, 그리고 그보다 좀 더 깊은 곳의 부위들(근육과 관절 등)에 작용한다. 이때 생겨나는 쾌감과 관련해서는 나중에 설명할 기회가 있을 것이다. 다만 여기서 강조할 것은 〈성적 흥분〉과 〈만족〉의 개념을 전반적으로 별 차이 없이 사용할 수 있다는 점이다. 아무튼 기계적 흔들림이 쾌감을 준다는 것은 아이들이 그네나 비행기태우기 같은 수동적인 움직임 놀이를 무척 좋아하고 계속 반복하길 원한다는 사실로도 증명된다.[28] 또한 칭얼거리는 아이를 재울 때도 보통 흔들어 주는 방법을 사용한다. 요람에 누워 있거나 좀 더 커서 기차를 타고 갈 때의 흔들림은 너무나 환상적인 느낌을 주어서 정말 많은 남자아이들이 한동안 기관사나 마부가 되고 싶어 한다. 남자아이들은 희한하다 싶을 정도로 기차 여행에 큰 관심을 보이고, 사춘기 직전 판타지가 막 작동하기 시작하는 나이쯤엔 이 기차 여행을 탁월한

28 그네를 타면서 사타구니에 바람이 일렁거리며 와 닿을 때 성적 쾌감을 느꼈다고 기억하는 사람들이 있다 — 원주.

성적 상징의 핵심으로 삼곤 한다. 기차 여행과 성욕 사이의 이런 필연적인 연결은 움직이는 느낌이 주는 쾌락적 특성에 기인하는 것이 분명하다. 그러다 아이들이 좋아하는 것들을 못하게 하는 억압이 시작되면 청소년 때건 어른 때건 흔들리거나 공중으로 올라가는 느낌을 거북하게 생각한다. 그래서 기차 여행만 하면 몹시 피곤해지거나 여행을 간다고 하면 발작과도 같은 불안을 느끼고, 그와 함께 〈철도 공포증〉을 내세우며 고통스러운 경험의 반복을 막으려 한다.

여기서 다시 우리는 충격과 기계적 흔들림이 히스테리 형태의 심각한 트라우마성 신경증을 유발한다는, 이제까지 밝혀지지 않은 사실을 적시하고 싶다. 어쨌든 이 영향들이 약할 경우에는 성적 흥분의 원천이 되지만, 지나치게 강한 힘으로 작용하면 성적 기제나 물질대사에 심각한 장애가 나타난다고 가정할 수 있다.

근육 활동

아이들이 적극적인 근육 활동에 대한 욕구를 느끼고, 그 욕구를 해소함으로써 아주 특이한 즐거움을 얻는다는 사실은 잘 알려져 있다. 이 즐거움이 성욕과 관계가 있는지, 또 그 자체로 성적 만족을 품고 있거나 성적 흥분의 동기가 되느냐 하는 문제는 비판에 직면하기 쉽다. 왜냐하면 수동적인 움직임의 느낌에서 생기는 즐거움이 일종의 성적 특성에서 기인한다거나 성적 흥분을 유발한다고 하는 앞서의 주장과 배치될 수 있기 때문이다. 하지만 사실상 많은 사람들이 이렇게 보고한다. 어린 시절 친구들과 뒹굴고 씨름할 때, 그러니까 전반적인 근육 움직임 외에 상대와 살갗이 밀착될 때 성기에서 흥분이 이는 것을 처음 경험했다고. 특정 사람과 몸을 쓰면서 싸우는 경향, 더 나이 들어서는 말로 다투려는 경향(좋아하는 사람한테 괜히 톡톡거리거나 쏘아붙이는 경우를 생각해 보라)은 그 사람을 성적 대상으로 삼으려는 좋은 징조에 속한다. 근육 활동을 통한 성적 흥분의 촉진 속에는 사디즘적 본능의 한 뿌리가 보이는 듯하다. 많은 사람의 경우 어릴 때 몸으로 뒹구는 것과 성적 흥분 사이의 연결은 나중에 선호되는 성 충동의 방향을 결정짓는 한 요소가 된다.[29]

정서적 움직임들

아이들에게 성적 흥분을 유발하는 또 다른 원천에 대해서는 상대적으로 의심이 덜하다. 공포감을 포함해서 모든 강렬한 정서적 움직임이 섹슈얼리티로 확장될 수 있다는 것은 현재의 관찰과 연구로도 쉽게 확인된다. 게다가 이는 정서적 움직임들의 병인론적 작용을 이해하는 데도 도움이 된다. 초등학생의 경우 시험에 대한 불안, 즉 어려운 문제를 풀어야 한다는 긴장감은 학교와의 관계뿐 아니라 성적 표현의 돌출에도 영향을 미칠 수 있다. 그런 상황에서는 성기를 만지고 싶은 충동이 빈번하게 일거나, 혼란스러운 결과를 유발하는 몽정과 같은 사건이 생길 수 있기 때문이다. 교사들이 볼 때 도저히 이해할 수 없는 행동을 하는 아이들의 태도 역시 대체로 막 움트기 시작한 성욕과 관련이 있다고 봐도 무방하다. 불안, 전율, 공포처럼 그 자체로 불쾌한 감정들의 성적 자극 효과는 성인이 돼서도 지속될 때가 많다. 그리고 바로 이것이 왜 그렇게 많은 사람들이 특정 환경(예를 들어 가상 세계에 속하

29 (1910년에 추가된 각주) 신경성 보행 장애와 폐소공포증 사례의 분석을 통해 근육 활동에서 생기는 즐거움의 성적 특성에 대한 의심이 불식되었다. 다들 알다시피 현대 문명사회의 교육은 청소년들의 성적 관심을 다른 곳으로 돌리기 위해 운동을 권장한다. 그런데 운동은 오히려 근육 활동을 통한 성적 향유를 조장하고, 성적 활동을 자기 성애적 요소로 몰아간다 — 원주.

거나 독서, 연극 등)으로 그 불쾌감이 어느 정도 경감될 수만 있다면 일부러 그런 감정적 움직임을 느끼려고 하는지에 대한 설명이 될 수 있다.

만일 강렬한 고통의 감정에도 성적 자극과 같은 작용이 있음을 받아들인다면, 특히 부수적 상황으로 그 고통스러운 느낌을 완화하거나 그로부터 거리를 둘 때 그런 작용이 있음을 받아들인다면 이는 곧 우리가 다양한 조합 속에서 차츰 퍼즐을 맞추어 나가는 마조히즘과 사디즘적 본능의 주요 뿌리 중 하나가 될 수 있다.[30]

이지적인 작업

많은 청소년과 성인들의 경우 이지적인 작업과 정신적인 일에 집중하면 대체로 성적 흥분이 함께 일어난다는 것은 오인할 수 없는 사실이다. 이 성적 흥분은 신경 장애의 원인을 정신적인 〈과로〉로 보는 기존의 의심스러운 해석에 대한 유일하게 타당한 근거로 간주될 수 있다.

비록 완벽하지는 않지만 이미 기술한 여러 사례와 암시들로 소아기 성적 흥분의 원천을 개괄해 보면 다음의 보편적인 사실을 예감하거나 인식할 수 있다. 즉 성적 흥분의 과정은 솔직히 아직은 그 본질을 제대로 알 수 없지만, 어쨌든 소아기에 이미 다양한 방식으로 충분히 작동되고 있다는 것이다. 특히 피부와 감각기관처럼 예민한 표피에서 어느 정도 직접적인 방식으로 흥분 현상이 일어난다. 그중에서 가장 직접적인 것은 성감대로 알려진 부위들에 대한 자극 효과다. 성적 흥분의 이런 원천들에서 결정적인 요소는 자극의 질이다. 물론 고통의 경우처럼 자극의 강도도 완전히

30 (1924년에 추가된 각주) 여기서 말하는 것은 〈성감을 자극하는〉 마조히즘이다 ― 원주.

무관하지는 않다. 게다가 우리 몸속에는 자극의 강도가 어느 정도 양적 한계를 넘어서자마자 일련의 내적 과정에서 부수 작용으로 성적 흥분을 일으키는 장치들이 마련되어 있다. 우리가 섹슈얼리티의 부분 충동이라 불렀던 것들은 성적 흥분의 이런 내적 원천들에서 직접 파생되어 나오거나, 아니면 그런 원천들과 성감대의 작용으로 이루어진다. 우리 몸속의 성분들은 성 본능의 흥분에 기여하는 것 말고는 더 중요한 일을 하지 않는다고도 할 수 있다.

지금으로선 이런 보편적인 결론들을 좀 더 분명하고 확실하게 표현하는 것은 불가능해 보인다. 두 가지 요인 때문인 듯하다. 하나는 전반적인 고찰 방식의 새로움 때문이고, 다른 하나는 우리가 성적 흥분의 본질을 전혀 모르기 때문이다. 그럼에도 나는 인식의 지평을 활짝 열어 줄 다음 두 가지 언급을 포기하고 싶지 않다.

성적 기질의 다양성

a) 앞서 우리는 성감대의 다양한 형성을 근거로 선천적인 성적 기질의 다양성을 설명할 가능성을 살펴보았던 것처럼 이제는 거기에 성적 흥분의 간접적인 원천들을 포함시켜 비슷한 시도를 할 수 있다. 그런데 이 원천들이 모든 개인에게 흘러 들어가기는 하지만 강도는 똑같지 않고, 또한 성적 흥분의 개별적 원천들에 대한 개인의 선호가 다른 것은 다양한 성적 기질의 세분화가 영향을 미친다고 봐야 한다.[31]

31 (1920년에 추가된 각주) 상기 설명으로 내릴 수 있는, 부인할 수 없는 결론은 다음과 같다. 모든 개인은 구강 성애, 항문 성애, 요도 성애 등의 기질을 갖고 있고, 그런 성애를 불러일으키는 심적 콤플렉스를 확인했다고 해서 그것을 비정상이나 신경증으로 판단해서는 안 된다는 것이다. 정상과 비정상을 가르는 기준은 오직 개별적 성 충동 요소들의 상대적 강도와, 그 요소들이 발달 과정에서 사용되는 방법에 달려 있을 뿐이다 — 원주.

상호 영향의 통로들

b) 우리가 지금껏 성적 흥분의 〈원천〉이라고 부른 이 비유적 표현을 내려놓게 되면 다른 기능들에서 성욕으로 흘러 들어가는 모든 연결 통로들이 실은 반대 방향으로도 흘러갈 수 있으리라는 추측도 가능할 것이다. 예를 들어 입의 두 가지 기능이 음식물을 섭취할 때 느끼는 성적 만족의 이유라면, 똑같은 방식으로 입의 성감적 기능이 장애를 일으키면 영양 섭취에도 장애가 발생할 가능성이 생긴다. 또한 주의력 집중이 성적 흥분을 일으킬 수 있다면, 동일한 통로의 반대 방향으로도 성적 흥분 상태를 이용해 주의력을 조종할 가능성이 생긴다. 내가 성적 장애를 그 원인으로 판단한 신경증 환자들의 증상 중 상당수가 실은 성적이지 않은 다른 신체 기능의 장애로 나타났다. 그래서 성적 흥분을 불러일으키는 부위의 반대 쌍을 고려하면 지금껏 잘 이해가 되지 않았던 이런 상호 연관성의 비밀이 조금씩 풀릴 것이다.

그런데 성적 장애가 다른 신체 기능의 장애로도 이어지는 이 통로들이 건강한 상태에서는 다른 중요한 기능을 수행하는 듯하다. 즉 이 통로에서는 성 충동의 힘들을 성적인 것과는 다른 목표로 돌리는 일, 이를테면 성욕의 승화가 일어나기도 한다는 것이다. 종합하자면 이런 통로들이 분명히 존재하고 또 양쪽 방향으로 오갈 수 있다는 사실을 확인하기는 했으나 이 통로들의 본질에 대해서는 아직 확실하게 아는 것이 별로 없다는 점을 고백하는 것으로 이 장을 마치겠다.

3. 사춘기의 변화들

사춘기가 되면 소아기의 성생활을 최종적이고 정상적인 형태로 만들어 주는 변화들이 나타난다. 주로 자기 성애에 빠져 있던 성 충동은 이제 성 대상을 발견한다. 소아기 성 충동의 근간을 이루는 것은 서로 분리된 채 각각 유일한 성 목표로서 모종의 쾌락을 추구해 온 개별 충동과 성감대였다. 그러던 것이 이제 새로운 성 목표가 생기고, 성기 부위가 최우선 성감대로 우뚝 자리 잡은 가운데 모든 부분 충동들이 이 새 목표에 도달하기 위해 협력한다.[1] 새로운 성 목표는 성별에 따라 상이한 기능을 부여하기 때문에 이제 남녀의 성 발달은 크게 달라진다. 남자의 성 발달은 좀 더 일관적이고 이해하기도 쉬운 반면에 여자의 경우는 심지어 일종의 퇴행 현상이 나타나기도 한다. 정상적인 성생활은 오직 성 대상과 성 목표로 향하는 두 흐름, 즉 애정적 흐름과 관능적 흐름의 정확한 결합을 통해서만 달성되는데(이 두 흐름 중 전자는 소아 성욕의 첫 개화기에서 남은 흔적이다), 이는 마치 양쪽에서 터널을 뚫는 것과 같다.

1 (1915년에 추가된 각주) 내가 앞서 이 책에서 소아의 성 발달 시기를 구분했던 것은 세분화를 통해 각각의 특징을 드러내기 위해서였다. 소아기의 섹슈얼리티가 대상 선택과 남근기를 통해 얼마나 최종적인 성 조직화에 접근하는지는 이미 앞에서 설명한 바 있다 — 원주.

남성의 경우 새로운 성 목표의 핵심은 성적 생산물의 방출이다. 이는 이전의 성 목표, 즉 쾌락의 달성과도 결코 성질이 다르지 않지만, 이제 가장 큰 쾌락은 바로 성적 과정의 최종 행위와 연결된다. 지금부터 성 충동은 생식 기능에 이용된다. 다시 말해 이타적인 성격을 띠게 된다는 것이다. 이런 변화가 성공을 거두려면 변화 과정에서 원래의 소인과 충동의 모든 특성들이 동시에 작용해야 한다.

유기체 내에서 새로운 연결과 조합이 복잡한 메커니즘으로 자리 잡는 다른 모든 경우와 마찬가지로 여기서도 새 질서가 구축되지 않으면 병적 장애로 이어질 수 있다. 성생활의 모든 병적 장애는 발달 억제로 간주해도 무방하다.

1. 성기의 우위와 전희 쾌락

상기한 발달 과정에서 출발지와 목적지는 명확하게 드러난다. 하지만 그것들을 매개해 주는 중간 단계들은 아직 여러모로 불분명하고, 그중 몇 가지는 풀리지 않은 수수께끼로 남겨 둘 수밖에 없다.

사춘기의 눈에 띄는 특징 가운데 본질적인 것을 들자면 소아기의 잠복기에서는 상대적으로 발달이 억제되었던 외성기의 명확한 성장을 꼽을 수 있다. 그와 동시에 내성기도 성적 생산물을 배출하거나, 상황이 허락된다면 새로운 생물체를 만들어 내기에 충분할 만큼 발달한다. 이로써 고도로 복잡한 이 기관은 이제 만반의 준비를 갖추고 자신의 역할을 다할 순간을 학수고대한다.

이 기관은 자극에 의해 작동하는 것으로 알려져 있다. 관찰 결과 이 자극은 세 가지 방향에서 온다. 첫 번째는 우리가 이미 잘 아는 성감대의 자극이라는 외적 영향이고, 두 번째는 아직 탐구가 더 필요한 통로인 내부 기관의 영향이며, 세 번째는 외부 인상을 보관하고 내부 흥분을 흡수하는 심적인 세계의 영향이다. 이 세 통로를 통한 자극은 똑같은 효과, 즉 〈성적 흥분〉이라 불리는 상태를 불러일으키는데, 이러한 성적 흥분은 두 가지 징후, 즉 심적인 징후와 신체적인 징후로 나뉜다. 심적인 징후의 핵심은 사람을 달뜨게 하는 고도의 특유한 긴장감이다. 신체적 징후는 다양하게 나타나는데, 그중에서도 가장 일차적이고 중요한 것은 성행위를 할 준비가 되어 있음을 명확히 표시하는 성기의 변화, 즉 남근의 발기와 질의 축축해짐이다.

성적인 긴장

성적 흥분에 내재하는 긴장의 성격은 성적 과정을 이해하는 데 중요한 만큼이나 그 해결이 어려운 한 가지 문제와 연결되어 있다. 이와 관련해서 심리학자들의 견해는 무척 상이하지만, 나는 긴장에는 반드시 불쾌감이 포함되기 마련이라는 주장을 고수하고자 한다. 중요한 것은 이렇다. 긴장감은 심적 상태의 변화에 대한 갈망을 불러일으키고, 쾌락의 본질과는 완전히 다른 느낌을 수반한다는 것이다. 그런데 성적 흥분의 긴장을 불쾌감의 범주에 넣게 되면 이 흥분이 의심할 바 없이 쾌락으로 느껴진다는 사실과 정면으로 부딪치게 된다. 성적 과정의 긴장은 늘 쾌감을 수반하기 때문이다. 심지어 성기에서 일어나는 준비 과정의 변화에서도 만족감 같은 것이 뚜렷이 확인된다. 그렇다면 이 불쾌한 긴장과 쾌감 사이에는 어떤 관련이 있을까?

쾌락과 불쾌와 관련한 모든 문제는 현대 심리학에서 가장 민감한 주제 중 하나다. 나는 우리가 지금 다루는 이 문제의 조건들에서 가능한 한 많은 것을 알아내고자 하지만, 이 문제에서 보편적인 결론을 끄집어내는 것은 피하고자 한다.[2] 우선 성감대가 새로운 질서에 어떻게 순응하는지 그 방식으로 눈을 돌려 보자. 성감대는 성적 흥분을 야기하는 데 중요한 역할을 하는 곳이다. 눈은 성 대상에서 어쩌면 가장 외진 곳에 속하지만, 대상에게 구애하는 상황에서는 우리가 성 대상에게서 아름답다고 느끼는 특별한 흥분의 질을 통해 가장 빈번하게 자극받는다. 그 때문에 성 대상이 우리에게 미치는 영향을 〈매력〉이라고도 한다. 이 자극은 한편으론 이미 쾌락과 연결되어 있고, 다른 한편으론 성적 흥분을 고조시키거나, 아니면 아직 흥분되지 않았을 때는 흥분을 일으킨다. 거기다 다른 성감대, 예를 들어 촉감에 의한 흥분이 추가되면 일각에선 동일한 쾌감(이것은 곧 준비 과정의 변화에서 유발되는 쾌락으로 배가된다)이, 다른 일각에선 성적 긴장의 추가 상승(이것은 더 큰 쾌락이 허용되지 않을 경우 뚜렷한 불쾌감으로 급변한다)이 일어난다. 어쩌면 다른 사례가 좀 더 명백해 보인다. 만일 성적으로 흥분되지 않은 사람의 성감대, 예를 들어 여자의 가슴이 손으로 자극받는 경우, 이 접촉은 이미 그 자체로 쾌감을 불러일으키는 동시에 더 큰 쾌락을 요구하는 성적 흥분을 일깨우기에 다른 무엇보다 적합하다. 문제는 이 쾌감이 어떻게 더 큰 쾌락에 대한 욕구를 불러일으키느냐 하는 것이다.

전희 쾌락의 메커니즘

이때 성감대가 하는 역할은 분명하다. 하나의 성감대에 해당하는 것은 다른 모두에 해당한다. 모든 성감대는 적절한 자극을 통

2 (1924년에 추가된 각주) 나는 내 논문 「마조히즘의 경제적 문제」(프로이트 전집 11, 열린책들) 서론에서 이 문제의 해결을 시도했다 — 원주.

해 어느 정도씩 쾌락을 제공하는 데 이용되고, 이 쾌락에서 긴장 고조가 시작되며, 이 긴장 고조는 다시 성행위의 완성에 필요한 운동 에너지를 조달한다. 성행위에서 마지막 두 번째 단계는 또다시 그에 가장 적합한 대상, 즉 질의 점막을 이용한 성감대(성기의 귀두 부분)의 적절한 자극이다. 이러한 흥분이 야기하는 쾌락과 함께 이번에는 반사적인 경로를 통해 운동 에너지가 생기고, 이것이 성적 물질의 배출을 돕는다. 이 마지막 쾌락은 강도가 가장 강하고, 메커니즘 면에서도 이전의 쾌락들과 다르다. 이것은 오직 배출을 통해서만 야기되는 완전한 만족이고, 이 만족스러운 쾌감과 더불어 리비도의 긴장은 한동안 소멸한다.

성감대의 흥분을 통한 쾌락과 성적 물질의 배출에서 느끼는 쾌락은 각각 다른 이름을 부여해서 본질적 차이를 구분하는 것이 타당할 듯싶다. 전자는 성행위의 최종 쾌락(또는 만족 쾌락)과 대비되는 의미로 전희 쾌락이라 부르는 것이 적합해 보인다. 전희 쾌락은 비록 강도는 약하지만 이미 소아기 성 충동을 통해 경험한 것과 비슷하고, 최종 쾌락은 사춘기가 되어서야 시작되는 조건들과 관련된 새로운 형태다. 이제 성감대의 새 기능에 대한 공식은 다음과 같다. 성감대는 그 자체로 얻어지거나 소아기 성생활에서 얻을 수 있는 전희 쾌락이라는 매개체를 통해 훨씬 더 큰 최종 쾌락을 야기하는 데 사용된다.

얼마 전 나는 성생활과 완전히 다른 정신생활의 영역에서도 이와 관련한 예를 발견했다. 여기서도 경미한 쾌감을 유인책처럼 이용해서 더 큰 쾌락을 얻으려고 했던 것이다. 이 발견을 통해 나는 쾌락의 본질을 좀 더 깊이 파고들 기회를 가질 수 있었다.[3]

3 1905년에 출간된 내 연구서 『농담과 무의식의 관계』(프로이트 전집 6, 열린책들)를 참조하기 바란다. 농담의 기술로 얻어지는 〈전희 쾌락〉은 내면의 장애를 제거함

전희 쾌락의 위험

전희 쾌락과 소아기 성생활의 관련성은 전희 쾌락의 병인적 요소 때문에 더더욱 힘을 얻는다. 전희 쾌락이 포함된 메커니즘에는 정상적인 성 목표의 달성을 어렵게 하는 위험 요소가 존재한다. 성 과정의 준비 단계에서 어느 순간 전희 쾌락이 너무 커지고, 긴장의 몫이 너무 작아지는 경우다. 이 경우 성 과정을 진전시키는 동력은 떨어지고, 전 과정은 단축되고, 준비 과정이 오히려 정상적인 성 목표를 대신한다. 경험으로 보건대 해당 성감대나 그에 상응하는 부분 충동이 소아기에 이미 엄청난 양의 쾌락을 얻게 한 경험이 이 유해한 상황의 조건이다. 거기다 고착화를 강화하는 요소까지 추가되면 나중의 삶에서는 이 전희 쾌락을 새로운 관련성에 끼워 넣는 것에 거부감을 보이는 강박이 생겨나기 쉽다. 실제로 성행위의 예비 단계에서 장시간 지체하는 많은 성도착증의 메커니즘이 그러하다.

전희 쾌락으로 인한 성 메커니즘의 기능 고장을 피할 가장 좋은 방법은 아동기에 성기의 우위가 확정되는 것이다. 실제로 여덟 살부터 사춘기까지의 아동기에 그런 준비가 시작되는 것처럼 보인다. 이 연령대에서 성기 부위는 이미 성숙기와 비슷한 양상을 보이고, 그래서 다른 성감대의 만족을 통해 모종의 쾌감이 느껴질 때마다 흥분과 예비 변화가 일어난다. 비록 이 상황에 아직 목적이 없다고 하더라도, 그러니까 성 과정을 지속하는 데 전혀 기여하지 못한다고 하더라도 말이다. 따라서 아동기에 이미 만족 쾌감과 더불어, 비록 별로 지속적이지도 않고 빈도도 적지만 어느 정도의 성적 긴장이 형성된다. 이로써 우리는 이제 성욕의 원천에 관한 논의에서 그 과정이 성적 흥분을 일으키고 성적 만족감을 준

으로써 더 큰 즐거움을 방출하는 데 사용된다 — 원주.

다는 사실을 왜 함께 거론해야 하는지 그 이유를 이해하게 되었다. 우리는 탐구 과정에서 소아기와 성인기의 성생활 차이를 처음부터 너무 과장해서 상상했음을 깨달았고, 이제야 거기에 대해 수정을 가하고자 한다. 정상적인 성생활로부터의 일탈뿐 아니라 정상적인 성생활의 형성도 소아기 성욕 표출을 통해 결정된다고.

2. 성적 흥분의 문제

성감대의 만족 시 쾌락과 함께 생기는 성적 긴장이 어디서 기인하고, 또 그 본질이 무엇인지는 아직 제대로 밝혀진 것이 없다.[4] 가장 먼저 떠오르는 추측은 이 긴장이 어떤 식으로건 쾌락 자체에서 생겨난다는 것이지만, 이는 그 자체로도 있을 법하지 않을뿐더러 성적 생산물의 배출과 연결된 최고조의 쾌락에 이를 때에는 긴장이 생기는 것이 아니라 오히려 모든 긴장이 해소된다는 점을 감안하면 전혀 이치에 맞지 않다. 그렇다면 쾌락과 성적 긴장은 간접적으로만 관련되어 있을 뿐이다.

성적 생산물의 역할

보통 성적 흥분은 성적 생산물의 배출을 통해서만 종지부를 찍는다는 사실 외에 성적 긴장을 성적 생산물과 관련시킬 수 있는 또 다른 근거들이 있다. 금욕적인 삶을 사는 남자의 성 기관은 일정하지는 않지만 어느 정도 규칙적으로 밤중에 성행위 꿈을 꾸면

4 본문에서 언급된 독일어 〈쾌락*Lust*〉은 욕망의 충족에서 오는 즐거움과 함께 성적 긴장도를 높이는 준비 단계의 성적 흥분이라는 뜻을 담고 있는데, 이게 원래 이 단어의 일상적인 뜻에 기인하고 있다는 사실은 시사하는 바가 크다. 즉 독일어 〈*Lust*〉에는 〈즐거움〉과 〈~하고 싶다, 또는 이런 갈망을 느낀다〉라는 두 가지 뜻이 있다. 전자가 성적 만족을 통한 쾌락이라면, 후자는 성적 긴장의 느낌을 담고 있다 — 원주.

서 쾌감과 함께 성적 생산물을 배출하곤 한다. 이 과정, 즉 몽정을 떠올리면 성행위의 대체물로서 이 환각적 지름길을 이용할 줄 아는 성적 긴장이 성적 생산물을 저장하는 고환에 정액을 비축하는 기능을 한다는 견해를 뿌리치기는 쉽지 않다. 성 메커니즘의 소진에 대한 우리의 경험 역시 비슷한 것을 말해 준다. 정액의 비축량이 고갈될 경우 성행위를 하는 것은 불가능할 뿐 아니라 성감대의 민감성도 떨어져 더 이상 적절한 흥분을 통한 쾌락은 생기지 않는다. 아울러 어느 정도의 성적 긴장은 성감대의 민감성에도 꼭 필요하다는 것을 알 수 있다.

내가 잘못 알고 있는 것이 아니라면 이는 성적 생산물의 축적이 성적 긴장을 만들어 내고 유지한다는, 꽤 널리 알려진 가설과 연결된 것처럼 보인다. 이를테면 이런 식이다. 음낭 내벽에 대한 성적 생산물의 압력은 척골 중추를 자극하고, 이 상태는 상위 중추에 의해 인지되어 우리의 의식 속에 긴장감을 만들어 낸다는 것이다. 결국 성감대의 흥분이 성적 긴장을 고조시킨다는 것은 성감대가 이러한 중추들과 해부학적으로 연결되어 있고, 중추에서의 긴장도를 높이고, 또 성적 긴장이 충분하면 성행위로 나아가게 하고 불충분하면 성 물질의 생산을 촉진한다는 것을 의미한다.

예를 들어 크라프트-에빙 같은 학자의 성 과정에 관한 설명에서 드러나는 이런 이론의 약점은, 이것이 성인 남자의 성 행동을 설명하기 위해 만들어진 이론이기에 마찬가지로 해명이 필요한 다른 세 가지 대상은 거의 고려하고 있지 않다는 것이다. 그 대상은 바로 어린아이, 여자, 그리고 거세된 남자다. 이 세 대상의 경우 성인 남자에게서 나타나는 성적 생산물의 축적이라는 문제는 적용될 수가 없고, 따라서 그 이론적 틀을 적절하게 사용하기도 어렵다. 물론 이 이론이 언젠가는 나머지 대상들까지 포괄하는 방책을 마련할 거라는 기대를 하지만, 어쨌든 현재로선 성적 생산물의 축적이라는 요인에 필요 이상의 의미를 부여하는 것은 금물이다.

내성기의 중요성

관찰 결과 거세된 남자도 성적 물질의 생산과 상관없이 상당한 정도의 성적 흥분을 일으킬 수 있는 것으로 보인다. 거세된 남자들의 경우 대체로 다른 행동 면에서는 수술을 통해 목적한 바를 이룰 수 있지만 리비도는 손상되지 않는 때가 왕왕 있다. 게다가 남성 성세포의 생산이 중단되는 병에 걸려 후손을 낳을 수 없는 사람도 성욕과 성적 잠재력은 사라지지 않는 것으로 알려져 있다. 그렇다면 리거C. Rieger가 주장한 것처럼 성인 남자의 경우 생식샘의 상실이 개인의 정신적 행동에 그다지 큰 영향을 주지 않을 수도 있다는 것은 그리 이상한 일이 아니다. 물론 거세가 사춘기 이전의 어린 나이에 실시되면 효과 면에서는 성적 특성의 제거라는 목적에 근접할 수 있지만, 여기서도 생식샘 자체의 상실 외에 그와 연결된 다른 요인들의 발달이 억제되는 것도 감안해야 한다.

화학적 이론

척추동물에서 생식샘(음낭과 난소)의 제거 실험과 반대 성의 생식샘 이식 실험을 통해(앞에서 언급한 립쉬츠의 논문 참조) 마침내 성적 흥분의 기원이 부분적으로 밝혀졌고, 아울러 세포로 이루어진 성적 생산물의 축적에 관한 의미는 한층 축소되었다. 또 슈타이나흐는 수컷을 암컷으로, 또 암컷을 수컷으로 바꾸는 실험을 진행했는데, 그 결과 동물의 성 심리적 행동이 신체상의 성적 특성과 일치하게 바뀌는 것으로 드러났다. 그러나 성을 결정짓는 요소는 특별한 성세포(정자와 난자)를 만드는 생식샘이 아니라 그 생식샘의 간질성(間質性) 조직, 즉 앞에서 언급한 연구자들이 따로 부각시킨 〈성숙샘〉이라는 조직으로 보인다. 또 다른 연구를 통해 이 성숙샘에 일반적으로 남녀추니의 소인이 깃들어 있다는 것이 밝혀질 가능성도 매우 크다. 그렇다면 고등동물에 대한 양성 소질 이론의 해부학적 근거가 생기는 셈이다. 이로써 성숙샘이 성적 흥분과 성적 특성의 생성과 관련이 있는 유일한 기관이 아닐 가능성은 무척 높아진다. 어찌됐건 이 새로운 생물학적 발견은 우리가 앞서 성욕에서 갑상선의 역할에 대해 알고 있던 부분과 연결된다. 이제 우리는 생식샘의 이 간질성 조직에서 특별한 화학 물질들이 생성되고, 이것들이 혈류를 타고 중추신경계의 특정 부분을 성적 긴장으로 채운다는 사실을 믿어도 된다(우리는 이런 식의 전환을 알고 있다. 즉 신체 내의 어떤 독성 자극을 외부에서 유입된 다른 독소들의 특별한 기관 자극으로 전환하는 것이다). 방금 언급한 중추신경계에서 성감대 자극으로 성적 흥분이 어떻게 일어나는지, 또 이 성적 과정에서 순수 독성의 생리적 자극들은 서로 어떻게 얽혀 있는지는 현재 우리의 지식수준으로는 감당하기 어렵다. 결국 가설적으로 다룰 수밖에 없는 문제다. 지금으로서는 성의 과정에 대한 이 견해와 관련해서, 성적 대사 작용을 통해 특별한 물질이 나온다는 가정을 고수하는 정도에 만족하고자 한다. 왜냐하면 자의적으로 비치는 이 가정이 별로 주목을 받지 못하고 있지만, 실제로는 매우 중요한 인식에 의해 뒷받침되기 때문이다. 성생활 장애가 원인으로 밝혀진 신경증들은 쾌락을 주는 독소(알칼로이드)의 습관적인 흡입에서 생겨나는 중독이나 금단현상과 임상적으로 매우 유사한 것으로 나타난다.

3. 리비도 이론

우리가 성생활의 심적 징후들을 다루기 위해 만든 이론적 발판 역시 성적 흥분의 화학적 근거에 관한 이런 추측과 잘 맞아떨어진다. 우리는 〈리비도〉 개념을 성적 흥분의 과정과 변화를 측정할 수 있는, 양적으로 가변적인 힘으로 정의했다. 또한 리비도를 그 특별한 기원과 관련해서 정신적 과정 전반에 깔려 있는 에너지와 구분하고, 그로써 리비도에 질적인 특성도 부여했다. 우리는 리비도 에너지와 다른 정신적 에너지의 분리 속에서 유기체의 성 과정이 특별한 화학 작용을 통해 영양 섭취 과정과 구분된다는 전제 조건을 드러냈다. 그리고 성도착자와 정신신경증 환자를 분석하여 이 성적 흥분이 생식기뿐 아니라 다른 모든 신체 기관들에 의해서도 제공된다는 인식에 이르렀다. 따라서 우리는 〈리비도의 양〉이라는 개념을 생각해 냈고, 이것의 정신적 대표부를 〈자아 리비도*Ich-libido*〉라 불렀다. 아울러 자아 리비도의 생성, 증가와 감소, 분배와 치환으로 성 심리적 현상을 설명할 가능성이 생겨났다.

이 자아 리비도는 성 대상을 점령하기 위해 정신적인 힘을 사용할 때, 즉 〈대상 리비도*Objektlibido*〉가 될 때에만 분석적 접근이 용이해진다. 그럴 경우 우리는 리비도가 대상에 집중하고, 대상에 고착되고, 또는 대상을 떠나 다른 대상으로 옮겨 가고, 이런 상황에서 개인의 성 행동을 성적 욕망의 부분적이고 일시적인 해소로 나아가도록 조종하는 것을 본다. 이는 전이 신경증(히스테리와 강박신경증)이라 불리는 증상들에 대한 정신분석을 통해 명확히 드러난다.

대상 리비도의 파란만장한 삶에 대해서는 이런 말을 덧붙일 수 있다. 대상에서 떨어져 나간 리비도는 특별한 긴장 상태로 둥둥 떠 있다가 마침내 자아 속으로 끌려 들어가 다시 자아 리비도가 된다. 자아 리비도는 대상 리비도와 대비해서 〈자기애적 리비도〉라고도 불린다. 우리는 정신분석을 통해 마치 넘을 수 없는 경계 너머를 보듯 이 자기애적 리비도의 활동을 들여다보고, 이것과 대상 리비도의 관계를 그려 볼 수 있다.[5] 자기애적 리비도 또는 자아 리비도는 대상에 집중하는 리비도를 밖으로 내보냈다가 다시 안으로 불러들이는 거대한 저장고처럼 보인다. 또한 자아의 자기애적 리비도 집중은 아주 이른 시기에 형성된 원초적 상태처럼 보인다. 나중에 리비도의 배출을 통해 가려질 뿐 본질적으로는 그 이면에 계속 존재하는 원초적 상태 말이다.

신경증과 정신 질환의 영역에서 리비도 이론의 과제는 모든 관찰된 현상과 추론된 과정을 〈리비도 경제학〉이라는 관점에서 표현하는 것이다. 자아 리비도의 파란만장한 삶이 아주 중요하다는 것은 쉽게 추측할 수 있다. 특히 심각한 정신 질환을 설명하는 경우에 말이다. 하지만 이때도 난제는 있다. 우리의 연구 방법인 정신분석이 대상 리비도의 변화와 관련해서 우리에게 단지 일시적으로만 확실한 정보를 제공할 뿐,[6] 자아 속에서 활동하는 다른 에너지들과 자아 리비도를 직접적으로 구분할 수는 없다는 것이다.[7] 때문에 리비도 이론은 당분간 추론적 방법으로만 가능할 뿐이다. 그렇다고 융C. G. Jung의 예에 따라 리비도를 정신적 동력

5 (1924년에 추가된 각주) 이러한 제한은 〈전이 신경증〉 외의 다른 신경증들도 정신분석을 통해 상당 부분 접근할 수 있게 되면서 예전의 타당성을 잃었다 — 원주.

6 위의 각주를 참조하기 바란다 — 원주.

7 (1915년에 추가된 각주) 「나르시시즘 서론」(프로이트 전집 11, 열린책들) 참조. (1920년에 추가된 각주) 이 논문에서 잘못 적시된 내용을 바로잡자면, 〈나르시시즘〉이라는 용어는 네케Näcke가 아닌 해블록 엘리스가 고안한 개념이다 — 원주.

과 동일시해서 리비도 개념 자체의 의미를 퇴색시킨다면 지금까지 정신분석적 관찰에서 얻은 모든 소득은 사라지게 될 것이다.

성 충동을 다른 충동들과 구분하고, 그로써 리비도 개념을 성 충동의 영역으로만 국한해야 한다는 주장은 앞서 논구한, 성 기능에 특별한 화학 작용이 존재한다는 가정에 의해 강력하게 뒷받침된다.

4. 남자와 여자의 차이

인간은 사춘기에 이르러서야 남자와 여자의 특성으로 확연히 나뉘기 시작한다는 것은 우리 모두 알고 있는 사실이다. 그러니까 인간 삶의 형성에 다른 무엇보다 더 결정적인 영향을 미치는 대립이 그 무렵에 만들어진다는 것이다. 물론 남성적 소인과 여성적 소인은 그보다 더 어린 나이에도 뚜렷이 드러난다. 성욕을 억제하는 기제(수치심, 역겨움, 연민 등)는 여자아이들이 남자아이들보다 더 일찍 발달하고, 성적 억압의 경향도 대체로 더 커 보인다. 또한 성욕의 부분 충동이 움트더라도 여자아이들은 수동적인 형태를 선호한다. 그러나 성감대의 자기 성애적 활동은 양성 모두 동일하고, 이러한 일치로 인해 사춘기 이후에야 뚜렷이 생겨나는 성 구분은 어린 시절엔 나타나지 않는다. 자기 성애적이고 자위적인 성적 표출을 고려하면 여자아이들의 성욕은 굉장히 남성적인 성격을 띤다고 할 수 있을 듯하다. 물론 〈남성과 여성〉이라는 개념에 하나의 내용을 부여할 수 있다면, 리비도는 남자건 여자건, 또 그 대상이 남자건 여자건 언제나 일정하게 남성적인 성질을 띤다는 주장도 가능해 보인다.[8]

8 (1915년에 추가된 각주) 통념적으로는 그 의미가 전혀 모호하지 않은 것처럼

나는 양성의 영역을 알게 된 뒤로 이 양성적인 속성을 기준점으로 삼게 되었고, 또 양성성을 고려하지 않고는 남자와 여자에게서 실제로 관찰되는 성적 표현을 이해하기란 거의 불가능하다는 생각을 갖게 되었다.

남자와 여자의 핵심 성감대

이와 별도로 나는 다음의 사실을 덧붙이고자 한다. 여자아이들도 핵심 성감대가 남자 성기의 귀두에 해당하는 클리토리스에 있다는 것이다. 내 경험상 여자아이들의 자위는 나중에 성 기능에서 중요한 역할을 담당하게 될 외성기 부위가 아닌 클리토리스에 집중되어 있었다. 솔직히 아주 예외적인 상황이 아니라면 외부의 유혹이 있어도 여자아이들이 클리토리스 말고 다른 부위로 자위를 할 수 있는지조차 의심스럽다. 여자아이들의 경우 성적 흥분의 자발적 해소는 대체로 클리토리스의 경련으로 표출된다. 여자

보이는 〈남성적〉 또는 〈여성적〉이라는 개념이 학문적으로는 지극히 혼란스러운 개념 중 하나라는 사실부터 분명히 해둘 필요가 있다. 학문에서는 이 개념을 최소한 세 가지 방향으로 접근한다. 그러니까 어떤 때는 〈능동성과 수동성〉의 의미로, 어떤 때는 생물학적인 의미로, 또 어떤 때는 사회학적인 의미로 접근하는 것이다. 그중 첫 번째 접근이 가장 본질적이고 정신분석에도 가장 많이 사용된다. 예를 들어 본문에서 리비도를 남성적인 것으로 규정한 경우가 그러한데, 충동은 겉보기엔 수동적인 목표를 갖고 있다고 하더라도 언제나 능동적이기 때문이다. 반면에 〈남성적〉과 〈여성적〉의 생물학적 의미는 명확한 개념 규정을 허용한다. 여기서는 〈남성적〉과 〈여성적〉이라는 개념이 정자와 난자의 존재에 의해, 그리고 그것들로부터 생겨나는 기능에 의해 명확하게 특징화되기 때문이다. 능동성과 그 부수 현상들(강력한 근육 발달, 공격성, 강한 리비도)은 대체로 생물학적인 남성성과 연결되지만, 반드시 그렇지는 않다. 왜냐하면 이러한 특성이 암컷에게서 나타나는 동물 종도 있기 때문이다. 세 번째 사회학적인 의미는 실제로 살아가는 남성과 여성 개인들의 관찰에 토대를 두고 있다. 이 관찰 결과, 심리학적인 의미로건 생물학적인 의미로건 순수한 남성성 또는 여성성은 발견되지 않는다. 오히려 모든 개인 속에는 생물학적인 성과 반대 성의 성격이 섞여 있고, 능동성과 수동성이 결합되어 있음을 알 수 있다. 이런 성격적 특성들이 생물학적 성에 얼마만큼 구속되건, 또 얼마만큼 구속되지 않건 간에 말이다 — 원주.

아이들은 클리토리스의 잦은 발기 덕분에 따로 배우지 않더라도 남자아이들의 성적 현상을 잘 이해한다. 자신의 몸에서 일어나는 변화의 느낌을 그냥 남자아이에게 전이하면 되기 때문이다.

여자아이가 성숙한 여자로 바뀌는 과정을 이해하려면 이 민감한 클리토리스 현상을 좀 더 깊이 추적해 들어가야 한다. 사춘기는 남자아이들에게는 리비도의 급속한 진전을 가져다주지만 여자아이들에게는 새로운 억압의 시작으로 나타나고, 이때 이 억압의 직격탄을 맞는 곳이 바로 클리토리스다. 그러니까 억압에 의해 남성적인 성욕의 일부가 저지되는 것이다. 여자들에게서 사춘기 시절 억압으로 생겨난 성욕에 대한 억제의 강화는 남자들의 리비도에는 오히려 자극적 매력으로 작용해서 리비도를 더욱 고조시킨다. 이러한 리비도의 고조와 함께, 남자를 거부하고 자신의 성욕을 부정하는 여자들에 대한 남자의 성적 과대평가도 심화된다. 그러나 마침내 성행위가 허용되고 클리토리스가 흥분하면 클리토리스는 자신의 흥분을 인접한 다른 성적 부위들로 전달한다. 이를테면 얇은 대팻밥이 단단한 통나무에 불을 붙이는 데 사용되는 격이다. 이런 흥분이 완전히 전달되기까지는 어느 정도 시간이 걸릴 때가 많고, 그때까지 여자들은 무감각하다. 만일 클리토리스가 흥분을 전달하길 거부한다면(이는 어린 시절 이 부위의 광범한 활동으로 생겨난 결과다) 무감각 상태는 지속된다. 여자들의 무감각은 겉보기만 그렇고 국부적일 때가 많은 것으로 알려져 있다. 여자들은 질의 입구가 무감각하지만, 클리토리스나 다른 부위에서 일어나는 흥분에 결코 둔감하지 않다. 이러한 무감각에 대해서는 성적 민감성의 동인 외에 억압으로 인한 심리적 동인도 고려해야 한다.

클리토리스가 성적 흥분을 질 입구까지 전달하는 데 성공한다면 그것은 여자가 나중의 성생활에서 주도적인 성감대를 바꾸었다는 것을 의미한다. 반면에 남자는 어린 시절부터 늘 같은 부위를 주도적인 성감대로 유지한다. 이처럼 여자들이 핵심 성감대를 바꾸고, 또 사춘기 무렵에 소아기의 남성성을 버리게 하는 강력한 억압이 시작된다는 점이 여자가 신경증, 특히 히스테리에 걸릴 가능성이 훨씬 높은 요인이다. 그렇다면 이 요인은 여성성의 본질과 깊은 관련이 있다.

5. 대상 찾기

사춘기 과정을 통해 생식기 부위의 우위가 확정되고, 발기한 남근이 새로운 성 대상, 즉 남근을 흥분시키는 여자 몸의 한 구멍으로 밀고 들어가려는 욕구로 충만한 동안 심리적인 측면에서는 아주 어린 시기부터 사전 작업이 진행되어 온 대상 찾기가 이루어진다. 최초의 성적 만족이 양분 섭취와 연결되어 있을 당시 성 충동의 대상은 자기 몸 외부, 즉 어머니의 가슴이었다. 그러다 어머니의 가슴은 성적 충동의 대상으로서의 기능을 상실하는데, 아마 아이가 자신에게 만족감을 주는 그 신체 기관의 주인에 대한 전체적인 표상을 형성하는 시기쯤에 그런 일이 일어나는 듯하다. 이후의 성 충동은 대체로 자기 성애적인 경향을 띠고, 잠복기가 끝난 뒤에야 그 원래적인 관계가 다시 생성된다. 그래서 아이가 어머니의 젖을 빠는 것이 모든 사랑 관계의 전형이 된 데에는 다 그럴 만한 이유가 있다. 결국 대상 찾기는 본래적인 의미에서 재발견의 성격을 띤다.[9]

9 (1915년에 추가된 각주) 정신분석은 우리에게 두 가지 방식의 대상 찾기가 있음을 알려 준다. 첫 번째는 본문에서 언급한 방식으로 영아기의 전형적 애착에 근거한

젖먹이 시기의 성 대상

그런데 모든 성적 관계 중에서 가장 중요한 이 최초의 관계는 성적 행동이 양분 섭취와 분리된 뒤에도 중요한 부분으로 남아 대상 선택을 준비하고, 잃어버린 행복의 복원을 돕는다. 아이는 잠복기 내내 어찌할 바 모르는 자신을 도와주고 자신의 욕구를 충족시켜 줄 다른 사람들을 사랑하는 법을 익히는데, 이 사랑은 어머니와 젖먹이 관계의 전형이자 연장이다. 아이가 자신을 돌봐주는 사람들에게 느끼는 애정과 존중을 이렇게 성적인 사랑과 동일시하는 것에 반발할 수도 있을 것이다. 그러나 좀 더 정밀한 심리 연구를 통해 이 동일성이 모든 의심을 넘어 확고하게 자리 잡을 수 있으리라 믿는다. 아이와 보호자와의 교류는 아이에겐 성적 흥분과 성감대 욕구 해소를 위해 끊임없이 흘러나오는 원천이다. 왜냐하면 보호자(대체로 어머니)는 아이에게 자신의 성생활에서 나온 감정을 쏟아 붓고, 아이를 어루만지고, 입 맞추고, 어르고, 또 완벽한 성 대상의 대체물로 삼기 때문이다.[10] 아마 이런 애정 표현이 실은 아이의 성 충동을 일깨우고, 나중의 성 충동을 강화하는 준비 과정이라는 설명을 들으면 대부분의 어머니들은 소스라치게 놀랄 것이다. 어머니들은 자신의 이런 행위가 성적인 것과는 정말 아무 관련이 없는 〈순수한〉 사랑이라고 여긴다. 아이를 보살필 때 불가피한 경우가 아니라면 아이의 성기에 자극을 주지 않으려고 세심하게 신경 쓰는 것도 그 때문일 것이다. 그러

〈의존〉이다. 두 번째는 자기 안에서 만족을 구하고, 그것을 다시 다른 사람에게서 발견하려는 자기애적 방식이다. 후자는 병리적인 결과들에 특히 의미가 크지만, 이 텍스트의 문맥과는 관계가 없다 — 원주.

10 이 견해가 〈죄 받을 소리〉처럼 느껴지는 사람은 해블록 엘리스의 『성 감정』을 읽어 보기 바란다. 어머니와 아이의 관계를 거의 이와 비슷한 의미로 설명하고 있다 — 원주.

나 우리가 알기로, 성 충동은 성기 부위의 흥분을 통해서만 일깨워지는 것이 아니다. 우리가 애정이라고 부르는 모든 행위는 언젠가는 성기 부위에도 영향을 미친다. 만일 어머니가 윤리적·심리적 영역뿐 아니라 정신생활 전반에 미치는 성 충동의 막대한 중요성을 이해한다면 자신의 그런 행동을 자책하는 일은 결코 없을 것이다. 자신은 아이에게 사랑하는 법을 가르치는 임무를 다한 것뿐이기 때문이다. 그러니까 아이는 왕성한 성적 욕구를 가진 유능한 사람으로 자라야 하고, 본능이 몰아대는 것은 무엇이건 완수하며 살아야 한다는 것이다. 물론 부모의 지나친 애정 표현은 때 이른 성적 조숙을 불러일으키고, 그로써 아이의 버릇을 망치고, 아이가 나중에 일시적으로 사랑 없이는 아무것도 못하거나 적은 양의 사랑에는 만족할 수 없도록 나쁜 영향을 끼치는 것이 사실이다. 그래서 아이가 나중에 신경증 환자가 될 가장 뚜렷한 조짐 중 하나도 만족할 줄 모르고 부모의 애정을 끊임없이 요구하는 데서 찾을 수 있다. 다른 한편으론 과도한 애무 행위로 자식들의 신경증적 소질을 너무 일찍 일깨울 가능성이 큰 사람도 대개 자식에게 지나친 애정을 쏟는 경향을 가진 신경증 환자 부모들이다. 이 예에서 미루어 알 수 있는 것은 신경증 부모에게는 유전으로 자신의 병을 아이들에게 직접적으로 물려줄 통로가 있다는 사실이다.

소아기의 불안

아이들 자신도 이른 나이부터 자신의 보호자에 대한 애착이 마치 일종의 성적 사랑인 것처럼 행동한다. 아이들의 불안은 원래 사랑하는 사람을 잃을지도 모른다는 마음의 표현에 지나지 않는다. 낯선 사람을 두려워하는 것도 바로 이런 이유에서다. 아이들은 사랑하는 사람을 볼 수 없기에 어둠을 무서워하고, 그래서 어둠 속에서 사랑하는 사람이 손을 잡아 주면 진정된다. 보모가 밤중에 들려주는 무서운 귀신 이야기나 다른 섬뜩한 이야기들이 아이들의 불안의 원인이라고 믿는 것은 그런 이야기의 효과를 지나치게 과대평가한 것이다. 실은 다른 아이들은 아무렇지도 않게 받아들이는 그런 이야기에 과하게 반응하는 것은 원래 불안증 경향을 가진 아이들이다. 그리고 성 충동이 지나치거나, 또래보다 일찍 발달하거나, 아니면 과도한 애정으로 버릇없이 자란 아이들이 그런 불안증 경향을 보인다. 이런 아이들은 리비도를 충족시킬 수 없을 때 불안으로 전환함으로써 어른처럼 행동한다. 한편으론 충족시키지 못한 리비도 때문에 신경증 환자가 된 어른 역시 불안할 때면 아이처럼 행동한다. 그러니까 혼자 있을 때, 즉 자신이 사랑한다고 확신하는 사람이 없을 때 불안을 느끼기 시작하면서 이 불안을 아주 유치한 방식으로 해소하려 하는 것이다.[11]

부모의 지나친 애정 공세는 아이의 성 충동을 때 이르게, 그러니까 사춘기의 신체적 조건이 나타나기 전에 강하게 일깨워 심적 흥분이 생식기 시스템에도 명확하게 영향을 끼치게 한다. 다행히 이 수준까지만 나아가지 않는다면 부모의 애정 표현은 아이가 성

11 소아기 불안의 기원에 관한 이 설명은 어느 세 살짜리 남자아이 덕이 크다. 언젠가 나는 어두운 방 안에서 보모에게 이렇게 애원하는 남자아이의 목소리를 들었다. 「아줌마, 아무 말이나 해줘. 어두워서 무서워.」 그때 보모는 이렇게 대답했다. 「그래봤자 무슨 소용이 있어? 어차피 내가 보이지 않잖아.」 아이가 말했다. 「상관없어. 무슨 말이라도 하면 환해질 거야.」 결국 아이가 무서워한 것은 어둠이 아니라 사랑하는 사람이 없다는 사실이었다. 그래서 그 사람이 곁에 있다는 사실을 느끼자마자 진정이 될 거라고 생각한 것이다.

(1920년에 추가된 각주) 정신분석의 가장 중요한 결과 가운데 하나는 다음과 같다. 신경증 환자의 불안은 리비도에서 생겨난다는 것이다. 즉 불안은 리비도가 변해서 생기는 것이기에 이 둘은 술과 식초처럼 밀접하게 연결되어 있다. 이 문제에 대한 더 자세한 내용은 『정신분석 강의』(프로이트 전집 1, 열린책들)를 참조하기 바란다. 물론 이 책에서도 최종적인 설명에 이르지는 못했지만 말이다 — 원주.

숙기에 이르렀을 때 성 대상을 제대로 선택하도록 이끄는 역할을 할 수 있다. 성 대상을 고를 때 아이가 가장 먼저 떠올리는 대상은 분명 어릴 때부터 억제해 온 리비도로 사랑해 왔던 바로 그 사람, 즉 보호자일 것이다.[12] 그러나 다행히 육체적으로 아직 성숙하지 않았기에 아이는 다른 성적 억제와 함께 근친상간에 차단막을 치고, 또 어릴 때 사랑한 사람은 피붙이이기에 성적 대상에서 제외해야 한다는 도덕적 계율을 받아들일 시간을 벌게 된다. 이 차단막에 대한 존중은 무엇보다 사회의 문화적 요구다. 즉 우리 사회는 더 나은 사회적 단위의 생성에 필요한 이익이 가정을 통해 망쳐지는 것을 막아야 하는데, 그 때문에 모든 개인, 특히 청소년들을 어린 시절의 삶에서 유일하면서도 결정적인 요소로 작용한 가족으로부터 떼어 놓으려고 온갖 수단을 강구한다.[13]

그런데 대상 선택은 우선 관념 속에서 이루어지고, 성숙해 가는 청소년의 성생활은 판타지, 즉 결코 실현할 수 없는 관념 속에서 진행되는 것 외에는 다른 여지가 거의 없다.[14] 모든 인간의 이

12 (1915년에 추가된 각주) 앞에서 아이들의 대상 선택과 관련해서 언급했던 부분(〈애정적 흐름〉)을 참조하기 바란다 — 원주.

13 (1915년에 추가된 각주) 근친상간의 차단막은 인류의 역사적 습득물일 가능성이 매우 크고, 다른 도덕적 금기들과 마찬가지로 유전을 통해 많은 사람들 속에 이미 깊이 뿌리내린 듯하다. 「토템과 터부」(프로이트 전집 13, 열린책들) 참조. 그러나 정신분석은 개인이 성장기에 근친상간의 유혹과 얼마나 격렬히 싸우고, 판타지뿐 아니라 현실 속에서도 그 차단막을 얼마나 자주 찢는지를 보여 준다 — 원주.

14 (1920년에 추가된 각주) 사춘기의 판타지는 중도에 포기한 어린 시절의 성적 탐구와 연결되고, 일부는 잠복기로 거슬러 올라가기도 한다. 그러나 전부 혹은 대부분 무의식 상태로 존재하기에 그게 언제 시작되었는지는 확정하기 어렵다. 이 판타지들은 다양한 증상의 생성에 중요한 의미를 갖고 있다. 그 자체가 바로 증상들의 전 단계이기도 하기 때문이다. 즉 억압된 리비도 요소들을 충족시키는 여러 형식이 판타지 속에서 만들어진다는 뜻이다. 마찬가지로 판타지는 보통 밤에 꾸는 꿈으로 알려져 있는 상상들의 모델이다. 꿈은 이러한 사춘기의 판타지가 되살아난 것일 때가 많다. 그것도 깨어 있을 때의 삶에서 남겨진 자극들(〈낮의 잔해〉)에 영향을 받으면서 말이다. 사춘기의 성적 판타지 가운데에는 매우 일반적으로 나타나고 개인적 경험과 상당히 무관

런 판타지 속에는 소아기적 경향이 다시 등장한다. 그것도 신체적인 변화를 통해 더욱 강화된 형태로. 이 경향들 가운데 가장 중요하고 빈번하게 나타나는 것이 성적 끌림을 통해 아이의 성 충동이 부모에게로 향하는 것이다. 아들은 어머니에게로, 딸은 아버지에게로.[15] 이 뚜렷한 근친상간적 판타지를 극복하고 퇴치하는 것과 동시에 아주 의미심장하고도 고통스러운 사춘기의 심리적 성취가 완성된다. 즉 부모의 권위로부터 벗어나는 것인데, 이 이탈을 통해 문화적 진보에 대단히 중요한 신세대와 구세대의 대립이 형성된다. 인간이라면 누구나 거쳐야 할 발달 단계마다 지체하는 사람은 항상 있기 마련이다. 우리의 경우 그런 사람들은 부모의 권위를 극복하지 못하고, 부모에 대한 애정을 완전히 다른 데로 돌리지 못하거나, 아니면 돌리더라도 아주 불완전한 형태에 그치고 만다. 부모 입장에서야 기쁜 일일 수도 있지만, 사춘

하다는 점에서 다른 것들과 구별되는 몇 가지가 있다. 부모의 성행위를 엿듣는 판타지, 어릴 때 자신이 사랑했던 사람에게 유혹받는 판타지, 거세의 위협에 관한 판타지 같은 것들이다. 또한 어머니의 자궁 안에 있을 때의 체험을 내용으로 하는 자궁 판타지, 또 청소년이 어린 시절을 비롯해 현재 부모와의 입장 차이에 대응하는 이른바 〈가족 소설〉 판타지도 이에 속한다. 이런 판타지와 신화의 밀접한 관계에 대해선 오토 랑크Otto Rank가 『영웅의 탄생 신화*Der Mythus von der Geburt des Helden*』(1909)에서 잘 보여 주었다.

오이디푸스 콤플렉스가 신경증의 핵심 콤플렉스이고, 신경증의 본질적인 부분을 드러낸다는 말은 타당하다. 나중에 성인의 성욕에 결정적인 영향을 미치는 소아기 성욕도 오이디푸스 콤플렉스에서 절정을 이룬다. 지상에 태어나는 사람은 누구나 오이디푸스 콤플렉스를 극복할 과제를 안고 태어나고, 그 과제를 완수하지 못하는 사람은 신경증 환자로 전락한다. 정신분석의 진전으로 오이디푸스 콤플렉스의 중요성은 점점 더 명확해지고 있고, 정신분석에 대한 세간의 인정은 지지자들과 반대자들을 서로 건널 수 없는 강으로 확고하게 나누고 있다.

(1924년에 추가된 각주) 랑크는 『출생의 트라우마*Das Trauma der Geburt*』(1924)에서 어머니에 대한 애착의 기원을 찾아 선사시대로까지 거슬러 올라갔고, 그로써 오이디푸스 콤플렉스의 생물학적 근거를 적시했다. 그는 내가 위에서 했던 말과는 달리 근친상간의 차단막을 출생 불안의 트라우마성 인상에서 끄집어낸다 — 원주.

15 『꿈의 해석』에 나오는, 오이디푸스 이야기의 불가피한 숙명에 관한 부분을 참조하기 바란다 — 원주.

기가 훨씬 지난 뒤에도 부모에 대한 어릴 적의 사랑을 고스란히 유지하는 사람은 대체로 여자다. 그런데 바로 이런 여자들이 나중에 결혼하면 남편에게 마땅히 해주어야 할 것을 해주지 못하는, 즉 성적으로 무감각하고 차가운 아내가 된다는 사실을 기억해 둘 필요가 있다. 여기서 우리는 겉으론 성적으로 보이지 않는 부모에 대한 사랑과 성적인 사랑이 결국 같은 원천에서 나온다는 것을, 다시 말해 부모에 대한 사랑이 리비도의 소아기적 집착에 지나지 않는다는 것을 알 수 있다.

성 심리 발달 과정상의 심각한 장애 현상에 접근할수록 근친상간적 대상 선택의 의미는 점점 더 두드러지게 나타난다. 정신신경증 환자의 경우, 성욕의 거부로 인해 대상 찾기를 위한 성 심리적 행동의 상당 부분 또는 전부가 무의식 상태로 남아 있다. 사랑받고 싶은 욕구가 지나치게 강하면서도 동시에 실제 성생활에 대해서는 지나친 두려움을 갖고 있는 여자들은 한편으론 자신의 삶에서 성적이지 않은 사랑의 이상을 실현하고픈 유혹에 빠지고, 다른 한편으론 부모나 형제자매에 대해 사춘기 때 되살아난 소아기 적 사랑을 고수함으로써 자책하지 않고도 표현할 수 있는 애정 뒤로 자신의 리비도를 숨기고 싶은 거부할 수 없는 유혹에 빠지곤 한다. 정신분석은 이런 사람들이 통속적인 의미로 피붙이와 사랑에 빠졌다는 것을 어렵지 않게 증명할 수 있다. 그 증상이나 다른 병적 징후의 도움으로 그들의 무의식적 생각을 감지해 내서 의식적 생각으로 바꿀 수 있기 때문이다. 한때는 건강했던 사람이 불행한 사랑을 겪고 나서 병이 난 경우에도 그 병의 메커니즘은 결국 어릴 때 좋아하던 사람을 향한 리비도의 회귀다.

소아기 대상 선택의 여파

다행히 리비도의 근친상간적 집착을 피한 사람이라고 하더라도 그 영향에서 완전히 벗어나지는 못한다. 일례로 젊은 남자가 원숙미를 갖춘 여자에게 처음으로 깊이 빠진다거나, 좀 더 흔한 경우지만 젊은 여자가 사회적 권위가 있는 나이 든 남자와 사랑에 빠지는 것은 그 발달 단계의 분명한 여파다. 그렇게 나이 많은 대상들이 그들에게는 어머니나 아버지의 이미지를 연상시키기 때문이다.[16] 대상 선택은 대체로 이러한 전형에 뿌리를 두고 자유롭게 움직이는 듯하다. 특히 남자는 아주 어릴 때부터 마음속에 깊이 뿌리내리고 있는 어머니의 모습을 대신할 여자를 찾는다. 아직 살아 있는 어머니가 아들이 선택한, 자신과 닮은 그 여자에게 반발심을 느끼고 적대적으로 대하는 이유도 대개 거기에 있다. 어릴 적 아이와 부모의 관계가 훗날 성적 대상의 선택에 미치는 이러한 의미를 생각해 보면 그 관계의 장애가 성숙한 뒤의 성생활에 중대한 영향을 미친다는 것을 쉽게 이해할 수 있다. 또한 연인에 대한 질투도 소아기 시절의 이런 관계가 매번 그 근본적인 원인으로 작용하거나, 아니면 최소한 그 관계의 강화가 영향을 미친다. 부모의 불화나 불행한 결혼 생활은 아이들이 나중에 성적 발달 장애나 신경 질환을 일으킬 가장 중대한 원인으로 작용한다.

부모에 대한 아이의 애정이 사춘기 시절 다시 일깨워져 대상 선택의 방향을 제시하는 가장 중요한 흔적이기는 하지만, 그런 것이 그것 하나만 있는 것은 아니다. 남자의 경우 소아기에 뿌리를 둔 다른 소인들도 여전히 어린 시절의 그 관계에 의지한 채 하나의 성적 계열을 발전시키고, 대상 선택의 다양한 조건을 형성

16 (1920년에 추가된 각주) 내 논문 「남자들의 대상 선택에서 나타나는 특이한 유형」(프로이트 전집 7, 열린책들) 참조 — 원주.

하는 인자로 작용한다.[17]

도착증의 예방

대상 선택의 핵심은 반대되는 성을 찾아야 한다는 것이다. 다들 알고 있듯이, 이것은 몇 차례의 실수 없이 바로 이루어지지는 않는다. 사춘기 이후 첫 번째 성적 움직임은 잘못된 대상으로 흐를 때가 많다. 물론 그게 지속적인 손상으로 이어지지는 않는다. 어쨌든 그런 면에서 사춘기 청소년이 동성에 빠지는 현상을 지극히 자연스러운 것으로 본 드수아M. Dessoir의 지적은 타당하다. 성 대상과 관련해서 지속적인 성도착증을 막는 가장 큰 힘은 분명 반대되는 성적 특징이 서로에게 작용하는 매력일 것이다. 이 문제는 현재의 맥락에서 벗어나기에 더 자세히 밝히지는 않겠다.[18] 아무튼 분명히 알 수 있는 것은 매력 하나만으로는 성도착을 막기에 충분치 않고, 또 다른 지원 요소들이 존재한다는 것이다. 그중에서도 가장 주된 요소는 사회의 권위 있는 금지들이다. 성도착이 죄악으로 간주되지 않는 사회에서는 적지 않은 사람들의 성적 경향이 그런 쪽으로 흐른 것도 그런 이유에서였다. 게다가 남자들의 경우는 어렸을 때 어머니나 자신을 돌봐 준 다른 여자들의 애정에 대한 기억이 이성을 성 대상으로 선택하는 데 강력한 영향을 미친 반면에 아버지에게서 성적 행동을 하지 못하도록 저지당한 경험이나 아버지와의 경쟁 관계가 동성으로부터 등

17 (1915년에 추가된 각주) 인간 성생활의 무수한 특성과 사랑에 빠지는 필연적인 과정은 대체로 소아기와 연결 짓거나 소아기의 여파로 해석하지 않는 한 이해하기가 불가능하다 — 원주.

18 (1924년에 추가된 각주) 이 부분과 관련해서 페렌치의 판타지가 넘치면서도 해박한 책 『성기 이론 고찰*Versuch einer Genitaltheorie*』(1924)을 추천한다. 이 책에서는 생물학적 진화의 관점에서 고등동물의 성생활을 설명하고 있다 — 원주.

을 돌리게 하는 요소로 작용했다고 말할 수 있다. 이 두 요인은 성적 행동과 관련해서 동성인 어머니로부터 특별한 감시를 받는 여자들에게도 똑같이 적용된다. 이로써 동성에 대한 적대적 관계가 형성되고, 그것이 향후 정상으로 여겨지는 대상 선택에 결정적인 영향을 미친다. 이런 측면에서 남성이 남자아이들을 교육하면(고대엔 남자 노예들이 그 일을 담당했다) 동성애가 조장되는 것으로 보인다. 또한 오늘날의 귀족층에서 이런 성도착이 더 잦은 이유도 남자 하인들을 고용한 탓도 있지만, 어머니가 개인적으로 아이들을 덜 보살피는 탓도 크다. 그 밖에 여러 히스테리 사례에서 알 수 있듯이, 죽음이나 이혼, 별거 같은 이유로 부모 한쪽이 일찍 곁을 떠나 아이의 사랑이 남은 한쪽에게만 향하게 되면 그게 훗날 성 대상으로 선택될 성을 결정짓고, 그와 함께 영구적인 성 대상 도착으로 나아갈 길을 열어 준다.

요약

지금껏 상술한 것을 정리할 시간이 됐다. 우리는 성 대상 및 성 목표와 관련한 성 충동의 일탈 현상에서 출발해서 그 일탈이 선천적 소인에서 나온 것인지, 아니면 삶의 영향으로 습득된 것인지, 하는 문제에 부딪혔다. 그리고 정신분석의 도움으로 신경증 환자들(건강한 상태에서 크게 벗어나지 않은 수많은 사람들)의 성 충동을 파악함으로써 이 문제에 대한 답을 얻을 수 있었는데, 한 마디로 정리하면 이렇다. 이 사람들에게서는 온갖 도착적 경향이 무의식적인 힘으로 존재하고, 그 힘이 증상을 일으키는 요인이라는 것이다. 이로써 신경증은 성도착의 음화(陰畫)라고 할 수 있을 듯하다. 우리가 확인한 성도착 경향의 폭넓은 확산과 관련해서 다음 관점이 자동으로 떠오른다. 도착적 성향은 인간 성 본능의 원초적이고 보편적인 소인이고, 이 소인에서 신체적 변화와 정신적 억압의 결과로 정상적인 성생활이 발달한다는 것이다. 우리는 어린아이들에게서도 이러한 원초적 소인을 찾을 수 있기를 기대했다. 성 충동의 방향을 제한하는 힘들 가운데 두드러지는 것은 수치심, 역겨움, 연민, 도덕 체계, 권위다. 그래서 우리는 정상적인 성생활로부터의 모든 고착화된 일탈 속에서 일말의 발달 장애와 유치증(幼稚症)을 엿볼 수 있었다. 또한 원초적인 소인의 여러 변형들이 지닌 의미를 부각시켜야 했고, 그 변형들과 삶의 영향들 사이의 관계가 대립이 아닌 협력임을 인정해야 했다. 다른 한편으로 이 원초적인 소인이 복합적인 것이기에 성 충동 자체도 많은 요소들이 조합된 것으로 여겨졌고, 성도착에서는 이런 조합이 마치 여러 성분으로 찢겨진 것처럼 보였다. 이로써 성도착은 한편으론 정상적인 발달의 억제로, 다른 한편으론 분열로 입증되었다. 이 두 관점을 하나로 결합시키는 전제는 다음과 같다. 성인의 성 충동은 소아기 삶의 갖가지 움직임들을 통합함으로써 하나의 통일체, 즉 단 하나의 목표를 추구하는 쪽으로 나아간다는 것이다.

우리는 본능의 본류가 〈억압〉에 의해 막히게 되면 물줄기가 그 옆의 지류들로 흘러간다는 비유로 정신신경증 환자들에게 성도착이 우세한 이유를 설명했고, 그런 다음 소아기 성생활에 대한 고찰로 넘어갔다.[19] 그와 함께 사람들이 소아기에는 성 충동이 없는 것처럼 여기고, 아이들에게서 흔치 않게 나타나는 성적 표현

19 (1915년에 추가된 각주) 이는 신경증에서 〈음성적으로〉 나타나는 도착적 경향에만 해당하는 것이 아니라 진정한 성도착이라 부를 수 있는 〈양성적〉 경향에도 해당한다. 그렇다면 후자는 단순히 소아기적 경향의 고착으로만 설명할 수 없고, 성적 흐름의 다른 통로들이 막힘으로써 소아기 경향으로 역행한 것이라고도 설명할 수 있다. 따라서 양성적 성도착도 정신분석 치료의 대상이다 — 원주.

들을 규범에 어긋나는 것으로 간주하는 세태에 깊은 유감을 표시했다. 우리가 보기에는 그 반대되는 현상들이 이미 소아기에 나타난다. 즉 아이들은 성 충동의 싹을 갖고 세상에 태어나고, 양분 섭취 단계에서부터 이미 성적 만족을 즐기고, 〈빠는 행위〉를 통해 그 경험을 계속 반복하려 한다는 것이다. 그런데 아이들의 성적 활동은 그 밖의 기능과 보조를 맞춰 발달하는 것이 아니라 2~5세의 짧은 개화기를 거친 뒤 곧장 잠복기로 들어간다. 물론 이 시기에도 성적 흥분은 중단되지 않고 그대로 유지되면서 에너지를 비축하고, 비축된 에너지는 대부분 성적 목적 외의 다른 목적에 사용된다. 예를 들면 한편으로는 사회적 정서를 함양하거나, 다른 한편으로는 억압과 반작용을 통해 장래의 성욕에 방벽을 쌓는 데 쓰인다. 따라서 성적 충동을 특정 방향으로 유지하는 데 쓰여야 할 힘들은 소아기에는 교육의 힘으로 도착적인 성 충동을 희생함으로써 구축된다. 물론 소아기 성 움직임의 다른 부분은 이런 식으로 이용되지 않고 성적 활동으로 표출되기도 한다. 그럴 경우 아이들의 성적 흥분은 많은 원천에서 흘러나온다. 만족감은 무엇보다 성감대라 불리는 부위의 적절한 감각적 자극을 통해 생겨난다. 사실 피부의 모든 부위와 감각기관, 아니 어쩌면 신체의 모든 기관이 성감대 기능을 하는 것으로 보이지만, 그중에서도 모종의 신체적 장치를 통해 처음부터 특별히 자극에 민감한 뛰어난 성감대가 존재한다. 게다가 성적 흥분은 우리 몸에서 일어나는 일련의 과정들이 어느 정도 강도에 이르자마자 생겨나는 부산물로 보이기도 한다. 특히 비교적 강한 심적 움직임이 일 경우 괴로움의 성격을 띠기도 하지만 말이다. 어쨌든 이 모든 원천에서 생겨난 흥분은 아직 통합되지 못하고, 제각각 모종의 쾌락을 얻으려는 개별적인 목적만을 추구한다. 그렇다면 어린 나이의 성 충동은 하나의 중심으로 집중하지 못하고, 일단은 대상이 없는, 즉 자기 성애적으로 나타난다고 할 수 있다.

생식기 부위의 성감대는 이미 어릴 때부터 두 가지 방식으로 눈에 띄기 시작한다. 즉 다른 성감대들처럼 적절한 감각적 자극을 통해 만족감이 생겨나거나, 아니면 다른 원천들에서 온 만족감과 동시에 생식기 부위와 특별한 관계를 맺고 있는 성적 흥분이 이해할 수 없는 메커니즘으로 생겨나는 식이다. 그러나 성적 만족과 성적 흥분의 관계, 또 생식기 부위의 활동과 성욕의 나머지 원천들 사이의 관계에 대해서는 만족할 만한 해명에 이르지 못한 것은 안타까운 일이 아닐 수 없다.

신경성 장애 연구를 통해 우리는 아이들의 성생활에서 굉장히 이른 시기부터 성 충동적 요소들의 조직화 징후가 나타나는 것을 확인했다. 첫 단계에서는 구강 성애가 주를 이루고, 이 예비 성기기의 두 번째 단계에서는 사디즘과 항문 성애가 주요 특징을 이룬다. 세 번째 단계에 이르러서야(아이의 경우 남근의 우위 단계까지만 발달한다) 생식기 부위가 본연의 자기 몫을 다하는 성생활이 시작된다.

이어서 우리는 아주 놀라운 사실을 발견했다. 소아 성생활의 첫 개화기(2~5세)에 이미 그에 필요한 모든 정신적 활동을 갖춘 대상 선택이 시작되고, 그래서 이 단계가 개별적 충동 요인들의 통합 결여와 성 목표의 불확실성에도 불구하고 장래의 최종적인 성적 조직화의 유의미한 전조로 평가될 수 있다는 것이다.

인간 성 발달의 싹이 두 단계로 나누어져 있다는 사실, 즉 발달 과정이 잠복기로 중단된다는 사실은 특별한 관심을 가질 만하다. 이는 고도의 문명을 위해 인간이 갖추어야 할 하나의 조건인 동시에 신경증적 경향의 조건처럼 보이기도 한다. 우리가 아는 한 다른 영장류에서는 이와 유사한 일이 전혀 발견되지 않는다. 이런 인간적 특성의 기원은 인간종의 선사시대에서 찾아야 할 듯하다.

소아기의 성적 활동에서 어느 정도까지를 정상으로, 그러니까 나중의 발달에 유해하지 않은 것으로 판단할 수 있을지는 밝히지 못했다. 이런 성적 표현은 주로 자위행위로 나타난다. 게다가 우리는 경험을 통해 유혹이라는 외적 영향으로 잠복기의 때 이른 중단이나 심지어 단절까지 발생할 수 있고, 이때 아이들의 성 충동이 실제로 다양한 형태의 도착으로 나타나는 것을 확인했다. 또한 이런 조숙한 성적 행동이 아이들에 대한 훈육 가능성을 침해하는 것을 알 수 있었다.

이어 우리는 소아기 성생활에 대한 우리의 인식에 많은 공백이 있음에도 불구하고 사춘기와 함께 시작된 성생활의 변화를 탐구해야 한다. 그중에서 우리가 핵심 변화로 지목한 것은 두 가지다. 하나는 성적 흥분의 다른 모든 기원들을 생식기의 우위권 아래 종속시키는 것이고, 다른 하나는 대상 찾기의 과정이다. 이 두 가지는 소아기에 이미 윤곽을 드러내고 있었다. 전자는 전희 쾌락의 메커니즘으로 이루어지는데, 그전까지는 쾌락이나 흥분과 연결된 자기 성애적이었던 이 성적 행위가 이제 새로운 성 목표, 즉 성적 생산물의 배출(이것으로 성적 흥분은 극도의 쾌락 속에서 끝맺는다)을 위한 예비 행위가 되었다. 이때 우리는 성적인 것의 본질이 남자와 여자로 나누어지는 것을 고려해야 했고, 여자가 되기 위해서는 소아기 때의 남성성 일부를 버리고 주도적인 성기 부위의 변화를 준비시켜 주는 새로운 억압이 필요하다는 사실을 알아냈다. 거기다 부모나 다른 보호자들의 성에 따라 아이들의 성적 경향이 정해지고, 이것은 사춘기 때 되살아나지만 그사이 구축된 근친상간의 장벽으로 인해 이들과 닮은 사람들에게로 관심이 향하는 것을 발견했다. 마지막으로 덧붙이자면, 사춘기라는 과도기 동안에는 신체적·정신적 발달 과정이 한동안 서로 아무 연관 없이 나란히 진행되다가 마침내 생식기의 감응을 부르는 강력한 심적 사랑의 움직임으로 돌파구가 열리면서 정상적인 성에 필요한 관능적인 기능의 통합이 이루어진다.

발달 저해 요소들

이미 여러 예에서 살펴보았듯이 이 기나긴 발달 과정의 매 단계는 확실한 고정점이 될 수 있고, 여러 요인이 뒤엉킨 조합의 매 접합부는 성 충동의 해체 계기가 될 수 있다. 이제 남은 것은 발달을 저해하는 다양한 내적·외적 요인을 조망하고, 거기서 출발하는 장애가 어떤 메커니즘에 영향을 미치는지 덧붙이는 일이다. 물론 여기서 하나의 순서로 열거되는 것들은 그 요소들 안에서는 그 가치가 동등하지 않을 수 있다. 그래서 우리는 개별 요소들에 합당한 평가를 내리는 문제에 어려움이 있음을 감안해야 한다.

기질과 유전

우선 성적 기질의 타고난 다양성을 언급할 필요가 있다. 이 성적 기질은 가장 중요한 문제이기는 하지만, 짐작하듯이 나중에 나타나는 양상들로 추론만 할 뿐 늘 확실하게 판단 내릴 수는 없다. 우리는 성적 기질을 다양한 성적 흥분의 원천들 중에서 어느 것이 우세하게 발현된 것으로 이해하고, 이러한 소인들의 다양성이 정상적인 범주 안에 있다고 하더라도 어쨌든 최종 결과 속에 표현되어 있다고 생각한다. 물론 다른 요인들의 도움 없이도 비정상적인 성생활로 이를 수밖에 없는 원초적인 소인의 변종들도 가능하다. 〈변성〉이라 불리는 이러한 변종들은 선천적인 성도착으로 여겨진다. 이와 관련해서 나는 특이한 사실을 하나 지적하고자 한다. 내가 정신 치료를 했던 중증 히스테리와 강박신경증 환자의 절반 이상에서, 그들의 아버지가 결혼 전에 매독에 걸려 치료를 받았다는 것을 확인할 수 있었다. 그게 신경매독이나 진행성 뇌연화의 결과이건 아니면 매독성 질환의 또 다른 병력이건 간에 말이다. 나중에 신경증 환자가 될 아이들이 유전적 매독의 신체적 징후를 전혀 보이지 않았고, 그래서 그들의 비정상적인 성적 기질이 매독성 유전의 마지막 영향으로 간주되어야 한다는 점을 명확히 밝히고 싶다. 물론 그렇다고 매독 환자인 부모에게서 태어난 자식이 대체로, 아니면 반드시 신경증을 앓을 병인적 소인을 갖고 있다고 주장할 생각은 없다. 다만 내가 관찰한 일치가 결코 일회적인 것이 아니고 무의미하지도 않다는 점을 말하고 싶을 뿐이다.

능동적(양성적) 성도착자들의 유전적 조건에 대해선 거의 알려진 것이 없다. 그들은 검사 과정에서 빠져나가는 방법을 잘 알고 있기 때문이다. 그러나 신경증 환자들의 사례와 비슷한 것을 성도착자에게도 적용할 근거는 충분해 보인다. 한 가정에서 성도착과 정신신경증이 같이 나타나는 일은 드물지 않기 때문이다. 즉 남자 형제들은 능동적 성도착의 경향을, 여자들은 여성이기에 더더욱 억압의 영향을 받아 수동적(음성적) 성도착의 경향, 그러니까 히스테리의 경향을 띤다. 이는 두 질환 사이에 본질적인 관련이 있음을 보여 주는 좋은 증거다.

이후의 가공 과정

하지만 나는 성생활의 형태를 결정짓는 것이 오직 성적 기질의 다양한 요소라고 주장하는 것은 아니다. 오히려 이 과정은 계속 진행되고, 개별적 원천들에서 나오는 성욕의 지류들이 겪는 상이

한 굴절에 따라 또 다른 가능성들이 생겨난다. 이런 가공 과정이 결정적인 요소인데, 그에 따라 동일한 기질도 최종적으로 세 가지 상이한 결과로 나타날 수 있다.

첫째, 모든 상이한 기질들 사이에 비정상으로 추정되는 관계가 지속되고, 성숙과 함께 그것이 더 강화되면 도착적 성생활만이 최종 결과로 나타날 수 있다. 이런 비정상적인 소인에 대한 분석은 아직 제대로 이루어지지 않았지만, 우리는 그와 관련해서 쉽게 설명할 수 있는 사례들을 이미 알고 있다. 예를 들어 전문가들은 일련의 고착화된 성도착에 대해, 그것의 전제 조건이 선천적으로 허약한 성 충동이라고 말한다. 내가 보기에 이것만으로는 근거가 부족해 보이지만, 만일 이 주장이 성 충동의 한 가지 특별한 요인, 즉 개별적인 성적 활동들을 번식이라는 목표로 통합시키는 생식기의 기질적 약점을 말하는 것이라면 충분히 수긍할 수 있다. 그래서 생식기 기능이 약할 경우, 사춘기에 나타나야 할 이런 통합적 기능은 실패할 수밖에 없고, 그와 함께 성욕의 다른 요소 가운데 가장 강한 것들이 도착증의 형태로 자리 잡게 된다.[20]

억압

둘째, 월등한 기질적 요인들이 발달 과정에서 억압을 받을 경우 다른 결과가 생겨난다(여기서 억압을 기질적 요인의 철폐와 동일시해서는 안 된다). 억압을 받을 경우 성적 흥분은 여전히 생성되지만, 심리적 방해로 목적을 달성하지 못하고 여러 다른 통로로 내쫓기다가 마침내 증상으로 표출된다. 그 결과 성생활은

20 (1915년에 추가된 각주) 이 경우 자주 볼 수 있는 패턴은 이렇다. 사춘기에 들어서면 일단 성 흐름이 정상적으로 시작되지만, 차츰 성 기능의 내적 결함 때문에 외부 장애물을 처음 만나는 순간 정상적인 성 흐름은 와해되고 성도착으로의 퇴행이 일어난다 — 원주.

정상에 가까울 수 있으나(대개 제한적인 형태로 나타난다) 정신신경증 질환이 더해진다. 우리는 이런 사례들을 이미 신경증 환자들에 대한 정신분석을 통해 잘 알고 있다. 이들의 성생활은 성도착자들처럼 시작되고, 어린 시절의 상당 기간이 종종 성숙기를 훨씬 뛰어넘는 도착적 성 행위들로 채워진다. 그다음 억압으로 인한 급격한 변화가 내적 원인 때문에 일어나는데(대개 사춘기 전에 생기는 일이지만, 이따금 사춘기 이후에 생기기도 한다), 그때부터 예전의 충동이 소멸되지 않은 채 신경증이 성도착을 대신한다. 이 대목에서 〈젊을 때 창녀가 늙으면 수녀가 된다〉라는 속담이 떠오른다. 물론 여기선 젊음이 너무 짧음을 말하고 있을 따름이지만. 동일한 사람의 삶에서 성도착이 신경증으로 대체될 수 있다는 사실은 앞에서 언급했듯이 성도착과 신경증이 한 가정의 여러 구성원에게서 나타날 수 있다는 것과 마찬가지로 신경증이 성도착의 음화라는 견해와 일맥상통한다.

승화

셋째, 비정상적인 기질의 마지막 결과는 승화의 과정을 통해 가능하다. 승화의 과정은 성욕의 원천들에서 생겨난 무척 강한 흥분에 배출구를 열어 주어 다른 영역으로 흐르게 함으로써 그 자체로 위험한 소인에서 정신적인 능률의 상당한 상승이 이루어지게 한다. 예술 행위의 원천 중 하나도 여기서 찾을 수 있다. 그리고 재능이 뛰어난, 특히 예술적 재능이 뛰어난 사람들의 성격을 분석해 보면 그런 승화가 완전한지 불완전한지에 따라 정신적 능률과 성도착, 신경증이 일정 비율로 섞여 있음이 드러난다. 승화의 아종(亞種)은 반동 형성[21]을 통한 억압으로 볼 수 있는데, 이

21 억압된 감정이나 욕구가 행동으로 나타나지 않도록 그와 정반대 행동을 하는

반동 형성은 앞에서 보았듯이 어린아이의 잠복기에 시작해서 유리한 환경을 만나면 평생 지속된다. 우리가 한 인간의 〈성격〉이라고 부르는 것은 상당 부분 성적 흥분이라는 재료로 만들어지고, 어릴 때부터 고착된 충동, 승화로 습득된 구조, 그리고 사용할 수 없는 것으로 인식된 도착적 움직임들의 효과적 저지를 위해 쓰이는 다른 구조들로 조합되어 있다.[22] 이로써 소아기에 보편적인 도착적 소인은 미덕의 원천으로 여겨질 수 있다. 그 소인이 반동 형성을 통해 미덕의 형성에 계기를 제공할 경우에 말이다.[23]

우발적 경험들

성 발달 과정에 미치는 중요성 면에서는 다른 어떤 영향도 성욕 발산과 억압의 물결, 승화와는 비교가 안 된다(마지막 두 가지는 그 과정의 내적 조건들에 대해 우리가 아는 것이 전혀 없다). 그런데 억압과 승화를 기질적 소인으로 여기는 사람, 즉 그런 소인이 삶에서 발현된다고 보는 사람은 성생활의 최종 형태가 근본적으로 선천적 기질의 결과라고 주장할 수 있고, 또 그렇게 주장하는 것이 타당하다. 하지만 지각 있는 사람이라면 이런 요소들의 협력 작업 속에서 어린 시절과 그 후에 겪은 우발적인 사건들에 의해 변화가 일어날 여지가 있음을 누구도 부인하지 않을 것

심리적 기제. 전처의 자녀를 미워하는 계모가 오히려 지나칠 정도로 그 아이를 귀여워하는 경우가 한 예다.

22 (1920년에 추가된 각주) 몇몇 성격은 심지어 특정한 성적 요인과 관련이 있는 것으로 드러났다. 예를 들어 깔끔함, 검약, 고집은 항문 성애에서 나왔고, 야망은 강한 요도 성애의 소인에서 비롯되었다 — 원주.

23 인간의 본성을 예리하게 관찰한 에밀 졸라는 『삶의 기쁨*La joie de vivre*』이라는 소설에서 명랑하고 자기희생적인 한 처녀가 자신이 갖고 있고 자신의 소유라 할 만한 것들, 즉 재산과 삶의 소망을 사랑하는 이들에게 아무 대가 없이 내주는 과정을 서술한다. 이 처녀의 어린 시절은 물리지 않는 애정 욕구로 점철되어 있었는데, 이 욕구는 다른 여자로 인해 자신이 무시당한다고 느끼는 순간 잔인성으로 바뀐다 — 원주.

이다. 기질적 요인과 우발적 요인들을 상호 관계 속에서 그 효능을 평가하는 것은 쉬운 일이 아니다. 사람들은 이론적으로는 항상 전자를 과대평가하는 경향이 있지만, 실제 치료 과정에서는 후자의 중요성을 강조한다. 그러나 어떤 경우에도 그 두 요인이 배제의 관계가 아닌 협력의 관계라는 사실을 잊어서는 안 된다. 기질적 요인은 인정받기 전에 경험을 기다려야 하고, 우발적 요인은 효과를 내려면 기질적 토대가 있어야 한다. 그런 점에서 우리는 다수의 사례들을 위해 〈보완적 행렬〉, 즉 한 요인의 강도가 떨어지면 다른 요인의 강도가 증가함으로써 서로 상쇄되는 구조를 상정할 수 있다. 물론 그렇다고 이 행렬의 양쪽 끝에 극단적인 사례가 존재한다는 사실을 부정할 이유는 없다.

정신분석 연구에 합당하려면 우발적 요인들 가운데 이른 어린 시절의 경험에 좀 더 특별한 지위를 부여해야 한다. 그리되면 병인적 행렬은 기질적 행렬과 최종적 행렬로 나뉜다. 첫 번째 행렬에서는 기질과 어린 시절의 우발적 경험이 협력 작업을 하고, 두 번째 행렬에서는 소인과 나중의 트라우마성 경험들이 협력한다. 성적 발달을 저해하는 모든 요인들은 퇴행, 즉 더 이른 발달 단계로의 회귀를 초래하는 방식으로 자신의 힘을 행사한다.

지금부터는 우리가 파악한 성적 발달에 큰 영향을 미치는 요인들을 하나씩 나열해 보겠다. 그 자체로 효능이 있는 힘이건, 아니면 단순히 그 힘들의 표현이건 간에 말이다.

조숙

그런 요인들 가운데 하나는 자연스레 진행되는 성적 조숙이다. 이것은 다른 요인들과 마찬가지로 그 자체로는 발발 원인을 충분히 밝힐 수 없지만, 어쨌든 신경증의 병인론에서는 분명히 증명할 수 있는 것으로 나타난다. 조숙은 어린 시절의 잠복기가 중단되거나 단축되거나, 아니면 아예 끝나는 것으로 표출된다. 또한 한편으로는 성적 억제의 미숙한 상태 때문에, 다른 한편으로는 불완전한 생식기 시스템 때문에 도착적 성격을 띨 수밖에 없는 성적 표현들을 야기함으로써 장애의 원인이 된다. 이제 이러한 도착적 경향은 그 자체로 지속되거나, 아니면 억압이 시작된 뒤에는 신경증 증상의 동인이 된다. 어떤 경우건 성적 조숙은 고차원적인 정신적 기구를 통한 성 충동의 통제를 어렵게 하고, 그와 별도로 본능의 정신적 대리 기관들이 요구하는 충동적인 성격을 증가시킨다. 성적 조숙은 지적 능력의 때 이른 발달과 함께 나타나는 경우가 많다. 인류사에서 지적으로 굉장히 뛰어났던 사람들이 어린 시절에 성적으로 조숙했던 것도 그와 연관 지어 생각해 볼 수 있다. 그렇다면 성적 조숙은 독립적으로 나타난다고 하더라도 그렇게 병리적으로 작용하는 것 같지는 않다.

시간적 요인들

조숙을 포함해서 〈시간적〉이라는 말로 통합할 수 있는 다른 요인들도 주목할 필요가 있다. 개별적인 충동 흐름들이 어떤 순서로 작동하는지는 계통발생학적으로 이미 확정되어 있는 것처럼 보인다. 또한 그 충동들이 새로 등장한 충동 흐름의 영향이나 전형적인 억압에 굴복하기 전까지 얼마 동안 표출될 수 있는지도 정해져 있는 듯하다. 하지만 충동들의 시간적 순서뿐 아니라 지속 시간에서도 최종 결과에 결정적인 영향을 미치는 여러 변형이 존재하는 것처럼 보인다. 어떤 흐름이 반대 흐름보다 일찍 나타나느냐 늦게 나타나느냐는 사소한 문제가 아니다. 억압의 작용은 되돌릴 수 없으며, 구성 성분들의 조합 순서에 이상이 생기면 대체로 결과도 달라지기 때문이다. 다른 한편으로 특히 강한 충동적 흐름은 놀랄 정도로 짧게 지속되는 경우가 많다. 예컨대 훗날 동성애자가 될 사람의 양성애적 경향처럼 말이다. 따라서 어린 시절에 가장 우세했던 경향이 어른이 되어서도 그 사람의 성격을 지배할 것이라는 염려는 근거가 없다. 그런 경향이 사라지고 정반대 경향이 나타날 가능성은 얼마든지 열려 있다. 원래 엄격하고 무서운 지배자는 통치 기간이 짧은 법이다.

우리는 발달 과정에 나타나는 이러한 시간적 장애의 원인이 무엇인지 암시의 형태로도 제시할 수 없다. 하지만 우리가 아직 근처에도 가보지 못한 생물학적 문제나, 어쩌면 역사적인 문제들의 좀 더 깊은 영역까지 들여다볼 길은 열려 있다.

끈질긴 어린 시절의 느낌

소아기의 모든 성적 표현의 중요성은 기원을 알 수 없는 심리적 요인에 의해 더 증가하는데, 현재로선 그 요인을 잠정적인 심리학 개념 정도로만 이해할 수 있을 뿐이다. 내 말은 곧 어린 시절의 느낌이 훗날의 성생활에 집요하게 달라붙어 고착화된다는 것이다. 집요한 이 느낌은 나중의 신경증 환자나 성도착자의 경우 〈사실 구성 요건〉의 보완으로 받아들여야 한다. 왜냐하면 동일한 때 이른 성적 표현도 다른 사람들의 경우는 필연적인 반복으로 나타나거나 평생 동안 성 충동의 진로를 미리 정해 줄 만큼 깊이 각인되지는 않기 때문이다. 어쩌면 소아기에 각인된 느낌의 이 끈질김은 우리가 신경증의 발병 원인에서 간과해서는 안 되는 다른 심리적 요인에서 그 일말의 설명을 찾을 수 있을지 모른다. 즉 인간의 정신생활에서는 최근에 받은 인상들에 비해 어린 시절의 기억 흔적들이 훨씬 더 중요하게 남아 있다는 것이다. 이 요인은 지적인 교육에 좌우되는 게 분명하며, 개인적 문화 수준에 따라 점점 커진다. 이와 대조적으로 야만적인 인간들은 〈순간밖에 모르는 불행한 족속〉일 수밖에 없다.[24] 우리 삶의 형성에 깊은 파장을 일으키는 문명과 자유로운 성욕 발달 사이의 대립적 관계 때문에 아이들의 성생활이 어떻게 흘러가는지는 저급한 사회에서는 고차원의 사회에서만큼 나중의 삶에 그렇게 중요하지 않다.

고착화

방금 언급한 심리적 요인들을 통한 소아기 느낌의 우대는 우발적으로 경험한 소아기 성욕을 촉진하는 데 좋은 토대를 제공한다. 여기서 후자(주로 다른 아이나 어른들의 유혹에 의한 소아기 성욕의 촉진)는 전자(방금 언급한 심리적 요인들)의 도움으로 영구적 질환으로 고착될 기틀을 마련한다. 신경증 환자와 성도착자의 경우, 나중에 관찰된 정상적인 성생활로부터의 이탈 현상 중 상당 부분은 성욕이 없는 것으로 여겨지는 소아기 인상들을 통해 처음부터 확립된다. 발병 원인은 기질적 요인, 조숙, 소아기 느낌의 끈질김, 외부 영향에 의한 성 충동의 우발적 촉진으로 분산된다.

그러나 성생활의 장애에 관한 이 연구에서 나오는 결론은 불충분할 수밖에 없다. 그 이유는 현재 우리의 단편적인 지식만으로는 정상적인 것과 병리적인 것의 조건에 관한 이론을 세울 수 있을 만큼 성욕의 본질을 이루는 생물학적 과정에 대해 우리가 아는 것이 많지 않기 때문이다.

24 어린 시절에 받은 느낌의 끈질긴 고착성은 이른 나이에 드러난 특히 강한 신체적 성적 표현의 결과일 수 있다 — 원주.

어린아이의 성교육에 관하여
— 퓌르스트 박사에게 보내는 공개서한

Zur sexuellen Aufklärung der Kinder — Offener Brief an Dr. M. Fürst (1907)

이 글은 공중 의학 및 위생에 관한 잡지 편집자로 있던 함부르크의 의사 퓌르스트 박사의 요청을 받고 쓴 것으로 어린아이의 성교육에 관한 프로이트의 생각을 명확히 보여 준다. 여기서 다루어진 일부 논점들, 가령 아이들의 성적 호기심이나 성 이론 등은 「어린아이의 성 이론에 관하여」에서 더 자세히 다루어진다.

이 논문은 1907년 『사회 의학과 위생학*Soziale Medizin und Hygiene*』 제2권 6호에 처음 발표되었으며, 『저작집』 제5권(1924), 『전집』 제7권(1941)에 수록되었다. 영어 번역본은 1924년 허포드 E. B. M. Herford가 번역하여 "The Sexual Enlightenment of Children. An Open Letter to Dr M. Fürst"라는 제목으로 『논문집』 제2권에 수록되었으며, 『표준판 전집』 제9권(1959)에도 실렸다.

어린아이의 성교육에 관하여

— 퓌르스트 박사에게 보내는 공개서한

친애하는 퓌르스트 박사님!

박사님께서 〈어린아이의 성교육〉에 관한 글을 부탁하셨을 때 저는 박사님이 지나치게 늘어난 관련 문헌들을 모두 참고해서 정식 논문을 써달라고 하신 것이 아니라, 직업 특성상 성적인 문제를 다룰 기회가 많은 의사의 개별적인 의견을 듣고 싶어 하시는 것으로 이해했습니다. 저는 박사님이 저의 학문적 노력을 관심 있게 지켜보시고 있고, 또 다른 동료들과는 달리 제가 일반적인 신경증의 가장 중요한 발병 원인을 성 심리적 기질과 성생활의 이상(異常)에서 찾고 있다는 이유로 아무 검증 없이 제 생각을 부인하지 않으시리라는 것도 잘 알고 있습니다. 게다가 성 본능의 구성 요소들과 그 본능이 성기능으로 발전해 가는 과정에서 나타나는 장애들을 설명한 저의 논문 『성욕에 관한 세 편의 에세이』가 최근 박사님의 잡지에서 호의적인 평가를 받았다는 사실도 알고 있습니다.

그래서 저는 박사님이 제게 던진 질문, 즉 아이들에게 성생활과 관련한 사실을 교육해야 하는지, 한다면 몇 살부터 해야 하고 어떤 방식으로 해야 하는지에 대해 답변을 드리겠습니다. 그전에 이 문제들과 관련해서 제 심정을 고백하자면, 두 번째와 세 번째 문제에 대해서는 당연히 이론이 있을 수 있지만, 첫 번째 문제에 대해서만큼은 이견이 있다는 것을 도저히 납득할 수가 없습니다. 아이들에게는, 아니 청소년들에게는 인간 성생활을 가르치지 말아야 한다는 생각은 대체 어디서 비롯된 것일까요? 아이들이 이런 문제에 자연스럽게 눈뜨기 전에 너무 일찍 흥미를 자극할지도 모른다는 염려 때문일까요? 아니면 시민 사회의 질서가 열어 준 통로로만 걸어갈 수 있을 때까지는 그런 식으로 성 충동을 감추어 두는 편이 낫다고 생각해서일까요? 혹은 아이들이 밖에서 아무도 가르쳐 주지 않으면 성생활의 여러 사실과 수수께끼에 대해 전혀 관심을 보이지 않고, 알려고도 하지 않을 거라고 생각하는 것일까요? 성 지식을 알려 주지 않으면 아이들이 정말 다른 방식으로는 그것에 대해 아는 것이 불가능하다고 생각하는 것일까요? 아니면 부모와 교육자들이 가능한 한 오랫동안 아이들에게서 떼어 놓으려 하는 성에 관한 모든 것들을 아이들이 나중에 정말 저급하고 혐오스러운 것으로 생각해 주기를 바라는 의도일까요?

저는 아이들에게 성에 관한 것을 감추려는 동기가 어떤 의도에서 비롯된 것인지 정말 모르겠습니다. 다만 그 의도들이 하나같이 어리석고, 그래서 진지하게 반박함으로써 오히려 그런 주장들을 존중하는 인상을 주어서는 안 된다고 생각합니다. 그럼에도 구태여 답을 하자면, 위대한 사상가이자 박애주의자인 물타툴리 E. D. Multatuli가 가족과 주고받은 편지 중에 나오는 다음 구절이 충분한 답이 될 듯합니다.

> 내 생각엔 굳이 숨기지 않아도 될 것들을 너무 숨기려고 하는 경우가 더러 있는 것 같소. 물론 아이들의 상상력을 순수하게 유지시키는 것은 옳지만, 그렇다고 이런 순수성이 무지로 유지되는

건 아니오. 오히려 뭔가를 감추려고 해서 아이들이 점점 진실에 대해 의심을 품는 게 아닌가 싶은 생각이 들어요. 사실 우리는 호기심 때문에 자꾸 뭔가를 캐내고 싶어 해요. 다 알고 나면 별 관심을 보이지 않을 일도 말이오. 만약 이러한 무지가 계속 유지만 될 수 있다면야 뭐, 나도 딱히 반대할 이유는 없소. 하지만 그건 불가능해요. 아이들은 친구들과 어울리게 돼 있고, 또 책을 보면서 그런 것들에 대해 생각하게 돼 있소. 게다가 부모가 그런 문제를 비밀에 부치려고 할수록 알고자 하는 아이들의 욕망은 더욱 커지기 마련이오. 이 욕망, 그러니까 일부만 은밀하게 채워지는 이 욕망은 아이의 감정을 더욱 자극하고 상상력을 타락시켜요. 그래서 부모들은 아이가 아직 죄악이 무엇인지 모른다고 생각하지만, 사실 아이는 벌써 죄를 저지르고 있을지도 몰라요.[1]

이보다 더 훌륭한 대답이 어디 있겠습니까마는 저는 여기다 몇 마디만 덧붙이고 싶습니다. 어른들이 아이들에게 성 문제를 〈비밀에 부치려고 하는〉 이유는 분명 성욕 문제와 관련해서 스스로 떳떳하지 못한 입장과 점잔 빼는 습관 때문인 듯합니다. 거기다 계몽을 통해 떨쳐 버려야 할 성에 대한 어른들의 몽매함도 일부 작용했을 수 있습니다. 그러니까 어른들은 아이들에겐 성적 충동이 없고, 생식기가 성숙하는 사춘기에 이르러서나 그 충동이 시작된다고 일반적으로 믿고 있습니다. 하지만 이것은 크게 잘못 알고 있는 것입니다. 인식에서나 실생활에서나 심각한 결과를 낳으니까요. 다만 이 잘못은 나중에 가만히 들여다보면 어떻게 그런 잘못을 저지를 수 있나 스스로 의아한 생각이 들 만큼 수정하기가 쉽습니다. 사실 인간은 신생아 때부터 성욕을 갖고 태어납

1 『물타툴리 서한집 *Multatuli-Briefe*』(1906) 중 1권 26면 — 원주.

니다. 그리고 영아기와 유년기를 거치면서 일부 성적 감각이 함께 발달하고요. 사춘기 이전에 성적 활동과 느낌을 알지 못하는 아이는 극소수에 불과합니다. 이 점에 대해 더 자세히 알고 싶으신 분은 제 논문 「성욕에 관한 세 편의 에세이」(1905)를 찾아보시기 바랍니다. 이 책을 보면 본래의 생식기관이 감각적인 성적 쾌락을 안겨 주는 유일한 신체 기관이 아니며, 자연은 아주 어린 나이에도 생식기의 자극을 느낄 수밖에 없도록 인간에게 강제적인 장치를 마련해 놓은 것을 알게 될 것입니다. 우리는 다양한 피부 부위(성감대)의 흥분을 통해, 그리고 모종의 생물학적 충동을 통해 정서적 흥분과 함께 성적 쾌락과 비슷한 것을 만들어 내는 어린 시기를 해블록 엘리스의 용어를 빌려 〈자기 성애기〉라고 부릅니다. 반면에 사춘기는 쾌락을 안겨 주는 모든 부위와 원천 중에서 생식기가 발군의 역할을 하고, 그로써 성욕이 생식 기능에 기여할 수 있도록 강제하는 시기를 이릅니다. 즉 억압이 자연스레 생기는 과정이자, 나중의 성도착자나 신경증 환자의 경우에는 단지 불완전한 방식으로 진행되는 과정이기도 합니다. 다른 한편으로 아이들은 사춘기 이전에도 애정과 몰두, 질투 같은 사랑 행위의 심리적 요소들을 드러낼 능력이 있습니다. 이런 심리적 요소들의 분출은 성적 흥분을 일으키는 물리적 자극과 관련 있을 때가 많고, 그래서 아이들은 정신적인 것과 육체적인 것의 일치성에 대해 의심하지 않습니다. 간단히 말씀드려서, 아이들은 사춘기 훨씬 이전에 이미 생식 능력을 제외하고는 다른 모든 사랑 능력을 갖춘 성숙한 존재라는 것입니다. 게다가 성적인 것을 비밀로 하려는 어른들의 태도는 정신적으로 이미 준비되어 있고, 또 신체적으로 적응할 준비가 되어 있는 아이들로 하여금 자신의 성적 움직임을 스스로의 이성으로 이해하려는 능력을 지체시킨다는 것입니다.

성생활의 비밀에 대한 아이들의 지적 관심, 즉 성에 관한 앎의 욕구는 뜻밖에도 아주 어린 시기에 나타납니다. 부모가 자녀의 이런 면을 보지 못했다고 한다면 그건 자녀에게 무관심하거나, 아니면 그런 모습을 가만히 두고 볼 수 없어 아이들의 관심을 묵살한 사람들일 겁니다. 제가 아는 아이들 중에 이제 네 살 된 아주 멋진 남자애가 있습니다. 한스라는 아이인데, 부모는 아이가 성장하는 동안 어떤 부분도 강제로 억눌러서는 안 된다는 것을 잘 아는 이해심 많은 사람들이었습니다. 꼬마 한스는 보모로부터 어떤 유혹적인 영향도 받지 않은 아이였지만, 몇 해 전부터 벌써 자기 몸의 그 부분, 그러니까 자기가 〈고추〉라고 부르는 그 부분에 지대한 관심을 보이고 있습니다. 세 살 때는 엄마한테 벌써 이렇게 물었다고 합니다. 「엄마, 엄마도 고추가 있어?」 그러자 엄마는 이렇게 대답했습니다. 「당연하지! 근데 그건 왜 묻니?」 한스는 아버지한테도 같은 질문을 몇 번 던졌다고 합니다. 또 같은 나이 때 축사에서 소젖 짜는 것을 보고는 깜짝 놀라 이렇게 소리쳤습니다. 「저거 봐! 고추에서 우유가 나와!」 3년 9개월밖에 안 된 아이가 관찰을 통해 나름의 올바른 범주를 발견한 것이죠. 한스는 증기기관차에서 물이 흘러나오는 것을 보고도 이렇게 말했습니다. 「저거 봐. 증기기관차가 오줌을 싸. 고추는 어디 있지?」 나중에는 골똘히 생각에 잠긴 얼굴로 이런 말도 했다고 합니다. 「개하고 말도 고추가 있어. 근데 식탁이랑 의자에는 없어.」 최근에는 생후 일주일 된 여동생을 목욕시키는 장면을 유심히 지켜보면서 이렇게 말했다고 합니다. 「애 고추는 아직 쪼그매. 좀 있으면 더 커질 거야.」 (저는 비슷한 또래의 다른 남자아이들도 성을 구분하는 문제에 있어서 한스와 똑같은 태도를 보인다는 얘기를 들었습니다.) 분명히 말씀드리자면, 꼬마 한스는 결코 성적으로 병적 성향을 가진 아이가 아닙니다. 다만 위축되지 않고 죄의식에 빠져 있지도 않아서 자기 생각을 스스럼없이 천진난만하게 드러내는 것일 뿐입니다.[2]

아이들이 알고 싶어 하는 두 번째 문제(조금 더 자란 뒤에 부딪히는 문제일 것이다)는 아기가 어떻게 태어나느냐 하는 것입니다. 대개 반갑지 않은 동생의 출생과 연결된 이 질문은 어린아이들이 옛날 옛적부터 가장 궁금해하는 문제이기도 합니다. 신화와 전설을 해석할 줄 아는 사람이라면 테베의 스핑크스가 오이디푸스에게 던진 수수께끼에서 이 문제의 뿌리를 발견할 수 있을 겁니다. 보육 기관에서 아이들에게 해주는 관습적인 대답은 아이들의 솔직한 탐구 본능을 해치고, 심지어 부모에 대한 신뢰까지 처음으로 무너뜨립니다. 그때부터 아이들은 어른을 불신하기 시작하고 자신의 내밀한 관심을 어른에게는 비밀에 부칩니다. 다음의 짧은 편지는 이런 호기심이 아이들을 얼마나 고통스럽게 할 때가 많은지를 잘 보여 주는 예입니다. 엄마 없이 자라면서 여동생과 함께 이 문제로 많은 고민을 했던 열한 살 반짜리 소녀의 편지입니다.

말리 이모!

혹시 크리스텔과 폴을 어떻게 낳으셨는지 말씀해 주실 수 있으세요? 이모는 결혼을 하셨으니까 분명히 잘 알고 계실 거예요. 어제 저녁에는 이 문제로 동생과 싸우기까지 했어요. 그래서 정말 진실을 알고 싶어요. 이모 말고는 물어볼 사람이 없어요. 잘츠부

2 나중에 이 〈꼬마 한스〉에게 신경증이 발발하고 회복되는 과정에 대해서는 「다섯 살배기 꼬마 한스의 공포증 분석」(프로이트 전집 8, 열린책들)을 참조하기 바란다 — 원주.

르크에는 언제 오실 거예요? 말리 이모, 황새가 아기를 어떻게 물어다 준다는 건지, 정말 이해할 수가 없어요. 트루델은 황새가 옷 속에 넣어서 아기를 갖다 준다고 믿어요. 황새가 정말 연못에서 아기를 꺼내 갖고 오는지도 궁금하고요. 그런데 왜 연못 속에는 아기가 안 보여요? 그것 말고도 궁금한 게 또 있어요. 사람들은 언제 아기를 낳을지 어떻게 미리 알아요? 자세한 답변 부탁드려요. 꼭이요.

그럼 안녕히 계세요.

알고 싶은 게 많은 릴리가.

저는 이 자매가 그 솔직한 질문에 대해 제대로 된 답변을 듣지 못했을 거라고 생각합니다. 이 편지를 쓴 아이는 나중에 해결되지 못한 그 무의식적인 물음으로 인해 신경증, 즉 강박장애를 앓았으니까요.[3]

저는 아이들의 이런 호기심을 충족시키지 말아야 할 이유를 단 하나도 모릅니다. 물론 교육자들의 목적이 자신들이 그렇게 중시하는 〈착한 아이〉 이념을 실현하기 위해 가능한 한 이른 시기부터 아이들의 독자적인 사고 능력을 압살하는 데 있다면 성적인 영역에서 아이들을 호도하고, 종교라는 영역에서 아이들에게 겁을 주는 것만큼 좋은 방법은 없을 것입니다. 그러나 그보다 더 강한 본능은 이런 외부 영향들에 반발하고, 처음엔 부모의 권위에, 나중엔 다른 모든 권위에 반기를 들 게 분명합니다. 아이들은 자신의 질문에 대해 어른들로부터 적절한 답을 듣지 못하면 남몰래 그 문제를 계속 고민하면서 나름대로 해결을 시도합니다. 그러다 보

3 한 문제를 너무 깊이 고민하는 강박적 사고로 인한 이 강박장애는 수년 뒤 조발성 치매로 바뀌었다 — 원주.

면 스스로 옳다고 생각하는 답이 아주 이상한 방식으로 허무맹랑한 오류와 섞이고, 아니면 자기들끼리 은밀하게 귓속말을 주고받으면서 결국 죄의식에 빠져 성을 추악하고 구역질 나는 것으로 마음에 새기게 될 것입니다. 성에 관한 아이들의 이런 생각을 수집하고 검토하는 것도 나름대로 가치 있는 일일 것입니다. 아무튼 아이들은 대개 그 시점부터 성 문제에 대해 올바른 관념을 상실하는 것은 물론이고, 그로 인해 나중에도 그런 관념을 다시 찾을 기회를 영영 잃어버리는 경우도 많습니다.

청소년의 성 계몽에 관한 글을 쓴 남녀 저자들은 대부분 성교육에 찬성하는 것 같습니다. 하지만 언제 어떻게 성교육을 시킬 것인가 하는 문제에 대해 그들이 내놓은 제안을 보면 너무 비체계적이고 서툴러서 그들의 고백이 진심이 아닌 것 같다는 인상을 받게 됩니다. 물론 그런 글 중에 드문드문 예외가 있기는 합니다. 엠마 엑슈타인이라는 부인이 열 살짜리 아들에게 썼다고 하는 매력적인 성교육 편지가 그중 하나죠.[4] 어른들이 평소에 성교육을 하는 방식은 이렇습니다. 되도록 오랫동안 성에 관한 지식을 아이들에게 가르쳐 주지 않다가 어느 순간 지나치게 꾸미고 엄숙한 말로 알려 주는데, 그것도 진실을 다 보여 주지 않고 시기도 너무 늦은 편입니다. 이는 결코 올바른 방법이 아닙니다.

〈당신의 아이에게 어떤 말을 해줍니까?〉 하고 물어보았을 때 부모들이 한 답은 차라리 성교육에 관여하지 않는 편이 낫겠다는 판단이 들 정도로 정말 형편없었습니다. 중요한 것은 어른들이 다른 어떤 문제보다 성생활에 관한 사실만큼은 아이들에게 비밀로 부치려고 한다는 느낌을 아이들이 받지 않게 하는 것입니다.

4 Emma Eckstein, 『어린이 교육에 있어서 성 문제*Die Sexualfrage in der Erziehung des Kindes*』(1904) — 원주.

그러기 위해선 성과 관련된 것들을, 배울 가치가 있는 다른 영역과 똑같이 처음부터 가르치는 것이 필요합니다. 특히 학교에서 성 문제에 관한 언급을 회피하지 않고, 동물 세계에 관한 수업 시간에 생식과 관련한 주요 사실들의 의미를 가르치고, 그와 더불어 인간은 신체 조직 면에서 다른 고등동물들과 본질적으로 다르지 않다는 것을 강조해야 합니다. 만일 아이들의 생각을 짓누르는 가정이 아니라면 제가 한 보육원에서 우연히 들은 다음의 말이 얼마든지 나올 수 있습니다. 한 남자아이가 여동생에게 이런 말을 하더군요. 「넌 정말 황새가 아기를 물어다 준다고 생각해? 사람이 포유동물인 거 몰라? 그럼 다른 포유동물의 새끼도 황새가 데려올 거라고 생각해?」 아이들의 호기심은 학습 단계마다 만족스러울 만큼 채워지지 않으면 더 높은 수준에 도달할 수 없습니다. 그래서 인간만의 특별한 성생활과 그것의 사회적 의미에 관한 교육은 아이들이 초등학교 때, 그러니까 아무리 늦어도 열 살이 되기 전에 실시해야 합니다. 견진성사를 받을 때쯤이 가장 적합해 보입니다. 아이들이 자기 몸에 대해 이미 웬만큼 알고 있기에 성 충동의 실행과 관련해서 도덕적 의무를 가르치기가 어느 때보다 좋기 때문입니다. 이처럼 학교가 주도권을 쥐고 성생활에 관한 교육을 단계적으로 꾸준히 실시하는 것이 아이들의 발육을 고려하고, 있을 수 있는 위험을 행복하게 피할 유일한 길이라고 생각합니다.

저는 프랑스 정부가 교리문답서 대신 아이들에게 국민으로서의 지위와 나중에 부과될 윤리적 책무에 관한 교육 입문서를 도입한 것을 아동 교육의 획기적인 진보라고 생각합니다. 그러나 이 같은 기초 수업도 성생활의 영역을 포함시키지 않는 한 심각한 결함이 있을 수밖에 없고, 교육자와 개혁가가 합심해서 이 부분을 메워 나가야 한다고 생각합니다. 물론 아동 교육을 전적으로 또는 부분적으로 성직자의 손에 맡기는 나라에서는 이런 요구가 불가능합니다. 성직자는 인간과 동물이 본질적으로 같다는 사실을 인정하지 않습니다. 도덕적 요구의 근거가 되는 불멸의 영혼을 포기할 수 없기 때문이지요. 그래서 누더기 저고리에 비단천 하나를 기워 넣는 것이 얼마나 어리석은 일인지, 또 시스템의 뿌리를 바꾸지 않은 상태에서 일부만 개혁하는 게 얼마나 의미 없는 짓인지 다시 한 번 확인하고 있습니다!

어린아이의 성 이론에 관하여

Über infantile Sexualtheorien(1908)

이 글이 처음 발표되었을 때 충격적인 반응이 일었다. 입을 통해 수정이 이루어지고 항문으로 아기가 태어난다는 아이들의 생각, 부모의 성교를 가학적 행위로 보는 시각, 아이들이 남근에 부여하는 중요성이 소아기 성장에 어떤 영향을 미치는지 놀라운 설명이 이어진다. 특히 남근에 대한 상상력은 여자아이들에겐 〈남근 선망〉을 불러일으키고, 남자아이들의 경우 〈남근 없는 여자〉의 발견이 동성애로 발전할 수 있다는 설명은 더욱 의미심장하다. 또한 이 글은 〈거세 콤플렉스〉를 명시적으로 언급한 첫 번째 글이다.

이 논문은 1908년 『성 문제*Sexual-Probleme*』 제4권 12호에 처음 발표되었고, 프로이트 전집 제7권(1941)에 실렸다. 『저작집』 제5권(1924), 『전집』 제7권(1941)에도 실렸다. 영어 번역본은 1924년 브라이언D. Bryan이 번역하여 "On the Sexual Theories of Children"이라는 제목으로 『논문집』 제2권에 실렸으며, 『표준판 전집』 제9권(1959)에도 수록되었다.

어린아이의 성 이론에 관하여

이 글의 출처가 되는 자료들을 밝히면 다음과 같다. 첫째, 어린 아이들의 말과 행동을 직접 관찰한 자료, 둘째, 성인 신경증 환자들이 정신분석 치료 중에 떠올린 어린 시절의 의식적인 기억들, 셋째, 신경증 환자의 정신분석에서 나온 추론과 구성, 그리고 의식으로 전환된 무의식적 기억들이다.

그중 첫 번째 것은 그 자체만으로는 우리에게 쓸 만한 정보를 제공해 주지 못했는데, 그 이유는 소아 성생활에 대한 어른들의 태도 때문이다. 어른들은 아이들에게 성적 활동이 존재한다는 것을 믿지 않는다. 그래서 그런 행동을 관찰하려는 노력을 하지 않는 것은 물론이고 오히려 충분히 관심을 기울일 만한 아이들의 그런 말과 행동을 애초에 눌러 버린다. 따라서 원래는 가장 순수하고 풍성한 이 원천에서 정보를 길어 올릴 기회는 무척 제한적일 수밖에 없다. 또한 어른들이 자신의 어린 시절에 대한 의식적인 기억들을 외부의 도움 없이 자유롭게 말하는 내용도 회상 속에 조작의 가능성이 존재한다는 의심을 사기 일쑤다. 게다가 피조사자가 나중에 신경증 환자가 되었다는 사실까지 고려해서 평가 내려야 한다는 부담도 있다. 세 번째 자료 역시 사람들이 정신분석과 거기에서 도출된 추론의 확실성에 의문을 제기하는 온갖 반박에 시달릴 것이다. 물론 여기서 정신분석의 정당성을 새삼 주장하고 싶은 생각은 없다. 다만 나는 정신분석 기법을 알고 실행하는 사람이라면 그 결과에 대해서도 충분히 신뢰할 것이라는 확신만 갖고 있을 뿐이다.

나는 내 연구의 결과가 완벽하다고 주장할 수는 없다. 다만 그 결과를 얻기까지 정말 신중하고 세심하게 조사에 임했다는 사실은 장담할 수 있다.

결정 내리기 까다로운 문제가 하나 있다. 어린아이에 관해 일반적으로 보고하는 이 내용이 과연 어느 정도까지 모든 아이들, 즉 아이들 하나하나에게 구체적으로 적용될 수 있느냐 하는 문제다. 교육적 압박의 정도와 성적 충동의 강도는 아이들마다 편차가 매우 크고, 특히 성에 대한 아이들의 관심이 나타나는 시기에 영향을 미친다. 이런 이유로 나는 어린 시절의 순서에 따라 구분해서 설명하는 것이 아니라 아이들에 따라 어떤 때는 일찍, 어떤 때는 늦게 나타나는 것들을 하나로 묶어 설명하는 방법을 택했다. 여기서 내가 확신하는 것은 아이라면 누구나, 그러니까 정신적으로 건강한 아이나 지적으로 뛰어난 아이들도 사춘기 〈이전〉에 성 문제에 관심을 보일 수밖에 없다는 사실이다.

나는 신경증 환자들이 변성적 소질을 타고난 특별한 부류여서 그들의 어린 시절 삶에서 정상인의 모습을 유추해 낼 수는 없다고 반박하는 사람들의 주장에 동의하지 않는다. 신경증 환자도 남들과 똑같은 사람이다. 정상인과 명확하게 구분되는 것도 없으며, 또 그들의 어린 시절도 나중에 건강한 삶을 유지하는 사람들의 어린 시절과 항상 쉽게 구분되는 것도 아니다. 신경증이 그 사람들만의 특유한 정신적 내용을 담고 있는 것이 아니라, 카를 구스타프 융의 지적처럼 우리 건강한 사람들도 똑같이 겪는 콤플렉스에서 유발된 질병이라는 사실은 우리 정신분석 연구가 일구어 낸 가장 값진 성과 중 하나다. 다만 차이점이 있다면, 건강한 사람들은 실생활에서 눈에 띄는 큰 피해 없이 이 콤플렉스를 극복하는 방법을 아는 반면에 신경증 환자들은 값비싼 대가를 치르고서야 콤플렉스를 극복할 수 있다는 것이다. 그러니까 실제로는 극복할 수 없는 것이나 마찬가지다. 정상인이건 신경증 환자건 당연히 어린 시절은 나중의 어떤 시기보다 무척 비슷하다. 그래서 나는 신경증 환자들의 어린 시절 기억을 토대로 정상인들의 어린 시절을 유추해 내는 것이 결코 방법론적으로 잘못되었다고 생각하지 않는다. 게다가 나중에 신경증 환자가 되는 사람들은 성 충동이 무척 강하고, 그 충동의 때 이른 발현으로 조숙의 경향이 나타날 때가 많기 때문에 소아기 성적 활동의 많은 부분들을 다른 아이들보다 좀 더 선명하고 뚜렷이 보여 준다. 우리의 부족한 관찰 능력에 비추어 보면 참으로 반가운 대상인 셈이다. 물론 성인 신경증 환자가 들려주는 진술은 해블록 엘리스의 전례처럼 건강한 성인의 어린 시절 기억에 대한 수집과 분석이 이루어져야 비로소 진정한 실질적 가치를 평가할 수 있을 것이다.

외부와 내부 환경의 불리함 때문에 이하의 기술은 주로 한 성, 즉 남성의 성적 발달에만 초점을 맞추었다. 그렇다고 여기서 시도하는 것이 단순히 구체적인 사례의 나열에만 그치진 않는다. 아이들의 사고 속에 형성된 나름의 성 관념은 다양한 분야에서 관심을 불러일으킬 수 있고, 특히 신화나 동화를 이해하는 데 획기적인 도움이 되리라 생각한다. 또한 아이들의 성 관념을 아는 것은 신경증을 이해하는 데도 필수적이다. 왜냐하면 신경증 환자들의 경우 이 관념이 여전히 효과를 발휘하고 있고 증상 유발에도 결정적인 영향을 끼치기 때문이다.

만일 우리가 현재의 육신을 벗어 던지고 마치 다른 행성에서 온 상상 속 존재처럼 지상의 사물을 새롭게 바라본다면 아마 인간이 남성과 여성으로 존재한다는 사실, 즉 다른 점에서는 거의 비슷하지만 신체적 특징에서 분명한 차이를 보이는 두 성의 존재만큼 관심을 끄는 것은 없을 듯하다. 그런데 아이들이 성 문제에 관심을 보이는 것은 이런 사실 때문인 것 같지는 않다. 아이들은 아주 어린 시절부터 아버지와 어머니를 알고 있기에 부모의 존재를 더는 탐구할 필요가 없는 현실로 받아들인다. 남자아이가 한두 살 차이가 나는 누이에 대해 생각하는 것도 비슷하다. 아이들의 호기심은 자발적으로, 그러니까 선천적인 인과관계의 욕구에 따라 생겨나는 것이 아니라 두 돌이 지날 즈음 동생의 출생과 함께 용솟음치는 질투의 고통스러운 본능과 함께 시작된다. 동생이 없는 아이들도 다른 집을 관찰하며 같은 감정을 느낄 수 있다. 아이들은 부모의 보살핌이 자신에게서 멀어지는 것을 직접 겪기도 하고, 또 실제로 겪지는 않았지만 그럴까 봐 불안해 하기도 한다. 또한 이제부터는 자신이 가진 것을 영원히 새로 태어난 동생과 나누어야 한다는 불길한 예감에 사로잡히기도 한다. 이런 것들이 아이의 감정생활에는 경종의 영향을, 사고 능력에는 각성의 영향을 미친다. 그래서 아이들은 경쟁 상대인 동생에게 노골적인 적대감을 드러내기 시작한다. 이런 적대감은 동생에 대한 퉁명스러운 비난과 함께 〈황새가 재를 다시 데려갔으면 좋겠다〉라는 소망으로 표출되고, 가끔은 요람에 무방비 상태로 누워 있는 갓 난 동생에게 슬쩍 해코지를 하는 행동으로 나타난다. 물론 동생과 나이 차가 많이 나는 경우엔 이런 원초적인 적대감의 표현도 대체로 완화된 형태로 나타난다. 반면에 나이가 몇 살 더 먹었는데도 동생이 태어나지 않으면 오히려 다른 집에서 본 것처럼 자신과 놀아 줄 동생이 있었으면 하는 소망이 우위에 서기도 한다.

어쨌든 이런 감정과 불안의 고조와 함께 아이들은 이제 생의 첫 심각한 문제에 직면하면서 스스로에게 이런 질문을 던진다. 아기는 어디서 나오는 것일까? 더 정확히 말해서 이 훼방꾼은 대체 어디서 생겨나는 것일까? 우리는 신화와 전설의 수많은 수수께끼들 속에서 아이들에게 찾아온 이 첫 번째 난제의 여러 변형을 발견할 수 있다. 이 문제는 어떤 두려운 사건의 재발을 막을 책임이 부여된 연구 과제처럼 삶의 위기에서 생겨난 산물이다. 그런데 아이들의 사고가 얼마 지나지 않아 위에서 말한 그런 감정의 자극에서 벗어나 독자적인 탐구 본능으로 계속 나아간다고 가정해 보자. 아이들은 만일 그전에 의견이 자주 묵살되거나 무시되지만 않았다면 머잖아 부모나 다른 보호자들, 즉 아이의 눈에 모든 지식의 원천처럼 보이는 사람들에게 직접 물어보는 가장 빠른 방법을 선택할 것이다. 그러나 이 방법은 실패하고 만다. 아이들은 회피하는 답변을 듣거나, 뭘 자꾸 그런 걸 물어보느냐고 야단을 맞거나, 아니면 독일 지역에서 흔히 전해 내려오는 이야기인 〈황새가 연못에서 아기를 물어 온다〉는 식의 허황한 정보만 얻을 뿐이다. 나는 부모가 예상하는 것보다 훨씬 많은 아이들이 이런 답에 불만을 품고 강한 의심에 사로잡힌다고 생각한다. 물론 이런 의심을 항상 겉으로 솔직하게 드러내지는 않지만 말이다. 내가 아는 세 살짜리 남자아이는 이런 식의 답을 듣고 갑자기 실종되었는데, 깜짝 놀라 찾아 나선 보모에 의해 주변의 커다란 황새 연못 물가에서 발견되었다고 한다. 진짜 연못 속에 아기가 있는지 확인하려고 물속에 뛰어든 것이다. 또 다른 아이의 이야기도 있다. 어른의 대답을 믿지 않았던 이 아이는 이제 자기도 알 만한 것은 다 안다며, 아기를 물어 오는 것은 황새가 아니라 왜가리라고 소심하게 대답했다고 한다. 내가 수집한 많은 사례들에 따르면 아이들은 황새 이야기를 믿지 않는다. 오히려 어른들에게서 처음으로 기만당하고 퇴짜 맞은 그때부터 어른들에 대한 불신감을 키워 가고, 〈어른들〉은 분명 자신에게는 털어놓지 못할 금지된 무언가가 있다는 예감을 갖고, 그 때문에 자신의 탐구 결과를 어른들에게는 숨기는 듯하다. 이런 과정에서 아이들은 처음으로 〈심리적 갈등〉을 겪는다. 그러니까 자신이 본능적으로 선호하는 견해는 어른들의 눈에 〈마뜩지 않게〉 비치고, 반대로 자신이 도저히 납득할 수 없는 다른 견해는 어른들의 권위에 의해 강하게 뒷받침되고 있다는 인상에서 비롯된 심리적 갈등이다. 이 갈등은 얼마 안 가 〈심리적 분열〉로 발전할 수 있다. 즉 어른들이 아이들에게 요구하는 순종 및 사고의 중단과 연결된 의견은 지배적 의식이 되는 반면에 아이들이 계속되는 탐구 노력으로 찾아냈지만 어른들에게 인정받을 수 없는 새 증거들에 기반한 다른 의견은 억압받는 〈무의식〉이 되는 것이다. 이렇게 해서 신경증의 핵심 콤플렉스가 생겨난다.

최근에 나는 다섯 살짜리 남자아이를 분석한 자료를 받았다. 아버지가 자기 아들을 분석한 자료를 내게 보내면서 출판을 부탁한 것이다. 나는 이 자료를 통해 내가 오래전부터 성인들의 정신분석으로 얻은 인식에 대한 반박할 수 없는 증거를 확보하게 되었다. 그 남자아이는 임신 중인 엄마에게 일어나는 변화를 예리하게 눈치 챘고, 점점 불러 오는 엄마의 배와 아기의 출현 사이의 상관관계를 얼마 안 가 알아차렸다. 여동생이 태어났을 때 그 아이는 세 살 반이었고, 아주 명확한 암시로 자신의 더 많은 지식을 내보였을 때는 네 살 3개월이었다. 그러나 이 조숙한 발견은 늘 숨겨졌고, 심지어 나중에는 아이들의 계속되는 성적 탐구의 운명이 그렇듯이 억압되거나 잊히기까지 했다.

그렇다면 〈황새 우화〉는 아이들의 성 관념에 해당하지 않는다. 이런 불신을 더욱 강화하는 것은 성생활을 거의 숨기지 않는 친숙한 주변 동물들에 대한 아이들 자신의 관찰이다. 아이들은 아기가 엄마의 배 속에서 자란다는 사실을 스스로 깨달음으로써 자신의 사고 능력에 처음으로 도전장을 던진 이 문제에 대한 올바른 해결의 길로 들어선다. 그러나 이후의 탐구 활동은 혼자서는 풀 수 없는 무지와, 아이 자신의 섹슈얼리티 상태가 몰아붙인 그릇된 성 관념에 의해 저지당한다.

내가 지금부터 논구할 이 그릇된 성 관념들에는 아주 독특한 특징이 하나 있다. 아이들의 성 관념은 비록 기괴한 방식으로 잘못 흘러간다고 하더라도 저마다 일말의 진실이 담겨 있고, 그 기발한 조합 면에선 인간의 머리로는 이해하기 어려운 우주의 여러 문제를 풀려는 어른들의 〈천재적인〉 노력과 비슷하다는 것이다. 그런데 아이들의 성 관념에는 올바르고 적절한 것이 포함되어 있기도 하다. 그건 그 관념들이 이미 아이들의 몸속에서 꿈틀대기 시작한 성 본능의 요소들에서 비롯된 것이기 때문이다. 아이들의 성 관념이 윤곽을 잡아 가는 것은 자의적인 심리 작용이나 우연히 받게 된 느낌이 아니라 아이들의 성 심리적 기질이다. 그 때문에 우리는 아이들의 전형적인 성 관념에 대해 이야기할 수 있고, 그래서 우리에게 성생활이 노출된 모든 아이들에게서 어째서 똑같은 오류가 발견되는지 그 이유를 이해할 수 있다.

아이들의 이런 그릇된 성 관념 가운데 첫 번째 것은 내가 앞서 아이들의 특징으로 언급한 바 있는, 양성 간 차이에 대한 무시와 연결되어 있다. 즉 남자아이들은 자신의 몸을 통해 알게 된 남근이 모든 인간에게, 그러니까 여자에게도 당연히 있으리라고 생각한다는 것이다. 〈정상적인〉 것으로 인정해야 할 이런 성적 관념 속에서 남근은 이미 어린 시절부터 핵심 성감대이자, 자기 성애의 주요 대상이 된다. 남근에 대한 이런 가치 평가는 당연히 〈나〉와 비슷한 인격체 중에는 그런 본질적인 부분을 갖지 않은 사람이 없을 것이라는 상상으로 이어진다. 어린 남자아이가 여동생의 생식기를 보았을 때도 그 선입견은 너무 깊이 박혀 있어서 직접 눈으로 본 것까지도 믿지 않는다. 예를 들어 여자에게는 남근이 없다는 사실을 인정하는 것이 아니라 대체로 자기 위안의 뜻으로 이렇게 말하는 것이다. 〈걔 거는 아직 작아. 하지만 동생이 자라면 점점 커질 거야.〉 남근을 가진 여자에 대한 상상은 나중에 어른이 되었을 때 꿈속에 나타난다. 즉 밤중에 성적으로 흥분된 상태에서 여자를 쓰러뜨린 뒤 옷을 벗기고 성교를 준비하는데, 갑자기 여자 생식기가 있어야 할 자리에 불끈 솟은 남근을 발견하고는 깜짝 놀라 꿈과 흥분에서 깨어나는 것이다. 고대의 수많은 남녀추니 이야기도 아이들의 이런 일반적인 상상을 충실히 재현하고 있다. 그런데 정상적인 사람들도 대부분 이런 이야기에는 별 반감을 보이지 않지만, 실제 현실에서 남자와 여자의 생식기를 모두 갖춘 사람을 보게 된다면 거의 예외 없이 격한 혐오감을 드러낼 것이다.

남근을 가진 여자에 대한 상상이 어릴 때 〈고착되어〉 이후의 어떤 외부 영향에도 흔들리지 않고, 그로 인해 성 대상의 선택에서 남근을 포기하는 것이 불가능해진 남자는 동성애자가 될 수밖에 없고, 동성애를 하더라도 다른 신체적·정신적 특성에서는 여자를 연상시키는 남자를 찾게 된다. 혹시 나중에 진짜 여자를 알게 되더라도 남자에게 이 여자는 본질적인 성 매력이 없기에 성적 대상이 되는 건 애초에 불가능하다. 심지어 여자가 남자의 어린 시절의 다른 인상과 연결되는 순간에는 혐오의 대상이 될 수도 있다. 남근의 흥분에 길들여진 아이는 보통 손으로 남근을 자극해서 쾌감을 얻는데, 그런 모습을 부모나 보모에게 들키면 남근이 잘릴지도 모른다는 위협을 느낀다. 이러한 〈거세의 위협〉은 아이가 성기에 부여한 가치가 높을수록 더 심대하고 지속적인 효과를 발휘한다. 전설과 신화는 거세 콤플렉스와 관련한 아이들의 그러한 감정적 동요와 경악에 대해 증언하는데, 이 거세 콤플렉스는 나중에 마지못해 다시 의식에 떠오른다. 그래서 남근이 잘려 나간 것처럼 보이는 여자 생식기는 거세의 위협을 상기시킨다. 남자 동성애자에게 여자 생식기가 쾌락 대신 공포를 불러일으키는 것도 그 때문이다. 이런 반응은 동성애자가 나중에, 여자에게도 남근이 있을 거라는 어릴 적 상상이 그렇게 잘못된 것이 아니라는 전문가의 설명을 들어도 전혀 바뀌지 않는다. 해부학에서는 여성의 외음부에 있는 클리토리스를 남근과 유사한 기관으로 간주한다. 또 성 생리학에서는 더 이상 자라지 않는 이 쪼그만 남근이 어린 시절에는 진짜 남근처럼 행동하고, 접촉으로 야기되는 흥분의 중심지이고, 이 기관의 민감성이 어린 소녀의 성생활에 남성적 성격을 부여하고, 또 사춘기에는 이러한 남성적 성욕의 제거로 여성성이 나타날 수 있도록 억압의 기제가 가동된다는 사실이 밝혀졌다. 많은 여성의 경우 클리토리스의 자극에만 너무 집착해서 성교 시에는 무감각해지거나, 아니면 지나친 억압으로 그 작용이 히스테리성 보상 형성을 통해 부분적으로 상쇄됨으로써 성 기능의 저하 현상이 일어난다. 이런 점을 고려하면 여자도 남자처럼 남근이 있다는 아이들의 성 관념이 틀렸다고만 할 수는 없다.

어린 여자아이들이 오빠의 그런 평가에 전적으로 동의하는 것은 쉽게 관찰할 수 있다. 여자아이들은 남자아이 몸의 그 부분에 큰 관심을 보이고, 이 관심은 곧 질투로 바뀐다. 자기만 차별 대우를 받고 있다고 느끼면서 커다란 남근을 가진 남자아이만 가능한 자세로 소변을 보려고 한다. 그래서 여자아이들이 말하는 〈나도 남자가 되고 싶다〉는 소망 속에는 자신의 그런 결함을 고치고 싶은 욕구가 자리하고 있다.

만일 아이들이 남근의 흥분에서 비롯된 암시를 잘 포착해 낼 수 있다면 자신의 문제 해결에 한 걸음 더 다가갈 수 있을 것이다. 아기가 엄마의 몸속에서 자란다는 사실만으로는 충분한 설명이 되지 못한다. 아기는 어떻게 엄마의 몸속으로 들어갔을까? 무엇이 아기를 엄마의 몸속에 집어넣었을까? 아버지가 이 일에 관련되어 있을 가능성은 무척 커 보인다. 아버지도 분명 자기 아이라고 하지 않는가![1] 다른 한편 이 이해할 수 없는 과정에는 남근이 모종의 역할을 하는 것이 분명해 보인다. 그건 이 모든 사고 과정에서 남근이 함께 흥분하는 것을 통해 증명된다. 이 흥분에는 아이들이 아직 해석할 수 없는 충동들이 연결되어 있다. 뭔가 폭력적인 행위를 하고 싶고, 뭔가 밀고 들어가고 싶고, 뭔가 부수고 싶고, 어딘가에 구멍을 내고 싶은 그런 막연한 충동이다. 그러다 마침내 남근이 들어갈 틈이 있어야 하고, 아빠의 남근이 엄마의 몸속으로 뚫고 들어감으로써 엄마의 몸속에서 아기가 생긴다는 결론에 이르게 되면 아이들의 탐구 과정은 여기서 갈피를 잡지 못하고 중단된다. 엄마도 남자처럼 남근을 가지고 있다는 이론이 가로막히기 때문이다. 게다가 남근을 받아들이는 동굴 같은 곳은 아직 보지 못했다. 그래서 이런 탐구 노력의 실패와 함께 그 노력

1 이 부분에 관해서는 『정신분석과 정신병리학 연구 연감』(1909)에 실린 다섯 살짜리 소년에 대한 분석을 참조하기 바란다 — 원주.

자체를 배척하고 잊어버리는 일이 쉽게 생겨난다. 아이들의 이러한 숙고와 의심은 이후의 다른 문제들에 대한 사고 작업에 전형이 되고, 이 최초의 실패는 영원히 사고의 활력을 빼앗는 쪽으로 작용한다.

여자의 질에 대한 무지로 인해 아이들은 자기만의 두 번째 성 이론으로 나아간다. 즉 엄마의 몸속에서 자라던 아기가 밖으로 나오려면 단 하나의 통로, 즉 항문으로 나오는 방법밖에 없다는 것이다. 이렇듯 아이들은 아기가 배설물, 즉 대변처럼 항문에서 나오는 것이 틀림없다고 확신한다. 그러다 좀 더 나이를 먹어 이 문제를 혼자 깊이 고민하거나 친구들과 이야기를 나누다 보면, 아기가 배꼽을 열고 나온다거나, 아니면 「빨간 모자」 동화에서 늑대에게 그런 일이 일어난 것처럼 배를 가르고 아기를 끄집어낸다는 새로운 의견들이 대두된다. 이런 의견들은 소리 높여 강조되고 나중에도 뚜렷한 기억으로 각인된다. 거기에는 더 이상 거부감을 일으킬 만한 것이 없기 때문이다. 이때쯤 되면 아이들은 더 어렸을 때 믿었던 항문 출생 이론을 완전히 잊어버린다. 나중에 시작된 항문 성애적 요소들에 대한 억압이 이 이론을 배제해 버리기 때문이다. 그전까지 아이들은 대변에 대해 아무 거리낌 없이 이야기했다. 분변기호증적 성향의 기질에서 아직 벗어나지 못할 때였다. 이때는 아기가 똥 덩어리처럼 세상에 나온다고 하는 생각에 전혀 거부감이 없었다. 똥 자체에 대해 아직 어떠한 역겨움도 없기 때문이다. 많은 동물들에게서도 분명히 확인되는, 총배설강을 통한 이 출생 이론은 아이들에게는 가장 가능성이 높아 보이는 지극히 자연스럽고 유일한 생각이었다.

그런데 이 이론대로라면 아이들은 아기를 낳는 특권이 여자에게만 부여된 것을 인정할 수 없는 것이 당연하다. 아기가 항문으로 나온다면 남자도 여자처럼 아기를 낳을 수 있어야 하니까 말이다. 따라서 남자아이가 아기를 가지는 상상을 하는 것을 두고 여성적 소인 때문이라고 낙인찍을 필요는 없다. 그 아이는 단지 아직 자신에게 남아 있는 항문 성애의 흔적을 드러내는 것일 뿐이니까.

가끔 있는 일이지만, 더 나이를 먹은 뒤에도 총배설강 이론이 아이들의 의식 속에 남아 있을 경우 아기 출생의 문제에 대한 또 다른 해결책이 수반된다. 물론 원래의 해결책과는 더 이상 관련이 없는 해결책이다. 즉 동화 같은 이야기이지만 특정한 무언가를 먹어야만 아기를 가질 수 있다는 것이다. 이 출생 이론은 정신병 사례에서도 나타난다. 정신병을 앓은 한 여자는 집에 찾아온 의사를 방 한구석으로 데려가더니, 거기에 싸놓은 배설물을 가리키며 웃으며 말한다. 「오늘 내가 낳은 아이예요.」

아이들의 전형적인 성 이론 중 세 번째는 집에서 우연히 부모의 성교 장면을 본 아이들에게서 비롯된 것이다. 아이들은 성교 장면을 보면서도 그 의미로 제대로 알아차릴 수 없다. 두 사람의 체위든 소리든, 아니면 그 밖의 부수 상황이든 아이들의 눈에는 모두 사디즘적 행위로밖에 비치지 않는다. 그러니까 아이들은 성행위를 더 강한 쪽이 더 약한 쪽에게 폭력을 가하는 것으로 받아들인다. 특히 남자아이들의 경우 가끔 성적 흥분이 동반되는 친구들과의 몸싸움과 비교하게 된다. 나는 아이들이 부모의 이런 행위를 아기 출생의 비밀과 연관지어 이해하는 경우를 본 적이 없다. 오히려 아이들은 이 사랑 행위에 폭력적인 의미를 부여함으로써 그 연관 관계를 못 보거나 오인할 때가 훨씬 많다. 그런데 성행위를 폭력적인 것으로 보는 이러한 견해는 아기의 출생과 관련한 수수께끼를 처음 숙고할 때 남근에서 일어나는 막연한 흥분과 연결된 잔인한 행위에 대한 충동이 되살아난 것이라는 인상을 준다. 또한 성행위와 연관된 이러한 때 이른 사디즘적 충동은 부모의 성행위에 대한 아주 희미한 기억의 영향으로 나타날 가능성도 있다. 아이들이 아주 어릴 때 부모와 같은 방에서 자면서 보거나 느꼈던 것들, 그러니까 당시에는 어떻게 사용해야 할지 모르는 재료들로 이루어진 기억이다.[2]

특히 다른 확증 자료가 있을 경우 잘못된 방향으로 나아가는 성행위에 관한 이런 사디즘적 이해는 다른 측면에서 보자면, 아이들에 따라 강도가 다르게 나타나는 한 선천적인 성적 요소의 표현이기도 하다. 따라서 이 생각도 일부분 상당히 옳고, 성행위와 그에 앞서 진행되는 〈양성 간 싸움〉의 본질을 부분적으로 꿰뚫고 있다고 할 수 있다. 아이들도 자신의 이러한 견해를 우발적 인지를 통해 뒷받침하는 경우가 드물지 않다. 물론 부분적으로만 맞고, 나머지는 틀렸거나 아니면 완전히 반대로 이해한 것일 테지만 말이다. 예를 들어 보자. 많은 부부 사이에서 아내는 남편과 잠자리를 하고 싶지 않을 때가 많다. 성행위가 쾌락을 주기보다는 또 다른 임신의 위험을 가져다주기 때문이다. 그런데 잠들었다고 생각한 아이(잠든 척했을 수도 있다)의 눈에는 엄마의 그런 거부하는 태도가 모종의 폭력 행위에 대한 방어 행위로 비칠 수 있다. 또 주의 깊은 아이라면 부모의 결혼 생활이 전반적으로 고성과 험악한 표정으로 표출되는 끊임없는 싸움이라는 사실을 간파한다. 그렇다면 그런 싸움이 밤까지 이어져, 형제자매나 친구들과의 관계에서도 자주 볼 수 있는 방식으로 결판을 내는 것이

2 레스티프 드 라 브레톤Restif de la Brétonne은 1794년에 출간된 자전적 소설 『니콜라 씨 *Monsieur Nicolas*』에서 자신이 네 살 때 성행위를 보고 가졌던 사디즘적 오해를 이야기한다 — 원주.

결코 이상하게 느껴지지 않을 것이다.

심지어 엄마의 침대나 속옷에서 핏자국이 발견된다면 아이들은 그걸 자신의 견해에 대한 확증으로 받아들인다. 핏자국이 아버지가 밤마다 엄마를 그렇게 괴롭히는 것에 대한 증거인 셈이다. 물론 우리 어른들은 그 핏자국을 성교의 일시적인 중단이 시작될 신호로 본다. 달리 설명할 길이 없는 신경증 환자들의 〈피에 대한 공포〉도 이런 관점에서 설명할 수 있다. 아무튼 아이들이 잘못 알고 있는 이 부분에도 일말의 진실이 담겨 있다. 핏자국은 성교의 시작을 알리는 신호로도 볼 수 있기 때문이다.

아기가 어떻게 생기느냐는 풀리지 않는 수수께끼와 느슨하게 연결된 문제로서, 아이들은 우리가 〈결혼〉이라고 부르는 상태의 본질과 내용이 무엇이냐는 물음에 관심을 보이고, 이 물음에 각각 다르게 답한다. 즉 부모에게서 우연히 인지한 여러 사실과 자신의 쾌락적 충동이 얼마나 일치하느냐에 따라서 말이다. 다만 한 가지 공통점은, 아이들이 결혼 생활로부터 쾌락의 충족을 기대하고, 부끄러움을 무시하는 것이 결혼이라고 추측한다는 사실이다. 이와 관련해서 내가 가장 자주 들은 대답은 〈결혼한 부부는 서로 마주 보고 오줌을 눈다〉는 것이다. 이의 변형으로 좀 더 많은 것을 상징적으로 암시하는 대답도 있다. 즉 〈남편은 아내의 요강에다 오줌을 눈다〉는 것이다. 또 다른 아이들은 결혼의 의미를 〈남녀가 (아무 부끄럼 없이) 서로의 엉덩이를 보여 주는 것〉이라고 표현하기도 했다. 교육의 영향으로 성경험과 아주 오랫동안 담을 쌓은 열네 살 소녀의 예도 있다. 이미 생리를 시작한 이 소녀는 책을 통해 결혼의 본질이 〈피를 섞는 것〉이라는 생각에 이르게 되었다. 그런데 여동생이 아직 생리를 시작하지 않았기에 이 음탕한 소녀는 막 생리를 시작했다고 고백하는 다른 여자 친구와 강제로 피를 섞으려고 했다.

드물지 않게 의식적 기억 속에 남아 있는, 결혼의 본질에 관한 어린 시절의 생각들은 훗날의 신경증 발발에 중요한 의미가 있다. 그 생각들은 우선 부부 놀이, 즉 결혼한 남녀라면 이런저런 일을 함께할 거라는 전제에서 출발하는 놀이로 표출된다. 그러다 나중엔 결혼하고 싶은 소망은 소아기의 표현 형태를 선택하고, 그다음엔 첫눈엔 알아차릴 수 없는 공포증이나 그에 상응하는 증상으로 나타난다.[3]

이런 것들이 이른 어린 시절에 아이들이 성적 충동의 영향 아래서 자발적으로 만들어 내는 전형적인 성 이론 중 가장 중요한 것들이다. 물론 나는 이 이론들과 관련한 자료를 완벽하게 수집하지 못했으며, 이 자료들과 나머지 소아기 삶의 빈틈없는 관련성도 밝혀내지 못했다. 그럼에도 지금까지 다른 전문가들이 놓친 몇 가지를 보충하고 싶다. 예를 들어 키스를 통해 아기가 생긴다는 이론이 그것이다. 성감대로서 구강의 우위를 분명히 드러내는 이런 생각은 내 경험상 오직 여자아이에게만 해당한다. 심지어 어린 시절 성에 관한 탐구를 강하게 억압당한 여자아이의 경우는 가끔 질환으로 발전하기도 한다. 또 내 여자 환자 하나는 우연한 관찰을 통해 〈쿠바드 증후군〉[4]에 도달했다. 잘 알려져 있듯이 일부 민족에서 관습으로 자리 잡은 이 증후군은 결코 완전히 증명될 수는 없는 〈부성(父性)〉에 대한 의심을 떨쳐 내려는 의도에서 비롯된 것으로 보인다. 아무튼 이 여자 환자는 자신의 좀 독특한

3 훗날의 신경증에 굉장히 중요한 아이들의 놀이로는 〈의사 놀이〉와 〈엄마 아빠 놀이〉가 있다 — 원주.

4 Couvade syndrome. 아내가 임신했을 때 남편도 입덧, 요통, 체중 증가, 구역질 같은 신체적·심리적 증상을 똑같이 겪는 현상. 또 아내가 해산할 때 남편도 자리에 누워 진통을 흉내 내는 풍습을 가리키기도 한다.

삼촌이 아기 출생 뒤 며칠 동안 집에 머무르면서 잠옷을 입은 채로 손님을 맞이하는 것을 보면서 아기의 출생에는 부부가 같이 참여하고, 둘이 같이 침대로 가야 한다는 결론을 내렸다.

열 살이나 열한 살쯤 되면 아이들은 성에 관한 이야기를 주변에서 듣게 된다. 상대적으로 억압이 심하지 않은 환경이나 관찰할 기회가 많은 집에서 자란 아이들은 자기가 아는 것을 다른 아이들에게 알려 주려고 한다. 그러면 자신이 친구들보다 더 성숙하고 우월하다는 느낌이 들기 때문이다. 이런 식으로 얻은 지식 중에는 올바른 것도 많다. 가령 여자에겐 질이 있고, 그 질이 어디에 쓰인다는 설명이 그렇다. 하지만 이렇게 아이들이 주워듣는 말 속에 오류가 섞여 있거나, 낡은 소아기 성 이론의 잔재가 남아 있는 경우도 드물지 않다. 어쨌든 전체적으로 보면 이런 설명들은 원래적인 수수께끼를 해결하기엔 완벽하지도 않고 충분하지도 않다. 그전에는 질에 대한 무지가 성의 전 과정을 이해하는 데 방해가 됐다면, 이제는 정액에 관한 무지가 그것을 대신한다. 아이들은 남자 생식기에서 오줌 외에 다른 물질이 배출된다는 사실을 알지 못한다. 그래서 한 〈순진한 처녀〉는 결혼 첫날밤에 남편이 〈자기 몸속에 오줌을 누려고 한다〉며 격분하기도 했다. 사춘기 이전의 이런 설명들에 이어 아이들의 성 탐구 활동은 새로운 비약을 맞는다. 그런데 이제 아이들이 만들어 내는 이론들에는 독특하기 짝이 없던 유년기의 원래적이고 전형적인 특징은 남아 있지 않다. 아동기의 성적 요소들이 억제되거나 변형되지 않은 채 그 이론들 속에 고스란히 녹아들기 때문이다. 이만한 나이 때 성의 수수께끼를 풀려는 아이들의 지적 노력은 내가 보기엔 별로 수집할 가치가 없고, 병인론적으로도 별 의미가 없는 듯하다. 그런 지적 노력의 다양성은 주로 성과 관련해서 받은 설명과 교육에 좌우된다. 이런 노력의 의미는 오히려 성적 관심이 처음으로 발현된 시기의 무의식 속에 가라앉아 있던 흔적들이 다시 일깨워지고, 그래서 그 흔적이 드물지 않게 자위행위와 부모와의 정서적 거리감으로 나타나는 일이 드물지 않다는 데 있다. 따라서 이 시기에 성교육을 하는 것은 아이들을 〈망칠 거〉라고 하는 교육자들의 판단은 비난받아 마땅하다.

성생활에 관한 아이들의 이러한 고민 속에 어떤 요소들이 자리 잡고 있는지를 보여 주는 몇 가지 예가 있다. 한 소녀는 학교 친구에게서 아기 출생의 비밀에 관해 이런 이야기를 듣는다. 남자가 여자에게 알을 건네면 여자가 몸속에서 부화한다는 것이다. 역시 이 이야기를 들은 다른 소년은 그 알을 자신의 몸에 있는 고환을 속되게 일컫는 불알과 같은 것으로 생각하고, 음낭 속의 알이 어떻게 계속 다시 만들어지는지 깊은 고민에 빠진다. 그런 이야기들만으로는 성 과정에 대한 근본적인 불확실성이 해소되지 않는다. 그래서 어떤 소녀는 이런 추측을 한다. 성교는 딱 한 번 이루어지지만 굉장히 오래, 그러니까 스물네 시간 동안 지속되어서 그 한 번만으로 아기들이 줄줄이 태어난다는 것이다. 이 소녀는 아마 곤충의 생식 과정을 통해 알게 된 정보를 토대로 이런 생각을 하게 되었을 것이다. 그러나 이 추측은 사실이 아닌 혼자만의 허구에 불과한 것으로 드러난다. 또 다른 소녀들은 수태 기간, 즉 아기가 자궁 속에서 머무는 시간은 생각지 못하고, 첫날밤에 성교를 하면 바로 아기가 나온다고 믿는다. 마르셀 프레보Marcel Prévost는 이 같은 소녀 시절의 그릇된 믿음을 『여자들의 편지*Lettres de femmes*』에서 재미난 이야기로 엮어 냈다. 아동이나, 아동기 단계에 머물러 있는 청소년들의 이런 성적 탐구의 주제는 무궁무진할 뿐 아니라 흥미로운 점도 많다. 그러나 이는 지금의 내 관심사와는 거리가 멀다. 나는 단지 아이들의 무의식 속에 억압되어 있는, 더 오래되고 더 나은 인식들에 반박하기 위해 아이들이 많은 오류들을 만들어 내고 있음을 강조할 따름이다.

아이들이 새로운 정보를 접했을 때 취하는 태도도 나름대로 중요하다. 어떤 아이들은 성적 억압이 지나쳐서 어떤 이야기도 들으려 하지 않고, 나이가 들어서도 무지 상태, 아니 최소한 겉으로는 모른 척하면서 지내다가 결국엔 신경증 정신분석을 통해 유년기에 형성된 성에 관한 지식이 드러난다. 내가 아는 열 살에서 열세 살 사이의 두 남자아이의 이야기도 흥미롭다. 이들은 친구들이 전해 주는 성에 관한 정보에 귀를 기울이기는 하지만, 자기 말이 맞다고 우기는 친구들에게 이런 말로 반박한다. 「너희 아빠나 다른 사람들은 그럴지 몰라도 우리 아빠는 절대 안 그래!」 그런데 성적 호기심의 충족과 관련해서 아이들의 태도가 아무리 다양하더라도 유년기에는 하나의 동일한 태도가 나타난다고 할 수 있다. 즉 그 연령대의 아이들은 모두 부모가 아기를 낳기 위해 무슨 행동을 하는지 촉각을 곤두세우고 열심히 알아내려 한다는 것이다.

성격과 항문 성애

Charakter und Analerotik(1908)

성격의 본질과 그 형성 과정에 관한 프로이트의 몇 안 되는 글 가운데 하나인 이 글은 처음 발표되었을 때 많은 놀라움과 반발을 불러일으켰던 글이다. 이 글을 쓰기 직전 끝낸 것으로 알려진 〈쥐 인간〉의 분석을 통해 이 글의 토대를 마련한 것으로 알려진 프로이트는 이후 항문 성애와 성격 형성의 관계에 대해 「늑대 인간」, 「항문 성애로 본 충동의 변화」 등의 글에서 다루게 된다.

이 논문은 1908년 『정신의학과 신경학 주보(週報)』 제9권 52호에 처음 발표되었으며, 『저작집』 제5권(1924), 『전집』 제7권(1941)에 수록되었다. 영어 번역본은 1924년 맥워터스R. C. McWatters가 번역하여 "Character and Anal Erotism"이라는 제목으로 『논문집』 제2권에 수록되었으며, 『표준판 전집』 제9권(1959)에도 실렸다.

성격과 항문 성애

우리가 정신분석으로 도움을 주려는 사람들 중에는 정말 빈번하게 만나게 되는 유형이 있다. 여러 특정 성격이 동시에 나타나는 것이 특징인 사람인데, 특히 이 사람의 어린 시절에 특정 신체 기능의 행태와 그 기능을 담당하는 신체 기관이 우리의 관심을 끈다. 나는 그 특정 성격과 그 기관의 행태 사이에 유기적 관련이 있다는 인상을 받았지만, 현재로선 그 인상이 생겨난 근거에 대해 정확히 말할 수 없다. 다만 그 인상에 이론적인 것이 개입하지 않았다는 점은 장담할 수 있다.

그 둘 사이의 관련성을 이렇게 과감하게 언급할 만큼 그에 대한 믿음이 커졌던 것은 그동안 축적된 경험 때문이다.

내가 묘사하고자 하는 사람들은 다음 세 가지 성격이 전형적으로 결합된 이들이다. 〈깔끔함〉, 〈검약〉, 〈고집〉이 그것인데, 이 각각의 단어는 원래 하나의 소집단으로 묶을 수 있을 만큼 유사한 일련의 성격적 특질을 드러낸다. 먼저 〈깔끔함〉은 신체적 청결뿐 아니라 자잘한 의무 수행과 신뢰성에서의 충실함을 내포한다. 그 반대는 〈무질서〉와 〈너저분함〉이다. 그다음으로 〈검약〉은 심할 경우 인색이나 탐욕으로까지 나타날 수 있다. 또한 〈고집〉은 분노나 복수심과 쉽게 연결되는 반항으로 넘어가기도 한다. 여기서 뒤의 두 특질, 즉 검약과 고집은 깔끔함보다 서로 더 밀접하게 연관되어 있다. 또한 이 둘은 모든 콤플렉스의 상수이기도 하다. 그러나 나는 세 특질 모두 어떤 식으로건 서로 연결되어 있다는 느낌을 뿌리칠 수 없다.

이런 사람들의 어린 시절을 살펴보면 이들이 소아기의 변실금[1]을 극복하는 데 비교적 오랜 시간이 걸렸고, 더 나이가 들어서도 가끔 이 기능의 이상으로 고생한 것을 알 수 있다. 이들은 유아기 때 변기에 앉히면 장의 내용물을 배출하는 것을 거부했던 듯하다. 이는 배변 행위 때 부수적으로 따라오는 어떤 좋은 느낌과 관련이 있어 보인다. 그래서 이들은 더 나이를 먹어서도 변을 참는 것을 즐겼다고 하고, 자신이 싼 똥을 온갖 부적절한 방식으로 다루었던 것을 기억해 낸다. 물론 본인보다는 주변 사람들이 더 잘 기억하고 있는 이야기이기는 하지만. 어쨌든 이런 징후에서 우리는 이들이 항문 성감대가 유난히 발달한 성적 체질을 갖고 태어난 사람이라고 유추해 볼 수 있다. 그러나 아동기 이후에는 그런 결점과 특이성이 전혀 발견되지 않기 때문에 우리는 항문이 성장 과정을 거치면서 성감대로서의 의미를 상실한 것으로 상정할 수 있다. 또 앞에서 언급한 세 가지 특질이 그들의 성격에 동시에 나타나는 현상을 항문 성애의 상실과 연관 지어 볼 수 있지 않을까 추정한다.

나는 어떤 사실이 납득이 안 되거나, 그 설명에 어떤 연결점이 없으면 사람들이 믿지 않는다는 것을 잘 안다. 이제 우리는 『성욕에 관한 세 편의 에세이』에서 제시한 전제 조건들의 도움으로 최소한 이 사실의 근본적인 것만이라도 좀 더 쉽게 이해할 수 있지 않을까 싶다. 나는 그 논문에서 인간의 성적 충동이 복잡한 조합

1 대변을 참지 못하고 지리는 증상 — 옮긴이주.

으로 이루어져 있고, 수많은 요소와 부분 충동이 섞여서 생겨난다는 사실을 보여 주려 했다.

〈성적 흥분〉에 가장 핵심적으로 기여하는 것은 생식기, 입, 항문, 요도 같은 성적으로 민감한 특정 신체 부위에 대한 말초적 자극이다. 그래서 이 부위들은 〈성감대〉라 불릴 자격이 충분하다. 그런데 이런 신체 부위에서 일어나는 흥분의 정도는 사람마다 다르고, 인생의 시기마다 일정하게 유지되는 것도 아니다. 일반적으로 보자면, 이 성감대들 중에서 성생활에 유용한 것은 오직 하나뿐이고, 나머지는 성 목적에서 벗어나 다른 목표를 향해 나아간다. 이른바 〈승화〉라 불릴 만한 과정이다. 심지어 〈성적 잠복기〉라 지칭되는 시기, 즉 다섯 살에서 사춘기 징후가 처음 나타나는 열한 살 정도까지의 시기엔 이런 성감대가 제공하는 흥분의 대가로 심적인 세계에서 반동 형성, 즉 마치 댐처럼 성적 충동의 활동을 가로막는 수치심과 역겨움, 도덕성 같은 반대 힘들이 생겨난다. 그런데 항문 성애는 아이들의 성장 과정과 문명사회에서는 성 목적으로 사용할 수 없는 요소로 자리 잡았기 때문에 과거의 항문 성애자들에게서 빈번하게 나타나는 세 가지 특질, 즉 깔끔함과 검약, 고집이 항문 성애의 우선적이면서 상시적인 결과라는 생각이 자연스럽게 떠오른다.[2]

2 『성욕에 관한 세 편의 에세이』에서 항문 성애에 관한 설명을 제대로 이해하지 못한 독자들을 위해 내가 직접 관찰한 사례를 하나 소개하고자 한다. 무척 지적인 어떤 사람 덕분에 하게 된 관찰인데, 그 사람은 내게 이런 말을 들려주었다.

「선생님의 『성욕에 관한 세 편의 에세이』를 읽은 제 지인이 이런 말을 하더군요. 자신은 책의 내용에 전적으로 동감한다, 다만 한 구절이 내용적으로는 당연히 이해가 되고 공감도 가지만 무척 기괴하고 우스꽝스럽게 느껴져 15분 정도 웃었다는 겁니다. 바로 이 구절입니다. 〈아이가 변기에 앉혀졌을 때 장을 비우는 것을 완강히 거부하는 것, 그러니까 보모의 바람과 달리 아이가 자기 마음대로 변을 참는 것은 나중의 이상 행동이나 신경과민적 행동의 가장 뚜렷한 조짐 중 하나다. 아이에게는 당연히 잠자리가 더러워지는 것은 문제가 되지 않는다. 다만 배변할 때의 부차적 쾌감을 놓치고 싶

물론 이 관련성의 내적 필연성이 나 자신에게도 명확하지는 않지만, 그에 대한 이해를 돕기 위해 몇 가지를 언급할 수는 있다. 우선 깔끔함과 정연함, 신뢰성은 불결한 것과 역겨운 것, 그리고 몸의 일부가 될 수 없는 것에 대한 관심에 반발하는 반동 형성이라는 느낌이 든다(〈잘못된 곳에 있는 것은 오물이다〉). 배변 행위와 고집을 연결하는 것은 쉽지 않아 보이지만 다음 사실을 기억할 필요가 있다. 첫째, 앞에서 보았듯이 아기들조차 변을 볼 때 고집을 부릴 수 있다. 둘째, 아이를 키우는 과정에서 흔히 겪는 일이지만, 고집 피우는 아이를 순종적으로 만들려면 항문 성감대와 연결된 엉덩이에 아픈 자극을 가한다는 사실이다. 게다가 고대에도 그랬지만 지금도 사람들은 반항이나 반항적 조롱의 뜻으로 항문을 한 번 만져 달라는 뜻으로 엉덩이를 까 보인다. 억압받아 온

지 않은 것이다.〉 그 지인은 아이가 자유의사에 반해 변기에 앉혀진 것을 참아야 할지 고민하는 모습, 또 배설할 때의 쾌감을 놓치지 않으려고 걱정하는 모습을 상상하면서 무척 재미있어 했습니다. 그러고는 20분쯤 뒤 간식 시간에 대뜸 이런 말을 털어놓더군요. 〈내 앞에 놓인 코코아를 보니까 갑자기 어릴 때 늘 내 머릿속을 가득 채우고 있던 한 가지 상상이 떠오르네. 내가 코코아 공장 사장 반 하우텐이고, 코코아 비밀 제조법을 혼자만 알고 있고, 또 나 혼자만 간직한 이 비밀을 모두가 알아내려고 기를 쓰고 있을 거라는 상상이었지. 근데 왜 그때 하필 반 하우텐이란 이름이 떠올랐는지는 모르겠네. 어쩌면 그 사람의 광고가 내게 깊은 인상을 남겼을지도 모르지.〉 그때 저는 웃으면서 제 말에 어떤 깊은 의미가 있는지도 모르고 이런 농담을 던졌습니다. 〈어머니가 자네를 언제 때렸나?〉(반 하우텐 디 무터Wann haut'n die Mutter?) 조금 지나고 나서야 저는 이 농담에서 앞의 두 단어, 즉 반 하우텐이 코코아 제조업자인 반 하우텐과 발음이 같다는 것을 깨달았고, 이 말장난 속에 이 갑작스러운 어린 시절의 회상을 이해하는 열쇠가 들어 있음을 알아차렸습니다. 그러니까 저는 이 회상을 〈은폐 상상〉의 멋진 예로 이해한 것이지요. 즉 은폐 상상은 실제적인 것(영양 섭취 과정)을 유지하면서 코코아(독일어로 카카오. 〈카카〉는 우리말로 〈응가〉라는 뜻이다 — 옮긴이주)와 〈반 하우텐〉의 음성적 연상을 토대로, 기억하는 내용에 대한 평가를 완전히 뒤바꿈으로써 죄의식을 덜어 주고 있었던 것입니다. 여기서는 몸의 뒤쪽에서 앞쪽으로의 전이가 일어나고 있습니다. 즉 음식물을 배출하던 것이 음식물 섭취로 바뀌고, 부끄러워 감추어야 할 부분이 인류에게 행복을 주는 비밀로 바뀐 것입니다. 제 지인이 형식적인 반박으로 방어막을 치면서도 15분쯤 뒤 자신의 무의식 세계에서 그런 명확한 증거가 떠오르는 것에 놀라워하는 모습은 참으로 흥미로웠습니다」— 원주.

항문 성애의 반항적 표현이다. 이처럼 엉덩이를 까 보이는 것은 이런 뜻을 몸짓으로 완화한 것이다. 괴테의 『괴츠 폰 베를리힝겐 *Götz von Berlichingen*』에서는 가장 적절한 순간에 저항의 표현으로 말과 몸짓이 동시에 나타난다.

겉으로는 아무 관련이 없어 보이는 돈 문제 콤플렉스와 배변 콤플렉스 사이의 관계를 들여다보면 굉장히 풍성한 결과가 나올 듯하다. 정신분석을 사용하는 의사라면 누구나 이 두 콤플렉스 사이의 관계를 잘 활용하면 신경성 만성 변비처럼 고질적이고 지속적인 병도 고칠 수 있음을 잘 알고 있을 것이다. 게다가 이러한 기능이 최면 암시를 통해서도 충분히 입증되었음을 떠올리면 크게 놀라운 일도 아니다.

물론 정신분석을 통해 이런 효과를 거두려면 환자의 돈 콤플렉스를 건드리고 그것과 관련한 모든 기억들을 환자의 의식 속에 떠올리게 해야 한다. 이때 신경증과 관련해서 불안감 때문에 좀처럼 돈을 쓰지 못하는 사람을 가리켜 〈추잡하다〉거나 〈구질구질하다〉고 표현하는 일반적인 언어 사용에 주목할 필요가 있다. 물론 이는 너무 피상적인 평가처럼 비칠 수도 있다. 하지만 태곳적의 사고방식이 만연하거나 아직 남아 있는 영역, 즉 고대 문명권, 신화, 동화, 미신, 무의식적 사고, 꿈, 신경증의 영역에서는 돈과 오물이 밀접한 관계가 있는 것으로 드러난다. 악마가 정부(情婦)에게 선물한 황금이 악마가 떠나자 똥으로 변했다는 이야기는 익히 잘 알려져 있다. 여기서 악마는 무의식 속에 억압된 충동적 영역의 의인화가 분명하다. 게다가 우리는 보물의 발견을 배변과 연결시키는 미신도 알고 있고, 〈황금 똥을 싸는〉 당나귀나 사람에 관한 이야기도 알고 있다. 심지어 고대 바빌로니아에서는 황금을 〈지옥의 똥〉으로 여겼다. 따라서 신경증이 이런 일반적인 언어 사용에 따르고 있다면 그것은 본래의 중요한 의미를 그대로 받아들이는 셈이고, 어떤 단어를 비유적으로 사용할 때도 대체로 예전의 의미를 복원하는 것으로 보아야 한다.

인간이 아는 가장 값진 것과 쓰레기라고 던져 버리는 가장 하찮은 것 사이의 대립이, 황금과 똥을 이렇게 제한된 의미로 동일시하는 생각으로 이끌었을 수 있다.

신경증 환자의 사고에서는 또 다른 상황이 이러한 동일시에 힘을 보탠다. 알다시피 배설에 대한 본래적인 성애적 관심은 시간이 가면서 없어지게 돼 있다. 그래서 나이가 들면 어릴 때는 없던 돈에 대한 관심이 새로 떠오르고, 그로써 예전의 목표를 상실한 어릴 적 충동은 새로 등장한 목표로 쉽게 넘어간다.

그런데 여기서 주장한 항문 성애와 세 가지 성격의 관계를 뒷받침해 주는 실질적인 근거가 있다고 해도 동성애자들의 경우처럼, 성인이 되어서도 항문을 성감대로 유지하는 사람들에게 그런 〈항문적 성격〉을 기대해서는 안 된다. 다만 내가 크게 착각한 것이 아니라면 이러한 추론은 현실적 경험과 잘 맞아떨어지리라고 생각한다.

그 밖의 다른 성격적 콤플렉스도 특정 성감대의 흥분과 어떤 관련이 있는지 생각해 볼 필요가 있다. 내가 지금껏 알고 있는 것은 어릴 적 야뇨증을 앓았던 사람이 성공에 〈아주 강한 집착〉을 보인다는 사실뿐이다. 그럼에도 타고난 본능이 최종적인 성격에 영향을 미친다는 사실은 다음의 공식으로 표현할 수 있을 듯하다. 꾸준히 유지되는 성격적 특질은 타고난 본능의 변함없는 연장이거나, 그 본능의 승화이거나, 아니면 본능에 맞서는 반동 형성이다.

신경증 환자의 가족 소설

Der Familienroman der Neurotiker(1909)

오토 랑크의 『영웅의 탄생 신화』(1909)에 처음 실린 이 글은 당시엔 제목도 없었고, 독립된 장으로 구성되지도 않았다. 랑크의 책 속에 삽입되어 있던 것이 이후 재판이 나오면서 지금의 제목을 달게 되었다. 이 글의 작성 시점은 랑크의 책 서문에 〈1908년 크리스마스〉라고 시기가 언급된 것으로 보아 1908년쯤으로 추정된다.

이 논문은 『신경증 이론과 정신분석적 치료 *Schriften zur Neurosenlehre und zu psychoanalytischen Technik*』(1931), 『저작집』 제12권(1934), 『전집』 제7권(1941)에도 실렸다. 영어 번역본은 1913년 젤리프S. E. Jelliffe와 로빈스F. Robbins가 번역하여 『신경 정신병 저널』 제40호에 실린 랑크의 「영웅의 탄생 신화」 속에 수록되었으며, 1914년에는 뉴욕에서 출간되었다. 또한 1950년 제임스 스트레이치가 번역하여 "Family Romances"라는 제목으로 『논문집』 제5권에 수록되었으며, 『표준판 전집』 제9권(1959)에도 실렸다.

신경증 환자의 가족 소설

개인이 성장하면서 부모의 권위로부터 떨어져 나오는 것은 발달 과정에서 꼭 필요하지만 정말 고통스러운 일이다. 이 독립 과정은 누구도 피해 갈 수 없고, 정상적으로 성장한 사람이라면 누구나 어느 정도씩 독립을 일구어 냈다고 할 수 있다. 사회적 진보는 모름지기 두 세대 간의 이러한 대립에 기반한다. 다른 한편 개인이 이러한 과업에 실패할 경우 하나의 부류로 묶을 수 있는 신경증 환자들이 생겨난다.

어린아이에게 부모는 처음엔 유일한 권위이자 모든 믿음의 근원이다. 어린 시절 아이들의 가장 강렬하고 중대한 소망은 커서 엄마 아빠 같은 사람이 되는 것이다. 남자아이는 아빠처럼, 여자아이는 엄마처럼. 그런데 차츰 지적 성장이 이루어지면서 아이들은 자연스레 자기 부모가 어떤 부류의 사람인지 서서히 깨닫는다. 게다가 다른 부모들을 알게 되면서 자기 부모와 비교하게 되고, 그로써 비교 불가능했던 유일한 가치였던 부모라는 존재에 대해 의심이 일기 시작한다. 그래서 생활 속의 자잘한 불만들로 부모를 비난하고, 자신의 입장을 정당화하기 위해 어떤 점에선 다른 부모가 더 낫더라는 새로 습득한 인식을 활용하기도 한다. 그런데 신경증 환자들의 심리 분석으로 알게 된 사실이지만, 여기엔 무엇보다 강력하게 생겨나기 시작한 성적인 경쟁 관계가 작용하고 있다. 그 계기는 무시당하고 있다는 감정이다. 아이들은 무시당하거나, 아니면 적어도 그렇게 느낄 때가 많다. 부모가 자신을 온전하게 사랑하지 않는다고 느낄 때도 그렇고, 부모의 사랑을 다른 형제자매들과 나누어야 하는 것에 섭섭함을 느낄 때도 그렇다. 그래서 아이들은 자신의 애정을 부모에게 충분히 보답받지 못하고 있다고 느낄 경우 자신이 의붓자식이거나 다리 밑에서 주워 온 아이일 거라는 상상까지 하게 된다. 신경증 환자가 아닌 사람들도 주로 독서의 영향이겠지만, 부모의 적대적 행동을 그런 식으로 이해하고 대응했던 것을 생생하게 기억할 때가 많다. 그런데 여기서는 벌써 성별에 따른 영향이 뚜렷이 드러난다. 즉 남자아이는 어머니보다 아버지에게 훨씬 더 적대적이고, 어머니보다 아버지에게서 더 빨리 자유로워지려는 성향을 강하게 드러낸다. 반면에 여자아이는 그런 성향이 한결 약하다. 어쨌든 우리는 어린 시절의 이런 심적 성향에 대한 의식적 기억을 통해 신화를 이해하는 데 도움이 되는 요소를 발견할 수 있다.

의식적인 기억으로 남아 있는 경우는 드물고, 거의 매번 정신분석을 통해서만 증명되는, 부모로부터 멀어지는 이 과정은 〈신경증 환자들의 가족 소설〉이라 부를 수 있다. 아주 특별한 상상력은 신경증 환자뿐 아니라 고도의 재능을 타고난 사람들의 본질적인 특징인데, 어린 시절의 놀이에서 처음 발현되어 사춘기 전쯤에 가족 문제를 주제로 삼기 시작한다. 이 특별한 상상력의 특징적인 예는 사춘기 이후에도 계속 이어지는 공상이다.[1] 이런 공상

1 이에 대해서는 프로이트가 쓴 「히스테리성 환상과 양성 소질의 관계」(프로이트 전집 10, 열린책들)를 참조하기 바란다. 이 주제에 관한 참고문헌들도 이 책에 적시되어 있다.

들을 면밀히 들여다보면 이것들이 소망의 실현과 삶의 교정에 도움을 주고, 주로 다음의 두 가지 목표를 갖고 있음을 알 수 있다. 에로틱한 목표와 야심적인 목표인데, 에로틱한 목표는 대개 야심적인 목표 뒤에 숨겨져 있다. 앞에서 언급한 시기쯤에 아이들은 시시해진 부모를 떨쳐 버리고 대체로 사회적 지위가 높은 사람들이 자기 부모가 되는 상상을 하게 된다. 이런 상상은 실제 경험이 큰 영향을 끼칠 때가 많다. 예를 들어 시골 아이라면 성주나 지주를, 도시 아이라면 제후를 우연히 본 경험이 상상을 좌우한다는 것이다. 이 경험으로 아이들은 부러움을 느끼고, 그 때문에 상상 속에서 부모를 고귀한 사람으로 바꾸어 버린다. 이 시기쯤엔 아이들 자신도 당연히 이것이 상상이라는 사실을 알고 있다. 그럼에도 이 상상이 성공을 거두려면 나름의 기술과 재료가 필요하고, 또 얼마나 많은 노력으로 이 상상에 개연성을 부여할 수 있을지도 중요하다. 그런데 이 시기는 생명 탄생에 작용하는 성적 조건에 대해 아직 모르는 단계다.

그러다 생명 탄생에서 아버지와 어머니의 성적 역할이 다르다는 것을 알게 되면 아이들은 새로운 문제에 부딪힌다. 낳아 준 어머니는 항상 확실하지만, 아버지는 언제나 불확실하다는 것이다. 이걸 깨닫는 순간 이 가족 소설에 독특한 제한이 가해진다. 즉 태생적으로 바꿀 수 없는 어머니의 신분은 그대로 두고 아버지의 신분만 높이는 것으로 소설적 틀이 세워지는 것이다. 가족 소설의 이 두 번째 (성적인) 단계에는 첫 번째 (비성적인) 단계에서는 없던 또 다른 동인이 있다. 성 과정을 알게 된 아이에게 에로틱한 상황이나 관계를 상상하려는 충동이 봇물처럼 터져 나오는데, 이것을 추동하는 것은 가장 큰 성적 호기심의 대상인 어머니를 은밀한 부정이나 비밀스러운 외도의 상황으로 내몰려는 욕구다.

이렇게 해서 비성적인 첫 번째 상상은 성적인 두 번째 단계로 발전한다.

그 밖에 첫 번째 단계에서 큰 역할을 했던 복수와 그 동인은 두 번째 단계에서도 나타난다. 신경증 증세를 보이는 아이들은 대개 성적인 비행으로 부모에게 벌을 받은 아이들인데, 이제 상상을 통해 부모에게 복수를 하려는 것이다.

아주 특이한 경우도 있다. 나중에 태어난 아이들, 그러니까 동생들은 역사소설에나 나올 법한 허구적인 음모로 먼저 태어난 형들의 특권을 빼앗으려 하는 것이다. 그러기 위해 어머니조차 부정한 여자로 만들어 형들의 혈통적 신분에 치명적인 해를 가하기도 한다. 이처럼 형제자매를 혼외의 부정한 자식으로 만들어 제거함으로써 자신은 적통의 영웅으로 복귀한다. 이는 이런 가족소설의 또 다른 흥미로운 변형이다. 그 밖에 다른 특별한 관심이 이러한 가족 소설을 이끌 수도 있다. 가족 소설은 그 다양성과 폭넓은 적용 범위 덕분에 온갖 종류의 욕구를 충족시킬 수 있기 때문이다. 일례로 성적으로 끌리는 누이에게 혈연관계를 박탈해 버리는 것이 그런 상상 중 하나다.

아이들 내면에 이런 사악함이 있다는 것에 치를 떨면서 고개를 돌리거나, 아니면 심지어 아이들은 절대 그러지 않을 거라고 철석같이 믿는 사람에게는 이 말을 꼭 해주고 싶다. 이런 공상이 겉으론 적대적으로 비칠지라도 결코 그 속에 악의는 없으며, 오히려 부모에 대한 원초적인 애정이 약간 변용된 형태로 자리하고 있다는 것을 말이다. 결국 겉으로만 배은망덕하고 고약하게 비칠 뿐이다. 왜냐하면 이런 소설 같은 공상 중에서 가장 빈번한 공상, 즉 부모 양쪽을, 또는 아버지만을 더 훌륭한 인물로 대체하려는 공상을 자세히 들여다보면 허구 속의 고결하고 새로운 부모도 저급한 진짜 부모의 특성과 면모를 갖고 있기 때문이다. 그렇다면 아이는 아버지를 실제로 제거하려는 것이 아니라 오히려 고결한 존재로 드높이려는 것이다. 그렇다, 현실의 아버지를 더 고결한 아버지로 대체하려는 시도는, 아버지가 가장 고결하고 힘센 남자로, 어머니가 가장 아름답고 사랑스러운 여자로 보였던, 지금은 사라진 행복한 옛 시절에 대한 그리움의 표현일 뿐이다. 아이는 지금 알고 있는 아버지에게서 벗어나 더 어린 시절에 믿었던 아버지의 모습으로 돌아가고 있다. 그래서 본질적으로 보자면 이 공상은 지나가 버린 행복했던 시절에 대한 아쉬움의 표현이다. 이 공상 속에는 아주 어릴 때의 부모에 대한 과대평가가 고스란히 담겨 있다. 꿈의 영역에서도 이 문제에 대한 흥미로운 분석이 가능하다. 왜냐하면 꿈의 해석을 통해 우리는 나이가 들어서도 꿈에 나타나는 황제나 황후 같은 고결한 인물이 결국은 아버지와 어머니를 의미한다는 것을 알아냈기 때문이다. 따라서 부모에 대한 아이들의 과대평가는 정상적인 어른들의 꿈에도 여전히 남아 있다.

사랑의 심리학

1. 남자들의 대상 선택에서 나타나는 특이한 유형
2. 사랑의 대상에 대한 가장 보편적인 폄하에 관하여
3. 처녀성의 금기

1. 남자들의 대상 선택에서 나타나는 특이한 유형

Über einen besonderen Typus der Objektwahl beim Manne (1910)

이 논문과 뒤따르는 두 논문은 집필 연도와 발표 연도가 각각 다르지만, 1918년 「사랑의 심리학Beiträge zur Psychologie des Liebeslebens」이란 제목으로 『신경증에 관한 논문집』 중 네 번째 시리즈로 묶여 발표되었다. 프로이트는 1906년 11월 28일 빈 정신분석학회에서 이 글을 쓰겠다고 밝혔고, 글의 요지는 1909년 5월 정신분석학회에 보고되었다. 하지만 이 논문이 완성된 것은 이듬해 여름이었다.

이 논문은 1910년 『정신분석과 정신병리학 연구 연보』 제2권 2호에 처음 발표되었으며, 『신경증에 관한 논문집』 제4권(1918), 『저작집』 제5권(1924), 『애정 생활의 심리학』(1924), 『성 이론과 꿈-이론에 관한 논문집』(1931), 『전집』 제8권(1943)에 수록되었다. 영어 번역본은 존 리비어가 번역하여 1925년 "Contributions to the Psychology of Love: A Special Type of Choice of Object made by Men"이라는 제목으로 『논문집』 제4권(1925)에 수록되었으며, 1957년 앨런 타이슨이 번역하여 『표준판 전집』 제11권에 실렸다.

1. 남자들의 대상 선택에서 나타나는 특이한 유형

우리는 지금껏 인간들이 어떤 〈사랑의 조건〉에 따라 대상을 선택하는지, 또 판타지 속의 요구를 어떻게 현실과 일치시키는지에 대한 설명을 작가들에게 맡겨 왔다. 실제로 작가는 그런 문제를 해결하는 데 필요한 여러 특성을 갖춘 사람들이다. 특히 타인의 내면에 숨겨진 움직임을 포착해 내는 섬세한 촉수나 자신의 무의식을 가감 없이 드러내는 용기에서는 타의 추종을 불허한다. 그러나 그들이 기술하는 내용의 인식적 가치는 작가라는 어쩔 수 없는 환경 때문에 떨어질 수밖에 없다. 즉 작가는 지적인 쾌락과 미적인 쾌락뿐 아니라 특정한 감정적 효과도 일구어 내야 하기에 현실적 소재를 가공 없이 그대로 묘사하는 것이 아니라 소재 일부를 따로 떼어내고, 방해되는 관련들을 해체하고, 전체를 완화하고, 빠진 부분을 채워 넣는 작업을 해야 한다. 이것이 이른바 〈문학적 자유〉의 특권이다. 게다가 작가들은 자신이 성숙한 상태로 묘사하는 그런 인간 심리 상태의 근원과 발달 과정에 큰 관심을 가질 필요가 없다. 따라서 수천 년 전부터 작가들의 문학적 가공으로 인간에게 쾌락을 안겨 주었던 그 재료들을 비록 쾌락의 강도도 떨어지고 그것을 다루는 감각도 무디겠지만, 과학이 다루는 것은 불가피해 보인다. 이 언급을 인간의 사랑 영역을 엄밀한 과학으로 분석하는 것에 대한 변명으로 받아 주길 바란다. 과학은 우리 정신 활동의 쾌락 원칙에서 가장 멀리 떨어진 영역이다.

*

정신분석 치료를 하다 보면 신경증 환자들의 사랑에서 인상적인 행동 방식을 접할 기회가 많다. 물론 건강한 사람이나 뛰어난 사람에게서도 유사한 행동이 관찰된다는 점을 기억해 둘 필요가 있다. 적절한 인상을 남기는 관찰 재료들이 쌓여 가면서 몇몇 전형이 뚜렷이 부각되었는데, 그중에서 나는 대상 선택에서 남자들의 한 특별한 전형을 설명하고 싶다. 이 전형은 도저히 이해가 안 되는, 실로 낯설기 짝이 없는 여러 〈사랑의 조건들〉이 동시에 나타나는데, 이는 간단한 정신분석으로도 설명이 가능하다.

1) 이 사랑의 조건 중 첫 번째는 정말 특별하다고 할 만하다. 이것만 알면 이 유형의 다른 특징들도 찾을 수 있다. 이 첫 번째 조건을 〈상처받은 제삼자〉의 조건이라 부를 수 있다. 왜냐하면 해당 남자는 자유로운 여자, 그러니까 미혼이거나 혼자가 된 여자를 사랑의 대상으로 선택하는 일은 절대 없고, 오직 다른 남자가 있는 여자, 즉 남편이나 약혼자 또는 애인이 있는 여자만 사랑의 대상으로 선택하기 때문이다. 여러 사례에서 확인되었듯이 이 조건은 견고하게 지켜질 때가 많다. 즉 여자는 곁에 아직 남자가 없을 때는 무시당하거나, 심지어 경멸의 대상이 되지만, 어떤 형태로든 남자가 생기는 순간 즉각 열렬한 사랑의 대상이 된다.

2) 두 번째 조건은 덜 항구적이지만, 첫 번째 조건 못지않게 주목할 필요가 있다. 게다가 이 유형은 두 번째 조건이 첫 번째 조건과 함께 나타나야 완성된다. 반면에 첫 번째 조건은 혼자만 나타나는 경우도 무척 많다. 두 번째 조건은 이렇다. 순결하고 정숙한 여자에게는 사랑의 매력을 느끼지 못하고, 오직 외설스럽거나 정

조와 지조 면에서 의심이 가는 여자에게만 매력을 느낀다는 것이다. 여기서 외설스러움은 성적 희롱에 거부감을 보이지 않는 기혼녀의 태도에서부터 노골적으로 추파를 던지거나 아예 상대를 가리지 않는 난교에 이르기까지 다양하게 나타날 수 있다. 이 유형에 속하는 남자는 여자들의 이런 외설스러움을 포기하지 못한다. 그래서 두 번째 조건은 조금 거칠게 표현해서 〈창녀에 대한 사랑〉이라고 부를 수 있다.

첫 번째 조건이 애인을 빼앗긴 남자에 대한 경쟁적인 적개심을 충족시킬 계기를 제공한다면, 두 번째 조건, 즉 창녀처럼 외설스러운 여자에 대한 사랑의 조건은 이 유형의 남자들에게 꼭 필요해 보이는 〈질투심〉의 작동과 관련이 있다. 이들은 질투를 느껴야만 사랑의 감정이 최고조에 달하고, 여자에게도 그만큼 최고의 가치를 부여한다. 또한 이렇게 강렬한 감정을 직접 체험할 기회를 놓치지 않는다. 그런데 이상한 것은 질투가 향하는 대상이 연인을 합법적으로 소유한 남자가 아니라, 연인을 의심하게 만드는 새로운 낯선 남자라는 사실이다. 여러 사례에서 명확히 드러나듯이, 사랑에 빠진 남자는 여자를 혼자서만 소유하겠다는 소망을 드러내지 않고 삼각관계 속에서 무척 편안함을 느끼는 것처럼 보인다. 일례로 애인의 외도로 몹시 괴로워했던 내 환자는 여자가 결혼하겠다는 말에 전혀 반대하지 않았고, 오히려 물심양면으로 여자의 결혼을 도와주었다. 또한 그 뒤에도 수년 동안 여자의 남편에게 일말의 질투심을 느끼지 않았다. 그런데 다른 유형의 한 환자는 처음 몇 번의 사랑에서 애인의 남편을 심하게 질투하면서 여자에게 남편과의 법적 관계를 끝내라고 강요하기도 했다. 하지만 이후의 수많은 사랑에서는 이 유형에 속하는 사람들처럼 행동했고, 애인의 법적 남편을 더 이상 훼방꾼으로 간주하지 않았다.

사랑의 대상과 관련한 조건에 대한 설명은 여기서 그치고, 이제부터는 선택된 대상에 대한 남자의 태도를 설명하겠다.

3) 정상적인 사랑에서 여자의 가치는 성적 순결성으로 규정되고, 창녀 같은 문란함의 특성에 가까워질수록 떨어진다. 따라서 이 유형의 남자들이 그런 문란한 여자를 〈최고의 가치를 지닌 사랑의 대상〉으로 생각하는 것은 정상에서 한참 벗어난 듯하다. 남자들은 이런 여자와의 사랑에서 다른 모든 관심을 포기할 정도로 정신적 에너지를 쏟아 붓는다. 그들은 이런 여자를 사랑할 수 있는 사람은 자신이 유일하다고 생각하고, 현실에서는 지켜지지 않는 일이 많더라도 스스로에게 정절을 반복해서 요구한다. 이 사랑 속에는 모든 사랑의 관계에 어느 정도씩은 포함되어 있는 강박적 속성이 극단적으로 각인되어 있다. 그런데 자기 정절에 대한 요구와 애착의 강도만 보고서 남자의 애정적인 삶이 오직 이 사랑 하나에만 매달리거나, 이런 사랑이 평생 한 번만 일어날 거라고 유추해서는 안 된다. 오히려 동일한 속성을 지닌 그런 사랑은 마치 복제라도 하듯 반복적으로 일어난다. 즉 거주지나 환경의 변화 같은 외부 요인에 따라 사랑의 대상은 일련의 긴 줄이 만들어질 정도로 얼마든지 바뀔 수 있다.

4) 이런 유형에 속하는 남자들에게서는 깜짝 놀랄 만한 경향이 관찰된다. 자신이 사랑으로 여자를 〈구원해 준다〉고 믿는 것이다. 남자는 여자가 자기를 필요로 하고, 자기가 없으면 도덕적 버팀목을 잃고 급속하게 타락의 구렁텅이에 빠질 거라고 확신한다. 그래서 여자를 놓아주지 않음으로써 구원하려 한다. 몇몇 사례를 보면, 이러한 구원의 근거가 되는 것은 여자의 성적 불성실성과 위태로운 사회적 지위다. 하지만 실제로는 그런 근거가 부족한 경우에도 구원의 목적이 뚜렷이 드러나는 경우가 적지 않다. 예

를 들어 이 유형에 속하는 어떤 남자는 여자를 유혹하는 능숙한 기술과 교묘한 화술을 갖고 있음에도 〈미덕〉으로 나아가는 방법을 다룬 자신의 논문으로 여자를 얻으려는 노력을 아끼지 않았다.

이 유형의 여러 특징을 하나하나 살펴보면, 다시 말해 남자가 있는 여자여야 한다는 특징, 창녀 같은 속성을 가진 여자여야 한다는 특징, 그런 여자에게 높은 가치를 부여하는 특징, 질투심이 필요하다는 특징, 스스로 정절을 유지하려 애쓴다는 특징, 마지막으로 여자를 사랑으로 구원하고 있다고 믿는 특징을 종합해 보면 이것들이 하나의 단일한 근원에서 나왔다고 판단하기엔 무리가 있어 보인다. 하지만 이 유형에 속하는 남자들의 사랑 이야기를 정신분석학적으로 깊이 들어가 보면 그 근원을 찾아내는 건 어렵지 않다. 독특한 대상 선택과 그만큼 특이한 사랑에 대한 태도에는 사실 정상적인 사랑 관계와 동일한 심리적 원천이 있다. 즉 그런 대상 선택과 태도는 어릴 적 어머니에 대한 애정의 고착화에서 비롯되었고, 그런 고착화의 결과 가운데 하나로 나타난다는 것이다. 정상적인 남자들의 사랑에서는 대상 선택의 모성적 원형이 아주 제한된 형태로만 나타날 뿐이다. 예컨대 젊은 남자가 연상의 여자에게 끌리는 경우다. 어머니를 향한 리비도는 대개 비교적 이른 시기에 소멸된다. 반면에 우리의 이 유형에서는 리비도가 사춘기 시작 뒤에도 오랫동안 어머니에게 머물러 있고, 그래서 이후의 대상 선택에도 어머니에 대한 갈망이 투영되고, 그 대상을 어머니의 대리자로 인식한다. 이 대목에서 이것이 신생아의 두개골 형성 과정과 비슷하다는 생각이 퍼뜩 떠오른다. 약물로 출산이 지연된 아이의 두개골은 어머니 골반에서 좁은 통로의 끝부분을 이루고 있는 것이다.

이젠 이 유형의 전형적인 특성, 즉 사랑의 조건과 사랑에 대한 태도가 어머니와 관련된 심리적 원인에서 비롯되었다는 우리의 주장이 얼마나 개연성이 있는지 밝혀야 한다. 이것은 우선 첫 번째 조건, 즉 남자가 있는 여자를 사랑의 대상으로 선택하고, 상처 받는 제삼자가 존재해야 한다는 조건에는 쉽게 부합한다. 왜냐하면 가족 속에서 성장한 아이에게 어머니가 아버지의 소유라는 것은 도저히 변할 수 없는 어머니의 본질 중 하나이고, 또 상처 받는 제삼자가 다름 아닌 아버지라는 사실을 누구나 쉽게 인정할 수 있기 때문이다. 마찬가지로 자신이 사랑하는 여자를 대체할 수 없는 유일한 연인으로 과대평가하는 것도 소아기의 특성과 자연스럽게 연결된다. 누구도 한 사람 이상의 어머니를 가질 수는 없으며, 어머니와의 관계 역시 의심과 반복을 허용하지 않는 유일무이한 사건에 근거하기 때문이다.

만일 이 유형에서 사랑의 대상들을 어머니의 대리자로 이해한다면 이 유형의 남자들이 한 사람에게만 충실해야 하는 정절의 조건에 어긋나게 여러 명의 어머니 대리자를 만드는 것도 충분히 이해할 수 있는 일이다. 우리는 다른 사례들에 대한 정신분석을 통해 무의식 속에 작동하고 있는 그 대체 불가능성이 무한한 연속으로 해체되어 나타날 때가 많다는 것을 알고 있다. 그러니까 개별적인 대리자들이 기대만큼 만족을 주지 못하기 때문에 무한히 새로운 대리자를 찾게 된다는 것이다. 일정한 연령대에 이른 아이들이 지치지 않고 계속 질문을 던져 대는 욕구도 이렇게 설명할 수 있다. 즉 아이들이 실제로 궁금해하는 것은 단 한 가지인데, 그것을 결코 입 밖에 내지 못하기 때문이라는 것이다. 그 밖에 신경증을 앓는 사람들에게서 가끔 나타나는 수다스러움도 실은 털어놓고 싶어 미치겠지만 온갖 유혹에도 결코 털어놓을 수 없는 어떤 비밀의 압력 때문이라고 설명할 수 있다.

반면에 사랑의 대상과 관련한 두 번째 조건, 즉 창녀와 같은 속성의 여자를 선택하는 문제의 경우, 어머니 콤플렉스에서 그 기원을 찾는 것은 격한 반발을 불러올 듯하다. 어머니는 성인들의 의식 속에 침해할 수 없는 도덕적 순결함의 상징으로 자리 잡고 있다. 그래서 어머니의 도덕적 순결을 의심하는 소리를 외부에서 들으면 모욕감을 느끼고, 내부에서 그런 생각이 들면 격렬한 고통을 느낀다. 그런데 〈어머니〉와 〈창녀〉의 이런 첨예한 대비로 인해 우리는 오히려 이 두 콤플렉스의 발전사와 무의식적 관계를 더 깊숙이 파고들고 싶은 욕구가 솟구친다. 왜냐하면 의식 속에서는 대립적인 것으로 나누어져 있는 것이 무의식 속에서는 하나로 합쳐져 있을 때가 많다는 사실을 오랜 경험으로 알고 있기 때문이다. 이 조사는 남자아이가 처음으로 어른들의 성관계에 대해 어느 정도 제대로 알게 되는 시점으로 거슬러 올라간다. 예를 들어 사춘기 직전의 시기다. 아이들은 마음속에 노골적인 경멸과 반항을 불러일으키는 여러 거친 정보들을 통해 성생활의 비밀을 알게 되고, 그와 함께 어른들의 권위를 파괴해 버린다. 어른들의 은밀한 성생활이 그들의 권위와는 도저히 합치될 수 없는 것으로 느껴지기 때문이다. 어른들의 비밀을 알게 된 아이에게 나타나는 가장 큰 변화는 바로 부모와의 관계다. 아이들은 그런 말을 들었을 때 처음엔 대체로 이런 말로 격렬히 저항한다. 「너희 부모나 다른 어른들은 그럴지 몰라도 우리 엄마 아빠는 절대 안 그래!」

이러한 〈성적 깨달음〉의 필연적 결과로서 소년은 새로운 것을 알게 된다. 즉 먹고살기 위해 성행위를 하고, 그래서 일반 사람들로부터 손가락질을 받는 여자들이 있다는 사실 말이다. 물론 소년 자신에게는 이런 경멸감이 별로 없다. 왜냐하면 그전까지만 해도 〈어른들〉의 전유물로만 여겨졌던 성생활의 세계로 자신도 이 가련한 여자들을 통해 들어갈 수 있다는 것을 알게 되면서 창녀를 갈망과 공포가 혼합된 존재로 생각하기 때문이다. 이후 소년은 자신의 부모도 혐오스러운 성생활의 관습에서 예외가 아니라는 사실을 깨달으면서 자연스럽게 어머니와 매춘부가 근본적으로 똑같은 행위를 하고 있기에 둘 사이에 큰 차이가 없다고 냉소적으로 되뇌게 된다. 그와 함께 성에 관한 정보들을 통해 유년기의 인상과 소망에 대한 기억들이 일깨워지고, 그렇게 깨어난 기억에서 심적인 충동이 활동을 재개한다. 소년은 이제 새로운 의미에서 어머니를 갈망하기 시작하고, 이 갈망에 방해가 되는 아버지를 연적으로 여기면서 다시 증오한다. 이른바 오이디푸스 콤플렉스에 빠지는 것이다. 소년은 자신이 아닌 아버지에게 성행위의 특전을 제공하는 어머니를 용서하지 않고, 그것을 부정한 행위로 간주한다. 만일 이런 충동이 빨리 지나가지 않으면 굉장히 다양한 상황에서 어머니가 성행위하는 모습을 상상하는 것 말고는 다른 출구가 없으며, 그런 상상의 긴장은 수음으로 아주 쉽게 해소된다. 갈망과 복수라는 두 강렬한 동기의 지속적인 협업으로 인해 월등하게 자주 나타나는 판타지가 바로 어머니의 부정에 관한 판타지다. 이때 어머니가 부정을 저지르는 상대는 거의 항상 소년 자신이다. 더 정확히 말하자면, 나이 들어 아버지처럼 성장한 이상화된 소년의 인격체다. 다른 논문에서 내가 〈가족 소설〉로 묘사했던 것도 바로 이런 다양한 판타지들이자, 그 시기 다른 이기적 관심사와 얽혀서 나타난 판타지의 혼합물이다. 심적 발달의 이런 일면을 이해하고 나면 창녀 같은 여자를 선택하는 것이 결국 어머니 콤플렉스에서 파생되어 나왔다는 사실이 그렇게 모순적이거나 이해 불가능한 일로 느껴지지는 않을 것이다. 지금껏 설명해 온 남자들의 이런 사랑 유형은 그런 발달 과정의 흔적을 담고 있고, 나중에 현실적 삶으로의 출구를 찾게 될 사춘기 판타지의 고착화로 이해될 수 있다. 그런 판타지의 고착화에 사춘기 시절의 왕성한 수음이 기여했다는 사실에 대해서는 다들 어렵지 않게 동의할 것이다.

현실 사랑의 지배로까지 높이 올라간 이러한 판타지와, 연인을 〈구원해 준다〉는 생각은 논리적 근거를 대느라 지친, 느슨하고 피상적인 관계로만 연결되어 있는 듯하다. 연인은 변덕스럽고 지조를 지키지 못하는 성향으로 위험을 자초하고, 그래서 남자가 나서서 여자의 미덕을 감시하고 여자의 나쁜 성향을 저지하면서 그런 위험으로부터 보호하려 한다는 것은 충분히 이해할 수 있다. 그런데 인간의 덮개-기억과 상상, 밤중의 꿈을 조사한 결과, 우리는 꿈속의 교묘한 부차적인 가공에 비견될 만한, 어떤 무의식적 동기의 멋들어진 〈합리화 과정〉이 여기에 작동하고 있음을 알아냈다. 실제로 구원 모티프는 나름의 의미와 사연이 있고, 어머니 콤플렉스, 아니 더 정확히 말해서 부모 콤플렉스에서 나온 독자적인 모티프다. 아이는 자신의 생명이 부모의 덕이라거나, 어머니가 자신에게 〈생명을 선물했다〉는 말을 들으면 부모에 대한 애정이 독립을 꿈꾸는 거대한 충동과 하나가 되면서 자신이 받은 선물에 비슷한 것으로 보답하려는 소망을 갖게 된다. 마치 소년이 아버지에게 반항할 때 이렇게 말하는 것과 비슷하다. 즉 아버지한테 원하는 건 아무것도 없다. 아버지한테 받은 걸 모두 돌려주겠다! 이어 소년은 생명의 위험에 빠진 아버지를 구하는 상상을 하고, 그로써 아버지에게 진 빚을 갚으려 한다. 그래서 이런 상상 속의 주인공은 황제나 왕, 또는 다른 위대한 인물로 나오는 경우가 많다. 상상은 이러한 왜곡 과정을 거쳐 의식의 영역으로 들어가고, 심지어 작가들에 의해 문학적 소재로 사용된다. 아버지를 구원하는 상상 속에는 아버지에게 도전하고 반항하는 의미가 짙게 깔려 있다. 반면에 어머니와 관련해서는 구원의 구상이 한결 부드럽다. 어머니는 자신에게 생명을 선사했다. 이 특별한 선물을 비슷한 것으로 돌려주기란 쉽지 않다. 그래서 무의식 속에서 미세한 의미 전환(개념들의 의식적 상호 침투와 비슷하다)을 통해 어머니에게 아이를 선사하거나 만들어 줌으로써(당연히 자신과 똑같은 아이다) 어머니를 구원하려 한다. 이는 구원의 본래 의미와 너무 동떨어진 것이 아니고, 그 의미 전환도 그렇게 자의적이지 않다. 거기에는 자신에게 생명을 선사한 어머니에게 그 대가로 다른 생명, 즉 자신과 꼭 닮은 아이를 선물한다는 의미가 담겨 있다. 소년은 어머니가 자신과 똑같은 아들을 가지기를 바람으로써 감사를 표한다. 다시 말해 아들은 구원의 판타지 속에서 자신을 아버지와 완벽하게 동일시한다. 모든 충동, 즉 애정, 감사, 욕정, 반항, 독단 같은 충동은 스스로 아버지가 되려는 단 하나의 소망으로 충족된다. 물론 이 의미 전환에서도 위험의 요소가 사라지는 것은 아니다. 출생 자체가 어머니의 노력을 통해서만 벗어날 수 있는 위험한 일이기 때문이다. 출생은 생명에 대한 최초의 위험이자, 이후의 삶에서 우리를 불안에 떨게 하는 모든 위험의 전형이다. 우리에게 불안이라는 정서적 표현을 남긴 것도 바로 이 출생의 경험인 듯하다. 스코틀랜드 전설에서 어머니가 낳은 것이 아니라 어머니의 몸을 찢고 나왔다는 맥더프가 불안이나 공포를 알지 못하는 것도 그 때문이다.

고대 그리스의 꿈의 해석자였던 아르테미도로스는 이렇게 주장한다. 꿈은 꿈꾸는 사람에 따라 의미가 바뀐다고. 맞는 말이다. 구원의 의미도 무의식적 사고의 표현에 해당하는 법칙에 따라 바뀔 수 있다. 그것도 상상하는 주체가 남자냐 여자냐에 따라서 말이다. 즉 남자에게 아이를 만든다는 것은 출생의 원인을 제공한다는 뜻이고, 반면에 여자에게는 직접 아이를 낳는다는 것을 뜻한다.

꿈과 상상 속의 이런 구원에 관한 다양한 의미는 특히 물과 연결될 때 뚜렷이 드러난다. 예를 들어 남자가 여자를 물에서 구하는 꿈은 여자를 어머니로 만든다는 것을 의미한다. 앞에서 언급한 내용과 관련 지어 보면 이는 곧 여자를 자신의 어머니로 만든다는 것과 같은 의미다. 반면에 여자가 다른 누군가(아이)를 물에서 구하는 꿈은 모세 전설에 나오는 파라오의 딸처럼 자신이 그 사람을 낳은 어머니임을 고백하는 의미를 담고 있다.

가끔 아버지를 향한 구원의 판타지에도 애정의 의미가 담겨 있을 때가 있다. 다시 말해서 아버지를 자신의 아들, 즉 아버지와 똑같은 아들을 가지려는 소망을 그 판타지로 표현하고 있는 것이다. 사랑하는 사람을 구원하려는 경향은 부모 콤플렉스와 구원 모티프 사이의 이러한 관계 때문에 여기서 설명한 이 사랑 유형의 한 본질적인 특징을 이루고 있다.

항문 성애에 관한 논구에서도 그랬지만, 나는 여기서도 여러 관찰 자료들 가운데 극단적이고 범위가 명확하게 한정되는 유형들을 처음에 배제한 내 연구 방식에 대해 굳이 그 정당성을 설명하고 싶지 않다. 물론 두 경우 다 이 유형의 개별적 속성만 부분적으로 취하거나, 그 속성을 불명확한 형태로 갖고 있는 것으로 확인된 사람이 훨씬 더 많다. 그렇다면 이 유형에 대한 모든 관련성을 철저히 분석해야만 그에 대한 진정한 평가가 이루어질 것이다.

2. 사랑의 대상에 대한 가장 보편적인 폄하에 관하여

Über die allgemeinste Erniedrigung des Liebeslebens(1912)

이 글은 주로 남성의 심인성 발기부전을 다룬 논문이다. 그 밖에 논문 후반부에 나오는 문명과 본능적 삶의 대립에 관한 설명도 눈길을 끈다. 프로이트는 이 주제를 「문명 속의 불만」에서 더욱 자세히 다루었다.

이 논문은 1912년 『정신분석과 정신병리학 연구 연보』 제4권 1호에 처음 수록되었으며, 1918년 『신경증에 관한 논문집』 제4권에 수록되었다. 또한 『저작집』 제5권(1924), 『애정 생활의 심리학』(1924), 『성 이론과 꿈-이론에 대한 논문집』(1931), 『전집』 제8권(1943)에 실렸다. 영어 번역본은 1925년 존 리비어가 번역하여 "Contributions to the Psychology of Love: The Most Prevalent Form of Degradation in Erotic Life"라는 제목으로 『논문집』 제4권에 수록되었으며, 앨런 타이슨Alan Tyson이 번역하여 "On the Universal Tendency to Debasement in the Sphere of Love"라는 제목으로 『표준판 전집』 제11권(1957)에도 실렸다.

2. 사랑의 대상에 대한 가장 보편적인 폄하에 관하여

1

사람들이 가장 빈번하게 도움을 청하는 문제가 무엇인지 정신분석가에게 물어보면 다양한 형태의 불안을 빼면 다들 심인성(心因性) 발기부전이라고 답할 것이다. 리비도가 강한 남자들에게 발생하는 이 장애는 그 이전이나 이후에도 성 기관이 손상된 적 없이 온전한 능력을 유지하고 있음에도, 또 성행위를 하려는 심리적 욕구까지 끓어오름에도 성행위를 담당하는 기관이 말을 안 듣는 형태로 나타난다. 이 상태에 대한 첫 단서는 대개 환자 자신이 경험으로 깨닫는다. 즉 다른 사람들과의 성행위에서는 아무 문제가 없는데, 특정 사람과의 성행위에서는 번번이 실패하고 마는 것이다. 그럴 경우 당사자는 성적 대상의 어떤 특정 부분이 자신의 남성적 능력을 방해하고 있다고 직감한다. 간혹 자기 안에 장애물이 있는 것 같다고 말하는 환자도 있다. 그러니까 자신의 의식을 계속 방해하는 반대 의지가 자기 속에 있다는 것이다. 하지만 이 내적 장애 요소가 무엇인지, 또 성적 대상의 어떤 특성이 그것을 유발하는지는 환자 본인도 짐작하지 못한다. 다만 이런 실패를 거듭 경험하게 되면 환자는 첫 번째 경험에 대한 기억이 성 기능을 방해하는 불안 요소로 작용하면서 매번 실패를 유발한다는, 익히 잘 알려진 잘못된 추측으로 빠져들게 된다. 그런데 가만히 들여다보면 이 첫 번째 경험이라는 것도 환자가 어떤 〈우연한〉 인상에 기대어 판단한 것에 불과하다.

이미 여러 전문가들이 심인성 발기부전에 대한 정신분석적 연구를 수행해 왔으며, 그 결과물을 여러 권의 책으로 출간했다.[1] 정신분석가라면 누구나 방금 제시한 설명들이 사실임을 임상 경험으로 알고 있을 것이다. 문제의 본질은 환자 자신도 모르는 모종의 심리적 콤플렉스가 환자의 성 기능을 방해하고 있다는 것이다. 이러한 병인성 소재의 가장 보편적인 것이 바로 어머니와 누이에 대한 극복되지 않은 근친상간적 고착화다. 그 밖에 소아기의 성활동과 연결되어 있는, 우발적인 괴로운 인상들이 준 영향도 고려해야 하고, 또 여성에게로 향해야 할 리비도를 전반적으로 감소시키는 요소도 감안해야 한다.[2]

명백한 심인성 발기부전의 사례들을 정신분석적 방법으로 깊이 파고들면 거기에 작용하는 성 심리적 과정에 대한 다음 정보를 얻을 수 있다. 즉 모든 신경증적 장애도 그렇지만, 이 질환도 리비도가 정상적이라고 일컬어지는 최종 형태로 발달하기까지 억압된 것이 근본 원인이라는 것이다. 특히 심인성 발기부전의 경우는 지극히 정상적인 사랑의 관계에 도달하기 위해선 반드시 결합되어야 할 두 흐름, 즉 〈애정적〉 흐름과 〈관능적〉 흐름이 하

1 슈타이너M. Steiner, 『남성의 기능성 발기부전과 치료*Die funktionelle Impotenz des Mannes und ihre Behandlung*』(1907); 슈테켈W. Stekel, 『신경성 불안 상태와 치료*Nervöse Angstzustände und ihre Behandlung*』(1908); 페렌치S. Ferenczi, 「남성의 심인성 발기부전의 분석적 해석과 치료Analytische Deutung und Behandlung der psychosexuellen Impotenz beim Manne」(1908) — 원주.

2 슈테켈의 책 참조 — 원주.

나로 합쳐지지 않았다.

이 두 흐름 가운데 더 오래된 것은 애정적 흐름이다. 이것은 영아기 때 자기 보존 본능에 의해 생겨나 가족 구성원과 자신을 돌봐 주는 사람에게로 향하는 애정인데, 아주 어릴 때부터 누구나 웬만큼은 갖고 있고, 신경증 환자의 경우는 예외 없이 정신분석에 의해 분명하게 확인되는 성적 본능의 부분들, 즉 성애적 요소들을 담고 있다. 이 성애적 요소에서 아이의 일차적 대상 선택이 나온다. 그러니까 성적 본능이 자기 본능[3]의 가치 평가에 따라 첫 대상을 발견한다는 말이다. 최초의 성적 만족이 생명 보존에 필요한 신체 기능을 통해 얻어지는 것처럼. 부모나 보호자들의 〈애정〉에는 성애적 성격이 거의 항상 담겨 있는데(이런 의미에서 〈아이는 에로틱한 장난감이다〉), 이 애정으로 인해 아이의 자기 본능에서 성애적 요소가 차지하는 비중은 커진다. 특히 다른 환경까지 뒷받침해 줄 경우 이후의 발달 과정에서 반드시 고려해야 할 수준으로까지 높아진다.

이러한 애정적 흐름의 고착화는 어린 시절 내내 이어지고, 거기다 에로틱한 성격이 점점 더해지면서 애초의 성 목표에서 차츰 관심이 멀어진다. 그러다 사춘기에 이르면 더는 성 목표를 착각하지 않는 강력한 〈관능적〉 흐름이 나타난다. 이 흐름은 처음엔 애정적 흐름이 걸었던 과거의 길을 다시 따라 걸으며 훨씬 더 많아진 리비도의 양으로 소아기 때 최초로 선택했던 대상들에게로 집중하기 시작한다. 하지만 그사이 구축된 근친상간의 차단막에 가로막히면서 현실적으로 적합하지 않은 이 대상들에서 벗어나 실제 성생활이 가능한 다른 낯선 대상으로 가능한 한 빨리 넘어갈 채비를 한다. 그런데 이 낯선 대상들은 여전히 소아기의 원

3 자기 보존 본능 또는 충동을 가리킨다.

형(이마고)[4]에 따라 선택되지만, 시간이 가면서 과거의 대상에 연결된 애정적 흐름을 자신에게 끌어당긴다. 그래서 남자는 성서의 가르침에 따라 아버지와 어머니를 떠나 아내에게로 가고, 바로 이 여자에게서 애정과 관능은 하나로 합쳐진다. 관능적 사랑이 최고조에 이르면 그 대상에 대한 정신적 가치 평가도 높아진다(이것이 대개 남자들이 자신의 성적 대상을 과대평가하는 이유다).

리비도의 발달 과정에서 이러한 진행이 실패하는 데 결정적인 영향을 미치는 두 요인이 있다. 하나는 새로운 대상 선택을 가로막고, 대상 선택 자체를 무용지물로 만드는 현실적인 좌절의 정도다. 즉 선택이 허용되지 않거나, 적절한 대상을 선택할 가망이 전혀 보이지 않으면 대상 선택은 아무 의미가 없기 때문이다. 다른 하나는 떠나야 할 소아기 시절의 대상들이 여전히 발산하고 있고, 또 어린 시절에 차지했던 성애적 비중과 비례하는 매력의 정도다. 만일 이 두 요인이 너무 강하면 신경증에서 일반적으로 나타나는 메커니즘이 작동한다. 그러니까 리비도는 현실에서 등을 돌려 상상의 세계로 넘어가고(내향성), 첫 성적 대상들에 대한 이미지를 강화하고, 또 그것들에 집착한다. 하지만 근친상간의 두터운 차단막이 이 대상들에게로 향하던 리비도를 무의식 속에 머물게 한다. 이제 무의식의 일부가 된 관능적 흐름은 수음의 형태로 표출되고, 그런 고착화를 더욱 강화하는 역할을 한다. 현실에서 실패한 진전이 이제 판타지 속에서만 이루어진다고 해도, 또 수음으로 욕구를 충족시키는 판타지 속에서 원래적 성 대상들

4 이마고Imago라는 개념은 융의 「리비도의 변형과 상징」(1911)에서 비롯되었다. 융은 주체가 타인과 맺는 관계들의 기초를 이루는 무의식적 인물의 원형이 가족 속에서 만들어진다고 보았다. 라틴어로 〈이미지〉라는 뜻의 이마고는 개인적 경험의 산물이 아니라 인간 정신 속의 보편적 원형을 가리킨다.

이 타인으로 대체된다고 해도 사정은 전혀 변하지 않는다. 판타지는 그런 대체를 통해 의식 속으로 들어올 능력을 갖추지만, 리비도의 실질적인 재배치에는 아무 진전이 일어나지 않는다.

이렇게 해서 젊은 남자의 성욕은 무의식 속에서 근친상간적 대상에 집착하거나, 혹은 다르게 표현해서 무의식적 근친상간의 판타지에 고착하는 일이 생길 수 있다. 그 결과로 나타나는 것이 성행위를 수행하는 기관의 실제적 약화로 더욱 공고화되는 절대적 발기부전이다.

심인성 발기부전이라 불리는 상태에는 좀 더 부드러운 조건들이 요구된다. 관능적 흐름은 그 전체가 애정적 흐름 뒤에 자신을 숨겨야 하는 운명에 빠지는 것은 아니다. 오히려 부분적으로는 현실로의 출구를 찾을 수 있을 정도로 강하거나, 억제되지 않은 상태로 남아 있는 게 분명하다. 하지만 그런 사람들의 성 활동을 살펴보면 관능적 흐름의 배후에 온전한 심리적 추진력이 없다는 사실이 여러 면에서 극명하게 드러난다. 관능적 흐름은 변덕스럽고, 쉽게 방해받고, 부적절하게 실행될 때가 많고, 또 쾌락도 적다. 게다가 무엇보다 애정적 흐름을 피해야 한다. 그 결과 대상 선택에 제한이 생기고, 그래서 아직 활동하는 관능적 흐름은 금지된 근친상간의 인물들을 연상시키지 않는 대상만 찾게 된다. 만일 어떤 여자에게서 심리적으로 높은 평가를 내릴 수 있을 것 같은 인상을 받더라도 그 인상은 관능적 흥분이 아닌 성적인 부분이 전혀 없는 애정으로 이어진다. 그런 사람들의 사랑은 예술에 의해 거룩한 사랑과 세속적인(혹은 동물적인) 사랑으로 표현되는 두 방향으로 갈린다. 그들은 진정으로 사랑하면 육체적으로 탐하지 못하고, 육체를 탐하면 사랑하지 못한다. 그래서 사랑하는 대상으로부터 자신의 성욕을 떼어 놓기 위해 사랑할 필요가 없는 대상을 찾기도 한다. 또한 〈콤플렉스 과민증〉의 법칙과 〈억압된 것의 회귀〉 법칙에 따라, 근친상간을 피할 목적으로 선택한 대상에게서 피해야 할 그 대상의 사소한 특징들이 연상될 경우 심인성 발기부전으로 인한 특이한 성적 실패가 나타나게 된다.

이러한 사랑의 분열 속에서 성적 장애를 막기 위해 남자들이 주로 사용하는 방법은 일반적으로 성적 대상에게 부여하는 과대평가는 근친상간의 대상과 그 대리자를 위해 보류해 두고, 실제 성적 관계를 맺는 대상을 심리적으로 폄하하는 것이다. 폄하의 조건이 갖추어지면 육욕은 즉시 자유롭게 표출되고, 그와 함께 성적 능력과 쾌락도 증가한다. 이런 결과에 기여하는 또 다른 요인도 있다. 애정적 흐름과 관능적 흐름이 정상적으로 합류하지 못한 사람은 대개 좀 고급스러운 사랑을 하지 못한다는 것이다. 그들은 도착적 성 목표를 추구한다. 만일 그 목표가 충족되지 않으면 뼈아픈 쾌락의 상실을 느끼고, 설사 충족된다고 하더라도 비천하기 짝이 없는 하찮은 성적 대상과의 관계에서만 가능하다.

이로써 우리는 바로 앞의 논문에서 언급한 남자아이들의 판타지, 즉 어머니를 창녀로 격하시킨 판타지의 동기를 이해할 수 있다. 즉 사랑의 두 흐름 사이에 존재하는 간극을 어떻게든 판타지로 메우려 하고, 어머니의 가치를 떨어뜨림으로써 어머니를 육욕의 대상으로 만들고자 하는 것이 그 동기인 것이다.

2

지금껏 우리는 심인성 발기부전을 의학적·심리학적 측면에서 논의해 왔다. 이런 논의가 이 논문의 표제어와는 상관없어 보이지만, 우리의 본 주제로 접근하려면 이런 도입 부분이 필요했다는 사실은 앞으로 드러날 것이다.

우리는 애정적 흐름과 관능적 흐름이 하나로 합쳐지지 못한 것을 심인성 발기부전의 원인으로 지목했고, 그 발달 장애를 소아기의 어떤 대상에 대한 강한 집착과 이후 근친상간의 장벽과 현실 사이의 높은 괴리 속에서 맛본 좌절의 영향으로 설명했다. 이 이론에 대한 주요 반론은 딱 하나다. 이 이론은 특정 사람들이 심인성 발기부전으로 고통 받는 이유에 대해서는 많은 설명을 해주고 있지만, 나머지 사람들이 왜 이 질병을 앓지 않는지는 여전히 수수께끼로 남아 있다는 것이다. 심인성 발기부전의 요인으로 알려진 것들, 즉 어린 시절 한 대상에 대한 지나친 집착, 근친상간의 장벽, 사춘기 이후의 현실적 좌절, 이런 것들은 어떤 문명인에게든 상당 수준으로 존재하는 것으로 인정되어 왔기에 심인성 발기부전이 일부 개인들의 질병이 아닌 일반적인 문명병이라는 결론은 충분히 근거가 있어 보인다.

그럼에도 개인별로 그런 차이가 생기는 이유에 대해선 이런 설명이 가능할 듯하다. 즉 발병을 좌우하는 개별 요인들의 많고 적음, 즉 발병 원인들의 양적 측면에 따라 그런 차이가 생긴다는 것이다. 하지만 이게 옳은 답이라고 하더라도 나는 앞의 결론을 부인하고 싶은 생각은 없다. 오히려 심인성 발기부전이 생각보다 훨씬 넓게 퍼져 있고, 어느 정도는 모든 문명인에게 나타나는 사랑의 특징이라는 주장을 계속 밀고 나가고 싶다.

만일 심인성 발기부전의 개념을 쾌락의 욕구가 있고 성 기관도 온전하지만 성행위가 되지 않는 상태로 국한하지 않고 좀 더 확대한다면, 우선 〈심리적 무감각자〉라 부를 수 있는 사람들, 즉 성행위를 하면서도 전혀 쾌감을 느끼지 못하는 사람도 포함시켜야 한다. 이런 사람은 예상보다 꽤 많은데, 이 사례들을 정신분석학적으로 조사해 보면 우리가 좁은 의미의 심인성 발기부전에서 발견했던 병인론적 요인들이 똑같이 발견된다. 같은 병인에서 왜 그런 증상적 차이가 생기는지는 아직 알 수 없지만, 어쨌든 무감각한 남성들은 불감증 여성들과 여러모로 닮았는데, 현실에서 엄청나게 많이 존재하는 이 불감증 여성들의 상태는 좀 더 복잡한 심인성 발기부전과 같은 것으로 설명하고 이해하는 것이 가장 나아 보인다.[5]

그런데 심인성 발기부전의 개념적 확대가 아닌 증상학적 차원으로 눈을 돌리면 우리는 오늘날의 문명사회에 사는 남자들에게 심인성 발기부전의 전형이 전반적으로 담겨 있다는 결론을 배제할 수 없다. 소수의 교양 있는 남자들에게서는 애정적 흐름과 관능적 흐름이 적절히 융합되어 있다. 그런 남자는 여자에 대한 존경심으로 성행위 시 거의 항상 위축감을 느끼고, 미천한 성적 대상과 관계할 때만 온전한 성적 능력을 발휘한다. 이는 자신이 존경하는 여자에게는 성적 만족을 느껴서는 안 된다는 도착적 요소들이 성 목표에 투영되어 나타나는 현상이다. 이런 남자는 거리낌 없이 성적 만족감에 몰입해도 되는 상대와 관계할 때만 완벽한 성적 향유를 허용한다. 반면에 자신의 도덕적인 아내에게서는 감히 그런 만족감을 느끼려고 하지 않는다. 이런 연유에서 미천한 성 대상, 즉 윤리적으로 저속하고 남자가 심미적인 의심을 느낄 필요가 없고, 사회적으로도 자신을 알지도 못하고 평가할 수도 없는 여자에게 욕망을 발산한다. 남자는 이런 여자에게 성적 에너지를 쏟아붓길 좋아한다. 심적인 애정은 훨씬 더 고결한 여자에게로 향해 있더라도 말이다. 최상위 계층의 남자들이 종종

5 솔직히 말해 여성의 불감증은 다른 측면에서도 접근할 수 있는 또 다른 복잡한 문제라고 생각한다 — 원주.

저급한 계층의 여자를 오랫동안 정부로 삼거나 심지어 아내로 선택하는 것도 결국 심리적으로 완전한 만족감을 얻어 낼 가능성이 있는 미천한 여자에 대한 욕망의 결과로 보인다.

나는 주저함 없이 이렇게 주장한다. 진정한 심인성 발기부전의 두 유력 요인, 즉 어린 시절의 근친상간적 애정 집착과 청소년기의 현실적 좌절이 방금 언급한 그런 문화적 남자들의 빈번한 사랑 행태에 책임이 있다고. 마뜩찮고 심지어 역설적으로 들릴 수도 있겠지만, 이 말을 꼭 하자면, 사랑의 문제에서 진정 자유롭고 행복한 남자는 여자에 대한 존경심을 물리쳤을 뿐 아니라 어머니 또는 누이와의 근친상간적 상상에 친숙한 사람들이라는 것이다. 스스로를 진지하게 분석해 본 사람이라면 자신이 성행위를 근본적으로 육체를 더럽히고 오염시키는 것 이상의 비천한 것으로 여기고 있음을 틀림없이 알게 될 것이다. 스스로 인정하고 싶지 않은 이 평가는 관능적 흐름은 이미 충분히 발달했지만, 근친상간적 대상뿐 아니라 타인에게서도 욕구 충족의 대상을 거의 찾을 수 없는 청소년기에 생겨난다.

우리 문명사회의 여자들도 남자들과 비슷한 교육적 영향을 받고, 거기다 남자들의 행동에도 영향을 받는다. 여자들은 남자들이 처음엔 자기를 무척 높이 평가하다가 일단 소유하고 나면 하찮게 취급하는 것만큼이나 남자가 온전한 성적 능력 없이 자신에게 접근하는 것도 당연히 탐탁지 않게 여길 것이다. 여자의 경우는 성적 대상을 격하할 필요가 없어 보인다. 이는 분명 남자들에게서 나타나는 성적 대상에 대한 과대평가 비슷한 것이 일반적으로 여자들에게는 나타나지 않는다는 사실과 관련이 있다. 다만 여자들도 성욕을 오랫동안 억제하고 관능적 욕구를 판타지 속에서만 해소할 경우 다른 중요한 결과가 생긴다. 그러니까 육욕적 활동과 금기 사이의 연결을 끊지 못할 때가 많고, 혹시 그 활동이 현실적으로 허용되더라도 심리적 성교 불능 상태, 즉 불감증에 빠지게 되는 것이다. 이것이 바로 많은 여자들이 허락된 성관계에서는 한동안 그 비밀을 고수하려 하고, 금기의 조건이 다시 만들어지는 은밀한 성관계에서는 정상적인 관능의 욕구를 느끼게 되는 근본 원인이다. 이런 여자들은 남편에겐 지조를 지키지 못해도 애인에겐 제2의 성적 지조를 지킨다.

내 말은 여자에게서 금지된 것의 조건은 남자에게서 성적 대상에 대한 폄하의 조건과 동일하다는 것이다. 둘 다 문화적인 이유로 교육이 요구하는, 성적 성숙과 실제 성생활 사이의 오랜 지체로 생기는 결과다. 또한 이 둘의 목적도 애정적 흐름과 관능적 흐름의 불합치에서 비롯한 심인성 발기부전이나 불감증을 제거하는 데 있다. 남자와 여자에게서 원인이 같은데도 결과가 다르게 나타나는 것은 아마 두 성의 양태에 또 다른 차이점이 있기 때문일 것이다. 문명화된 여자들은 보통 기다려야 하는 기간에는 성 활동의 금기를 어기지 않고, 그래서 금기와 성욕 사이에 친숙한 연관성이 생긴다. 반면에 남자들은 성적 대상을 격하시키는 조건만 충족되면 그런 금기를 쉽게 깨뜨리고, 이후의 사랑에도 이 조건을 그대로 가져간다.

문명사회에서 성생활의 개혁에 대한 강렬한 열망과 관련해서 볼 때 정신분석학적 연구가 다른 연구 방법과 마찬가지로 어떤 편향성도 갖고 있지 않다는 사실을 분명히 밝히고 싶다. 정신분석학은 겉으로 드러난 것 뒤엔 반드시 숨겨진 것이 있다고 전제하고 그 둘의 관련성을 밝히는 작업이다. 만일 현대 성생활의 개혁 노력이 뭔가 해롭게만 여겨지던 것을 좀 더 이득이 되는 것으로 대체하기 위해 정신분석학적 연구를 이용한다면 그보다 더 바람직한 일은 없을 것이다. 다만 다른 제도나 관습으로 인해 어쩌면 또 다른 더 중대한 희생이 생기지 않을지는 예단할 수 없다.

3

인간 사랑에 대한 문화적 통제가 성적 대상에 대한 폄하를 부른다는 사실로 인해 이제 우리는 성적 대상을 떠나 성 충동 자체로 눈을 돌리게 된다. 초기에 성적 쾌락을 누리지 못한 피해는 나중에 결혼한 뒤 충분한 기회가 주어져도 온전히 성적 쾌락을 누리지 못하는 것으로 나타난다. 물론 처음부터 성적 자유가 무제한으로 주어진다고 해서 결과가 달라지는 것은 아니다. 이는 성적 만족을 쉽게 얻을 수 있는 순간부터 성애적 욕구의 심리적 가치가 감소한다는 사실에서 쉽게 확인된다. 말하자면 리비도를 고도로 끌어올리기 위해서는 장애물이 필요하다. 그래서 성적 만족에 대한 자연스러운 장벽이 충분히 높지 않을 경우 인간들은 어떤 시대건 사랑을 만끽하기 위해 관습적인 장애물을 곳곳에 세웠다. 이는 개인뿐 아니라 민족에게도 해당하는 이야기다. 예를 들어 고대 문명의 쇠퇴기처럼 성적 만족을 누리는 데 어려움이 없었던 시대에 사랑은 무가치해졌고, 인생은 공허해졌다. 그래서 인간 삶에 없어서는 안 될 그런 정서적 가치를 복원하기 위해 강력한 반동이 형성되었다. 기독교의 금욕적 성향이 그중 하나다. 그렇다면 기독교가 그전에 이교도의 고대 문명이 사랑에 부여할 수 없었던 심리적 가치를 더 한층 높이는 데 일조했다고 볼 수도 있다. 이러한 금욕의 의미는 평생 리비도의 유혹에 대한 투쟁으로 점철된 수도사들의 삶에서 최고조로 나타났다.

사람들은 우선 이런 장애물 설정의 원인을 우리 몸의 충동이 전반적으로 성취한 결과로 설명하고자 한다. 어떤 충동의 심리적 의미가 그 충동의 좌절과 함께 커진다는 것도 일반적으로 옳은 얘기다. 성격적으로 무척 다른 한 무리의 사람들이 똑같이 굶고 있다고 가정해 보자. 음식에 대한 어쩔 수 없는 욕구가 높아질수록 개인적 차이는 사라지고, 대신 해소되지 않은 한 가지 충동의 일률적인 형태만 나타날 것이다. 하지만 충동의 만족과 함께 심리적 가치가 전반적으로 떨어진다는 주장도 맞는 말일까? 일례로 애주가와 포도주의 관계를 생각해 보자. 포도주가 항상 애주가에게 똑같은 중독적 만족감을 준다는 것은 맞지 않을까? 참고로 문학에선 술이 주는 만족감을 성애적 만족에 비유할 때가 많은데, 그건 과학적 관점에서도 충분히 받아들일 만하다. 어쨌든 애주가가 늘 같은 술을 마시는 것이 지겨워서 술 종류를 계속 바꾼다는 얘기를 들어 본 적이 있는가? 아니, 실상은 정반대다. 습관은 애주가와 특정 포도주 사이의 유대를 더욱 가깝게 해준다. 애주가가 자신이 늘 마시는 포도주에 대해 점점 줄어드는 만족감을 장애물의 설정으로 해결하려고 포도주 가격이 비싼 술집이나, 아니면 음주 자체가 아예 금지된 나라로 간다는 얘기를 들어 본 적이 있는가? 당연히 없을 것이다. 우리 시대 최고의 알코올 중독자들, 예를 들어 뵈클린[6] 같은 사람이 포도주와 자신의 관계에 대해서 하는 말을 들어 보면 마치 진정한 조화나 행복한 결혼 생활의 전형처럼 들린다. 그렇다면 왜 사랑하는 사람과 그 성적 대상의 관계는 그렇지 않을까?

생경하게 들릴지 모르겠지만, 성 충동 속에 완전한 만족의 실현을 방해하는 요소가 원천적으로 포함되어 있을 가능성을 고려

6 플뢰르케G. Floerke, 『뵈클린과 보낸 10년의 세월*Zehn Jahre mit Böcklin*』(1902) 참조 — 원주.

해야 한다고 생각한다. 길고도 험난한 충동의 발달사를 돌아보면 그런 난관의 원인이 될 만한 두 가지 요소가 금방 떠오른다. 첫째, 근친상간의 장벽으로 대상 선택을 두 번 할 수밖에 없게 됨으로써 성 충동의 최종 대상이 결코 원래의 대상과 일치하지 못하고, 단지 그 대체물에 만족할 수밖에 없다는 사실이다. 정신분석에 따르면, 갈망하는 충동의 본래 대상이 억압으로 인해 사라지게 되면 끝없이 이어지는 대체물이 본래 대상을 대신하지만 그중 어떤 것도 결코 완전한 만족을 제공하지는 못한다. 성인들의 사랑에서 자주 나타나는 대상 선택의 변덕스러움, 즉 〈자극에 대한 굶주림〉이 이것으로 설명될 수 있다.

둘째, 성 충동은 처음엔 상당히 많은 요소로 나누어져 있는데, 그중 일부는 초기 단계에서 억압되거나 다른 용도로 사용됨으로써 나중의 충동 형성에 참여하지 못한다는 사실이다. 그중에서 대표적인 것이 분변기호증적 요소다. 이 요소는 우리가 직립보행으로 후각 기관이 땅에서 멀어진 이후 우리 문명의 미적인 부분과 양립할 수 없었기 때문이다. 그 밖에 우리의 성애적 삶에 속하는 사디즘적 욕구도 상당 부분 그렇다. 그런데 이 모든 발달 과정은 복잡한 충동 구조의 상층부에만 해당할 뿐, 성애의 흥분을 자아내는 근본 과정은 그대로 남아 있다. 배설은 성적인 것과 불가분의 관계로 엮여 있고, 생식기의 위치(대변과 소변 사이) 역시 변하지 않는 결정적인 요소로 작용한다. 이 대목에서 나폴레옹의 유명한 말을 이렇게 변주할 수 있을 듯하다. 〈해부학적 구조가 운명이다.〉 생식기 자체는 아름다움을 향한 인간 몸의 발달 과정과 함께하지 않았다. 생식기는 여전히 동물적인 것으로 남아 있고, 그래서 인간의 사랑 역시 기본적으로 과거와 마찬가지로 여전히 동물적이다. 사랑의 충동은 교육하기 어렵다. 그 충동의 교육은 어떤 때는 과도한 결과로 나타나지만, 어떤 때는 거의 영향을 미치지 못한다. 문명이 사랑의 충동으로 도모하는 일은 쾌락의 뚜렷한 상실을 대가로 지불하지 않고는 이룰 수 없는 것처럼 보인다. 사용되지 않은 충동의 지속은 성적 불만으로 나타난다.

따라서 성 충동의 요구를 문명의 요구에 맞추는 것은 불가능하다는 생각에 익숙해져야 한다. 또한 문명의 발달로 인해 체념과 고통, 심지어 아주 먼 미래에는 인류의 소멸 위험까지 피할 수 없을 거라는 생각도 받아들여야 한다. 물론 이 암울한 진단은 단 한 가지 추정에 근거할 뿐이다. 즉 사람들의 욕구를 충족시키지 못하는 문명의 불충분함은 문명의 압력으로 성 충동에 달라붙은 어떤 특성들의 필연적인 결과라는 것이다. 그런데 문명의 첫 요구들에 굴복함으로써 온전한 만족을 제공하지 못하는 성 충동의 무능함이 오히려 문명의 가장 훌륭한 성취의 근원이 되었다. 즉 성 충동의 요소들이 다양한 분야에서 점점 광범한 승화의 힘으로 작용함으로써 문화적 성취가 가능해진 것이다. 만일 인간이 성 충동의 여러 요소를 정연하게 분배해서 온전한 쾌락을 누릴 수 있었다면 성적인 힘을 다른 영역에 사용할 이유가 어디 있겠는가? 인간은 절대 쾌락을 포기하지 않았을 것이고, 인류의 진보를 위해 노력하지도 않았을 것이다. 그래서 두 충동, 즉 성적 충동과 이기적 충동 사이의 해소될 수 없는 차이가 인간으로 하여금 더 큰 성취를 이루게 한 동기였던 것처럼 보인다. 물론 그 와중에 더 약한 쪽이 신경증으로 빠질 위험이 상시적으로 존재하기는 하지만 말이다.

과학의 목표는 공포를 안기는 것도 아니고 위안을 주는 것도 아니다. 다만 위에서 언급한 미래지향적인 추론들이 좀 더 넓은 토대 위에서 구축되고, 여기서 고립적으로 다룬 내용의 결과가 인류의 다른 발전 분야들에 의해 수정되기를 간절히 바라는 마음뿐이다.

3. 처녀성의 금기

Das Tabu der Virginität(1918)

이 글은 앞의 논문 「사랑의 대상에 대한 가장 보편적인 폄하에 관하여」에 덧붙여진 것처럼 보이지만, 여성의 불감증에 관한 임상적 문제를 주로 다루고 있다는 점에서 남성의 심인성 발기부전에 관한 내용을 보완하는 성격을 띠고 있다.

이 논문은 1917년 12월 12일 빈 정신분석학회에서 처음 발표되었으며, 1918년 『신경증에 관한 논문집』 제4권에 수록되었다. 또한 『저작집』 제5권(1924), 국제 정신분석 출판사에서 발간한 『애정 생활의 심리학』(1924)에 수록되었으며, 『성 이론과 꿈-이론에 대한 논문집』(1931), 『전집』 제12권(1947)에도 실렸다. 영어 번역본은 1925년 리비어가 번역하여 "Contributions to the Psychology of Love: The Taboo of Virginity"라는 제목으로 『논문집』 제4권에 수록되었으며, 1957년에는 앤절라 리처즈Angela Richards가 번역하여 『표준판 전집』 제11권에 실렸다.

3. 처녀성의 금기

원시 부족들의 성생활과 관련해서는 알려진 것이 별로 없지만, 그중에서도 처녀성, 즉 어느 남자의 손길도 닿지 않은 여자 몸의 상태에 대한 그들의 관념은 우리의 감정엔 퍽 낯설게 다가온다. 우리 사회에서 처녀성에 대한 구혼하는 측의 존중은 무척 뿌리 깊고 자명하다. 그 근거를 묻는 것이 오히려 당황스러울 정도다. 여자가 결혼할 때 다른 남자와의 성행위에 관한 기억을 갖고 와서는 안 된다는 요구는 여자에 대한 배타적 독점권의 논리적 귀결에 다름 아니다. 일부일처제의 본질을 이루는 이런 독점권의 역사는 아주 오래되었다.

그렇다면 처음엔 편견처럼 비치던 것을 여자의 성애적 삶에 대한 우리의 견해로 정당화하는 것은 그리 어려워 보이지 않는다. 오랫동안 힘들게 억눌러 왔던 사랑에 대한 처녀의 갈망을 처음으로 충족시키고, 그로써 환경과 교육의 영향으로 여자의 내부에 구축되어 있던 성에 관한 저항을 이겨 내게 해준 남자는 여자와 지속적인 관계에 들어가고, 이로써 그 관계가 다른 남자에게로 넘어갈 가능성은 사라진다. 이 경험을 토대로 여자에게는 예속의 상태가 생겨난다. 즉 여자에 대한 독점적 소유권을 보장하고, 여자로 하여금 다른 어떤 외부의 인상이나 유혹에도 흔들리지 않게 해주는 상태다.

〈성적 예속〉은 1892년 크라프트-에빙이 성관계를 맺은 사람에 대한 이례적일 정도로 강한 의존심과 구속성을 설명하기 위해 고안한 표현이다.[1] 이런 예속은 가끔 모든 독립적 의지의 상실이나 개인적 관심의 극단적 희생으로 확대되기도 한다. 하지만 어느 정도의 의존성은 〈두 사람의 관계가 일정 정도 지속되려면 반드시 필요하다〉는 점을 에빙은 놓치지 않고 언급한다. 사실 어느 정도의 구속은 문명사회의 결혼을 유지하고, 그 결혼을 위협하는 복혼의 경향을 억제하는 데 없어서는 안 될 요소다. 그래서 우리 사회에서도 이 요소는 대체로 꼭 필요한 것으로 간주된다.

크라프트-에빙은 성적 예속의 뿌리를 한편으로는 〈사랑에 깊이 빠지는 성향과 성격적 결함〉으로, 다른 한편으로는 상대방의 극단적 이기심으로 설명한다. 그러나 정신분석학적 경험에 따르면 우리는 이러한 단순한 설명에 만족할 수 없다. 오히려 예속의 결정적 요인은 성적 저항을 극복해 낸 강도이고, 거기다 그런 과정의 집중과 일회성이 덧붙여진다. 따라서 성적 예속은 남자보다 여자에게 비교가 안 될 정도로 더 자주, 더 강하게 나타난다. 물론 요즘은 과거에 비해 남자들에게도 점점 많이 나타나고 있지만 말이다. 어쨌든 연구에 따르면 남자의 성적 예속은 특정 여자를 통해 심인성 발기부전을 극복한 결과로 나타나고, 그때부터 그 남자는 여자에게 구속될 수밖에 없다. 주목을 끈 많은 결혼과 적지 않은 비극적인 운명(심대한 결과를 초래한 사건들까지 포함해서)의 원인도 여기서 찾을 수 있을 듯하다.

원시 부족의 이야기로 다시 돌아가 보자. 원시 부족이 첫날밤

1 크라프트-에빙, 「성적 예속과 마조히즘Bemerkungen über 'geschlechtliche Hörigkeit' und Masochismus」(1892) — 원주.

전에 신부의 처녀성을 신랑이 아닌 다른 사람으로 하여금 파괴하게 하는 것을 증거로 제시하면서 그들에겐 처녀성이 아무 가치가 없다고 말하는 것은 옳은 설명이 아니다. 오히려 실상은 정반대다. 즉 원시 부족에게도 처녀성 파괴는 아주 중요한 행위로 보인다. 다만 그들에게 처녀성은 금기의 대상, 즉 종교적이라 부를 수 있는 금지의 대상일 뿐이다. 여자아이의 처녀성은 신랑이나 미래의 배우자를 위해 남겨지는 것이 아니라 풍습의 요구에 따라 신랑이 아내의 처녀성을 파괴하는 행위를 피해야 하는 것이다.[2]

이런 금지 풍습에 관한 문헌들을 완벽하게 수집하고 그것의 지리적 분포를 추적함으로써 모든 형태의 금기를 나열하는 것이 내 목적은 아니다. 따라서 여기서는 결혼하기 전에 처녀막을 파괴하는 풍습이 오늘날의 원시 부족 사이에도 상당히 널려 펴져 있다는 사실을 확인하는 정도로 만족하고 넘어가겠다. 크롤리는 이렇게 말한다. 이 결혼 의식의 핵심은 남편이 아닌 다른 사람으로 하여금 신부의 처녀막을 파괴하게 하는 것이다. 이는 매우 낮은 단계의 문화, 특히 오스트레일리아에서 흔한 풍습이다.[3]

처녀성의 파괴가 결혼 첫날밤의 성교에서 피해야 하는 일이라면 그게 어떤 식으로건, 또 누구에 의해서건 그전에 이루어져야 하는 것이 자명하다. 이와 관련해서 나는 위에서 언급한 크롤리의 책에서 몇 대목을 인용하겠다. 우리의 관심사에 정보를 제공하고, 몇 가지 비판적 언급을 가능하게 해주는 대목들이다.

2 크롤리E. Crawley, 『신비의 장미, 원시 결혼 풍습 연구*The Mystic Rose, a Study of Primitive Marriage*』(1902); 바르텔스M. Bartels와 플로스H. H. Ploß, 『자연학과 민족학으로 본 여자*Das Weib ind der Natur- und Völkerkunde*』(1891); 프레이저J. G. Frazer, 『금기와 영혼의 위험*Taboo and the Perils of the Soul*』(1911); 해블록 엘리스, 『섹스의 심리학 연구*Studies in the Psychology of Sex*』(1910) — 원주.

3 크롤리, 『신비의 장미, 원시 결혼 풍습 연구』, 347면 — 원주.

191면: 〈오스트레일리아의 디에리족과 이웃 부족들은 여자아이가 사춘기에 이르면 처녀막을 파괴하는 풍습이 있다. 포틀랜드와 글레넬그의 부족들에서는 이 일을 전담하는 노파가 따로 있고, 때로는 백인 남자에게 처녀의 순결을 파괴하는 행위를 맡기기도 한다.〉

307면: 〈처녀막을 고의로 파열하는 행위는 가끔 어릴 때 일어나기도 하지만, 일반적으로는 사춘기 때 이루어진다. (……) 처녀막 파괴는 오스트레일리아에서처럼 의식을 갖춘 성교 행위로 실시될 때가 많다.〉

348면: (족외 결혼을 엄격하게 금하는 오스트레일리아 부족들의 이 이야기는 스펜서B. Spencer와 길렌F. J. Gillen의 전언을 옮긴 것이다.) 〈처녀막을 인위적으로 파괴하고 나면 정해진 순서에 따라 이 처치에 임석한 남자들이 여자아이와 (의식적 절차를 갖춘) 성교를 치른다. (……) 그러니까 이 행사는 처녀막의 파괴와 이어지는 성교의 두 행위로 이루어진다.〉

349면: 〈아프리카 적도 지역에 사는 마사이족의 결혼에서 가장 중요한 예비 행사는 바로 신부의 처녀막을 파괴하는 것이다. 사카이스족(말레이시아), 바타스족(수마트라), 알포어스족(술라웨시섬)은 처녀성을 파괴하는 행사를 신부의 아버지가 직접 담당한다. 필리핀에서는 어릴 때 처녀막 파열의 임무를 맡은 노파에 의해 처녀막이 파괴되지 않았을 경우 신부의 처녀막을 전문적으로 파괴하는 일을 맡은 남자들이 따로 있다. 일부 에스키모족은 신부의 순결을 빼앗는 행위를 앙가쿠크나 사제에게 맡긴다.〉

이 대목들과 관련해서 앞에서 내가 예고한 비판적 언급은 두 가지다. 첫째, 이 보고들에서 아쉬운 것은 성교 없는 처녀막의 단순한 파괴와 처녀막 파괴의 목적으로 이루어지는 성교 사이에 좀 더 세심한 구분이 없다는 사실이다. 딱 한 보고에서만 이 과정이 두 행위, 즉 처녀성을 파괴하는 행위(손으로건 아니면 기구를 사용해서건)와 그에 뒤따르는 성교 행위로 나누어져 있다고 지적한다. 플로스와 바르텔스가 쓴 책은 다른 점에서는 아주 풍부한 자료를 제공해 주지만 우리의 목적에는 별로 쓸모가 없어 보인다. 이 보고서에는 처녀막 파괴의 해부학적 결과만 적혀 있을 뿐 처녀성을 파괴하는 행위의 심리적 의미는 전혀 부각되어 있지 않기 때문이다. 둘째, 처녀막 파괴의 목적으로 행해지는 〈제식적인〉(형식적이고 엄숙하고 공식적인) 성교가 일반적인 성행위와 어떤 점에서 다른지 언급되지 않았다. 저자들이 그 부분을 언급하지 않은 것은 본인들 스스로가 너무 쑥스러웠거나, 아니면 그런 세세한 성적 부분의 심리학적 의미를 경시했기 때문일 것이다. 여행객이나 선교사의 현장 보고서라면 좀 더 상세하고 명확할 것이라고 기대해 보지만, 현재로선 그런 외국 문헌에 접근할 수가 없기에 이 문제에 대해 확실하게 말할 수 있는 것은 없다. 그 밖에 우리는 그런 제식적 성교가 예전에 완벽하게 행해졌던 성교를 대체하거나 교체하는 것일 뿐이라는 추정과 함께 이 두 번째 문제에서의 의심은 무시해도 된다.[4]

이러한 처녀성의 금기를 설명해 주는 여러 요소들이 있다. 그 요인들을 간략하게 소개해 보겠다. 처녀막이 찢어지면 대개 피가 흐른다. 그렇다면 피를 생명의 근원으로 여기는 원시인들의 피에 대한 두려움을 처녀성 금기에 대한 첫 번째 설명으로 볼 수 있다.

4 신랑이 아닌 다른 사람들, 예를 들어 들러리나 신랑 일행들에게 신부를 성적으로 먼저 취할 권리를 허용하는 풍습은 많은 다른 결혼식의 예에서도 확인된다 — 원주.

피에 대한 이러한 금기는 성욕과 아무 상관이 없는 여러 규정들을 통해서도 입증된다. 예를 들어 피의 금기는 살인의 금지와 연결되어 있고, 피에 대한 원초적인 갈망, 즉 원시인들의 살인 욕구를 막는 보루로 작용한다. 이런 관점에서 보면 처녀성의 금기는 어디서나 거의 예외 없이 준수되는 월경의 금기와 관련이 있다. 원시인들은 매달 피가 흐르는 이 수수께끼 같은 현상을 보면서 사디즘적 상상을 하지 않을 수 없었다. 월경, 특히 첫 월경은 어떤 동물의 정령에게 물린 것으로, 어쩌면 그 정령과의 성교 행위로 해석되었다. 때로는 이 정령을 조상의 혼으로 여기는 보고도 있다. 그렇다면 우리는 다른 논문의 인식[5]에 의거해서 월경을 시작한 여자아이가 조상 혼의 소유물이기에 금기시될 수밖에 없는 사정을 이해할 수 있다.

그러나 다른 측면에서 보자면, 피에 대한 두려움 같은 요인의 영향을 과대평가해서는 안 된다. 이를테면 피의 두려움이 아무리 클지라도 같은 부족 내에서 일부 시행되던 소년의 할례나 더 잔인한 소녀의 할례(클리토리스와 음순의 제거) 같은 관습을 억누르거나, 피를 원하는 다른 제식들을 폐지할 정도는 아니었다. 그렇다면 남편이 첫날밤에 첫 성교를 하면서 그런 피의 두려움을 극복하지 못할 이유도 없어 보인다.

두 번째 설명 역시 성욕과 무관하지만, 첫 번째 설명보다는 훨씬 더 일반적인 성격을 띤다. 즉 원시인들은 상시적인 불안의 포로라는 것이다. 이는 정신분석학적 신경증 이론에서 불안 신경증이라 부르는 것과 아주 유사한 증세다. 원시인들의 불안감은 뭔가 일상에서 벗어나는 일이 일어났을 때, 즉 뭔가 새롭고 예기치 않고 이해할 수 없고 섬뜩한 일이 일어났을 때 특히 증폭된다. 그

5 『토템과 터부』 참조 — 원주.

때문에 먼 훗날의 종교에도 깊이 스며든 제식, 즉 모든 새로운 일의 시작, 새 시대의 개막, 인간과 동물과 열매의 첫 수확과 관련한 제식이 생겨난다. 불안에 떠는 사람이 위협적으로 생각하는 위험은 막연한 예측보다 정말 위험한 상황이 닥쳤을 때 더욱 강하게 나타나고, 그 위험으로부터 자신을 지키려는 것은 지극히 당연한 일이다. 따라서 결혼 후의 첫 성교는 그 중요성만큼이나 그에 대한 예방 조처가 마련되어야 한다. 지금까지의 두 가지 설명, 즉 피에 대한 공포와 〈처음〉에 대한 불안은 서로 모순되는 것이 아니라 오히려 서로를 더욱 강화해 준다. 첫 성교는 어쩐지 불안하고 미심쩍은 행위임에 틀림없다. 특히 피가 흐른다는 점에서 더더욱 그렇다.

크롤리가 선호한 세 번째 설명은 처녀성의 금기가 성생활 전반을 아우르는 거대한 관련성의 일부라는 점에 주목한다. 금기는 여자와 첫 성교뿐 아니라 성행위 전반에 해당한다. 그렇다면 전체적으로 여자 자체가 금기라고 할 수 있을 듯하다. 여자는 월경, 임신, 출산, 산욕 같은 성생활의 결과로 나타나는 특별한 상황에서만 금기가 아니었다. 이런 상황 외에 여자와의 성교에는, 이른바 야만인들의 성적 자유라는 것이 정말 그랬을까 의심이 들 정도로 숱한 심각한 제한이 따랐다. 원시인들의 성욕이 특정 상황에선 전혀 억제되지 않고 자유롭게 표출된 것은 사실이다. 하지만 일반적으로 그들의 성욕은 고도의 문명사회보다 금기를 통해 더 강력하게 제한되었다. 가령 남자가 탐험이나 사냥, 전쟁과 같이 뭔가 특별한 일을 도모할 때면 여자를, 특히 여자와의 잠자리를 피해야 했다. 그렇지 않으면 여자가 그의 힘을 마비시켜 일을 그르치게 할 것이라고 믿었다. 또한 일상생활에서도 남자와 여자는 되도록 떨어져 지내야 했다. 여자는 여자와, 남자는 남자와 지낸 것이다. 우리 식의 가정생활은 많은 원시 부족에서는 거의 존재하지 않았던 듯하다. 이러한 분리는 가끔 다른 성의 개인 이름을 불러서는 안 되고, 여자들은 자신들만의 특별한 어휘만 사용해야 하는 수준으로 확대되기도 했다. 성적인 필요에 의해 이따금 이런 성적 분리의 장벽이 무너졌지만, 일부 부족에서는 부부조차 집 밖에서 은밀히 만나야 했다.

원시인들이 금기를 만든 데에는 모종의 위험에 대한 공포가 작용했다. 이 모든 회피 규정 속에는 여자에 대한 근본적인 두려움이 표현되어 있다는 것을 부정할 수 없다. 이 두려움의 배후에는 여자가 남자와 다르다는 사실, 즉 여자는 영원히 이해하기 어렵고 신비스럽고 낯설고, 그래서 적대적으로 비친다는 이유가 깔려 있는 듯하다. 여자로 인해 약해진 남자는 자신도 여자의 여성성에 감염되어 무능한 인간이 될까 두려워한다. 특히 성교 뒤 긴장이 풀리고 기력이 떨어지는 것을 느끼면서 그런 염려는 더욱 커진다. 또한 여자가 성행위를 통해 확보한 남자에 대한 영향력과 그로써 남자에게 강요하는 배려는 이런 불안 증폭의 근거가 된다. 이 모든 것은 아득한 옛날 일이 아니라 현대의 우리에게도 여전히 살아 숨 쉬고 있다.

현존하는 원시 부족들에 대한 많은 관찰자들에 따르면 원시인들의 사랑 욕구는 우리 문명인들의 강도에는 결코 미치지 못할 정도로 약하다고 한다. 물론 이런 평가에 동의하지 않는 사람들도 있겠지만, 어떤 경우든 지금껏 거론된 금기의 관습들은 여자를 낯설고 적대적인 존재로 여기고 거부함으로써 사랑에 반기를 드는 어떤 힘의 존재를 증명해 주고 있다.

크롤리는 정신분석학의 통상적 용어와 별반 다르지 않은 표현으로 이렇게 설명한다. 모든 개인은 〈개인적 고립의 금기〉를 통해 타인과 자신을 분리한다. 그리고 비슷한 것들 사이의 사소한 차이가 개인들 사이에 낯섦과 적대의 감정을 유발한다. 크롤리가 이 생각을 계속 따라가면서, 이러한 〈작은 차이들의 나르시시즘〉에서 그런 적대감, 즉 모든 인간관계에서 동질성의 감정에 맞서 싸워 이기고, 보편적인 이웃 사랑의 계명을 압도하는 적대감을 유추해 낸 것은 퍽 매력적으로 비친다. 정신분석학 역시 거세 콤플렉스와 그것이 여자에 대한 판단에 미치는 영향에 주목함으로써 남자들이 경멸감 섞인 자기애에서 여자를 거부하는 이유의 주요 부분을 찾아냈다고 생각한다.

하지만 이 부분은 우리의 주제에서 너무 벗어난다. 여자에 대한 일반적인 금기는 숫처녀와의 첫 성행위에 대한 특별한 규정을 설명하는 데 아무 도움이 되지 않는다. 그래서 우리는 처음에 언급한 두 가지 설명, 즉 〈피〉와 〈처음〉에 대한 두려움에 기댈 수밖에 없다. 하지만 이 설명조차 여기서 언급한 금기 계명의 핵심을 건드리지 못한다는 사실을 인정해야 한다. 이 금기의 밑바닥에는 첫 성행위와 분리될 수 없는 어떤 것을 미래의 남편에게 면제시켜 주려는 의도가 깔려 있는 게 분명하다. 비록 서두에서 언급한 바에 따르면, 한 남자에 대한 여자의 특별한 구속이 바로 이 첫 성관계에서 비롯된다고 하더라도 말이다.

여기선 금기의 기원과 그것의 궁극적인 의미를 밝히는 것이 과제가 아니다. 그건 이미 『토템과 터부』에서 충분히 다루었다. 즉 그 책에서는 금기에 대한 원초적인 모순감정의 조건을 밝혀냈고, 그 조건의 생성을 훗날 인간 가족의 형성으로 이어지는 선사시대의 과정들에서 찾아냈다. 오늘날의 원시 부족들에서 관찰되는 금기 관습에서는 그런 의미의 전조를 더는 확인할 수 없었다. 그런 기대를 가진 것은 현재의 어떤 원시적인 부족이라고 하더라도 태고의 문화와는 완전히 동떨어진 문화 속에 살고 있다는 사실을 우리가 너무 쉽게 망각했기 때문이다. 그러니까 그들의 문화도 시간적으로 우리의 문화만큼이나 오래되었고, 또 비록 성격이 다르기는 하지만 우리와 마찬가지로 후기 발달 과정에서 나온 게 틀림없다.

오늘날 원시 부족들의 금기는 마치 공포증을 앓는 신경증 환자들이 그러하듯 이미 하나의 정교한 체계로 짜 맞추어져 있고, 옛 모티프들은 서로 조화롭게 조율을 거친 최근의 새 모티프로 대체되어 있다. 때문에 우리는 이런 발생론적 문제를 도외시하고, 원시인들이 위험을 느낄 때 금기를 정하게 된다는 그 인식으로 되돌아가려 한다. 일반적으로 보면 이러한 위험은 심리적인 것이다. 왜냐하면 원시인들은 우리에겐 필수적으로 비치는 두 종류의 위험을 원칙적으로 철저히 구분해야 한다는 압박을 받지 않기 때문이다. 즉 그들은 물리적 위험을 심리적 위험과 구분하지 않으며, 현실적 위험을 상상적 위험과 분리하지 않는다. 원시인들이 굳게 믿는 애니미즘의 세계관에서 보자면, 모든 위험은 자기와 같은 혼을 가진 존재의 적대적인 의도에서 비롯된 것이다. 자연력에 의한 위험이건, 타인이나 동물에 의한 위험이건 다 마찬가지다. 다른 한편으로 원시인은 자신의 내면에서 일어나는 적대감을 외부 세계에 투영한다. 그러니까 불쾌하거나 낯선 대상에 적대감을 전이하는 데 익숙하다. 이런 상황에서 여자도 그런 위험의 원천으로 인식되고, 특히 여자와의 첫 성교는 더더욱 위험한 것으로 여겨졌다.

나는 오늘날 문명사회에 사는 여성들이 똑같은 상황에서 어떤 행동을 하는지 면밀히 조사하면 원시인들이 그렇게 크게 느낀 위험이 어떤 것이고, 왜 그것이 미래의 남편에게 위험이 되는지에 대해 몇 가지 정보를 얻게 되리라고 믿는다. 그리고 그 조사 결과로서, 실제로 그런 위험이 존재하고, 그 때문에 원시인들이 처녀성의 금기를 통해 비록 심리적인 것이기는 하지만 적절하게 예감한 그 위험으로부터 스스로를 지키고자 했다는 점을 밝혀 두고자 한다.

우리는 성교 뒤 절정의 만족감을 느낀 여자가 남자를 꼭 끌어안는 것을 정상적인 반응으로 여기고, 이 행위 속에 남자에 대한 감사의 마음과 지속적인 예속의 약속이 담겨 있다고 생각한다. 그런데 첫 성교 시 여자가 이런 행동을 보일 가능성은 거의 없다. 오히려 첫 성교는 여자에게 실망감만 안겨 준다. 그래서 여자는 만족을 느끼지 못한 채 차갑게 남아 있을 때가 많다. 성행위로 여자가 만족을 느끼기까지는 보통 더 긴 시간과 더 잦은 성행위가 필요한 법이다. 그런데 곧 사라져야 할 이 최초의 불감증이 계속 반복되면서 남자의 그 어떤 애정 어린 노력으로도 고쳐지지 않는 항구적 불감증으로 자리 잡을 수도 있다. 나는 여자의 이런 불감증에 대해 우리가 아직 제대로 알고 있지 못하고, 그래서 남자의 불충분한 성적 능력이 원인인 경우만 제외하고는 불감증의 여러 유사한 현상을 통해 좀 더 분명한 해명이 이루어져야 한다고 생각한다.

나는 첫 성교로부터 도망치고자 하는 잦은 시도들을 우리의 논의로 끌어들이고 싶지는 않다. 왜냐하면 그런 시도는 다양하게 해석될 여지가 있고, 또 전적인 것은 아니지만 대체로 여자들의 일반적인 방어 심리의 표현으로 이해되기 때문이다. 그에 반해 나는 몇몇 병리학적 사례들이 여성 불감증의 수수께끼를 푸는 데 단서가 되리라 믿는다. 이 사례들에서 여자들은 첫 성교 후, 아니 그 뒤에도 성교 후 남자에게 노골적인 적의를 드러낸다. 예를 들어 욕을 하거나, 남자를 향해 손을 들어 올리거나, 아니면 실제로 남자를 때리기도 한다. 내가 면밀히 분석한 바 있는 한 특출한 사례에서는 여자가 남자를 무척 사랑하고, 본인이 먼저 성교를 요구할 때가 많고, 또 그 과정에서 굉장히 높은 만족감을 얻었음에도 실제로 그런 일이 일어났다. 나는 여자의 이 특이한 상반된 반응이 보통 불감증이라 불리는 것과 똑같은 심적 움직임의 결과라고 생각한다. 즉 마음은 그렇지 않은데 애정 어린 반응을 억제할 수 있는 심적 움직임의 결과라는 것이다. 불감증에선 하나의 억제 기능으로 통합되어 있던 것이 이 병리학적 사례에서는 두 요소로 해체되어 나타나는데, 이는 우리가 이미 오래전에 강박신경증의 〈분열 증상〉에서 확인했던 것과 매우 유사하다. 이렇듯 여자의 처녀막 파괴로 생겨나는 위험은 여자의 적의를 유발한다는 데 그 핵심이 있고, 그렇다면 미래의 남편이 그런 적의를 피하고 싶은 것은 당연해 보인다.

이 분석을 통해 여자의 어떤 충동이 그런 모순적 행동에 관여하는지 어렵지 않게 짐작할 수 있다. 나는 이 모순적 행동 속에서 불감증에 대한 설명도 찾을 수 있을 것으로 기대한다. 아무튼 첫 성교는 여자의 바람직한 태도에는 적절치 않은 그런 일련의 심적 움직임을 불러일으키는데, 그중 일부는 이후의 성교에서도 반복될 필요가 없는 것이다. 우선 우리는 처녀막이 파열될 때 여자가 느끼는 아픔을 생각해 볼 수 있다. 그러면 이것을 결정적인 요소로 여기고 다른 요소들을 포기할지도 모른다. 그러나 이 아픔에 그런 결정적인 의미를 부여할 수는 없다. 오히려 그 대신 한 신체 기관의 파괴에서 생겨나는 자기애적 상처에 주목해야 한다. 처녀성 상실이 성적 가치의 감소를 의미한다는 이성적인 깨달음에서 오는 상처다. 그런데 원시 부족의 결혼 풍습에는 자기애적 상처에 대한 과대평가를 경계하는 의미가 담겨 있다. 이들의 결혼 제식이 두 단계로 나누어져 있는 것은 이미 우리도 알고 있다. 즉 손으로건 기구로건 처녀막을 파괴한 다음 남편의 대리인들과 공식적인 성교를 갖거나 유사 성행위를 하는 것이다. 이는 우리에게 금기의 의미가 처녀막의 해부학적 파괴를 회피하는 것에만 있지 않다는 사실, 또 고통스러운 상처에 대한 여자의 반응 회피 외에 남편에게 면제해 주어야 할 또 다른 것이 있다는 사실을 증명해 준다.

첫 성교로 인한 실망의 또 다른 이유는, 첫 성교 시엔 기대와 그 기대의 충족이 일치하지 않는다는 데 있다. 어쨌든 문명사회의 여성들은 말이다. 지금껏 성교 하면 금기라는 단어가 가장 먼저 연상되었다. 때문에 합법적이고 허락된 성교는 금기로 느껴지지 않는다. 성교와 금기가 얼마나 밀접하게 연결되어 있는지는 조금 우스운 얘기지만, 많은 신부들이 새로운 사랑 관계를 타인에게는, 심지어 그럴 필요도 없고 그럴 이유도 없는 부모에게조차 비밀로 하려는 데에서 명확하게 드러난다. 처녀들은 다른 사람이 알면 사랑의 가치가 떨어진다고 말한다. 가끔 이런 동기는 압도적으로 비등해져서 결혼 생활에서 사랑의 능력을 저지할 수 있다. 그러면 여자는 허락되지 않은 비밀스러운 관계에서야, 그러니까 외부 영향을 받지 않은 자기만의 의지를 혼자 확신할 때에야 다시 사랑의 예민한 감각이 열린다.

그럼에도 이 동기 역시 그렇게 깊지는 않다. 게다가 이 동기가 문명의 조건들과 연결되는 순간 원시적 상태와의 관계는 무너져 버린다. 그렇다면 그다음 요인, 즉 리비도의 발달사에 근거한 요인이 훨씬 더 중요해 보인다. 분석적 연구를 통해 우리는 아주 어린 시절의 리비도의 배치가 얼마나 일반적이고 강력한지 잘 알고 있다. 이때 관건은 성적 욕망의 확정이다. 여자의 경우는 대개 아버지나 아버지를 대체하는 오빠에게 리비도가 고착되는데, 이때 욕망은 성교와는 다른 것을 지향할 때가 많고, 아니면 아주 모호한 형태로 성교를 포함하고 있을 뿐이다. 그렇다면 남편은 항상 성적 욕망의 대체적 존재일 뿐 원래적 대상은 아니다. 여자에게 사랑의 최초 대상은 다른 사람, 즉 대개 아버지이고, 남편은 기껏해야 두 번째다. 이 불만족스러운 대체 존재가 여자에게 거부될 것인지의 여부는 어릴 때 이런 고착화가 얼마나 강했는지, 또 그것이 얼마나 끈질기게 유지되어 왔는지에 달려 있다. 그런 의미에서 불감증은 신경증의 발생론적 조건에 속한다. 여자의 성생활에서 이런 심리적 요소가 강하면 강할수록 리비도가 첫 성교로 흐르는 것에 대한 거부감은 더욱 커지고, 여자를 육체적으로 가졌다는 남자의 느낌은 점점 줄어든다. 따라서 불감증은 신경증적 억압 증세의 하나이거나, 아니면 다른 신경증 발발의 토대라고 할 수 있다. 게다가 웬만큼이라고 하더라도 남자의 성적 능력 감퇴도 불감증의 조력자 역할을 한다.

부족에서 가장 나이 많은 사람이나 사제 같은 성스러운 남자, 즉 통틀어 아버지의 대리인에게 처녀성의 파괴를 맡기는 원시인들의 풍습은 어린 시절의 이런 성적 욕망의 동기와 관련이 있어 보인다. 게다가 내가 보기엔 이런 풍습이 곧장 중세 영주의 초야권(初夜權)이라는 논란이 많은 문제로 이어진 듯하다. 슈토르퍼A. J. Storfer[6]도 비슷한 견해를 제시했으며, 더 나아가 그 이전에 융[7]이 그랬던 것처럼 세간에 널리 퍼져 있던 〈토비아스 결혼〉(결혼 첫 사흘 동안 금욕을 지키는 풍습)을 가부장 특권의 인정으로 해

6 『아버지 살해의 특별한 의미에 대하여*Zur Sonderstellung des Vatermords*』(1911) — 원주.

7 『개인의 운명에서 아버지의 의미*Die Bedeutung des Vaters für das Schicksal des Einzelnen*』(1909) — 원주.

석했다. 그렇다면 처녀성 파괴의 임무를 맡은 아버지 대리인들 속에 신들의 이미지가 깃들어 있는 것도 우리의 기대에 어긋나지 않는다. 인도의 일부 지역에선 갓 결혼한 신부가 목조 남근에 처녀막을 바쳐야 했고, 성 아우구스티누스의 보고에 따르면 로마의 결혼식에서도(이게 그의 시대였는지는 확실치 않다) 그런 풍습은 완화된 형태로 남아 있었다고 한다. 그러니까 신부는 프리아포스[8]의 거대한 석조 남근상 위에 잠시 앉아 있어야 했다.[9]

훨씬 더 깊은 이면에는 다른 동기가 스멀거린다. 남자에 대한 여자의 모순적 반응이 주로 이 동기에서 나오고, 또 내 생각에는 여성 불감증도 이 동기에 영향을 받는 듯하다. 첫 성교는 여자들의 내면에서 앞에서 설명한 그 충동 외에 다른 오래된 충동들, 즉 여자의 기능과 역할에 대체로 맞지 않는 충동들을 활성화한다.

우리는 정신분석을 통해 많은 여성 신경증 환자들이 어린 시절에 남자 형제들의 남성적 상징을 부러워했고, 자신에게는 남근이 없다는 사실(또는 그것이 작다는 사실) 때문에 자기만 뒤처지고 차별 대우를 받고 있다고 느꼈다는 것을 알고 있다. 우리는 이 같은 〈남근 선망〉을 〈거세 콤플렉스〉에 포함시킨다. 만일 〈남자답다〉는 뜻에 〈남자가 되고자 하는 욕망〉까지 포함한다면 아들러A. Adler가 신경증 전반에 이 요인이 있음을 선언하기 위해 만든 용어인 〈남성 항의〉도 이러한 태도와 맞아떨어진다. 여자아이들은 이 시기에 질투와 거기서 파생된 남자 형제에 대한 적의를 노골적으로 드러낼 때가 많다. 그래서 남자 형제와의 동등성을 내세우려고 남자처럼 서서 소변을 보기도 한다. 성교 뒤 사랑하는 남

8 디오니소스와 아프로디테의 아들로서 다산의 신으로 알려져 있다.

9 플로스, 그리고 바르텔스, 『여자*Das Weib*』; 뒬로르J. A. Dulaure, 『다산의 신들 *Des Divinites génératrices*』(1885) — 원주.

편에게 엄청난 공격성을 드러냈던 앞의 사례에서 나는 환자에게 대상 선택 이전에 그런 시기가 있었음을 확인할 수 있었다. 어린 여자아이의 리비도는 나중에야 아버지에게로 향했고, 이어 남근을 갖고 싶다는 소망은 아이를 갖고 싶다는 소망으로 바뀌었다.[10]

나는 다른 사례들에서 이러한 충동들의 순서가 뒤바뀌고, 그래서 거세 콤플렉스의 이 부분이 대상 선택이 이루어진 뒤에야 나타난다고 해도 놀라지 않을 것이다. 하지만 어떤 경우든 남자 형제의 남근을 부러워하는 여자아이들의 이 남성적 단계는 발달사적으로 아주 이른 시기에 해당하고, 대상에 대한 사랑보다는 원초적 자기애에 더 가깝다.

얼마 전 나는 우연히 갓 결혼한 여자의 꿈을 분석할 기회가 있었다. 처녀성 상실에 대한 반응으로 볼 수 있는 이 꿈은 젊은 남편을 거세해서 그의 남근을 혼자 품에 지니려는 욕망을 자연스럽게 드러내고 있었다. 이것을 성행위의 지속과 반복에 대한 소망이라고 순진하게 해석할 여지도 분명 있지만, 꿈의 세부 내용을 들여다보면 그런 해석은 맞지 않았을 뿐 아니라 여자의 성격이나 이후 행동을 보면 좀 더 진지한 해석이 필요해 보였다. 이러한 남근 선망의 이면에는 남편에 대한 여자의 적의에 찬 분노가 깔려 있었다. 이 분노는 남녀 관계에서는 결코 완전히 사라질 수 없고, 〈해방된 여성〉을 창조해 내는 문학 작품 속에서 뚜렷이 드러난다. 페렌치는 고생물학적 관점에서 여자의 이런 적대감을 성 분화의 시기로 거슬러 올라가 설명한다(이런 주장을 펼친 것이 그가 처음인지는 모르겠다). 그에 따르면, 처음엔 비슷한 두 개체 사이에 성교가 이루어졌지만, 시간이 흘러 그중 하나가 더 힘이 세지면서 약자에게 성적 결합을 받아들이도록 강요했고, 이런 굴욕에

10 「항문 성애로 본 충동의 변화」(1917) — 원주.

따른 분노가 오늘날 여자들 내면에도 여전히 지속되고 있다는 것이다. 나는 이런 추정에 지나치게 가치를 부여하지 않는 한 이것을 활용하는 것은 아무 문제가 없다고 생각한다.

불감증 속에 그 흔적이 남아 있는, 처녀막 파괴에 대한 여자들의 모순된 반응의 동기들을 열거했으니 이제 요약하자면, 여자의 미숙한 성욕은 자신에게 처음으로 성행위를 알게 해준 남자에게 발산된다고 할 수 있을 듯하다. 이로써 처녀성의 금기는 그 자체로 충분히 의미가 있고, 이 여성과 계속 살아야 하는 남자에게 그 위험을 면제해 준다는 규정도 이해가 간다. 고도의 문명에선 여자의 성적 예속에 대한 전망과 그 밖의 다른 동기나 유혹에 비하면 이런 위험의 중요성은 감소한다. 즉 처녀성은 남편이 포기하지 말아야 할 하나의 재산으로 간주되는 것이다. 그런데 파탄 난 결혼 생활을 분석해 보면, 순결을 앗아간 것에 대해 복수를 부추기는 동기들이 개화된 여성의 심적 영역에서도 완전히 사라지지 않은 것을 알 수 있다. 첫 결혼에서 불감증에 빠져 불행해 하던 여자가 두 번째 남편에게는 더없이 부드럽고 애정 넘치는 아내로 탈바꿈하는 사례가 얼마나 많은지를 보면 그저 놀라울 따름이다. 말하자면 오랜 옛날부터 잠재되어 온 여자의 적의가 첫 남자에게 다 써서 소진된 것이다.

처녀성의 금기는 우리의 문명 세계에서도 사라지지 않고 남아 있다. 국민감정은 여전히 그것을 기억하고 있고, 작가들은 가끔 소재로 이용하기도 한다. 극작가 안첸그루버L. Anzengruber는 한 희극에서 순박한 시골 청년이 신붓감으로 점찍어 둔 처녀가 〈자신을 잡아먹을 창녀〉이기 때문에 결혼할 생각을 접는 이야기를 그리고 있다. 여기서 주인공은 여자가 다른 남자와 결혼하도록 내버려 두었다가 나중에 과부가 되어 더는 위험하지 않게 되었을 때 취하려고 한다. 이 희극의 제목인 「처녀의 독Das Jungferngift」은 뱀을 부리는 사람이 독의 위험을 피하려고 독사로 하여금 천 조각을 먼저 물게 하는 행동을 연상시킨다.[11]

처녀성의 금기와 그 동기의 일부는 헤벨C. F. Hebbel의 비극 『유디트와 홀로페르네스*Judith und Holofernes*』에서 유디트, 즉 유명한 극중 인물 속에 인상적으로 표현되어 있다. 유디트는 금기로 처녀성을 보호받는 여자 중 하나다. 첫날밤에 남편은 알 수 없는 공포에 휩싸여 온몸이 마비되고, 그 뒤로는 아내에게 손가락 하나 건드릴 엄두를 내지 못한다. 그녀는 말한다. 「내 아름다움은 벨라도나[12]의 아름다움과 같아. 이 아름다움을 즐기는 사람에겐 광기와 죽음이 찾아와.」 이후 아시리아의 장군이 도시에 쳐들어왔을 때 그녀는 미모로 그를 유혹해서 죽이려는 계획을 세운다. 애국적 동기 밑에 성욕의 동기를 숨긴 것이다. 아무튼 유디트는 강인함과 무자비함으로 유명한 그 아시리아 장군에게 순결을 빼앗기는 순간 격분해서 그의 머리를 잘라 버리고 민족의 해방자가 된다. 우리 정신분석가에게 목을 자르는 행위는 거세의 상징이다. 그렇다면 유디트는 순결을 빼앗은 남자를 거세한 여자인 셈이다. 앞서 언급한 결혼한 지 얼마 안 된 여자가 꿈에서 소망한 것과 비슷하다.

11 슈니츨러Arthur Schnitzler의 걸출한 단편소설 「라이젠보크 남작의 운명Das Schicksal des Freiherrn von Leisenbogh」도 상황은 다르지만 충분히 같은 계열에 포함시킬 만하다. 사랑의 경험이 많은 여배우의 애인이 사고로 목숨을 잃는다. 애인은 죽으면서, 자기 이후에 그녀를 처음 가지는 남자에게 죽음의 저주를 내림으로써 또 다른 형태의 처녀성을 여자에게 부여한다. 이 금기가 부여된 여자는 한동안 누구와도 잠자리를 가질 엄두를 내지 못한다. 그러다 어느 가수와 사랑에 빠지자, 수년 전부터 그녀를 졸졸 따라다니며 애정을 구걸하던 라이젠보크 남작에게 첫날밤을 허락하는 방식으로 문제를 해결하려 한다. 결국 저주는 남작에게 떨어진다. 남작은 기대치 않은 이 잠자리의 동기를 알자마자 그에게 벼락을 맞은 것이다 — 원주.

12 잎에 독성이 있는 식물.

헤벨은 구약의 성서외전에 나오는 애국적 이야기를 명확한 의도를 가지고 성적으로 연결시켰다. 왜냐하면 성서에는 유디트가 돌아와 자신의 몸이 더럽혀지지 않았다고 자랑할 뿐 아니라 그 섬뜩한 결혼식 첫날밤에 대한 언급도 없기 때문이다. 하지만 헤벨은 작가의 예리한 촉수로 그 이야기 속에 담긴 태곳적의 모티프를 감지해 냈고, 그 소재에 본래의 의미를 다시 입혔다.

자드거는 탁월한 분석을 통해, 헤벨의 부모 콤플렉스가 그 소재 선택에 어떤 영향을 끼쳤는지, 양성 간의 갈등에서 작가가 어떻게 그렇게 시종일관 여자의 편을 드는지, 그리고 여성의 내밀한 충동들에 어떻게 그렇게 감정이입을 잘 할 수 있는지 설명해 주었다. 또한 작가 본인이 밝힌 소재 변형의 동기를 인용하면서, 그것이 작가의 무의식 속에 있는 것을 그저 표면적으로만 정당화하고, 본질적인 것은 은폐하는 작위적인 것임을 적절히 지적했다. 나는 성서 이야기에 단순히 과부로만 나오는 유디트를 작가가 굳이 〈숫처녀〉 과부로 만든 이유에 대한 자드거의 설명에 반론을 제기하지 않는다. 즉 부모의 성행위를 부정하고 어머니를 순결한 처녀로 만들려는 어릴 적 판타지가 작가에게 그런 동기를 제공했으리라는 것이다. 다만 나는 작가가 여주인공의 처녀성을 설정한 뒤 처녀성 상실로 생기는 적대적 반응에 그의 감정이입적 판타지를 집중시켰다는 점을 덧붙이고 싶다.

이제 결론적으로 이렇게 말할 수 있을 듯하다. 처녀성의 파괴는 문명사회에서 여자를 남편에게 예속시키는 결과를 낳을 뿐 아니라 태곳적부터 이어져 온 남자에 대한 여자의 적대적 반응을 부채질한다. 여자의 이런 적대적 반응은 결혼 후의 성생활에서 억제 현상을 통해 빈번하게 나타나는 병리학적인 형태를 띨 수 있는데, 보통 두 번째 결혼의 성생활이 첫 번째보다 한결 순조로운 것도 여자의 그런 적대적 반응 탓으로 볼 수 있다. 따라서 우리에게 생경하게 느껴지는 처녀성의 금기와 원시사회에서 아내의 처녀성을 파괴하는 것에 대한 남자의 두려움은 이런 적대적인 반응으로 충분히 해명이 될 듯하다.

정신분석가로서 예속과 적대감이라는 상반된 반응이 서로 밀접한 관련 속에서 동시에 나타나는 여자를 만날 수 있는 것은 퍽 흥미로운 일이다. 남편과의 관계는 이미 파탄 난 것처럼 보이지만, 남편과 헤어지려는 노력은 번번이 실패하고 마는 여자들이 있다. 이들은 다른 남자에게 사랑을 쏟으려고 할 때마다 늘 첫 남자, 그러니까 더는 사랑하지 않는 첫 남자의 얼굴이 둘 사이에 끼어들어 방해한다. 정신분석은 이렇게 설명한다. 그런 여자들은 더 이상 사랑하지 않는 첫 남자에게 여전히 예속된 상태라는 것이다. 그들은 첫 남자에게서 자유롭지 못하다. 그들에 대한 복수를 끝내지 못했고, 많은 사례들에서 드러나듯이 복수의 충동을 의식의 영역으로 끌어올리지도 못했기 때문이다.

아이들의 두 가지 거짓말

Zwei Kinderlügen(1913)

1913년 여름에 처음 발표된 이 글은 여러 학자의 글을 모은 논문집 『소아기의 정신생활에 관하여*Aus dem infantilen Seelenleben*』에 첫 번째 순서로 수록되었는데, 아이들의 전형적인 거짓말을 통해 소아기 정신세계의 일면을 엿보고 있다.

이 논문은 1913년 『국제정신분석의학지』 제1권 4호에 처음 수록되었으며, 『신경증에 관한 논문집』 제4권(1918), 『전집』 제8권(1943)에도 실렸다. 영어 번역본은 1942년 메인E. C. Mayne이 번역하여 "Infantile Mental Life: Two Lies Told by Children"이라는 제목으로 『논문집』 제2권에 수록되었으며, 『표준판 전집』 제12권(1958)에도 실렸다.

아이들의 두 가지 거짓말

아이들이 거짓말하는 것은 이해할 수 있는 일이다. 어른들의 거짓말을 흉내 내고 있기 때문이다. 그런데 좋은 교육을 받은 아이들의 거짓말 중에는 특별한 의미가 있는 것이 상당수 있는데, 이런 거짓말에 대해서는 교육자가 화를 내기보다는 좀 더 신중해질 필요가 있다. 이 거짓말에는 과도한 애정이 동기로 작용하는데, 만일 그로 인해 아이와 아이가 사랑하는 사람 사이에 오해가 생긴다면 치명적일 수 있다.

1

일곱 살 여자아이(초등학교 2학년)가 부활절 달걀에 칠할 물감을 사려고 아버지에게 돈을 달라고 했다. 아버지는 돈이 없다며 아이의 부탁을 뿌리쳤다. 그러고 얼마 뒤 소녀는 돌아가신 후작 부인에게 바칠 화환을 장만하려고 학교에서 돈을 갹출하기로 했다면서 아버지에게 돈을 달라고 했다. 일인당 50페니히씩 내야 한다는 것이다. 아버지로부터 10마르크짜리 지폐를 받은 딸아이는 학교에 기부금을 낸 뒤 9마르크를 아버지 책상 위에 올려놓았다. 나머지 50페니히로는 물감을 사서 장난감 상자 속에 숨겨 놓았다. 밥을 먹을 때 아버지는 50페니히가 빈다면서 그 돈으로 무엇을 했느냐고 물었고, 혹시 물감을 산 게 아니냐고 다그쳤다. 소녀는 아니라고 대답했다. 그런데 소녀와 함께 부활절 달걀에 물감을 칠하기로 했던 두 살 위 오빠가 아버지에게 고자질을 하는 바람에 결국 장난감 상자 속에서 물감이 발견되었다. 화가 난 아버지는 어머니에게 딸아이의 훈육을 맡겼고, 어머니는 아버지의 당부대로 아주 따끔하게 딸아이를 혼냈다. 그런데 딸아이가 야단을 맞으면서 무척 절망하는 것을 알아챈 어머니는 본인도 몹시 마음이 아팠다. 그래서 야단을 치고 나서는 아이를 어루만져 주었고, 아이의 마음을 달래 줄 요량으로 함께 산책을 나갔다. 하지만 이 경험은 딸아이에겐 지울 수 없는 상처가 되었다. 나중에 커서 내 환자가 된 이 소녀는 심지어 그때 일을 기억하면서 자기 인생의 〈전환점〉이라 부르기도 했다. 그전까지는 활달하고 자신감 넘치던 아이가 그 일 이후 소심하고 겁 많은 아이로 변해 버렸다는 것이다.

결혼할 때 어머니가 가구를 비롯해 혼수를 장만해 주자 딸은 스스로도 이해가 되지 않는 이상한 분노에 빠져들었다. 그 돈은 어머니 돈이기 때문에 다른 누구도 그 돈으로 물건을 사서는 안 될 것 같은 기분이 들었다는 것이다. 결혼 뒤에도 무언가 개인적인 용도로 돈을 쓸 일이 있으면 남편에게 돈을 달라고 하지 못했다. 그녀는 〈자기〉 돈과 남편 돈을 지나치게 엄격하게 구분했다. 그래서 내게서 치료를 받는 중에 있었던 일이지만, 남편의 송금이 지연되는 바람에 낯선 도시에서 돈 한 푼 없이 지낸 적도 몇 번 있었다고 했다. 이 이야기를 들은 나는 혹시 또 그런 일이 있으면 내가 돈을 빌려줄 테니 부담 없이 연락하라고 했고, 그녀도 그러겠다고 약속했다. 그러나 실제로 그런 일이 벌어졌을 때 그녀는 약속을 지키지 않고 전당포에 패물을 잡혀 돈을 구하는 쪽을 택했다. 차마 내게서 돈을 빌릴 수 없었다는 것이 그녀의 설명이었다.

어렸을 때 그녀가 아버지 몰래 50페니히를 착복한 행동에는 아버지로서는 미처 예상할 수 없는 의미가 담겨 있었다. 학교에 입학하기 얼마 전, 그녀는 돈으로 퍽 이상한 짓을 한 적이 있었다. 잘 알고 지내던 이웃집 아주머니가 그녀에게 지폐 한 장을 주면서 가게에 가서 뭔가를 사 오라고 심부름을 시켰다. 자신의 어린 아들도 함께 딸려 보내면서 말이다. 내 환자는 물건을 샀고, 거스름돈은 나이가 많은 자기가 챙겨 집으로 갔다. 그런데 돌아가는 길에 그 이웃집에서 일하는 하녀를 만나자 돈을 길바닥에 던져 버렸다. 스스로도 도저히 설명이 안 되는 이 행동을 분석하는 과정에서 그녀는 예수를 배신한 대가로 받은 은화를 바닥에 던진 유다가 떠올랐다고 했다. 내 환자는 학교에 들어가기 전에 그리스도의 수난사를 알고 있었던 게 분명하다고 설명했다. 그렇다면 그녀는 어떻게 자신과 유다를 동일시하게 되었을까?

그녀는 세 살 반이 되었을 때 보모가 생겼고, 그 뒤로 보모에게 강한 애착을 느꼈다. 그런데 어느 의사와 성적 관계를 맺고 있던 보모는 아이를 데리고 그 의사의 진료실을 찾아가곤 했다. 그때 아이는 여러 성적 행위를 목격한 것으로 보인다. 하지만 의사가 그런 행위 뒤에 보모에게 돈을 건네는 걸 봤는지는 확실치 않다고 했다. 다만 보모가 입막음용으로 아이에게 동전을 몇 푼 쥐어 주었고, 아이는 집으로 돌아가는 길에 그 돈으로 군것질을 한 것이 틀림없었다. 게다가 의사도 가끔 아이에게 돈을 주었을 가능성이 있다. 그럼에도 아이는 어머니에게 보모를 일러바쳤다. 질투심 때문이었다. 딸아이가 군것질을 하고 남은 동전으로 눈에 띄게 손장난을 치는 것을 본 어머니가 어디서 난 돈이냐고 묻자 솔직하게 대답해 버린 것이다. 결국 보모는 쫓겨나고 말았다.

따라서 그녀는 아주 어린 나이부터, 누군가로부터 돈을 받는다는 것을 육체적인 헌신과 성적인 관계로 이해하고 있었다. 아버지에게 돈을 받는 것도 가치 면에서 사랑의 선언이나 다름없었다. 아버지가 자신의 연인이라는 판타지는 너무나 유혹적이어서 부활절 달걀에 필요한 물감을 사겠다는 소망을 아버지의 금지에도 불구하고 쉽게 실행에 옮길 수 있었다. 물론 그러면서도 자신이 허락 없이 돈을 몰래 쓴 것은 고백하지 않았다. 아니, 고백할 수가 없었다. 자신의 무의식에 존재하는 그 행위의 동기를 어떻게 솔직하게 털어놓을 수 있겠는가? 따라서 아버지가 내린 벌은 아이가 아버지에게 품고 있던 애정에 대한 거부이자 굴욕이었고, 그 때문에 아이에겐 정신적인 충격일 수밖에 없었다. 치료 중에 그녀는 갑자기 심각한 우울증 증세를 보였다. 내가 그녀에게 앞으로 나를 찾아올 때 더는 꽃을 사 들고 올 필요가 없다고 한 말이 예전의 그 굴욕을 다시 건드린 모양이었다. 아무튼 그 우울증 증세가 나아지면서 옛 기억의 토로가 이어졌다.

유아기 항문 성애에서 이후의 성생활로까지 이어지는, 지극히 빈번한 사례 중 하나가 어린아이의 이런 작은 경험 속에 담겨 있다는 사실을 우리 정신분석가들은 굳이 강조할 필요가 없다. 부활절 달걀에 색을 칠하려는 소녀의 소망 역시 같은 뿌리에서 나왔다.

2

살면서 한 차례의 실패 끝에 현재 중병을 앓고 있는 여자가 있다. 소녀 시절에는 착하고 진실한 성격에 공부도 잘하는 아이였고, 나중에 결혼해서는 사랑스러운 아내가 되었다. 그런데 훨씬 더 어린 시절, 그러니까 유아기 때는 고집 세고 불만 많은 아이였다고 한다. 그러다 지나치다 싶을 정도로 착하고 양심적인 아이로 갑작스럽게 바뀌었는데, 그 과정에서 학교에서 몇 가지 일이 있었다. 나중에 자신이 중병을 앓았을 때 심각하게 자책하고, 스스로 자신의 사악함에 대한 근본적인 증거로 생각한 그런 일이었다. 그녀가 옛 기억을 되살려 들려준 이야기는 이랬다. 당시 그녀는 허풍이 심하고 거짓말을 잘했다. 하루는 등굣길에 한 여자 친구가 이렇게 자랑했다. 「어제 점심때 우린 아이스 먹었어.」 그러자 그녀가 대답했다. 「우린 매일 먹어.」 사실 그녀는 점심을 먹고 나서 먹는 아이스가 무엇인지 모르고 있었다. 그러니까 그게 아이스크림을 뜻하는 것인지는 모르고, 그냥 수레에 실어 운반하는 길쭉한 얼음 덩어리 정도로만 알고 있었다. 그런데도 친구가 뭔가 대단한 것처럼 자랑하자 자신도 지기 싫어 거짓말을 한 것이다.

열 살 때는 이런 일이 있었다. 미술 시간에 기구를 쓰지 않고 손으로 직접 원을 그려 보라는 과제가 떨어졌다. 그녀는 컴퍼스를 이용해서 완벽한 원을 손쉽게 그리고는 짝꿍에게 자랑스럽게 보여 주었다. 그 모습을 본 교사가 살며시 다가가 살펴보니 컴퍼스로 원을 그린 것이 분명했다. 그래서 혹시 컴퍼스로 그리지 않았냐고 묻자, 소녀는 완강하게 부인하면서 반항적으로 입을 꾹 다물어 버렸다. 교사는 이 문제로 소녀의 아버지와 상담을 했고, 두 사람은 평소 소녀의 방정한 학교생활을 참작해서 이 문제를 더는 거론하지 않기로 결정했다.

소녀의 이 두 가지 거짓말은 동일한 콤플렉스에서 나왔다. 다섯 남매의 맏이였던 소녀는 일찍부터 아버지에게 이례적일 정도로 강한 애착을 보였고, 이 애착으로 인해 나중에 그녀의 행복한 삶은 망쳐져 버렸다. 어쨌든 소녀는 얼마 지나지 않아 사랑하는 아버지가 자신이 생각하는 것만큼 위대한 인물이 아니라는 사실을 깨달을 수밖에 없었다. 아버지는 돈 문제로 곤란을 겪고 있었고, 소녀가 상상하는 만큼 강하고 고결한 사람이 아니었다. 하지만 소녀는 자신의 이상이 이렇게 추락하는 것을 견딜 수가 없었다. 결국 보통 여자들이 그러는 것처럼, 사랑하는 남자에게 자신의 야망을 모두 전이함으로써 세상의 평가에 대항해서 아버지를 지원하려는 강한 욕구에 사로잡히게 되었다. 친구들에게 허풍을 떤 것도 아버지가 별 볼일 없는 사람이라는 걸 내보이지 않기 위해서였다. 나중에 점심 식사 뒤에 먹는 아이스가 〈아이스크림 *Glace*〉을 뜻한다는 걸 알게 된 뒤에는 그때 일의 기억에서 비롯된 자책으로 〈유리 조각 *Glass*〉만 봐도 불안해지는 상태에 빠지게 되었다.[1]

뛰어난 제도공이었던 그녀의 아버지는 아이들 앞에서 자신의 재주를 자주 선보임으로써 아이들에게 감탄과 존경을 불러일으켰다고 한다. 그녀가 학교에서 교사의 눈을 속이면서까지 컴퍼스로 원을 그렸던 것도 아버지와의 동일시가 원인이었다. 그녀는 어쩌면 이렇게 말하고 싶었는지 모른다. 봐, 우리 아빠가 얼마나 잘 그리는지! 그녀의 그런 거짓 행동 속에 숨어 있는 것은 아버지에 대한 과도한 애정에서 비롯된 죄의식이었다. 하지만 첫 번째 거짓말 때와 마찬가지로 자백은 불가능했다. 근친상간의 사랑이 숨어 있다고 어떻게 자백할 수 있겠는가!

1 프랑스어로 글라스*Glace*는 아이스크림이라는 뜻인데, 독일어로 유리를 뜻하는 글라스*Glass*와 발음이 같다.

아이들의 이런 일화는 결코 가볍게 보아 넘겨서는 안 된다. 더구나 아이들의 이런 잘못을 부도덕한 성격 형성의 징후로 해석하는 것은 정말 심각한 오류다. 물론 이런 행동들이 아이들의 강력한 심적 동기와 관련이 있고, 미래의 운명에 영향을 미치거나 신경증 발발로 이어질 소인이라는 점은 유의해야 한다.

항문 성애로 본 충동의 변화

Über Triebumsetzungen insbesondere der Analerotik(1917)

이 글은 1915년에 완성되었지만 불안한 전시 상황으로 인해 1917년에 발표되었다. 논문의 요지는 『성욕에 관한 세 편의 에세이』와 일맥상통하고, 여기서 언급된 많은 결론은 1914년 가을에 이미 상당 부분 완성된 것으로 알려진 『늑대 인간』에서 따온 것들이다.

이 논문은 1917년 『국제정신분석의학지』 제4권 3호에 처음 발표되었으며, 『신경증에 관한 논문집 *Sammlung kleiner Schriften zur Neurosenlehre*』 제4권(1918), 『저작집』 제5권(1924), 『신경증의 정신분석학에 대한 연구 1913~1925 *Studien zur Psychoanalyse der Neurosen aus den Jahren 1913~1925*』(1926), 『성 이론과 꿈-이론에 대한 논문집 *Kleine Schriften zur Sexualtheorie und Traumlehre*』(1931), 『전집』 제10권(1946)에도 수록되었다. 영어 번역본은 1924년 글로버E. Glover가 번역하여 "On the Transformation of Instincts with Special Reference to Anal Erotism"이라는 제목으로 『논문집』 제2권에 수록되었으며, 『표준판 전집』 제17권(1955)에도 실렸다.

항문 성애로 본 충동의 변화

몇 년 전 나는 정신분석적 관찰을 토대로 다음과 같은 추정을 내놓았다. 깔끔함, 검약, 고집, 이 세 가지 성격적 특질이 한 인간에게서 상시적으로 동시에 발견되는 것은 성 기질에서 특히 강한 항문 성애적 요소와 관련이 깊고, 그런 사람들의 경우 발달 과정에서 항문 성애의 사용에 대한 자아의 주요 반응 방식이 그 세 가지 성격이라는 것이다.[1]

당시 내게 중요한 것은 내가 발견한 하나의 관련성을 세간에 알리는 것이었지, 그에 대한 이론적 평가에는 별 관심이 없었다. 그 이후 다음의 견해는 일반적으로 인정을 받고 있는 듯하다. 즉 인색함과 꼼꼼함, 고집, 이 세 가지 특질은 각각 항문 성애의 충동 원천에서 나왔거나, 아니면 좀 더 신중하고 정확하게 표현하자면 그 원천에서 상당한 에너지를 지원받는다는 것이다. 결함 있는 이 세 가지 성격이 〈항문 성격〉이라는 이름으로 확고하게 고착된 사례는 둔감한 관찰자의 눈에도 그 흥미로운 관련성이 확연히 드러나는 극단적 경우들뿐이다.

몇 년 뒤 나는 집중적인 분석 경험에서 비롯한 많은 인상들을 근거로 다음과 같은 결론을 끄집어냈다. 인간 리비도의 발달 과

1 「성격과 항문 성애」 참조 — 원주.

정에서는 생식기 우위의 성기기 이전에 사디즘과 항문 성애가 선도적 역할을 하는 〈예비 성기기〉가 존재한다는 것이다.[2]

그때부터 항문 성애적 충동이 성기기 이후엔 어떻게 되는지에 대한 문제가 제기될 수밖에 없다. 성적 활동에서 생식기가 확고한 우위를 차지함으로써 항문 성애적 충동이 성생활에서 의미를 잃게 되면 이후에 그 충동의 운명은 어떻게 되는 것일까? 억압을 받는 상태이기는 하지만 여전히 그 자체로 존속할까? 다른 형태로 승화하거나 성격적인 특질로 전환될까? 아니면 생식기 우위로 규정되는 새로운 성생활에서 자기만의 자리를 차지하게 될까? 그도 아니라면, 항문 성애의 이런 운명들은 어느 것 하나가 독점적일 수는 없기에 이 다양한 가능성들은 항문 성애의 운명에 어느 정도씩 모종의 방식으로 분산되어 있지 않을까? 항문 성애의 유기적 원천은 성기기가 시작된 뒤에도 완전히 사라지지 않으면서 말이다.

혹자는 발전과 변형의 이 해당 과정들이 분명 정신분석의 대상이 되는 모든 사람에게서 나타나기 때문에 이 물음들에 대한 답변 자료가 없지는 않을 거라고 생각할지 모른다. 그러나 그런 자료들은 너무 불투명한 데다 계속 되풀이되는 인상들은 몹시 혼란스러워서 나는 지금도 이 물음들에 대해 완벽한 답을 제시하지 못하고, 그저 해결을 위한 약간의 단서들만 제공할 수 있을 뿐이다. 그 과정에서 맥락이 허용하는 한, 항문 성애에는 해당하지 않는 다른 충동들의 몇 가지 변형도 언급할 기회가 있으면 굳이 마다하지 않을 것이다. 게다가 여기서건 아니면 정신분석의 다른 자리에서건, 방금 설명한 발전 과정들이 신경증의 진행으로 불가피하게 생겨나는 퇴행 현상들에서 추론했다는 점도 굳이 강조할

2 「강박신경증에 잘 걸리는 기질」(프로이트 전집 10, 열린책들) 참조 — 원주.

필요가 없다고 생각한다.

우리는 배설물(돈, 선물), 아이, 남근의 개념이 무의식의 산물(착상, 판타지, 징후) 속에서는 잘 구분되지 않고 서로 쉽게 대체되는 것처럼 보인다는 사실을 이 논의의 출발점으로 삼을 수 있을 듯하다. 물론 이렇게 말함으로써 우리가 정신생활의 다른 영역에서 통용되는 명칭들을 부당하게 무의식의 영역으로 전이하고, 비교에 따르는 이점에 현혹되어 잘못된 길로 빠질 수 있다는 것도 당연히 잘 안다. 따라서 좀 더 명확한 말로 반복하자면, 이 요소들은 무의식 속에서 마치 서로 대등하고, 아무 문제없이 대체될 수 있는 것처럼 다루어질 때가 많다는 것이다.

이는 〈아이〉와 〈남근〉이라는 명칭에서 가장 쉽게 드러난다. 일상생활의 상징어나 꿈의 상징어에서 이 두 명칭이 공통의 상징을 통해 서로 대체될 수 있다는 사실은 그냥 넘길 문제가 아니다. 아이는 남근과 마찬가지로 〈작은 것〉을 의미한다. 상징어가 남녀 차이를 넘어 적용될 때가 많듯이, 여기서도 원래 남성 생식기를 가리켰던 〈작다〉라는 말은 부차적으로 여자 생식기에도 해당한다고 할 수 있다.

여자의 신경증을 깊이 파고들면 남자처럼 남근을 갖고 싶다는 억압된 소망과 부딪힐 때가 드물지 않다. 강한 남성성의 결과일 때가 많은, 여자의 삶에서 이러한 우발적 재난은 거세 콤플렉스로 분류되는 어릴 적의 그 소망, 즉 〈남근 선망〉을 다시 활성화해서 리비도의 역행을 통해 신경증의 주원인으로 만든다. 그런데 남근에 대한 이런 소망이 전혀 증명되지 않는 여자도 많다. 이런 여자들의 경우는 아이에 대한 소망이 대신 들어서는데, 현실에서 아이를 갖지 못하게 되면 신경증이 생길 수 있다. 이 여자들은 마치 자연이 자신에게 남근을 주지 않은 보상으로 아이를 주었다고 생각하는 듯하다(물론 그게 실제적인 동기가 되어 아이를 가지는 일은 없지만). 또 다른 여자들의 경우는 어린 시절에 두 소망이 존재했다가 서로 교체되는 일이 생긴다. 즉 처음엔 남자처럼 남근을 갖기 원하지만, 나중에는, 물론 여전히 소아기의 일이지만, 아이를 갖고 싶다는 소망이 그것을 대체하는 것이다. 이런 다양성은 어린 시절에 우연히 겪은 사건들, 남자 형제의 유무, 적절한 시기에 태어난 동생의 존재에 기인하기에 남근에 대한 소망이 근본적으로 아이에 대한 소망과 같은 것이라는 느낌을 지울 수 없다.

만일 훗날의 삶에서 신경증의 조건들이 주어지지 않을 경우 남근에 대한 어린 시절의 소망이 어떤 운명을 겪을지는 분명히 말할 수 있다. 남근에 대한 소망이 남자에 대한 소망으로 바뀌면서 남근의 대체물로 남자를 받아들이게 되는 것이다. 이 변화를 통해 여성의 성 기능에 호의적이지 않던 충동이 호의적인 충동으로 바뀐다. 그래서 이런 여자들의 경우, 자기애에서 파생된, 원래의 여성적 전형과 더불어 유지되어 온 대상애(對象愛)의 남성적 전형에 따른 성생활이 가능해진다. 다른 사례들을 통해 우리는 자아도취적 자기애가 대상애로 바뀌는 것을 가능하게 해주는 것이 아이라는 사실을 이미 알고 있다. 이런 측면에서도 아이는 남근으로 대변될 수 있다.

나는 첫 성교 후에 여자들이 꾸는 꿈의 내용에 대해 들을 기회가 몇 번 있었다. 그 꿈들은 여자가 몸으로 직접 느낀 남근을 소유하고자 하는 소망을 명백히 드러내고 있는데, 리비도적 근거와 별개로 소망의 대상이 남자에게서 남근으로 일시적으로 퇴행했음을 보여 준다. 사람들은 보통 순수 합리적 관점에서 남자에 대한 소망이 아이에 대한 소망에서 비롯된다고 생각하는 경향이 강하다. 남자의 개입 없이는 아이를 가질 수 없다는 것을 언젠가는 분명히 깨닫기 때문이다. 하지만 남자에 대한 소망은 아이에 대한 소망과는 무관하게 생겨나고, 그 소망이 자아심리학의 명확한 동기들로부터 나타날 경우 남근에 대한 옛 소망은 무의식적으로 강화된 리비도로서 남자에 대한 소망과 짝을 이룬다고 보는 편이 더 적절해 보인다.

지금까지 서술한 이 과정은 그것이 젊은 여자의 자기애적 남성성 일부를 여성성으로 전이하고, 그로써 여성적 성 기능에 해가 되지 않는다는 데 그 의미가 있다. 다른 한편으로 예비 성기기의 성애적 요소도 이젠 성기기에 사용하는 데 전혀 무리가 없다. 그런데 아이는 〈룸프*Lumpf*〉, 즉 장을 통해 몸 밖으로 나오는 똥과 비슷한 것으로 여겨진다.[3] 그로써 장의 내용물에 향해졌던 리비도의 일정 부분이 장을 통해 태어난 아이에게로 확장될 수 있다. 아이와 똥의 이런 동일성은 〈아이를 선사한다〉는 관용적 표현에도 드러난다. 그러니까 똥은 젖먹이가 사랑하는 사람의 부드러운 설득을 통해서만 자기 몸에서 떼어 놓는 몸의 일부이자, 사랑하는 이에게 자신의 애정을 자발적으로 증명하는 첫 선물이다. 젖먹이들이 대체로 낯선 사람이 있는 데서는 똥을 누려고 하지 않는 것도 그 때문이다(소변의 경우는 그 강도가 약하지만 메커니즘은 비슷하다). 따라서 아이에게 배변 행위는 자기애와 대상애 중에서 하나를 선택해야 하는 첫 번째 결정이나 다름없다. 즉 아이는 순순히 똥을 눔으로써 사랑을 위해 똥을 〈희생〉하거나, 아니면 자기 성애적 만족을 위해, 나중에는 자기 고집의 관철을 위해 똥을 참는다. 만일 아이가 후자를 택할 경우 항문 성애의 자기애적 집착에서 나온 반항적 태도, 즉 고집이 확고하게 자리 잡는다.

3 꼬마 한스의 분석을 참조하기 바란다. 여기서 〈룸프〉는 꼬마 한스가 〈똥〉을 이르는 말이다.

똥의 다음 의미는 〈황금(돈)〉이 아니라 〈선물〉일 가능성이 높다. 아이는 선물받은 돈 말고는 아는 돈이 없다. 일을 해서 번 돈도 모르고, 유산으로 물려받은 돈도 모른다. 아이는 똥이 자신의 첫 선물이기에 자신의 관심을 이 똥에서 쉽게 그 새로운 물질, 즉 살아가면서 가장 중요한 선물로 다가오는 그 물질에 전이시킨다. 이런 식으로 선물의 의미를 도출해 내는 것이 의심스러운 사람은 정신분석적 치료 과정에서 자신의 경험을 심사숙고해 보고, 의사로서 환자들에게 받는 선물들을 연구하고, 선물을 통해 환자들에게 불러일으킬 수 있는 전이의 폭풍에 주목할 필요가 있을 듯하다.

그렇다면 똥에 관한 관심은 한편으론 돈에 관한 관심으로 이어지고, 다른 한편으론 아이에 대한 소망으로 넘어간다. 아이에 대한 소망 속에 항문 성애적 충동과 생식기적 충동(남근 선망)이 한데 모인다. 그런데 남근에는 아이에 대한 소망과 무관하게 항문 성애적 의미가 담겨 있다. 남근과 남근에 의해 채워지고 흥분되는 점막 관(管) 사이의 관계는 예비 성기기의 사디즘적 항문기에서 그 원형을 찾을 수 있다. 그렇다면 똥 덩어리, 또는 어느 환자의 표현처럼 〈똥 작대기〉는 최초의 남근이고, 남근에 의해 자극된 점막은 직장(直腸) 점막이다. 사춘기 이전까지, 그러니까 10세에서 12세까지 항문 성애가 변형되지 않고 여전히 강하게 남아 있는 사람들이 있다. 이들의 말을 통해 우리는, 예비 성기기 동안 그들이 판타지와 도착적 놀이로 성기와 유사한 시스템, 즉 남근과 질이 똥 작대기와 창자로 대변되는 시스템을 구축했다는 사실을 알게 되었다. 다른 사람들의 경우(강박신경증 환자들)는 생식기 조직화에 대한 퇴행적 폄하의 결과를 알 수 있었는데, 이는 원래 성기기로 예정된 모든 판타지가 항문으로 이전되고, 남근이 똥 작대기로, 질이 직장으로 대체되는 것 속에 표현되어 있다.

똥에 대한 관심이 정상적으로 줄어들게 되면 여기서 설명한 신체 기관적 상사(相似) 관계는 남근으로 관심이 옮겨 가도록 작용한다. 만일 아이들이 성 탐구 과정에서 아기가 장을 통해 태어난다고 생각한다면 이는 항문 성애의 핵심 유산이다. 하지만 이런 의미에서건 다른 의미에서건, 태어나는 아기의 전임자는 남근이다.

지금껏 설명을 한다고 했지만, 똥-남근-아기로 이어지는 일련의 과정 속에 존재하는 다양한 관련성이 일목요연하게 정리되었다고 생각하지는 않는다. 때문에 도표를 그려 독자의 이해에 부족한 부분을 채워 넣고자 한다. 물론 이런 기술적 도안이 아쉽게도 우리의 의도에 아주 잘 맞아떨어진 것은 아니다. 아니, 어쩌면 우리가 도표를 적절하게 사용할 줄 몰라서 그럴지도 모른다. 아무튼 첨부한 이 도표에 너무 많은 요구는 하지 말기 바란다.

항문 성애가 자기애적으로 사용되면 타인의 요구에 대한 자아의 중요한 반응으로서 반항심이 생겨난다. 똥을 향한 관심은 선물에 대한 관심으로 바뀌고, 그다음엔 돈에 대한 관심으로 넘어간다. 여자아이의 경우 남근의 발견과 함께 남근 선망이 생기고, 그것이 나중에는 남근 달린 남자에 대한 소망으로 변한다. 물론 그전에 남근 소망이 아기에 대한 소망으로 바뀌거나, 혹은 아기 소망이 남근 소망의 자리에 대신 나타나기도 한다. 남근과 아기 사이의 신체 기관적 상사 관계(점선으로 표시된 부분)는 둘에게 공통적인 하나의 상징(〈작은 것〉)으로 표현되고, 아기를 갖고 싶은 소망과 남자를 소유하고픈 소망 사이에는 합리적인 길(이중선으로 표시된 부분)이 나 있다. 이 같은 충동 변화의 의미에 대해서는 이미 설명한 바 있다.

위 관련성의 또 다른 부분은 남자들에게서 훨씬 뚜렷하게 확인된다. 그 관련성은 남자아이들이 성적 탐구를 통해 여자에겐 남근이 없다는 사실을 알게 되었을 때 처음 생성된다. 즉 남근을 몸에서 떼어 낼 수 있는 부분으로 인식하고, 이로써 몸에서 맨 처음에 떨쳐 낸 신체 기관의 일부인 똥과의 상사 관계가 만들어진 것이다. 이렇게 해서 예전의 항문기 반항은 거세 콤플렉스의 단계로 접어든다. 신체 기관적 상사 관계로 인해 예비 성기기 동안 장의 내용물이 남근의 전임자 역할을 하게 되는데, 이 상사 관계가 동기로 고려될 수는 없고, 다만 성 탐구를 통해 심리적 대체물을 찾은 것이다.

그러다 아기가 태어나면 그 아기는 성 탐구를 통해 〈똥〉으로 인식되고, 강력한 항문 성애적 관심을 받게 된다. 이후 사회적 교육을 통해 아기는 사랑의 징표이자 선물로 받아들여야 한다는 것을 알게 되면 아기를 갖고 싶은 소망은 똑같은 원천에서 두 번째 원군을 얻는다. 똥 작대기, 남근, 아기는 점막 관(직장이나 질을 가리킨다[4]) 안으로 밀고 들어가거나 밖으로 빼낼 때 점막을 자극하는 단단한 몸이다. 이와 관련해서 소아기의 성적 탐구는 아기가 똥과 똑같은 통로를 거쳐 나온다고밖에 알아내지 못한다. 남근의 기능에 대해서는 거의 아는 것이 없을 때다. 그럼에도 신체 기관적 일치가 많은 우회 과정을 거쳐 심리적인 영역에서 무의식적 일치로 다시 나타나는 점은 퍽 흥미롭다.

4 루 안드레아스-살로메, 「〈항문적인 것〉과 〈성적인 것〉'Anal' und 'Sexual'」(1916) 참조 — 원주.

소아 성기기: 성욕 이론에 덧붙이며

Die infantile Genitalorganisation — Eine Einschaltung in die Sexualtheorie(1923)

1923년 2월에 완성된 이 글은 부제가 말해 주듯 『성욕에 관한 세 편의 에세이』를 보충하는 성격을 띠고 있다. 다만 소아기 성 충동의 발달 단계에서 사디즘적 항문 성애에 관한 새로운 생각이 드러나 있고, 특히 미성숙한 성 충동의 마지막 단계라 할 수 있는 남근기가 최초로 언급되어 있다.

이 논문은 1923년 『국제정신분석학회지』 제9권 2호에 수록되었으며, 1930년 『전집』 제13권에 실렸다. 영어 번역본은 1924년 존 리비어가 번역하여 "The Infantile Genital Organization of the Libido: A Supplement to the Theory of Sexuality"라는 제목으로 『국제정신분석 저널』 제5권에 실렸으며, 『표준판 전집』 제19권(1961)에도 수록되었다.

소아 성기기: 성욕 이론에 덧붙이며

정신분석 작업의 어려움은 수십 년의 부단한 관찰에도 불구하고 일반적 특성이나 특징적 상황이 명확해지기 전까지는 그것들을 간과할 가능성이 높다는 데 있다. 그런 차원에서 이 글은 소아기 성 발달의 영역에서 저질러졌을 그런 소홀함을 보충하기 위한 것이다.

『성욕에 관한 세 편의 에세이』(1905)를 읽은 독자라면 내가 이 저작의 다음 쇄들에서 개정 작업을 하지 않고, 원래의 순서를 그대로 유지한 채 본문에 직접 보충하거나 수정하는 식으로 그동안 이 분야에서 이루어진 진전된 인식을 반영해 왔다는 사실을 잘 알고 있을 것이다. 물론 그 과정에서 예전의 인식과 최근의 인식을 서로 모순되지 않게 하나로 통일하는 작업은 쉽지 않았다. 처음에 나는 어린아이와 어른들의 성생활에 존재하는 근본적 차이를 서술하는 데 역점을 두었다면, 나중에는 리비도의 예비 성기기를 전면에 부각함으로써 성 발달 과정에 두 단계가 존재한다는, 아주 특이하면서도 중요한 사실을 제시했다. 그리고 마지막에는 아이들의 성 탐구로 관심을 돌렸고, 이 연구를 통해 소아기(다섯 살쯤) 성욕의 종착점이 어른들에게 나타나는 최종 형태의 섹슈얼리티에 전반적으로 근접한다는 사실을 알게 되었다. 여기까지가

『성욕에 관한 세 편의 에세이』 최종 쇄(1922)에 나오는 부분이다.

거기서 나는 이렇게 말했다. 〈소아 성생활의 그림을 완성하기 위해서는, 우리가 이미 사춘기 발달 단계의 특징으로 내세운 것처럼 어린 시절에도 이미 대상 선택이 자주 또는 습관적으로 이루어진다는 사실을 받아들여야 한다. 그것도 성적 추구의 전 과정이 목표점으로 도달하고자 하는 단 한 사람에게만 향하는 식으로 말이다. 이렇게 해서 사춘기 이후의 최종적인 성생활에 가장 근접한 소아 성생활의 형태가 생겨난다. 다만 두 단계 사이에 차이가 있다면, 소아기에는 부분 충동들을 통합해서 생식기의 우위권 아래 종속시키는 일이 전혀 이루어지지 않거나 불완전하게 이루어진다는 것이다. 결국 번식 기능을 바탕으로 만들어지는 생식기의 우위는 성 조직화의 최종 단계에서나 이루어진다.〉

그런데 생식기의 우위가 아주 어린 시기에는 전혀 일어나지 않거나 매우 불완전한 형태로만 생긴다고 하는 주장에 대해선 지금의 나로선 만족하기 어렵다. 또한 소아 성생활이 어른들의 것에 근접한다는 것도 실은 그보다 더 가까울 뿐 아니라 대상 선택의 영역에만 국한되는 것도 아니다. 게다가 소아기에는 전반적으로 부분 충동들이 올바로 합쳐져서 생식기의 우위권에 종속되지 못한다고 하더라도 소아 성욕 발달의 절정기에는 생식기에 대한 관심과 생식기 활동이 성숙한 시기에 비해 별로 뒤지지 않는다. 이런 〈소아 성기기〉의 주요 특징은 성인들의 최종 성기기와의 차이이기도 하다. 즉 남녀 두 성 모두에게 오직 하나의 생식기, 즉 남자 생식기만 핵심 역할을 한다는 것이다. 그렇다면 소아 성생활에서는 생식기 우위가 아직 나타나지 않고 남근의 우위만 나타난다.

이런 점들을 남자아이들의 경우에만 한정해서 설명할 수밖에 없는 것은 퍽 아쉬운 일이다. 여자아이들의 비슷한 과정에 대해서는 아는 것이 없기 때문이다. 남자아이는 남자와 여자의 차이를 확실히 인지한다. 물론 처음엔 다르게 생긴 생식기를 보고 그 차이를 인식하는 것이 아니다. 남자아이는 당연히 사람이건 동물이건 살아 있는 모든 생명체는 자신과 비슷한 생식기를 갖고 있을 거라고 전제한다. 심지어 생명이 없는 것들에게도 자신의 생식기와 비슷하게 생긴 부분을 찾기도 한다.[1] 쉽게 자극받고 쉽게 변하는 이 민감한 신체 기관은 아이들에게 높은 관심을 불러일으키고, 아이들의 탐구 본능에 끊임없이 새로운 숙제를 내준다. 또한 남자아이들은 다른 사람의 남근을 보고 자기 것과 비교하면서 이 부위가 더 커질 수 있고 더 커져야 한다고 생각하는 듯하다. 나중에 사춘기 때 이 남성적인 부위가 불러일으키는 충동적인 힘은 주로 탐구 욕구, 즉 성적 호기심으로 표출된다. 어른들에 의해 별 생각 없이 음란함의 표현으로 판정되는 아이들의 성기 노출증이나 많은 공격적 행동들도 정신분석에 따르면 성 탐구의 목적으로 실시되는 실험으로 드러나곤 한다.

성 탐구 과정에서 아이들은 남근이 자신과 비슷하게 생긴 모든 존재에게 다 있는 것은 아니라는 사실을 발견하게 된다. 여동생이나 여자 동무의 생식기를 우연히 보게 된 것이 그런 계기일 수 있다. 게다가 주의력 깊은 아이들은 그전에 이미 여자아이들이 다른 자세로 소변보는 것을 보면서 여자가 자기와는 뭔가 다르다는 의심을 품게 되고, 그래서 더 알고자 하는 마음에 그런 관찰을 반복한다. 여자아이에겐 남근이 없는 것을 처음 알게 된 남자아이들의 반응이 어떤지는 우리도 이미 잘 알고 있다.

1 아이들이 남자 생식기의 다른 부분, 즉 고환에는 별로 관심을 보이지 않는 것은 특이하다. 정신분석 결과, 아이들은 남근 외에 다른 부분은 생식기로 여기지 않는 것으로 보인다 — 원주.

일단 아이들은 남근이 없는 것을 인정하지 않고 남근을 봤다고 생각하면서 지금은 작아서 잘 보이지 않는 것일 뿐 곧 커질 거라고 믿음으로써 관찰과 선입견 사이의 모순을 해결하려 한다. 그러다 서서히, 남근이 처음엔 있었는데 나중에 빼앗겼을 거라는, 정서적으로 아주 중요한 결론에 도달한다. 즉 남근이 없는 것을 거세의 결과로 간주함으로써 이제 자신에게도 그런 일이 일어날 수 있다는 새로운 국면에 직면한 것이다. 이후의 발달 과정에 대해서는 일반적으로 잘 알려져 있기에 여기서 반복할 필요는 없을 듯하다. 다만 이런 남근 우위의 시기에 거세 콤플렉스가 생성된다는 점을 고려해야만 거세 콤플렉스의 의미를 제대로 평가할 수 있을 것처럼 보인다.[2]

우리는 여자에 대한 폄하와 두려움, 그리고 남자의 동성애 기질이 여자에게는 남근이 없다는 최종 확신에서 상당 부분 비롯되었다는 사실도 알고 있다. 페렌치는 최근에 이 두려움의 신화적 상징, 즉 메두사의 머리가 남근이 없는 여자의 생식기에서 비롯되었다고 말했는데, 정말 정확한 지적이다.[3]

그런데 아이들이 몇몇 여자에게서 남근이 없는 것을 확인한 뒤 그것을 선뜻 일반화할 거라고 생각해서는 안 된다. 남근의 부재가 어떤 형벌로 인한 거세의 결과라는 가정이 그런 일반화를 가로막고 있기 때문이다. 그래서 아이들은 자기 자신처럼 허락되지

2 어린아이가 자기애적인 관점에서 피해를 입었다고 생각하는 이유가, 젖을 뗀 뒤 엄마의 젖을 잃어버린 경험, 배설의 요구에 매일 굴복할 수밖에 없었던 경험, 그리고 더 나아가 출산 시에 엄마의 자궁에서 떨어져 나올 수밖에 없었던 경험 같은 신체적 상실감에서 비롯되었다는 지적은 타당하다. 거세 콤플렉스를 얘기할 때도 반드시 그 상실감을 남자 생식기와 연관 지어서 생각해야 한다 — 원주.

3 「메두사 머리의 상징에 대하여Zur Symbolik des Medusenhauptes」(1923) 참조. 내가 덧붙이고 싶은 것은, 이 신화에서 말하는 것이 어머니의 생식기라는 사실이다. 메두사의 머리가 달린 갑옷을 입은 아테나는 누구든 보기만 해도 성적인 생각이 싹 달아나 버리는 범접할 수 없는 여자가 되었다 — 원주.

않은 충동 때문에 죄를 저지른 상스러운 여자들만 남근을 잃는다고 생각한다. 반면에 어머니처럼 존경스러운 여자들은 남근을 오랫동안 갖고 있으리라고 믿는다. 그러니까 아이들에게 여자란 본래 남근이 없는 존재로 각인되어 있는 것이 아니다.[4] 아이들이 나중에 아기의 생성과 탄생 문제에 관심을 가지면서 여자만 아기를 낳을 수 있다고 추측할 때에야 어머니도 남근이 없다는 사실을 알게 된다. 게다가 가끔은 어머니가 남근을 내주고 아이를 받았다고 하는 복잡한 이론이 만들어지기도 한다. 아직 여자만의 생식기가 별도로 있다는 생각에는 이르지 못한 것이다. 그래서 아기는 어머니의 몸속(창자)에서 살다가 창자의 출구, 즉 항문으로 태어난다고 생각한다. 여기서 이 마지막 이론들은 소아기 성 시기의 범주를 넘어선다.

어린아이의 성 발달 과정에서 남녀 두 성으로의 분화가 어떤 변화를 거쳐 정착되는지 추정해 보는 것도 의미가 없지 않다. 첫 분화는 대상 선택과 함께 일어난다. 여기서 처음으로 주체와 객체로 나누어지기 때문이다. 예비 성기기의 사디즘적 항문 단계는 아직 여자와 남자의 분화가 거론될 단계는 아니고, 단지 능동성과 수동성의 대립만 팽배하다. 그다음 소아 성기기 단계에서는 남자만 있을 뿐 여자는 없다. 여기서의 대립은 남근과 거세된 남근의 대립이다. 이후 사춘기가 되어서야 〈남자와 여자〉라는 성적 분화가 자리를 잡는다. 이때 남자는 주체성과 능동성, 남근을 아우르고, 여자는 객체성과 수동성을 띤다. 이제 여자의 질은 남근의 거처로 존중받고, 자궁의 상속자 기능을 한다.

4 아버지는 없고 고모만 몇 명 있는 한 젊은 부인의 정신분석을 통해 나는 그녀가 성욕의 잠복기에도 어머니와 고모들에게 남근이 있다는 믿음을 고수했다는 사실을 알게 되었다. 그런데 지적 장애가 있는 고모만큼은 자신과 마찬가지로 거세되었다고 생각했다 — 원주.

오이디푸스 콤플렉스의 소멸

Der Untergang des Ödipuskomplexes(1924)

이 논문은 본질적으로 1923년에 발표된 「자아와 이드」의 제 3장 〈오이디푸스 콤플렉스의 소멸〉 부분을 보충하는 내용이다. 남자아이와 여자아이의 성욕이 각각 다른 경로로 발달한다는 점에 착안해서 쓴 최초의 글이기도 하다. 이 새로운 생각은 나중에 「성의 해부학적 차이에 따른 몇 가지 심리적 결과」에서 자세히 다루게 된다.

이 논문은 1924년 『국제정신분석학회지』 제10권 3호에 처음 발표되었으며, 『전집』 제13권(1940)에도 수록되었다. 영어 번역본은 1924년 리비어가 번역하여 "The Passing of the Oedipus Complex"라는 제목으로 『국제정신분석 저널』에 실렸으며, 1961년 "The Dissolution of the Oedipus Complex"로 제목이 바뀌어 『표준판 전집』 제19권에 수록되었다.

오이디푸스 콤플렉스의 소멸

오이디푸스 콤플렉스는 아주 어린 나이의 성적 시기에 나타나는 핵심 현상으로 그 의미가 점점 더 구체적으로 밝혀지고 있다. 이 콤플렉스는 어느 정도 시간이 지나면 수면 아래로 가라앉고, 억압의 대상이 되고, 이어 잠복기가 시작된다. 오이디푸스 콤플렉스가 사라지는 이유에 대해서는 아직 명확하게 밝혀진 것이 없지만, 분석에 따르면 갑작스럽게 닥친 뼈아픈 실망이 그 원인으로 보인다. 아빠의 가장 훌륭한 애인이라고 스스로 생각하던 여자아이는 어느 날 그런 아빠에게 호되게 혼이 나면서 환상에서 깨어난다. 엄마를 자기 것이라 여겼던 남자아이도 어느 날 갑자기 엄마의 사랑과 관심이 자신을 떠나 새로 태어난 동생에게로 향하는 경험을 하게 된다.

더욱이 깊이 숙고할수록 그러한 영향의 의미는 더욱 커진다. 콤플렉스의 내용에 어긋나는 그런 뼈아픈 경험의 불가피성을 깨닫게 되기 때문이다. 앞에서 언급한 것과 같은 그런 특별한 사건이 아니더라도 기대한 만족감이 충족되지 않으면, 즉 원하는 아기가 계속 생기지 않으면 그 어린 연인은 희망 없는 애착에서 등을 돌리게 된다. 이렇듯 오이디푸스 콤플렉스는 욕망의 좌절, 즉 내적 불가능성의 결과로 인해 소멸된다.

다른 한편으로, 영구치가 날 때쯤 되면 젖니가 저절로 빠지는 것처럼 오이디푸스 콤플렉스도 없어질 시기가 되면 자동으로 없어진다는 견해도 있다. 대다수 아이들이 오이디푸스 콤플렉스를 겪는다고 하더라도 이 콤플렉스는 유전적으로 결정되고, 유전에 의해 내면화된 현상이다. 그러니까 다음으로 예정된 발달 단계가 시작되면 프로그램에 따라 사라진다는 것이다. 그렇다면 이 콤플렉스를 일으키는 동기는 무엇인지, 또 그 동기란 결코 발견할 수 없는 것인지는 별로 중요하지 않다.

이 두 견해 모두 일리가 있음은 부정할 수 없다. 심지어 둘은 서로 잘 어울리기까지 한다. 거기엔 개체발생학적 관점 외에 훨씬 멀리 바라보는 계통발생학적 관점이 함께 있다. 모든 개인은 태어날 때 이미 죽음이 예정되어 있다. 어쩌면 우리 몸의 기질 속에 우리가 무엇 때문에 죽을지 미리 암시되어 있을지 모른다. 그럼에도 이렇게 내장된 프로그램이 어떤 식으로 작동하는지, 또 우연한 손상이 그런 체질을 어떻게 더 악화시키는지 추적해 보는 것은 흥미로운 일이다.

최근에 우리의 의식에 좀 더 확실히 인식된 것이 있다. 아이들의 성은 생식기가 주도적 역할을 하는 국면에 이르기까지 지속적으로 발달해 나간다는 사실이다. 그런데 여기서 생식기는 남자의 것, 즉 남근만을 가리키고, 여자의 생식기는 발견되지 않은 미지의 상태로 남아 있다. 오이디푸스 콤플렉스 시기와 겹치는 이 소아 성기기는 최종적인 성기기에 이를 때까지 계속 발달하는 것이 아니라 수면 아래로 가라앉아 잠복기로 대체된다. 이 시기의 출발은 전형적인 방식으로, 그리고 일반적으로 반복되는 사건들을 중심으로 이루어진다.

(남자)아이들이 성기에 관심이 아주 많다는 것은 그 부분을 손

으로 자주 갖고 노는 모습만 봐도 알 수 있으며, 어른들이 그런 행동을 좋지 않게 생각한다는 것도 그 과정에서 경험한다. 아이들은 자신이 정말 소중히 여기는 이 신체 부위가 잘려 나갈 거라는 협박을 사람마다 강도는 달라도 뚜렷하고 끈질기게 받곤 한다. 이런 거세의 협박을 하는 것은 대개 여자들인데, 그 과정에서 자신의 말에 권위를 부여하기 위해 아버지나 의사를 끌어들인다. 즉 아버지나 의사가 그런 벌을 내릴 거라는 것이다. 그런데 많은 사례들에서 여자들은 아이에게서 제거되는 것이 원래 수동적인 역할을 하는 성기가 아니라 적극적으로 죄를 저지르는 손이라고 예고함으로써 거세 위협을 상징적으로 완화한다. 그런데 성기로 장난을 쳤다는 이유가 아닌, 밤마다 침대에 오줌을 싼다는 이유로 거세 위협을 받는 경우도 상당히 잦다. 보호자들은 야뇨증이 성기로 너무 열심히 장난을 친 행동의 결과라고 생각하는 경향을 보이는데, 실제로도 그럴 가능성이 높아 보인다. 어쨌든 침대를 계속 젖게 하는 것은 성기의 흥분을 표현하는 어른들의 몽정에 비견될 수 있고, 몽정을 할 즈음에 아이들은 자위행위로 넘어간다.

나는 소아 성기기의 소멸이 이런 거세의 위협 때문이라고 생각한다. 물론 단정적으로 그렇다는 것은 아니고, 다른 고려해야 할 요인이 없다는 뜻도 아니다. 왜냐하면 아이들은 처음엔 이 위협을 믿지 않고 거부하기 때문이다. 정신분석은 최근에 모든 아이들이 겪고, 또 그를 통해 소중한 남근의 상실을 준비하는 것처럼 보이는 두 가지 경험에 주목한다. 하나는, 처음엔 가끔씩 엄마의 가슴에서 벗어나다가 나중엔 완전히 그곳을 떠나야 하는 경험이고, 다른 하나는 매일 요구되는 장 내용물의 배출이다. 물론 이 경험들이 거세 위협 시에 실제로 얼마나 영향을 미치는지는 밝혀지지 않았다. 아이들은 새로운 경험을 한 뒤에야 거세가 실제로 가능한 일임을 마지못해, 그리고 머뭇거리며 인정하기 시작하고, 이어 자신이 관찰한 것의 심각성을 축소하려 애쓴다. 거세의 위협에 대한 불신을 깨뜨려 주는 아이들의 새로운 경험은 바로 여자 생식기의 직접적인 확인이다. 남근을 가진 것에 뿌듯해 하던 아이는 어린 여자아이의 생식기 부위를 보면서, 자신과 비슷하게 생긴 이 아이에겐 남근이 없음을 확신한다. 그로써 자신의 성기가 없어지는 일도 충분히 가능하다고 상상하면서 거세의 위협을 실제적인 위험으로 느낀다.

우리는 거세로 아이를 위협하는 보호자들처럼 근시안적이어서는 안 되며, 그 시기 아이들의 성생활이 결코 자위로 국한되지 않는다는 점도 간과해서는 안 된다. 아이가 부모에 대해 오이디푸스적 태도를 갖고 있는 것은 명백하다. 자위는 이 콤플렉스에 속하는 성적 흥분의 생식기적 배출일 뿐이고, 나중의 모든 시기에 자위가 중요해지는 것도 이 관계 덕이다. 오이디푸스 콤플렉스는 아이에게 두 가지 형태의 만족, 즉 능동적인 만족과 수동적인 만족을 제공한다. 능동적 만족은 남성적 방식으로서, 자신을 아버지 자리에 놓고 아버지처럼 어머니와 관계를 가짐으로써 생겨난다. 이 경우 원래의 아버지는 훼방꾼이 된다. 반면에 수동적 만족은 어머니를 대신해 아버지로부터 사랑받음으로써 얻어지는데, 이 경우 어머니는 필요 없는 존재가 된다. 아이는 사랑의 관계에서 만족이 실제로 어떻게 이루어지는지는 잘 모르지만 거기서 남근이 중요한 역할을 한다는 것은 확실히 안다. 남근의 흥분이 그것을 증명해 주기 때문이다. 지금껏 아이는 여자도 남근을 갖고 있다는 사실을 의심할 기회가 없었다. 그런데 이제 거세의 가능성을 받아들이게 되면서, 즉 여자는 거세당했다고 생각하게 되면서 오이디푸스 콤플렉스로 얻을 수 있는 두 가지 만족을 포기한다. 둘 다 남근의 상실, 즉 남자로서는 벌의 결과로, 여자로서는 전제 조건으로서 남근의 상실을 감수해야 하기 때문이다. 오이디푸스 콤플렉스를 통해 얻어지는 사랑의 만족이 결국 남근을 희생시킬 수밖에 없다면 이 신체 부위에 대한 자기애적 관심과 부모를 향한 리비도 사이에는 갈등이 생길 수밖에 없다. 이 갈등에서는 보통 전자의 힘이 승리하는데, 이로써 아이의 자아는 오이디푸스 콤플렉스에서 멀어진다.

나는 다른 논문에서 이러한 멀어짐의 과정이 어떤 식으로 이루어지는지 다룬 바 있다. 부모에 대한 리비도는 포기되고 자아동일성으로 대체된다. 아버지나 부모의 권위는 자아에 투영되고, 여기서 초자아의 핵심이 형성된다. 초자아는 아버지로부터 엄격함을 넘겨받아 근친상간의 금지를 뿌리내리게 하고, 그로써 부모를 향한 리비도의 회귀를 막아 준다. 오이디푸스 콤플렉스에 속하는 리비도의 경우, 일부는 성적인 것에서 벗어나 승화되고(이는 자아동일성으로 전환되는 과정에서 일어나는 것으로 보인다), 일부는 목표가 가로막힘으로써 애정적인 흐름으로 바뀐다. 이 전체 과정은 한편으론 거세 위험에서 벗어나 성기를 지키게 하고, 다른 한편으론 성기를 무력화하고 그 기능을 박탈한다. 어쨌든 이와 함께 아이의 성 발달을 저지하는 잠복기가 시작된다.

오이디푸스 콤플렉스에서 자아가 멀어지는 과정을 〈억압〉이라고 부르지 못할 이유는 없어 보인다. 물론 이후의 억압이 대체로 그 멀어짐의 과정에서 처음 형성된 초자아의 개입으로 이루어지는 것이기는 하지만 말이다. 어쨌든 그 과정은 억압 이상의 의미를 담고 있다. 다시 말해서 이상적으로 수행되면 콤플렉스를 파괴하거나 폐지하는 수준에까지 도달할 수 있다. 이 대목에서 정상인과 병적인 사람 사이에는 결코 명확한 경계가 있을 수 없다는 가정이 퍼뜩 떠오른다. 즉 자아가 오이디푸스 콤플렉스를 소멸시키는 수준으로까지 나아가지 못하고 단순히 억압하는 수준에 그친다면 이 콤플렉스는 이드 속에 무의식 형태로 남아 있다가 나중에 병적인 현상으로 표출된다는 것이다.

소아 성기기, 오이디푸스 콤플렉스, 거세 위협, 초자아 형성, 그리고 잠복기 사이의 관련성은 정신분석적 관찰을 통해 인식되거나 추정되었다. 또한 그 관련성 덕분에 오이디푸스 콤플렉스가 거세 위협 때문에 소멸한다는 가정에도 합당한 근거가 생겼다. 하지만 이로써 문제가 다 해결되는 것은 아니다. 지금껏 도달한 결론을 뒤집거나 새로운 관점을 제시할 이론적 사변의 여지는 여전히 남아 있다. 하지만 그 길로 나아가기 전에 우리는 지금까지의 논의 과정에서 제기되었지만 오랫동안 묵혀 둔 한 문제에 관심을 가질 필요가 있다. 즉 지금까지 기술된 과정은 모두 남자아이에게만 해당하는 것인데, 이런 발달이 여자아이의 경우에는 어떤 식으로 진행되느냐 하는 것이다.

그런데 여자라는 대상은 정말 이해가 안 될 정도로 모호하고 빈틈이 많다. 물론 여자에게도 오이디푸스 콤플렉스와 초자아, 잠복기가 존재한다. 그렇다면 소아 성기기와 거세 콤플렉스도 여자에게 적용할 수 있을까? 대답은 〈그렇다〉이다. 다만 남자아이와 똑같을 수는 없다. 양성 평등을 주장하는 페미니즘적 요구도 여기선 힘을 잃는다. 형태론적 차이는 심리적 발달의 차이로 나타나기 때문이다. 나폴레옹의 말을 변주하자면, 〈해부학적 구조가 운명〉인 것이다. 여자아이들의 클리토리스도 처음엔 남근과 아주 비슷해 보인다. 하지만 여자아이들은 남자아이들의 것과 비교하면서 자신의 것이 〈너무 왜소하다〉는 것을 알아차리고, 그것을 차별 대우나 열등감의 원인으로 느낀다. 물론 자기 것도 남자아이들과 비슷하게 커질 거라는 기대로 얼마간은 스스로를 달랠 수 있다. 여기서 여성의 남성성 콤플렉스가 생겨난다. 여자아이는 남근이 없는 것을 성적 특징으로 이해하는 것이 아니라, 원래 자기에게도 비슷하게 큰 것이 달려 있었는데 거세당했다고 생각한다. 아이는 이러한 결론을 여자 어른에게까지 확장하지는 않는다. 오히려 여자 어른에게는 남근기에 어울리는, 크고 완벽한 남자 성기가 달려 있을 거라고 상상한다. 이로써 여자아이와 남자아이의 근본적 차이가 드러난다. 여자아이는 거세를 이미 일어난 일로 보는 반면에 남자아이는 거세의 가능성을 두려워하는 것이다.

여자아이에게는 거세 공포의 배제와 함께 초자아 형성과 소아 생식기 조직화에 대한 강력한 동기도 사라진다. 이런 변화는 남자아이들보다 훨씬 일찍 찾아오는 교육, 즉 사랑받지 못할 거라는 외부 위협의 결과로 보인다. 여자아이의 오이디푸스 콤플렉스는 남근 달린 아이들에 비하면 한결 단순 명료하다. 내 경험에 따르면 어머니의 자리를 대신하거나 아버지에 대한 여성적 태도를 넘어서는 경우는 드물게 나타난다. 남근의 포기는 보상 없이는 견디기 어렵다. 그래서 여자아이는 상징의 등식에 일치하게 관심을 남근에서 아기로 옮긴다. 그리고 오이디푸스 콤플렉스도 아버지에게서 아기를 선물받고 싶다는, 즉 아버지의 아이를 갖고 싶다는, 오래전부터 간직해 온 소망 속에서 절정을 이룬다. 하지만 이 소망은 이루어질 수 없기에 콤플렉스도 서서히 사라지는 것처럼 보인다. 남근과 아기를 갖고 싶다는 이 두 가지 소망은 무의식 속에 강하게 남아 있어서 여자아이가 이후의 성 역할을 준비하는 것을 돕는다. 남근의 왜소함과 깊은 관련이 있어 보이는, 사디즘적 성 충동의 상대적인 약화로 인해 여자아이는 직접적인 성교를 부드러운 애정으로 바꾸는 것이 한결 쉽다. 그러나 전체적으로 보자면 여자아이의 이런 발달 과정에 대해 우리의 인식은 충분치 못하고 허점과 결함이 많다는 사실을 인정하지 않을 수 없다.

나는 여기서 서술한 오이디푸스 콤플렉스, 성적 위협(거세 협박), 초자아 형성, 잠복기의 시작 사이에 순차적이고 인과적인 관련성이 전형적으로 존재한다는 사실을 믿어 의심치 않는다. 그러나 이러한 전형성이 유일하게 가능한 것이라고 주장하고 싶지는 않다. 순서와 인과관계의 변화는 개인의 발달에 상당히 중요해 보인다.

〈출생의 트라우마〉를 다룬 오토 랑크의 흥미로운 연구가 발표된 이후, 남자아이의 오이디푸스 콤플렉스가 거세 공포로 인해 소멸된다고 본 이 짧은 논문의 결론도 이제 토론 없이는 받아들일 수 없게 되었다. 하지만 지금 여기서 그 토론에 들어가는 것은 성급한 일일 뿐 아니라 이런 자리에서 랑크의 견해를 비판하거나 인정하는 것 자체가 부적절해 보인다.

성의 해부학적 차이에 따른 몇 가지 심리적 결과

Einige psychische Folgen des anatomischen Geschlechtsunterschieds(1925)

이 글은 1925년 9월 함부르크 국제정신분석학회에서 프로이트의 딸 아나가 아버지를 대신해서 발표한 것으로 여성의 심리 발달에 관한 프로이트의 생각을 잘 드러내고 있다. 사실 프로이트는 처음부터 여성의 성생활 발달 과정이 모호하다는 이유로 대부분의 연구를 남성에 집중했다. 여성의 심리가 남성의 심리와 비슷하다는 가정에 따른 것이었다. 그런데 1915년 이후 여성의 성 심리에 관심을 기울이기 시작한 프로이트는 오이디푸스 콤플렉스 전 단계에서 일어나는 여자아이들의 두 가지 중요한 변화, 즉 성 기관의 변화와 성 대상의 변화에 관한 생각을 이 글에서 피력했다.

이 논문은 1925년 『국제정신분석학회지』 제11권 4호에 처음 발표되었으며, 『신경증의 정신분석학에 대한 연구 1913~1925 *Studien zur Psychoanalyse der Neurosen aus den Jahren 1913~1925*』(1926), 『저작집*Gesammelte Schriften*』 제11권(1928), 『성 이론과

꿈-이론에 대한 논문집*Kleine Schriften zur Sexualtheorie und Traumlehre*』(1931), 『전집*Gesammelte Werke*』 제14권(1948)에 수록되었다. 영어 번역본은 1927년 제임스 스트레이치J. Strachey가 번역하여 "Some Psychological Consequences of the Anatomical Distinction between the Sexes"라는 제목으로 『국제정신분석 저널』 제8권 2호에 실렸으며, 『논문집*Collected Papers*』 제5권(1950), 『표준판 전집*The Standard Edition of the Complete Psychological Works of Sigmund Freud*』 제19권(1961)에도 수록되었다.

성의 해부학적 차이에 따른 몇 가지 심리적 결과

나와 내 제자들은 신경증 환자들을 분석하려면 환자들의 유년기, 즉 성생활이 처음 꽃핀 시기까지 파고들어야 한다는 입장을 점점 더 강력하게 견지하게 되었다. 타고난 충동적 기질의 첫 징후와 초기 인상들의 작용을 연구해야만 훗날 신경증을 유발한 동기를 정확히 알 수 있고, 또 성숙한 시기에 복잡하게 뒤섞여 버린 여러 요인과 변화로 인해 자칫 범하기 쉬운 오진을 막을 수 있다. 우리의 이런 요구는 이론적인 측면뿐 아니라 실질적으로도 아주 중요하다. 치료에만 매달려 일정한 시기까지만 분석적 방법을 사용하는 의사들의 작업과 우리의 노력을 가르는 것이 바로 이런 요구이기 때문이다. 물론 아주 어린 시절을 분석하는 일은 지루하고 힘겨우며, 의사에게나 환자에게나 늘 충족되지는 않는 어려운 요구를 제기하기도 한다. 게다가 이 분석은 가끔 아무런 이정표도 보이지 않는 어둠 속에 빠지기도 한다. 하지만 바로 그 때문에 앞으로 수십 년 동안은 이런 과학적 분석 작업이 타성에 젖어 흥미를 잃게 되는 일은 없으리라고 확신한다.

이제 나는 보편타당한 것으로 입증될 경우 매우 중요한 의미를 지닐 정신분석적 연구 결과를 하나 전달할 생각이다. 그렇다면 나는 왜 이 결과를 입증해 줄 충분한 증거들이 나오기 전까지 발표를 미루지 못하는 것일까? 그건 내 작업 조건 속에 그 파장을 부인할 수 없는 변수가 생겼기 때문이다. 예전의 나는 뭔가 새로운 것을 발견했다 싶어도 그게 사실로 확인되거나 수정될 때까지 한동안 묵혀 두었다. 예를 들어 『꿈의 해석』과 「도라의 히스테리 분석」은 호라티우스의 권고대로 9년은 묵혀 두지 못했지만 4~5년은 품고 있다가 발표했다. 당시에는 어느 작가의 말마따나 내 앞에 〈시간의 바다〉와도 같은 무한한 시간이 펼쳐져 있었고, 또 그와 관련한 새로운 자료들도 쏟아져서 그것들에 관심을 가지지 않을 수 없었다. 더구나 나는 새로운 분야의 유일한 연구자였기에 의견을 묵혀 둔다고 해서 나 자신에게나 남에게 위험이 되거나 해가 될 것도 없었다.

그런데 이제 상황이 달라졌다. 내 앞의 시간도 한정되어 있는데다 그 시간조차 전적으로 연구에 할애할 수 없게 되었다. 또한 새로운 경험을 할 기회는 줄어들었고, 뭔가 새로운 것을 발견했다는 생각이 들어도 그것이 확인될 때까지 기다릴 수 있을지 확신할 수 없었다. 게다가 표면적인 것들은 이제 다 다루었기에 심층에 있는 것들을 천천히 길어 올려야 했다. 마지막으로 이제는 이 분야의 연구자가 나 혼자만이 아니다. 아직 완성되지 않았거나 불확실한 인식들을 깊이 파고들 동료 연구자들이 많아서 그전에는 나 혼자 해야 했던 작업들을 그들에게 일정 정도 넘겨줘도 무방하다는 생각이 들었다. 따라서 이번에는 급하게 검증이 필요한 이 결과물을 그 가치 유무를 확인하기 전에 발표해도 괜찮을 듯했다.

우리는 소아 성생활의 심리적 토대를 연구하면서 대체로 남자아이를 대상으로 삼았다. 여자아이도 남자아이와 별반 다르지 않을 거라는 생각에서였지만, 실제로는 당연히 차이가 있었다. 물론 이 차이가 정확히 발달 과정의 어느 지점에서 나타나는지는 확실치 않다.

남자아이의 경우 우리가 확실하게 알아볼 수 있는 첫 단계는 오이디푸스 콤플렉스의 상황이다. 이 상황은 이해하기가 쉽다. 아이는 유아기 때 이미 리비도(물론 생식기적 리비도는 아직 아니다)를 쏟아 부었던 바로 그 대상에게 집착하기 때문이다. 또한 이 단계에서는 아이가 아버지를 제거하고 대체해야 할 거추장스러운 경쟁자로 여긴다는 사실도 실제 현실에서 충분히 납득할 수 있는 일이다. 나는 다른 논문[1]에서 남자아이의 오이디푸스적 성향이 소아 성기기에 생기고, 거세의 공포, 즉 생식기에 대한 자기애적 관심 때문에 소멸한다는 사실을 기술한 바 있다. 그런데 남자아이조차 오이디푸스 콤플렉스가 양성(兩性)적 소인에 따라 이중성, 즉 능동적 성향과 수동적 성향을 띠기 때문에 이해하는 데 어려움이 따른다. 다시 말해 남자아이도 아버지의 사랑 대상으로서 어머니를 대신하고픈 소망을 갖고 있는데, 이는 여성적 성향이라고 할 수 있다.

오이디푸스 콤플렉스의 내력과 관련해서는 아직 모든 것이 밝혀지지는 않았다. 다만 그 콤플렉스 전에는 아이가 아버지를 경쟁자로 보지 않고 자상한 성격의 인물로 생각했다는 것은 밝혀진 사실이다. 이 시기에 나타나는 또 다른 요소는 자위와 비슷하게 생식기를 갖고 장난을 치는 행위다. 일종의 유년기 수음인데, 이 행위는 보호자들에 의해 거세 위협과 함께 어느 정도 폭력적으로 억압된다. 우리는 이 수음이 오이디푸스 콤플렉스와 관련이 있고, 거기서 유발된 성적 흥분을 배출하는 것이라고 추정한다. 하지만 이 행위가 처음부터 그런 관련성을 띠고 있는지, 아니면 처음에

1 「오이디푸스 콤플렉스의 소멸」.

는 신체 기관의 자연스러운 행위였지만 시간이 지나면서 오이디푸스 콤플렉스와 연결된 것인지는 확실치 않다. 물론 두 번째 추정이 훨씬 개연성이 높아 보인다. 다른 한편, 여기서 야뇨증이 어떤 역할을 하고, 야뇨증 버릇을 고치려는 교육적 개입이 어떤 역할을 하는지도 의문이다. 우리는 계속되는 야뇨증이 수음의 결과이고, 그것의 강제적 중단이 남자아이에게는 생식기 활동의 금지로 받아들여져 거세의 공포로 이어진다고 단순하게 생각하는데, 이 생각이 늘 옳은지는 불확실하다. 마지막으로 아주 어린 나이에 부모의 성교 행위를 엿들은 것이 아이에게 최초의 성적 흥분을 일으키고, 그 여파로 전체 성 발달 과정이 시작되는 게 아니냐고 분석하기도 하는데, 이 역시 아직은 확인되지 않은 하나의 추정일 뿐이다. 수음과 오이디푸스 콤플렉스의 두 성향은 나중에 이와 유사한 인상들과 연결된다. 하지만 성교 장면의 목격이 일상적인 일은 아니기에 이 시점에서 〈원초적 판타지〉의 문제에 부딪힌다. 따라서 남자아이의 경우도 오이디푸스 콤플렉스의 내력과 관련해서 아직 해명되지 않은 부분이 많다. 또한 이 모든 게 항상 동일한 과정으로 진행되는지, 아니면 다양한 예비 단계들이 하나의 동일한 최종 상황으로 수렴되는 것은 아닌지 식별하고 판단해야 하는 문제도 남아 있다.

여자아이의 오이디푸스 콤플렉스는 남자아이보다 한 가지 문제가 더 숨어 있다. 남자아이든 여자아이든 첫 대상은 항상 어머니다. 그래서 남자아이가 첫 대상을 오이디푸스 콤플렉스의 대상으로 간직하는 것은 전혀 놀랄 일이 아니다. 하지만 여자아이는 어떻게 최초의 대상을 포기하고 대상을 아버지로 바꾸는 것일까? 이 문제를 추적하는 과정에서 나는 몇 가지 사실을 확인했는데, 이는 여자아이들에게서 나타나는 오이디푸스 콤플렉스의 내력을 해명해 주기도 한다.

정신분석가라면 누구나 아버지에 대한 집착이 아주 강하고, 아버지에게서 아이를 받으려는 소망 속에서 그 집착이 절정에 이르는 여자들을 안다. 이 소망과 연결된 판타지가 소아 수음의 동력이라고 추정할 근거는 충분해 보이며, 이것이 소아 성생활의 파기할 수 없는 근본 사실이라는 느낌이 든다. 하지만 이 사례들을 면밀히 분석하면 뭔가 다른 것이 드러난다. 즉 오이디푸스 콤플렉스는 긴 내력을 갖고 있고, 어떤 점에선 이차적 산물이라는 것이다.

소아과 의사 린트너의 말에 따르면 어린아이는 〈기쁨의 빨기〉를 통해 쾌락의 원천이 생식기 부위(남근이나 클리토리스)임을 알게 된다고 한다. 나는 새로 얻은 이 쾌락의 원천을 아이가 정말 얼마 전에 잃어버린 어머니의 젖꼭지에 대한 보상으로 받아들이는지는(나중의 구강성교와도 관련이 있다) 미정으로 남겨 두고자 한다. 대신 간단히 말해서, 아이는 언젠가 생식기에 눈을 뜨게 되겠지만, 생식기를 처음 갖고 논 행위에 어떤 심리적 의미를 부여하는 것은 근거가 없어 보인다. 이렇게 시작된 소아 성기기의 다음 단계는 오이디푸스 콤플렉스적 욕망과 수음의 연결이 아니라 여자아이들에게서 일어나는 아주 중대한 발견이다. 여자아이는 남자 형제나 또래 남자아이의 눈에 확 띄는 큼직한 남근을 보자마자 그게 자신의 숨겨진 쪼그만 돌출부에 해당하는 우월한 짝임을 직감하고, 그때부터 남근 선망에 빠지게 된다.

남자아이와 여자아이의 태도에서 나타나는 흥미로운 차이가 하나 있다. 비슷한 상황, 그러니까 남자아이가 여자아이의 생식기를 처음 보게 되면 아이는 일단 별 관심을 보이지 않으면서도 결정을 내리지 못하고 머뭇거린다. 아무것도 없다고 생각하거나, 자신이 본 것을 부정하거나, 자신이 인지한 것을 축소하거나, 아니면 자신의 기대에 부응하는 설명을 찾아 나선다. 그러다 거세의 공포가 닥쳤을 때에야 비로소 예전에 본 것이 중요해진다. 그때 일이 기억나면서 아이의 마음속에서는 거센 폭풍처럼 끔찍한 감정이 휘몰아치고, 지금까지 대수롭지 않게 여겼던 거세의 위협이 현실화할 수 있다는 믿음에 빠진다. 이런 상황에서 두 가지 반응이 나온다. 동강만 남은 남근에 대한 혐오, 또는 의기양양한 무시. 이 두 반응은 고착화되면 각각이, 아니면 둘이 합쳐져서, 아니면 다른 요소들과 결부되어 여자와의 관계에 지속적으로 영향을 미친다. 하지만 이런 발전은 너무 멀지는 않지만 어쨌든 미래에 속하는 일이다.

여자아이의 태도는 다르다. 아이는 순식간에 판단을 끝내고 결정을 내린다. 즉 큼직한 남근을 보는 순간, 자기에게는 그런 것이 없다는 사실을 알아차리면서 그것을 갖고 싶어 하게 되는 것이다.[2]

여기서 이른바 여자의 남성성 콤플렉스가 파생되어 나온다. 이 콤플렉스는 빨리 극복되지 않으면 경우에 따라선 여성성의 예정된 발달에 심각한 지장을 초래한다. 언젠가는 남근을 가질 것이고, 그로써 남자와 비슷해질 거라는 희망은 상상이 안 될 정도로까지 오래 보존되어 있다가 도저히 이해가 안 되는 특이한 행동의 동기가 된다. 아니면 내가 〈부정(否定)〉의 과정이라 부르는 과정이 시작되기도 한다. 즉 어린아이의 정신세계에서는 드물지도 않고 크게 위험하지도 않아 보이지만 어른의 경우에는 정신병으

2 지금이 내가 수년 전에 내세웠던 주장을 수정할 좋은 기회인 듯하다. 그때 나는 청소년과 달리 어린아이들의 성에 대한 관심이 남녀의 성적 차이로 일깨워지는 것이 아니라 아기가 어디로 나오느냐는 문제에서 촉발된다고 말했다. 그런데 지금은 최소한 여자아이들의 경우는 그렇지 않다고 확실하게 말할 수 있다. 남자아이들의 경우는 그럴 수도 있고, 아니면 다른 식으로 진행될 수도 있다. 그도 아니면 남자아이와 여자아이 공히 삶의 우연한 계기들에 의해 결정되기도 한다 — 원주.

로까지 이어질 수 있는 과정이다. 여자아이는 자신의 거세 사실을 부정하고, 자기에게도 남근이 있다고 확신하면서 나중엔 마치 남자처럼 행동한다.

남근 선망은 그것이 남성성 콤플렉스의 반동 형성을 통해 사라지지 않는 한 다양하고 심각한 심리적 결과를 초래한다. 여자의 경우 자기애적 상처의 인정과 함께 흉터와 비슷한 열등감이 생겨난다. 남근의 결여를 개인적 형벌로 설명하는 최초의 시도가 극복되고, 그것이 보편적인 성적 특징이라는 사실을 깨닫게 되면 여자는 생식기가 훨씬 작다는 이유로 마치 자기가 남자인 듯 여자를 경멸하거나, 또는 그러한 판단 속에서 자신이 남자와 동등하다는 착각에 빠진다.[3]

남근 선망은 그 본래의 대상을 포기한 뒤에도 계속 존재하기를 멈추지 않고 약간 변형된 질투의 형태로 남게 된다. 질투가 한 성에만 국한된 것이 아니라 더 넓은 토대 위에 구축되어 있음은 분명하지만, 나는 이것이 남자보다는 여자의 정신생활에서 더 큰 역할을 한다고 믿는다. 왜냐하면 질투는 전환된 남근 선망의 원천에서 막대한 에너지를 공급받기 때문이다. 질투의 이러한 뿌리를 알기 전까지 나는 여자아이들에게 자주 나타나는, 〈어떤 아이가 매를 맞고 있어요〉라는 수음 판타지를 질투의 첫 번째 단계라

3 나는 「정신분석 운동의 역사」(프로이트 전집 15, 열린책들)에서 바로 이것이 아들러 이론의 핵심임을 깨달았다. 아들러는 이 점 하나만으로(열등한 신체 기관-남성적 항의-여성적 노선으로부터의 이탈) 온 세계를 설명하는 데 주저함이 없으며, 또 그 과정에서 권력 추구를 위해 성욕의 의미를 박탈한 것을 자랑스러워했다. 〈열등한〉이라는 수식어가 붙을 만한 유일한 기관은 바로 클리토리스일 것이다. 다른 한편 어떤 분석가들은 수십 년 동안 이 분야에서 일해 왔지만, 거세 콤플렉스의 징후 같은 건 어디서도 인지하지 못했다고 장담한다. 이 심중한 성과도 존중해야 한다. 비록 간과와 오해에서 비롯된 부정적 성과에 불과하더라도 말이다. 이 두 이론에서 흥미로운 대립쌍이 탄생한다. 즉 후자의 이론에는 거세 콤플렉스의 흔적이 없고, 전자에는 거세 콤플렉스의 결과밖에 없다 — 원주.

고 생각했다. 경쟁자인 다른 아이가 매를 맞아야 한다는 의미가 이 판타지에 담겨 있다고 여겼기 때문이다. 이 판타지는 소아 성기기의 유물로 보인다. 그런데 〈어떤 아이가 매를 맞고 있어요〉라는 이 단조로운 표현에서 내가 주목한 독특한 고집은 또 하나의 특별한 해석을 허용하는 듯하다. 즉 매 맞는(애무를 받는) 아이는 근본적으로 클리토리스 자체를 가리키고, 그래서 그 말의 근저에는 소아 성기기의 시작점부터 이후의 시기까지 그 말의 실질적인 내용에 연결되는 자위행위에 대한 고백이 깔려 있다는 것이다.

남근 선망의 결과로 나타나는 세 번째 현상은 어머니라는 대상에 대한 애정이 식는다는 것이다. 우리는 이 관련성에 대해 아주 많이 알지는 못하지만, 다만 확실한 것은 결국엔 거의 항상 자신의 남근 부재에 대한 책임을 어머니에게 돌린다는 것이다. 자신을 이렇게 불완전한 상태로 세상에 내보낸 사람이 어머니이기 때문이다. 이를 시간적인 과정으로 보면 이렇다. 여자아이는 자기의 생식기가 차별 대우를 받는 것을 알게 되면 곧 어머니의 사랑을 더 많이 받는 것 같은 다른 아이에게 질투를 느끼고, 이를 통해 어머니에게서 떨어져 나갈 동기를 얻는다. 게다가 이것은 어머니의 편애를 받는 것 같은 그 아이가 자위행위로 이어지는 매 맞는 판타지의 첫 대상이라는 사실과도 맞아떨어진다.

그런데 남근 선망이나 클리토리스의 열등함을 발견한 데서 이어지는 결과들 중에서 가장 중요하고도 놀라운 결과는 따로 있다. 예전에는 난 일반적으로 여자가 남자보다 자위행위를 잘 받아들이지 못하고, 심지어 반감을 느낄 때가 많고, 그래서 동일한 상황에서 남자들은 탈출구로서 주저 없이 자위를 선택하는데도 여자는 그것을 꺼리는 경우가 많다고 생각해 왔다. 그러나 이것을 일반적 규칙으로 삼을 경우 경험상 많은 예외가 존재한다는 반론에 부딪힐 수밖에 없다. 남녀 불문하고 개개인의 반응에는 남성적 특질과 여성적 특질이 섞여 있다. 그런데 유독 여자만 천성적으로 자위행위와 거리가 먼 것처럼 보인다면 이 문제를 설명하기 위해 다음의 생각을 끌어올 수 있다. 즉 클리토리스 자극은 어쨌든 남성적 행위이고, 클리토리스의 성욕을 제거하는 것이 여성성 발달의 전제 조건이라는 것이다. 나는 성기기 이전 시기의 분석을 통해 여자아이의 경우 남근 선망의 징후를 보이고 얼마 안 가 수음에 대한 강력한 반발적 흐름이 형성되는 것을 알 수 있었다. 그것도 교육을 담당하는 보호자들의 영향 하나만으로는 설명이 안 되는 흐름이었다. 이 흐름은 분명 여성성 발달의 공간을 마련하기 위해 사춘기에 남성적 성욕의 상당 부분을 제거하는 억압 기제의 전조로 보인다. 그런데 자기 성애적 행위에 대한 이런 반감은 실패하기도 한다. 내가 분석한 사례들에서도 그런 일이 있었다. 즉 갈등은 지속되었고, 여자아이는 그때나 나중에나 수음의 충동에서 벗어나려고 안간힘을 쓰고 있었다. 이런 강렬한 동기로 눈을 돌리지 못한다면 성인 여자의 성생활에서 이해되지 않는 구석이 많을 것이다.

어린 여자아이들이 클리토리스의 수음에 그렇게 거부감을 보이는 것은 즐거움을 주는 그 행위를 혐오스러운 것으로 만드는 어떤 요인이 있다는 가정 말고는 설명할 길이 없다. 그 요인은 멀리서 찾을 필요 없이, 바로 남근 선망과 연결된 자기애적 상처임에 틀림없다. 자신은 왜소한 남근 때문에 남자아이의 상대가 될 수 없으며, 따라서 남자아이들과의 경쟁을 중단하는 것이 최선이라고 생각하게 된다. 이런 식으로 남녀 성의 해부학적 차이를 깨닫게 됨으로써 여자아이는 남성성과 남성적 자위행위를 버리고 여성성의 발달로 이어지는 새로운 길로 접어들게 된다.

지금까지는 오이디푸스 콤플렉스가 전혀 거론되지 않았고, 그만큼 그것이 우리의 맥락에서 역할을 한 것은 없다. 그런데 이제 여자아이의 리비도는 〈남근=아기〉라는 상징적인 등식에 따라 새로운 국면으로 접어들게 된다. 여자아이는 남근 선망을 버리고, 대신 아기에 대한 소망을 갖게 되고, 그 목적을 위해 아버지를 사랑의 대상으로 삼는다. 그와 함께 어머니는 이제 질투의 대상이 되고, 여자아이 자신은 어린 여자로 탈바꿈한다. 한 정신분석적 조사를 믿어도 된다면, 이 새로운 상황에서 여자아이는 〈여성 생식기의 조숙한 깨어남〉이라고 불릴 만한 육체적 센세이션에 이를 수 있다. 그런데 아버지에 대한 이런 사랑이 결국 중단되어야 한다면 그 자리엔 다시 아버지의 정체성이 전면에 등장한다. 이 정체성과 함께 아이는 남성성 콤플렉스로 돌아가고, 경우에 따라서는 그 콤플렉스가 아이에게 고착화된다.

이로써 본질적인 문제들은 다 말했으니 잠시 논의를 멈추고 지금까지 말한 것들을 총괄해 보자. 여자아이에게 나타나는 오이디푸스 콤플렉스의 내력은 해명되었다. 하지만 남자아이의 경우는 여전히 모호한 부분이 많다. 여자아이에게 오이디푸스 콤플렉스는 이차적 산물이다. 그 이전에 거세 콤플렉스가 존재했고, 그것이 오이디푸스 콤플렉스를 준비했다. 이 둘의 관계에 대해선 양성 간에 근본적 차이가 있다. 남자아이의 경우 거세 콤플렉스로 인해 오이디푸스 콤플렉스가 소멸된다면, 여자아이의 경우 거세 콤플렉스로 인해 오히려 오이디푸스 콤플렉스가 만들어지거나 유도된다. 이런 대조적 현상은 거세 콤플렉스가 항상 그 자체에 함축된 의미에 따라 움직인다는 사실을 상기해 보면 자명해진다. 즉 거세 콤플렉스는 남성성을 저지하거나 제한하고 여성성을 촉진한다. 우리가 고찰한 바에 따르면, 남녀 성 발달의 차이는 생식기의 해부학적 차이와 그와 연결된 심리적 상황에서 나온 명백한 결과로서, 이미 실행된 거세와 단순히 위협만 받는 거세의 차이와도 상응한다. 그렇다면 우리가 도출해 낸 결과는 근본적으로 누구나 예측할 수 있는 자명한 것이다.

그럼에도 오이디푸스 콤플렉스는 사람들이 어떤 방식으로 거기에 빠져들었다가 다시 빠져나오는지에 따라 다른 결과가 나타날 만큼 무척 중요하다. 내가 이 글과 연계된 최근의 논문에서 서술했듯이, 남자아이의 경우 이 콤플렉스는 단순히 억제되는 데 그치지 않고 거세 공포의 충격으로 산산조각이 난다. 이 콤플렉스와 관련된 성적 집착은 포기되고, 리비도에서 성적 부분은 제거되거나 일부는 승화되기도 한다. 또 콤플렉스의 대상들은 자아에 편입되어 초자아의 핵을 이루고, 이 새로운 조직에 성격적 특질을 부여한다. 정상적인 경우, 아니 더 정확히 말해서 이상적인 경우 오이디푸스 콤플렉스는 무의식에조차 더는 남지 않고 초자아에 모든 것을 물려준다. 페렌치에 따르면, 남근이 지극히 강렬한 자기애로 똘똘 뭉쳐 있는 이유가 그 기관이 차지하는 종족 보존의 중요성에 있기에 오이디푸스 콤플렉스의 소멸(근친상간의 포기, 양심과 도덕의 확립)은 개인에 대한 종의 승리라고 할 수 있다. 신경증이 성 기능의 요구에 대한 자아의 반발에 뿌리를 두고 있는 점을 감안하면 퍽 흥미로운 관점이기는 하지만, 개인적 심리학의 관점을 포기하는 것은 일단 이 뒤엉킨 관계들을 해명하는 데 도움이 되지 않는다.

여자아이의 경우에는 오이디푸스 콤플렉스의 소멸 동기가 없다. 거세는 이미 그전에 충분히 그 역할을 다했고, 그 역할의 본질은 아이를 오이디푸스 콤플렉스의 상황으로 몰아가는 데 있었다. 그 때문에 오이디푸스 콤플렉스는 남자아이의 경우처럼 소멸되는 운명을 면하고, 서서히 사라지거나, 억압을 통해 제거되거나, 아니면 먼 훗날 여자의 정상적인 정신생활에 영향을 끼치는 쪽으로 미루어진다. 나는 여자의 정상적인 윤리 수준이 남자와 다르다는 생각을 대놓고 말하기는 망설여지지만 완전히 떨쳐 버릴 수는 없다. 여자의 초자아는 우리가 남자들에게 요구하는 것만큼 그렇게 엄격한 것도 아니고 객관적인 것도 아니고, 또 감정적 뿌리들과 무관한 것도 아니다. 예부터 여자들에게 쏟아지는 비판들, 즉 여자는 남자에 비해 정의감이 약하고, 인생에서 꼭 필요한 순간에 복종하는 경향이 떨어지며, 어떤 일을 결정할 때면 호감과 반감의 감정에 좌우될 때가 많다고 하는 이런 특질들은 모두 위에서 언급한, 초자아의 형성 과정이 남자와 다르다는 데 그 근거가 있을 듯하다. 양성의 동등한 지위와 가치를 주장하는 페미니스트들이 아무리 반발해도 이런 주장들은 흔들리지 않을 것이다. 다만 다수의 남자들도 이상적인 남성상에는 한참 모자라고, 또 개인은 누구나 할 것 없이 양성적 소인과 교차된 유전으로 인해 남녀의 성격이 한데 섞여 있을 수밖에 없기에 순수한 남성성이니 순수한 여성성이니 하는 것은 확실치 않은 내용뿐인 허황한 이론에 지나지 않는다는 주장은 얼마든지 받아들일 수 있다.

해부학적 성 차이에 따른 심리적 현상들에 관한 이런 진술을 나름대로 높이 평가하고 싶지만, 한 줌의 사례들에 근거하여 밝혀낸 이 견해가 존속될 수 있으려면 일반적인 것으로 입증되고 전형적인 것으로 판명되어야 함을 잘 안다. 그렇지 않으면 성생활의 다양한 발달 경로 가운데 한 가지 가능성을 밝히는 데 그칠 것이다.

여자의 남성성 콤플렉스와 거세 콤플렉스를 다룬 아브라함,[4]

4 K. Abraham, 「여자의 거세 콤플렉스에 관한 견해Äußerungsformen des weiblichen

호나이,[5] 헬레네 도이치[6]의 해박하고 수준 높은 논문들 속에도, 내 생각과 완전히 일치하지는 않지만 근접하는 것이 많이 있기에 이 글을 다시 발표해도 괜찮겠다는 생각이 든다.

Kastrationskomplexes」(1921) — 원주.

5 K. Horney, 「여자의 거세 콤플렉스 기원에 관하여Zur Genese des weiblichen Kastrationskomplexes」(1923) — 원주.

6 Helene Deutsch, 『여자의 성 기능에 관한 정신분석*Pscychoanalyse der weiblichen Sexualfunktionen*』(1925) — 원주.

페티시즘

Fetischismus(1927)

프로이트는 페티시즘에 대한 관심을 『성욕에 관한 세 편의 에세이』에서 처음 드러냈지만, 그때만 해도 그것을 단순히 소아기 성적 인상의 여파로만 보았다. 이 글 역시 그런 견해를 확장하고 있지만, 페티시즘의 초심리학적 면에 관심을 기울였다는 점에서 주목할 만하다.

이 논문은 1927년 『연감 1928 *Almanach für das Jahr 1928*』에 처음 발표되었으며, 같은 해 『국제정신분석학회지』 제13권 4호에도 실렸다. 또한 『전집』 제14권(1948)에도 수록되었다. 영어 번역본은 1928년 리비어Joan Riviere가 번역하여 "Fetishism"이라는 제목으로 『국제정신분석 저널』에 실렸으며, 『논문집』 제5권(1950), 『표준판 전집』 제21권(1961)에도 수록되었다.

페티시즘

최근 몇 년 동안 나는 물건을 선택할 때 페티시[1]의 지배를 받는 다수 남성들을 분석할 기회가 있었다. 그런데 이 사람들이 페티시 때문에 정신분석을 의뢰해 왔다고 생각할 필요는 없다. 페티시에 집착하는 사람들은 자신의 그런 성향을 비정상적인 것으로 인식하기는 하지만 병으로 느끼는 경우는 드물기 때문이다. 그들은 오히려 그런 성향에 아주 만족해 하고, 심지어 그것이 자신의 성생활에 심적 안정을 준다고 칭찬하기도 한다. 따라서 페티시는 대체로 다른 문제를 해결하다가 부수적으로 발견된 소견이다.

다들 알겠지만, 이 사례들은 내밀한 부분까지 세밀하게 공개하기는 곤란하다. 그 때문에 우연한 환경이 어떤 방식으로 페티시의 선택에 기여했는지도 밝힐 수 없다. 다만 그중에서 가장 특이한 사례는 한 청년이 〈코의 광채〉를 페티시의 조건으로 삼은 경우다. 여기엔 모두가 깜짝 놀랄 만한 이유가 있었다. 이 환자는 영국의 보육원에서 지내다가 독일로 왔고, 여기서 모국어를 거의 다 잊어버렸는데, 그게 원인으로 작용한 것이다. 설명하면 이렇다. 아주 어린 시절에 생성된 이 페티시는 원래 〈코를 흘낏 보는 것 *glance*〉이었는데, 영어의 〈*glance*〉가 독일어 〈*Glanz*〉(광채)로 바

1 *fetish*. 특정 물건을 통해 성적 쾌감을 얻는 것을 말한다.

꿔면서 〈코의 광채〉가 되었다. 그러니까 남들은 인지하지 못하는 특별한 광채를 자기 마음대로 코에다 부여함으로써 코가 그의 페티시가 된 것이다.

정신분석 결과 페티시의 의미와 목적은 모든 사례에서 똑같은 것으로 드러났다. 그 의미와 목적은 무척 자연스럽고 필수적이어서 나는 페티시즘의 모든 사례에 일반적으로 적용할 수 있는 동일한 해결책까지 마련할 수 있었다. 하지만 내가 만일 여기서 페티시가 남근의 대체물이라고 결론적으로 말한다면 틀림없이 실망하는 사람들이 있을 것이다. 그래서 얼른 다음의 말을 덧붙여야 한다. 즉 페티시는 아무 남근의 대체물이 아니라 아주 어린 시절에 큰 의미가 있었지만 나중에는 사라져 버린 특별하고 구체적인 남근의 대체물이다. 다시 말해서 정상적인 삶의 과정 속에서는 사라질 수밖에 없었던 남근의 상실을 막으려는 욕구가 페티시를 유발한다는 것이다. 좀 더 자세히 말하자면, 페티시란 남자아이가 한때 그 존재를 믿었을 뿐 아니라 결코 포기하지 않으려 했던(그 이유를 우리는 잘 안다) 여자의 남근, 즉 어머니의 남근을 위한 대체물이다.[2]

그 과정은 이렇다. 남자아이는 여자에게 자신과 같은 남근이 없다는 사실을 받아들이길 거부하면서 절대 그럴 리가 없다고 생각한다. 만일 여자가 거세를 당해 남근이 없는 것이라면 자신의 남근도 거세당할 위험이 있기 때문이다. 게다가 자연이 하필 이 기관에 미리 장착해 놓은 나르시시즘의 일부가 그런 거세의 위험에 반기를 든다. 나중에 어른이 되어 〈국가와 교회가 위험에 빠

2 이러한 해석은 1910년에 이미 『레오나르도 다빈치의 어린 시절 기억*Eine Kinderheitserinnerung des Leonardo da Vinci*』에서 특별한 근거 제시 없이 발표된 바 있다 — 원주.

졌다〉는 아우성이 터져 나오면 이와 비슷한 패닉을 경험할지 모른다. 내가 잘못 생각하는 것이 아니라면, 아마 라포르그René Laforgue는 이 경우에 이렇게 말할 것이다.[3] 남자아이는 여자에게 남근이 없다는 사실을 인지한 것을 〈암소화(暗所化)〉[4]한다고. 새로운 용어란 어떤 새로운 사실의 구성요건을 설명하거나 강조할 때 정당화되는 법인데, 지금 이 경우에는 해당하지 않는 듯하다. 정신분석학에서 가장 오래된 용어인 〈억압〉이 앞서 언급한 병리학적 현상을 이미 잘 설명해 주고 있기 때문이다. 만일 억압이라는 말에서 관념의 운명과 감정의 운명을 명확하게 떼어 놓고, 감정의 영역에만 억압이라는 용어를 사용하고자 한다면 관념의 운명에는 〈부인(否認)〉이라는 말이 적절해 보이지,[5] 〈암소화〉는 결코 어울리지 않는다. 왜냐하면 이 용어는 시각적 인상이 망막 뒤의 암점(暗點)에 맺히는 바람에 전혀 상이 생기지 못하는 것처럼 지각 작용이 완전히 지워지는 것 같은 느낌을 주기 때문이다. 하지만 우리가 살펴보려는 페티시즘은 이와 정반대다. 즉 여성의 남근 부재를 이미 지각하고 있지만, 이를 부인하는 행동이 매우 적극적인 형태로 나타나고 있는 것이다. 여자의 몸을 관찰한 뒤에도 여자에게 남근이 있다는 믿음을 변함없이 고수하는 것은 옳

3 나는 라포르그가 절대 이렇게 말하지는 않으리라고 가정할 만한 충분한 이유가 있다는 점을 덧붙임으로써 본문의 말을 수정한다. 라포르그 본인의 말에 따르면(「억압과 암소화Verdrängung und Skotomisation」, 1926) 암소화는 정신분석학적 개념을 정신병에 적용하는 과정에서 나온 용어가 아니라 조발성 치매를 설명하는 과정에서 나온 용어이고, 따라서 정신병의 발달이나 신경증 발병을 설명하는 데는 잘 맞아떨어지지 않는다. 이 글에서는 그런 점을 분명히 하고자 한다 — 원주.

4 암소화*Skotomisation*는 지각 작용 자체를 마치 망막 암점증에 걸린 것처럼 눈에 보이지 않게 지워 버리는 것을 의미한다. 정신분석학적으로 설명하자면, 방어기제에 따라 현실이나 현실 일부를 부정하거나, 있을 수 없는 일로 여기는 것을 가리킨다.

5 프로이트가 여기서 사용하고 있는 〈억압〉과 〈부인*Verleugnung*〉의 뜻은 분명히 다르다. 억압은 내면의 본능적 욕구에 대한 방어를 의미하고, 부인은 외부 현실의 요구에 대한 방어를 의미한다.

지 않다. 아이는 그 믿음을 지켜 왔지만 포기했다. 원치 않은 사실 인정의 중압감과 반대 소망 사이의 갈등 속에서 아이는 무의식적인 사고 법칙이 지배하는 곳(일차 과정[6])에서만 가능한 타협에 도달한다. 그러니까, 그럼에도 불구하고 여자에겐 정신적으로 남근이 있다는 것이다. 과거의 남근과 더 이상 똑같은 것이 아니지만 말이다. 다른 무언가가 여자의 남근 대신 등장해서 그 대체물로 자리를 잡으면 이제 예전의 남근으로 향하던 관심이 거기에 쏠린다. 그런데 이 대체물로 향한 관심은 예전에 비해 엄청나게 크다. 왜냐하면 거세 공포로 인해 이 대체물은 마치 거대한 기념비처럼 만들어졌기 때문이다. 게다가 모든 페티시스트에게서 나타나는 여자의 실제 생식기에 대한 소외감도 억압의 지울 수 없는 낙인처럼 남아 있다. 이제 우리는 페티시가 무슨 일을 하고, 무엇을 통해 유지되는지 전체적인 그림을 그릴 수 있다. 즉 페티시는 거세 위협에 대한 승리와 방어의 표시이고, 성 대상으로서 여자를 견딜 만하게 해주는 특성을 여자들에게 부여함으로써 페티시스트가 동성애자가 되는 것을 막아 주는 것이다. 나중의 삶에서 페티시스트는 이 생식기 대체물의 또 다른 장점을 누린다. 남들은 페티시의 의미를 전혀 모르기 때문에 거부감을 보이지 않으며, 페티시는 일상에서 쉽게 구할 수 있을 뿐만 아니라 페티시와 연결된 성적 만족감을 편하게 얻을 수 있다는 것이다. 다시 말해 다른 남자들은 구애의 수고를 들여야 간신히 얻을 수 있는 것을 페티시스트는 별 수고 없이 얻는 것이다.

수컷이라면 누구나 여자의 생식기를 보면서 거세 공포를 느낄 듯하다. 하지만 누구는 왜 이런 공포로 인해 동성애자가 되고, 누구는 왜 자기만의 페티시로 그 공포를 막아 내고, 또 나머지 대다

6 *Primärvorgänge*. 무의식에서 생겨나는 모든 사고와 감정, 행위를 가리킨다.

수 사람들은 왜 그것을 무난히 극복하는지 그 이유를 우리는 정확히 설명하지 못한다. 아마 여러 복합적인 요인들이 있지만, 그런 희귀한 병리학적 현상에 결정적으로 작용하는 요인을 우리가 아직 모르기 때문인 듯하다. 현재로선 왜 그런 현상이 대다수 사람에게는 일어나지 않는지에 대한 설명은 제쳐 두고, 일단 실제로 일어난 현상들에만 초점을 맞추는 것에 만족할 수밖에 없다.

우리는 상실된 여자 남근의 대체물로 선택되는 신체 기관이나 물건이 보통 그전에 남근의 상징물로 여겨지는 것일 거라고 쉽게 예상할 수 있다. 그러나 그럴 때도 많지만, 그게 결정적인 요인은 분명 아니다. 오히려 페티시의 결정에는 트라우마성 기억 상실증에서 기억의 단절을 연상시키는 과정이 작동하는 듯하다. 트라우마를 불러일으킨 그 끔찍한 목격 직전의 마지막 인상이 페티시로 고정되는 것이라면 여기서도 여자 생식기에 대한 관심은 지금까지처럼 중단된다. 그래서 발이나 신발을 페티시로 택한 사람은 호기심 많던 어린 시절에 발밑에서 여자 생식기를 훔쳐본 경험 때문일 때가 많다. 또 모피나 우단은 여자의 음모와 관련이 있다. 그러니까 이 부위만 지나면 그렇게 갈망하던 여자의 남근을 볼 수 있는 것이다. 페티시로 가장 흔하게 선택되는 속옷은 여자가 옷을 벗는 순간, 그러니까 여자에게 남근이 있다고 아직 믿는 마지막 순간과 관련이 있다. 나는 페티시를 결정하는 요인이 무엇인지 매번 확실하게 말할 수 있다고 주장하는 것은 아니다. 다만 거세 콤플렉스의 존재를 아직도 의심하는 사람들, 또는 여자 생식기에 대한 공포에는 다른 이유가 있다고 믿는 사람들, 예를 들어 그게 출생의 트라우마에 대한 가상의 기억에서 유래한 것이라고 믿는 사람들에게 페티시즘을 연구해 볼 것을 절실한 마음으로 권한다. 내게는 이런 것들 말고 페티시를 연구해야 할 이론적 관심이 하나 더 있다.

최근에 나는 순수 사변적 과정을 통해 신경증과 정신병의 본질적 차이를 발견했다. 즉 신경증은 자아가 현실을 위해 이드의 일부를 억압하는 것이고, 정신병은 이드에 휩쓸려 현실 일부에서 벗어나는 것이다. 이 문제는 나중에 다시 한 번 다루게 될 것이다.[7] 아무튼 그 뒤 얼마 지나지 않아 나는 그런 결론이 너무 성급했다고 후회할 만한 일이 생겼다. 두 청년의 정신분석 과정에서 나는 두 사람이 아버지의 죽음(한 사람은 두 살 때, 다른 사람은 열 살 때)을 그 당시부터 인정하지 않아 왔다는 사실, 즉 〈암소화했다〉는 사실을 알게 되었다. 하지만 둘 중 누구도 정신병으로 진전되지는 않았다. 두 사람의 경우, 중요한 현실 일부가 자아에 의해 부인된 것은 분명하다. 여자가 거세됐다는 불편한 사실을 페티시스트들이 부인하는 것처럼 말이다. 나는 비슷한 일이 소아기에도 결코 드물지 않다는 사실을 인지하기 시작했고, 신경증과 정신병의 성격 규정에 오류가 있음을 인정하지 않을 수 없었다. 물론 해결책은 있었다. 정신적인 영역을 좀 더 정밀하게 세분화하면 내 결론도 입증될 수 있다. 즉 어른에게는 심각한 손상으로 이어질 수 있는 일이 어린아이에게는 허용될 수도 있다는 것이다. 하지만 계속 연구를 진행하다 보니 그 모순점을 다른 식으로 해결할 가능성에 이르게 되었다.

즉 두 청년은 페티시스트들이 여자의 거세 사실을 암소화하는 것처럼 아버지의 죽음을 기억에서 지워 버렸다. 그런데 아버지의 죽음을 인정하지 않은 건 그들의 내면세계에 존재하는 하나의 흐름일 뿐이었다. 그들의 내면에는 이것 말고도 아버지의 죽음을

7 『신경증과 정신병*Neurose und Psychose*』(1924); 『신경증과 정신병의 현실 상실 *Der Realitätverlust bei Neurose und Psychose*』(1924).

완벽하게 인지한 다른 흐름도 있었다. 그러니까 현실에 충실한 입장과 소망에 충실한 입장이 병존하고 있는 것이다. 두 청년 중 한 사람은 이 분열로 인해 중간 정도의 강박신경증을 앓고 있었다. 다시 말해 삶의 모든 상황에서 두 가지 생각, 즉 아버지가 아직 살아 있어서 자신의 삶을 방해하고 있다는 생각, 그리고 아버지가 돌아가셔서 자신에게 선친의 후계자가 될 권리가 있다고 하는 생각, 이 둘 사이에서 오락가락하고 있었다. 그렇다면 정신병은 이 두 생각 중 하나, 즉 현실에 충실한 흐름이 없는 경우로 볼 수 있다.

페티시즘으로 다시 돌아가자면, 페티시스트들도 여자의 거세 문제에서 그와 비슷한 분열된 태도를 보인다는 증거는 매우 많다. 순수한 페티시즘의 사례에서는 페티시 속에 거세의 부인과 인정이 동시에 담겨 있다. 수영복으로 입기도 하는 〈치부 가리개〉를 페티시로 삼은 한 남자의 사례가 그랬다. 이 옷가지는 생식기를 덮고 그로써 생식기의 차이를 가리기도 하는데, 정신분석 결과 거기엔 여자가 거세되었다는 의미와 거세되지 않았다는 의미가 동시에 담겨 있었다. 또한 그 옷가지는 남자의 거세 가능성도 허용한다. 이처럼 이 치부 가리개 뒤에는 모든 가능성이 숨어 있다. 남자가 이것을 페티시로 선택한 데는 어렸을 때 아담과 이브의 음부를 가린 무화과 잎을 본 것이 영향을 끼친 것으로 보인다. 상반된 것들이 이중적으로 연결된 이런 페티시는 당연히 수명이 아주 길다. 다른 페티시의 경우는 페티시스트가 현실이나 상상 속에서 이 페티시로 도모하려고 하는 것 속에 이런 분열이 담겨 있다. 페티시스트가 페티시를 숭배한다는 점만 강조하는 것은 충분치 않은 설명이다. 많은 사례들에서 그는 거세의 표현에 비견될 방식으로 페티시를 다룬다. 이는 특히 아버지와의 동일시 경향이 강해서 아버지의 역할을 대신하려는 사람에게서 많이 나타난다. 이런 사람은 어릴 때 여자의 거세 원인을 아버지에게 돌리기 때문이다. 거세의 부정 및 거세의 인정과 맞물려 있는, 페티시에 대한 애정과 적대감은 다양한 사례들에서 어느 하나가 다른 하나보다 확연히 눈에 띌 정도로 불균등하게 섞여 있다. 이런 측면에서 우리는 희미하게나마 여자의 땋은 머리를 자르려고 하는 페티시즘을 이해할 수 있다. 즉 여기엔 자신이 부인한 거세를 스스로 실행하려는 욕구가 깔려 있다. 이 행동에는 서로 어울릴 수 없는 두 가지 주장이 합쳐져 있다. 즉 여자가 아직도 남근을 갖고 있다는 주장과 아버지가 여자를 거세했다는 주장이 그것이다. 사회심리학적으로 페티시즘과 같은 계열로 볼 수 있는 또 다른 변형은 중국인들의 전족 풍습이다. 여자의 발을 천으로 꽁꽁 동여매어 자라지 못하게 한 다음 그렇게 작아진 발을 페티시로 삼는 것이다. 거기엔 일종의 거세 행위에 해당하는 그런 행동을 여자들이 순순히 따라 준 것에 대한 감사의 의미가 담겨 있기도 하다.

결론적으로 말해서, 페티시의 표준적인 원형은 남자의 남근이고, 여자로 환원하면 그 기관의 열등한 원형인 클리토리스다.

리비도의 유형들

Über libidinöse Typen(1931)

이 글은 「여자의 성욕」과 마찬가지로 1931년 초에 시작해서 같은 해 여름에 완성되었다. 성과 성격의 연관성을 다루고 있다는 점이 눈길을 끈다.

이 논문은 1931년 『국제정신분석학회지』 제17호에 처음 발표되었으며, 『전집』 제14권(1948)에도 수록되었다. 영어 번역본은 1932년 잭슨E. B. Jackson이 번역하여 "Libidinal Types"이라는 제목으로 『계간 정신분석』 제1권 1호에 실렸으며, 리비어가 번역하여 『국제정신분석 저널』 제13권 3호(1932)에도 수록되었다. 또한 『논문집』 제5권(1950), 『표준판 전집』 제21권(1961)에도 수록되었다.

리비도의 유형들

지금까지 관찰한 바에 따르면 개개인은 인간의 보편적 모습을 헤아릴 수 없이 다양한 방식으로 구현한 존재다. 이런 다양성 속에서 개별 유형을 구별하려면 어떤 관점에서 어떤 특징에 따라 분류할 것인지 먼저 선택해야 한다. 이때 육체적 특성 역시 정신적 특성 못지않게 중요하다는 사실은 두말할 필요가 없다. 아마 육체적 특성과 정신적 특성의 균형 잡힌 통합을 보장하는 구분이 가장 중요할 듯하다.

이런 균형 잡힌 유형들을 밝혀내는 것이 지금 우리에게 가능한지는 사실 의문스럽다. 물론 앞으로 언젠가는 아직 우리가 모르는 토대 뒤에서 그런 일이 가능하겠지만 말이다. 어쨌든 그것을 심리학적 유형으로만 국한한다면 분류의 토대로 가장 먼저 떠오르는 것은 리비도다. 그런데 이 분류는 리비도에 대한 우리의 지식이나 가설에서 나온 것이지만 경험적 현실에서도 쉽게 확인되어야 하고, 또 관찰된 많은 것들을 우리의 관점으로 해명하는 데 기여해야 한다. 게다가 고백하자면, 리비도에 따른 이런 유형들은 정신적인 영역에서 결코 유일한 가능성일 수는 없고, 다른 특성들을 출발점으로 삼으면 일련의 다른 심리적 유형들도 얼마든지 추출해 낼 수 있을 것이다. 아무튼 이 모든 유형들을 병적인 증상들과 일치시킬 필요는 없다. 오히려 현실적으로 판단해서 정상적인 범주 안에 있는 모든 유형의 변형까지 포괄해야 한다. 물론 극단적인 사례에서는 병적인 증상에 근접할 수 있지만, 그조차 포괄함으로써 정상적인 것과 병적인 것 사이의 간극을 메우는 데 도움이 되어야 한다.

리비도에 따른 유형은 〈정신〉이라는 기구의 어느 부분에 리비도를 주로 배치하느냐에 따라 세 가지로 분류할 수 있다. 이들 유형에 이름을 붙이는 것은 그리 쉬운 일이 아니지만, 나는 심층심리학에 의거해 성애적 유형, 강박적 유형, 자기애적 유형으로 부르고 싶다.

성애적 유형의 특징은 쉽게 설명할 수 있다. 성애주의자들의 주된 관심(또는 리비도의 대부분)은 사랑으로 향해 있다. 이들에게는 사랑하는 것, 특히 사랑받는 것이 가장 중요하다. 그들은 늘 사랑을 잃지 않을까 불안해 하고, 그래서 사랑을 거부할 수 있는 사람들에게 강한 의존성을 보인다. 이 유형은 순수한 형태로도 빈번하게 나타나지만, 다른 유형과 섞이거나 공격성의 정도에 따라 여러 가지 변형된 형태로 나타나기도 한다. 사회적·문화적으로 볼 때 이 유형은 다른 정신적 기구들도 굴복할 수밖에 없었던 이드의 원초적 욕구를 대변한다.

처음엔 생소하게 들릴 수 있는 강박적 유형이라는 이름의 두 번째 유형은 고도의 긴장감 속에서 자아로부터 분리된 초자아의 패권이 특징이다. 이 유형에서는 사랑의 상실에 대한 불안보다 양심에 대한 두려움이 지배적인데, 외적인 종속성 대신 내적인 종속성이 드러나고, 자립심이 매우 발달해 있다. 사회적으로 볼 때 진정한 의미의 문화적 보수주의자들이 이 유형에 속한다.

자기애라 불릴 만한 충분한 사유가 있는 세 번째 유형은 본질적으로 부정적인 성격을 띠고 있다. 이 유형의 경우, 자아와 초자아 사이의 긴장은 존재하지 않고(그 때문에 이 유형에서는 초자아의 가설이 거의 적용되지 않는다), 성애적 욕구가 지배하는 것도 아니다. 이 유형의 사람들은 주로 자기 보존에 관심이 많고, 독립적이고 두려움이 별로 없다. 이들의 자아에는 언제든 사용 가능한 상당량의 공격성이 탑재되어 있으며, 성애 생활에서는 사랑받는 것보다 사랑하는 것을 더 선호한다. 남들의 눈에 〈카리스마 강한 인물〉로 비치는 이 유형의 사람들은 타인들에게 버팀목으로 기능하고, 지도자의 역할을 맡고, 문화의 발전에 새로운 자극을 주거나 기존의 것을 깨부수는 데 특히 적합하다.

이 세 가지 순수한 유형은 의심할 바 없이 리비도 이론에서 나왔다. 하지만 좀 더 확실한 현실적 경험을 토대로 살펴보면 이런 순수한 유형들보다는 그것들이 섞인 혼합형이 더 빈번하게 관찰된다. 실제로도 이 새로운 혼합형들, 예를 들어 성애적-강박적 유형, 성애적-자기애적 유형, 자기애적-강박적 유형은 우리가 분석을 통해 알고 있는 개인의 심리 구조와 더 잘 맞아떨어지는 것처럼 보인다. 이 혼합형들을 추적하다 보면 만나게 되는 사람들이 바로 우리가 오래전부터 잘 알고 있던 성격적 유형이기 때문이다. 성애적-강박적 유형에서는 본능의 우위가 초자아의 영향으로 제약받는다. 또한 동시대의 사람들뿐 아니라 부모와 교육자, 모범적 위인들에 대한 의존도가 최고조에 달한다. 성애적-자기애적 유형은 아마 우리가 가장 흔하게 볼 수 있는 부류일 것이다. 이 유형 속에는 서로 완충 작용을 하는 대립적인 특성이 통합되어 있다. 이 유형은 다른 두 가지 성애적 유형들과 비교해 보면 공격성과 활동성이 자기애의 패권과 함께 가는 것을 알 수 있다. 끝으로 자기애적-강박적 유형은 문화적으로 가장 소중한 변형이다. 왜냐하면 외적 독립성과 양심에 대한 존중에다 힘찬 실행력을 겸비하고 있고, 초자아에 대항하는 자아의 힘이 강하게 나타나기 때문이다.

혹시 농담 삼아 이론적으로 가능한 또 다른 유형, 즉 성애적-강박적-자기애적 유형은 왜 빠뜨렸냐고 물을 수도 있을 듯하다. 하지만 이는 단순한 농담이 아니다. 그래서 그에 대한 답도 진지해야 한다. 그런 유형은 더 이상 하나의 유형이 아니라 이상적 조화를 의미하는 절대적 규범이기 때문이다. 그렇다면 이 대목에서 우리는 유형의 발생 원리를 짐작해 볼 수 있다. 즉 정신의 예산에 포함된 리비도의 세 가지 쓰임새 중에서 한두 가지는 다른 것의 희생 위에서만 촉진될 수 있다는 것이다.

이런 질문도 가능해 보인다. 리비도의 이 유형들과 병리학은 어떤 관계일까? 그중 신경증으로 발전할 소지가 큰 것도 있을까? 만약 있다면, 어떤 유형이 어떤 신경증으로 이어질까? 대답은 이렇다. 이런 리비도적 분류는 신경증 발생에 새로운 해명 자료가 되어 주지는 못한다는 것이다. 경험적 증거에 따르면 이 모든 유형들은 신경증으로 이어지지 않고 그 자체로 얼마든지 존재할 수 있다. 하나의 특별한 정신적 성향이 뚜렷한 순수 유형들은 순수한 성격으로 발전할 가능성이 커 보이는 반면에, 혼합형들은 신경증을 유발할 좋은 토양을 갖고 있다고 말할 수 있다. 하지만 그렇다고 하더라도 이 관계들에 대한 전반적인 판단은 전문적이고 신중한 검증 없이는 이루어질 수 없다고 생각한다.

발병할 경우 성애적 유형은 히스테리로, 강박적 유형은 강박신경증으로 나아갈 가능성이 높아 보인다. 물론 이런 추측 역시 방금 강조한 대로 확실하지 않다. 자기애적 유형은 평소의 독립성에도 불구하고 외부 세계로부터 좌절을 느끼면 정신병에 걸릴 소지가 클 뿐 아니라 범죄를 저지르기에 좋은 조건을 갖고 있다.

알다시피 신경증의 병인론적 조건이 무엇인지는 아직 확실하게 밝혀진 것이 없다. 신경증의 유발 요인은 좌절과 내면의 갈등이다. 예를 들어 세 가지 중요한 정신적 성향들 사이의 갈등, 양성적 소인으로 인한 리비도적 배분상의 갈등, 성애적 충동 요인과 공격적 충동 요인 간의 갈등이 그렇다. 정상적인 정신적 흐름에 속하는 이런 과정들을 병적으로 만드는 것이 무엇인지 밝히기 위해 신경증 심리학은 더욱더 노력해야 한다.

여자의 성욕

Über die weibliche Sexualität(1931)

이 글은 1925년에 전에 발표한 「성의 해부학적 차이에 따른 몇 가지 심리적 결과」가 영국의 정신분석학계에 큰 반향을 불러일으키자 프로이트가 다시 한 번 같은 주제로 쓴 것이다. 특히 말미에서 다른 학자들을 비판한 대목은 프로이트의 글에서는 흔치 않은 일로 자신의 주장에 대한 확고한 입장을 잘 보여 준다.

이 논문은 1931년 『국제정신분석학회지』 제17권 3호에 처음 발표되었으며, 『저작집』 제12권(1934), 『전집』 제14권(1948)에 수록되었다. 영어 번역본은 1932년 잭슨이 번역하여 "Concerning the Sexuality of Women"이라는 제목으로 『계간 정신분석』 제1권 1호에 수록되었으며, 존 리비어가 번역하여 "Female Sexuality"라는 제목으로 『국제정신분석 저널』 제13권 3호에 실렸다. 또한 『논문집』 제5권(1950), 『표준판 전집』 제21권(1961)에도 수록되었다.

여자의 성욕

1

정상적인 오이디푸스 콤플렉스 국면에서는 어린아이가 반대 성의 부모에게 애정을 보이고, 동성 부모와의 관계에서는 적대감을 드러내는 것을 볼 수 있다. 남자아이의 경우는 이런 결과를 확인하는 데 어려움이 없다. 아이에게 최초의 사랑 대상은 어머니이고, 그 상태는 계속 유지된다. 게다가 아이의 성애적 욕구가 커져 가고, 아버지와 어머니의 관계를 좀 더 깊이 알게 되면서 아버지는 아이에게 경쟁자가 될 수밖에 없다. 하지만 여자아이의 경우는 다르다. 여자아이에게도 최초의 사랑 대상은 어머니다. 그러던 것이 어떻게 아버지에게로 사랑이 바뀌는 것일까? 어떻게, 언제, 왜 어머니로부터 돌아서게 되는 것일까? 우리는 여자의 성욕이 최초의 주도적 생식기 부위인 클리토리스를 버리고 새로운 생식기 부위인 질로 넘어가는 과제를 통해 복잡해진다는 것을 이미 오래전에 알고 있다. 거기다 이제는 두 번째 변화, 즉 원래의 사랑 대상인 어머니를 버리고 아버지로 넘어가는 이행 과정 역시 여자의 발달 과정 못지않게 특징적이고 중요해 보인다. 하지만 이 두 과제가 서로 어떤 식으로 연결되어 있는지는 아직 밝혀진 바가 없다.

익히 알려져 있듯이, 아버지에게 강한 집착을 보이는 여성은 무척 많다. 물론 그렇다고 그런 여성들이 모두 신경증 증상을 보이는 것은 아니다. 나는 이 여성들을 관찰하여 여자의 성욕에 대한 나름의 견해를 갖게 되었는데, 이제 그 내용을 여기서 보고하고자 한다. 특히 내 눈에 띈 것은 두 가지 사실이다. 첫째, 정신분석적 결과에 따르면 아버지에 대한 애착이 유난히 강한 여성은 그전에도 비슷한 강도와 열정으로 어머니에게 매달렸던 사람들이다. 게다가 이 두 번째 시기에서는 사랑의 대상이 아버지로 바뀌었다는 사실만 제외하면 다른 새로운 특징은 거의 추가되지 않았다. 그러니까 어머니와의 원초적 관계가 더 다양하게 확장된 것뿐이었다.

둘째, 여자아이가 어머니에게 애정적으로 매달리는 기간 자체도 그동안 과소평가되어 왔다. 그 기간은 여러 사례에서 네 살까지, 한 사례에서는 다섯 살까지 이르렀다. 그렇다면 첫 성적 개화기의 상당 부분을 차지하는 셈이다. 우리는 이제 상당수 여자들이 어머니에 대한 본래적 애착에서 벗어나지 못하고, 그래서 나중에도 남자로 사랑의 대상을 정상적으로 바꾸지 못할 가능성을 고려해야 한다.

이로써 우리가 지금껏 별로 주목하지 않았던 여성의 오이디푸스 전 단계가 새로운 의미로 부상한다.

우리가 신경증의 발발 원인으로 생각하는 고착화와 억압이 이 시기에도 존재하기 때문에 오이디푸스 콤플렉스가 신경증의 핵심이라는 명제의 보편성을 철회할 필요가 있어 보인다. 물론 이런 수정이 못마땅하게 여겨지는 사람은 굳이 그럴 필요까지 없다. 그 명제를 보완할 다른 방법이 있기 때문이다. 즉 한편으론 오이디푸스 콤플렉스가 부모와 아이의 모든 관계를 포괄한다는 점을 추가하고, 다른 한편으론 여자는 부정적 콤플렉스가 지배하는 그 시기를 극복해야만 정상적이고 긍정적인 오이디푸스의 상황에 도달하게 된다고 말하는 것이다. 실제로 오이디푸스 전 단계에서 여자아이에게 아버지는, 비록 그 적대감이 남자아이의 수준까지는 아니더라도 성가신 경쟁자와 크게 다르지 않은 존재다. 우리는 남자와 여자와 성 발달 사이의 원만한 상사 관계에 대한 모든 기대를 이미 오래전에 포기했다.

여자아이의 오이디푸스 전 단계에 대한 분석은 한 마디로 놀라움 그 자체였다. 마치 그리스 문명 뒤에 미노스-미케네 문명이 있다는 사실을 처음 발견한 것처럼 말이다.

나로서는 어머니에 대한 애착의 이 첫 시기를 분석하는 것이 무척 어렵게 느껴졌다. 마치 가혹한 억압의 통제를 받고 있는 게 아닌가 싶을 정도로 오래되고, 모호하고, 재현이 거의 불가능했다. 하지만 이런 느낌은 어쩌면 내가 남자여서 그런 건지도 모른다. 그러니까 남자인 내게서 치료받은 여성 환자들은 언급된 그 시기에서 도망쳐 아버지 애착 시기에만 매달릴 수 있었기 때문이다. 반면에 잔 람플-더흐로트Jeanne Lampl-de Groot나 헬레네 도이치 같은 여자 의사들은 환자들이 의사를 어머니로 전환해서 보기가 한결 용이하기에 그 시기의 일들을 좀 더 쉽고 명료하게 인지할 수 있었던 것으로 보인다. 또한 나는 한 사례를 완벽하게 들여다볼 수가 없었고, 그래서 지극히 일반적인 결과들만 전달하는 데 그치면서 새롭게 얻은 인식들 가운데 극히 일부만 거론할 생각이다. 그중 하나가 어머니에 대한 애착의 시기가 히스테리 병인론과 밀접한 관련이 있는 것으로 추정된다는 것이다. 이는 다음 사실을 고려하면 별로 놀랍지 않다. 즉 이 시기와 신경증은 여성성의 특별한 성격에 속한다는 사실, 그리고 더 나아가 어머니에 대한 의존성에서 훗날 여성 편집증의 싹이 발견된다는 사실을 고려하면 말이다.[1] 그 싹은 바로 어머니에게 살해될지도(잡아먹힐지도) 모른다는, 충격적이면서도 일상적인 두려움인 것처럼 보인다. 이 두려움은 어린 시절 교육과 보살핌에 따르는 다양한 규제로 인해 아이 속에서 어머니를 향해 생겨난 적개심에서 비롯된 것으로 가정할 수 있다. 또한 초기의 정신적 조직화를 통해 그런 투영의 메커니즘이 촉진되는 것처럼 보인다.

2

앞서 나는 새로 발견한 두 가지 사실을 제시했다. 하나는 아버지에 대한 여자의 강한 애착이 그전에 어머니에 대한 강한 애착의 유산일 뿐이라는 것이고, 다른 하나는 어머니에 대한 애착의 시기가 의외로 오래 지속된다는 것이다. 이제 나는 이 결과들을 우리가 잘 아는 여자의 성욕 발달 과정에 끼워 넣기 위해 다시 앞으로 거슬러 올라갈 생각이다. 그 과정에서 어느 정도의 반복은 불가피하며, 남자의 상황과 지속적으로 비교하는 것도 우리의 서술에 도움이 될 수 있다.

우선 인간의 본래적 소인으로 간주되는 양성성이 남자보다 여자에게서 훨씬 두드러진다는 사실은 두말할 나위가 없을 정도로 분명하다. 남자에겐 오직 성기 하나만이 주도적으로 성 기능을 담당한다면, 여자에게는 그런 곳이 두 군데 있다. 여자의 본래적

1 러스 맥 브런스윅Ruth Mack Brunswick이 「부정망상의 분석Die Analyse eines Eifersuchtswahnes」(1928)에서 보고한 한 유명한 사례에 따르면 오이디푸스 콤플렉스 이전 시기의 고착화에서 이 부정망상(배우자의 부정을 의심하는 편집증적 증세)이 나온다고 한다 — 원주.

인 성 기관인 질과, 남근과 유사한 클리토리스가 그것이다. 우리는 질이 수년 동안 없는 듯이 지내다가 사춘기에 이르러 예민하게 반응한다고 일반적으로 믿고 있다. 물론 최근에는 그보다 어린 시기에도 질의 흥분이 일어난다는 관찰자들의 목소리가 점점 늘고 있는 것은 사실이다. 그럼에도 여자의 경우, 어린 시절 생식기에서 진행되는 본질적인 활동은 클리토리스에서 일어나는 것이 틀림없다. 여자의 성생활은 일반적으로 두 국면으로 나뉜다. 남성적 성격을 띤 첫 번째 국면과 오직 여성적 성격만 띤 두 번째 국면이다. 그래서 여자의 성에서는 한 국면에서 다른 국면으로 넘어가는 과정이 존재한다. 남자에게서는 그와 유사한 과정이 전혀 보이지 않는다. 그런데 남성적 속성의 클리토리스가 이후의 성생활에서도 무척 변화무쌍하고, 뭐라 만족스럽게 설명할 수 없는 방식으로 그 기능을 계속 유지한다는 점에서 여자의 또 다른 복잡한 속성이 생겨난다. 당연히 우리는 여자의 이런 독특함의 생물학적인 근거를 알지 못한다. 그렇다고 이런 속성에 목적론적인 의도를 부여하는 것은 더더욱 적절치 않아 보인다.

이 첫 번째 큰 차이와 더불어 또 다른 차이는 대상 찾기의 영역에서 나타난다. 남자의 경우, 어머니는 영양 공급과 보살핌의 영향으로 인해 자연스레 아이의 첫 번째 사랑 대상이 되고, 그 상태는 어머니와 본질적으로 비슷하거나 어머니를 연상시키는 다른 존재가 나타날 때까지 지속된다. 여자의 경우도 첫 번째 사랑 대상은 어머니임이 분명하다. 그런 면에서 대상 선택의 근원적 조건은 모든 아이들이 동일하다. 그런데 여자는 성장의 마지막 단계에서 아버지를 새로운 사랑 대상으로 선택하게 된다. 즉 여자의 성적 변화에 발맞추어 성적 대상도 바뀌는 것이다. 여기서 연구의 새로운 과제가 생겨난다. 이런 변화는 어떤 경로로 일어나는가? 이 변화는 얼마나 철저하게, 또는 얼마나 불완전하게 이루어지는가? 이 발전 과정에서는 어떤 다양한 가능성들이 나오는가?

남녀 간의 또 다른 차이는 오이디푸스 콤플렉스와 연결되어 있다. 여기서 우리는 오이디푸스 콤플렉스에 관한 우리의 진술이 엄밀하게 보면 오직 남자아이에게만 해당하고, 남녀의 태도에서 유사성을 강조하는 〈엘렉트라 콤플렉스〉[2]라는 용어는 거부하는 것이 옳다는 느낌을 받는다. 한쪽 부모에게만 애정을 보이고 다른 쪽 부모에게는 경쟁자의 증오를 내보이는 운명적 관계는 오직 남자아이에게서만 볼 수 있다. 이들의 경우, 여자 생식기를 직접 목격한 것이 거세의 가능성을 알게 되는 결정적 계기로 작용한다. 즉 거세 공포는 오이디푸스 콤플렉스에 변화를 강요하고, 초자아의 생성을 유발하고, 개인이 문화 공동체 속으로 편입되는 것을 목표로 하는 일련의 과정을 이끈다. 아버지의 존재를 초자아로 내면화한 뒤에는 또 다른 과제, 즉 원래 초자아를 정신적으로 대변하는 인물들로 아버지를 대체하는 과제를 해결해야 한다. 이렇게 독특한 발달 과정에서 소아 성욕의 제한으로 이끄는 것은 생식기에 대한 자기애적 관심, 다시 말해 남근 보존의 관심이다.

남자들에게 남아 있는 오이디푸스 콤플렉스의 영향은 여자들에 대한 경멸적 태도다. 그들은 여자들을 거세된 존재로 보기 때문이다. 극단적인 경우 이러한 경멸적 태도는 대상 선택의 제약

2 Elektrakomplex. 프로이트가 내세우고 융이 이름 붙인 정신분석학적 용어. 딸이 아버지에게 애정을 품고, 어머니에게는 경쟁자로서 반감을 보이는 경향을 가리킨다. 이 명칭은 그리스 신화에서 아가멤논의 딸 엘렉트라가 보여 준 아버지에 대한 애착과 어머니에 대한 증오에서 유래했다. 미케네의 왕 아가멤논은 10년 동안의 트로이 전쟁을 마치고 귀국한 날 밤, 아내 클리타임네스트라와 간부(姦夫) 아이기스토스에게 살해당한다. 그러자 아가멤논의 딸 엘렉트라는 아버지의 죽음을 복수하기 위해 동생 오레스테스와 힘을 합쳐 어머니와 간부를 죽인다.

으로 나아갈 수 있으며, 신체적 요소들의 지원까지 곁들여지면 배타적 동성애로 발전할 수도 있다. 여자에게는 거세 콤플렉스의 영향이 완전히 다르게 나타난다. 여자는 자신의 거세 사실을 인정하고, 이로써 남자의 우월함과 자신의 열등함을 받아들인다. 하지만 다른 한편으론 이 불쾌한 사실에 반기를 들기도 한다. 이런 분열적 태도에서 세 가지 발달 양상이 나타난다. 첫째, 성욕에 대한 전반적인 반감이다. 남자아이의 성기와 비교함으로써 위축된 여자아이는 클리토리스에 불만을 느끼면서 남근적 행동을 포기하고, 이로써 성욕뿐 아니라 다른 영역에서의 남성적 활동까지 상당 부분 그만둔다. 둘째, 반항적인 자기 관철 의지 속에서 위협받는 자신의 남성성에 집착하게 된다. 언젠가 다시 남근을 갖게 되리라는 희망은 정말 믿기지 않을 만큼 늦은 시기까지 이어지고, 삶의 목표로 승격된다. 온갖 시련을 이겨 내어 남자가 되는 판타지는 삶의 긴 시간 동안 성격 형성에 중요한 영향을 미치기도 한다. 여자의 이런 〈남성성 콤플렉스〉는 명확한 동성애적 대상 선택으로 이어질 수 있다. 셋째, 아버지를 사랑의 대상으로 선택함으로써 오이디푸스 콤플렉스의 여성적 형태로 나아간다. 여자의 정상적인 최종 모습은 이 우회적인 세 번째 과정을 통해서야 도달할 수 있다. 이런 점에서 여자의 오이디푸스 콤플렉스는 기나긴 발달 과정의 최종 결과이고, 거세의 영향으로 파괴되는 것이 아니라 오히려 만들어지고, 남자들에게는 파괴적으로 작용하는 적대적 영향에서 벗어난다. 게다가 여자들은 이 콤플렉스를 극복하지 못할 때가 무척 많다. 그래서 오이디푸스 콤플렉스의 붕괴에서 생겨나는 문화적 결과도 미미하고 보잘것없다. 그렇다면 오이디푸스 콤플렉스와 거세 콤플렉스의 상호 관련성에서 비롯한 이런 차이가 사회적 존재로서 여자의 성격을 규정한다고 해도 그리

틀린 말은 아닐 듯싶다.[3]

오이디푸스 전 단계라고 불리는 어머니에 대한 배타적 애착 단계는 남자보다 여자에게 훨씬 더 중요한 의미가 있다. 예전에는 도저히 이해가 되지 않던 여성 성생활의 많은 현상들도 이 시기로 소급해서 해석하면 완벽하게 이해가 된다. 예를 들어 많은 여자들이 결혼 전에는 아버지의 모델에 따라 남편을 선택하거나 남편을 아버지의 자리에 놓지만, 실제 결혼 생활에서는 과거 어머니와의 나쁜 관계를 남편에게 반복한다. 남편은 아버지와의 관계를 물려받아야 하지만, 실제로는 어머니와의 관계를 물려받은 것이다. 이는 퇴행의 명백한 사례로 볼 수 있다. 본래적인 관계는 어머니와의 관계이고, 그것을 토대로 아버지와의 관계가 구축된다. 그러다 결혼 생활에서 그 본래적인 것이 억압을 뚫고 나온다. 정서적 애착이 어머니에게서 아버지로 넘어가는 것은 여성성의 발달에 핵심을 이룬다.

우리는 많은 여자들의 청소년기가 어머니와의 갈등으로 채워져 있듯이 그들의 성숙기가 남편과의 갈등으로 점철되어 있는 느낌을 받는다. 그렇다면 앞에서 언급한 것들을 토대로 이런 결론을 끄집어낼 수 있다. 즉 어머니에 대한 적대적 태도는 오이디푸스 콤플렉스에 내재된 경쟁 심리의 결과가 아니라, 오이디푸스 전 단계에서 비롯되어 오이디푸스 상황에서 강화되고 적용되었

3 남성 페미니스트뿐 아니라 우리의 여성 정신분석가 동료들도 이 견해에 동의하지 않으리라는 것을 충분히 예상할 수 있다. 그들은 이런 학설들이 남자의 〈남성성 콤플렉스〉에서 나왔으며, 여성을 폄하하고 탄압하려는 남성의 타고난 성향을 이론적으로 정당화하는 데 이용하고 있다고 반박할 것이다. 그러나 이런 정신분석적 논쟁은 도스토옙스키의 유명한 말 〈양극단을 가진 작대기〉를 떠올리게 한다. 그러니까 내 주장에 반대하는 사람들은 나름 이렇게 타당한 주장을 펼칠 것이다. 즉 뜨겁게 열망하는 양성 평등에 어긋나는 것은 여성들이 받아들이지 않으리라는 것이다. 사실 정신분석에서 양극단의 문제는 이런 논쟁을 벌인다고 해서 해결될 일이 아니다 — 원주.

다는 것이다. 이는 정신분석을 통해 직접적으로 확인된 내용이기도 하다. 이제 우리는 그렇게 강렬한 집착으로 사랑하던 어머니에게서 등을 돌리게 만든 메커니즘으로 관심을 돌려야 한다. 물론 그런 결과에 이르기까지는 하나의 요인이 아닌, 일련의 요인이 복합적으로 작용할 것이다.

이 요인들 가운데에서 소아기 성욕의 상황들로 결정되고, 남자아이들의 성애적 삶에도 비슷한 방식으로 적용되는 몇 가지가 눈에 띈다. 그중 가장 앞자리를 차지하는 것이 타인, 즉 아버지를 비롯한 경쟁자들과 형제자매에 대한 질투다. 소아기의 사랑은 한계가 없고, 남들과 사랑을 나누는 것에 만족하지 못하고 독점을 요구한다. 그런데 이 사랑에는 또 다른 특징이 있다. 어린아이의 사랑은 본질적으로 목표가 없고, 완전한 만족을 느낄 수도 없다는 것이다. 때문에 그 사랑은 결국 실망으로 끝나고 적대적 태도에 자리를 내줄 운명에 처한다. 궁극적인 만족을 느낄 수 없다는 것은 이후의 삶에 또 다른 결과를 초래할 수 있다. 또한 이 요인은 목표가 가로막힌 사랑에서처럼 리비도의 중단 없는 지속을 보장할 수 있지만, 발달 과정의 압박 속에서 리비도가 새로운 태도를 취하기 위해 불만족스러운 태도를 버리는 일이 정기적으로 발생한다.

어머니에게서 등을 돌리게 하는 훨씬 특수한 다른 동기는 남근이 없는 피조물에 대한 거세 콤플렉스의 영향에서 나온다. 여자아이는 언젠가 자신이 신체적으로 열등하다는 사실을 발견한다. 남자 형제가 있거나, 주위에 다른 남자애가 있을 경우에 당연히 그 사실을 더 빨리, 더 쉽게 인지한다. 우리는 이러한 인지에서 나오는 세 가지 발달 방향을 이미 알고 있다. 첫째, 성생활의 전반적인 중단. 둘째, 반항이라도 하듯 남성성에 대한 과도한 집착. 셋째, 종국적인 여성성으로의 방향 전환. 이런 발달 방향들의 시점을 특정하거나 전형적인 발달 과정을 확정하는 것은 쉽지 않다. 거세 사실을 발견하는 시점도 각각 다르고, 여러 다른 요인도 일정하지 않고 우연적이다. 또한 여자아이의 남근적 활동도 고려해야 하고, 이런 활동이 발견되느냐 발견되지 않느냐, 그리고 그 발견 이후에 얼마만큼 억제가 이루어지는지도 참작해야 한다.

여자아이들은 대개 남근적 활동, 즉 클리토리스의 자위행위를 스스로 알아서 발견하고, 처음엔 그런 자위행위 속에 판타지도 없다. 그런데 어머니나 유모, 보모가 아이를 씻기면서 클리토리스의 감각을 일깨움으로써 그들을 유혹자로 삼는 판타지가 시작된다. 여자아이들의 수음이 남자아이들에 비해 드물고, 처음부터 그 욕구가 강하지 않은지는 확실치 않다. 다만 그럴 가능성이 있을 뿐이다. 실질적인 유혹도 충분히 빈번한데, 그것은 대체로 다른 아이들, 아니면 아이를 달래거나 재우거나 자신에게 의존하게 만들려는 보호자들에게서 비롯된다. 유혹이 끼어들면 대체로 발달 과정의 자연스러운 진행은 방해를 받는다. 또한 유혹은 포괄적이고 지속적인 결과를 남길 때가 많다.

우리가 듣기로, 자위의 금지는 자위를 포기하게 하는 계기가 된다. 그러나 동시에 자위를 금지한 사람, 즉 어머니나 나중에 어머니와 이미지가 겹치는 어머니 대리자에 대한 반항의 동기가 되기도 한다. 금지에도 불구하고 반항적으로 자위를 계속하는 것은 남성성으로 나아갈 길을 열어 주는 듯하다. 아이가 비록 자위를 억누르지 못할 경우에도 겉으론 아무 힘이 없는 것 같은 이 금지의 영향은, 어떤 희생을 치르더라도 망쳐진 만족감에서 벗어나려는 이후의 노력 속에서 나타난다. 성숙한 처녀의 대상 선택조차 이 집요한 자위 금지로부터 영향을 받을 수 있다. 자유로운 성적 행동을 못하게 된 것에 대한 원망이 어머니로부터 멀어지는 데 큰 역할을 한다. 이 반항의 동기는 어머니가 딸의 순결을 지키려는 의무를 느끼는 사춘기 이후에도 다시 영향을 끼친다. 물론 잊지 말아야 할 것은, 어머니가 남자아이의 자위행위에도 비슷한 방식으로 대응하고, 이로써 남자아이에게도 어머니에 대한 강력한 반항의 동기를 제공한다는 사실이다.

남자의 생식기를 보고 자신의 신체적 결함을 알게 된 여자아이는 이 달갑지 않은 사실을 주저하면서 마지못해 받아들인다. 그러면서 언젠가는 자신도 그런 생식기를 갖게 되리라는 기대에 매달리고, 그 기대는 상당히 긴 시간 동안 희망으로 간직된다. 어쨌든 아이는 처음엔 거세를 자기만의 개인적 불행이라 여긴다. 그러다 나중에야 그게 자신만의 문제가 아니라 다른 아이들, 더 나아가 어른들에게도 해당한다는 것을 알아차린다. 여자 생식기의 이런 일반적인 부정적 특성을 알게 되면서 어머니를 포함해 여성성에 대한 심각한 폄하가 나타난다.

여자아이들이 거세의 인상과 자위행위의 금지에 보이는 반응들에 대한 이런 설명이 독자들에게 매우 혼란스럽고 모순적으로 느껴지는 것은 충분히 이해할 만하다. 하지만 이건 전적으로 나의 잘못이라고 할 수는 없다. 사실 어떤 현상을 두고 보편타당한 설명을 하기란 불가능에 가깝다. 개인마다 반응은 천차만별이고, 또 같은 사람에게서 상반된 태도가 나타나는 경우도 많다. 자위행위의 금지라는 최초의 외부 개입과 함께 갈등이 시작되고, 그때부터 성 기능의 발달이 수반된다. 첫 번째 국면의 정신적 과정과 이후의 정신적 과정을 구분하는 것이 무척 어려운 점도 또 다른 난관으로 작용한다. 첫 국면의 정신적 과정은 두 번째 정신적 과정으로 은폐되고 기억 속에서 왜곡되는 경우가 많다. 예를 들어 여자아이는 나중에 거세 사실을 자위행위에 대한 벌로 생각하고, 그 벌을 아버지가 내렸다고 여길 수도 있다. 물론 둘 다 사실이 아니지만 말이다. 남자아이들도 대개 거세를 위협하는 사람이 어머니임에도 실질적인 두려움은 아버지로부터 느낀다.

어쨌든 어머니에 대한 애착의 이 첫 단계 끄트머리쯤에 어머니에게서 등을 돌리게 되는 강력한 동기로서, 어머니가 자신에게 제대로 된 남근을 주지 않았다는 원망, 즉 자신을 여자로 태어나게 한 것에 대한 원망이 고개를 쳐들기 시작한다. 그다음으로 우리가 들은 원망은 다소 뜻밖이다. 즉 어머니가 충분히, 그리고 만족할 만큼 오랫동안 젖을 주지 않았다는 것이다. 오늘날과 같은 문명 환경에서는 충분히 있을 수 있는 이야기이지만, 정신분석에서는 그런 원망이 더 두드러진다. 그런데 이런 원망은 어린아이들 일반이 느끼는 불만의 표현처럼 보이기도 한다. 일부일처제의 문명사회에서 아이들은 6개월에서 9개월 사이에 젖을 뗀다. 반면에 원시사회의 어머니들은 대개 2~3년 동안 아이에게 헌신적으로 젖을 먹인다. 그래서 우리의 아이들은 어머니의 젖을 충분히, 그리고 오랫동안 빨지 못해서 영원히 불만족스러운 상태에 있는 것처럼 보인다. 물론 그렇다고 원시사회의 아이들처럼 오랫동안 젖을 빤 아이들이 그런 원망을 갖지 않으리라는 보장은 없다. 소아기 리비도의 탐욕은 그만큼 강력하기 때문이다!

여자아이가 어머니로부터 돌아서는 현상에 대해 정신분석이 지금껏 찾아낸 일련의 동기들을 정리하면 이렇다. 즉 어머니는 아이에게 제대로 된 남근을 선사하지 못했고, 젖을 충분히 먹이지 않았고, 사랑을 남들과 나누도록 강요했고, 그로써 사랑에 대한 아이의 기대를 충족시켜 주지 못했고, 또 처음엔 아이의 성적 활동을 촉발시키더니 나중에는 금지한 것이 그 동기들이라는 것이다. 하지만 이 모든 것들도 어머니에 대한 최종적인 적대감을 정당화하기엔 불충분해 보인다. 그중 일부는 소아기 성욕의 불가피한 성격에서 나온 것이고, 또 다른 일부는 이해할 수 없는 감정 변화들을 나중에 인위적으로 합리화한 것이다. 어쩌면 어머니에 대한 애착은 최초의 강렬한 사랑이기에 필연적으로 무너질 수밖에 없는 것인지도 모른다. 마치 정열적인 사랑으로 맺어진 첫 결혼이 실패로 돌아가는 일이 많듯이 말이다. 두 경우 다 피할 수 없는 실망과 갈등이 쌓이면서 사랑은 좌절을 맛본다. 두 번째 결혼이 대체로 첫 번째 결혼보다 무난한 것도 그 때문일지 모른다.

우리는 감정 속에 존재하는 모순이 보편타당한 심리적 법칙이고, 또 한 사람에 대한 지극한 사랑 없이는 극심한 증오도 없고, 그런 증오 없이는 그런 사랑도 없다고까지 주장할 수는 없다. 정상적인 성인이라면 의심할 바 없이 이 두 감정을 분리할 수 있고, 따라서 사랑의 대상을 증오하지도 않고, 적을 사랑하지도 않는다. 그러나 이는 나중에 성숙한 뒤의 이야기다. 소아기 사랑의 첫 단계에서는 앞서 말한 그런 모순적 감정이 하나의 규칙처럼 자리 잡고 있는 게 분명하다. 심지어 어릴 적의 이런 특성을 평생 유지하는 사람도 많고, 강박신경증 환자의 경우에는 사랑 대상과의 관계에서 사랑과 증오가 짝을 이루어 나타나는 것이 특징이다. 게다가 원시 종족들도 이런 모순감정의 지배를 받는다고 할 수 있다. 그렇다면 어머니에 대한 여자아이의 강한 애착은 이런 모순적 성격을 띠고 있는 것이 틀림없고, 다른 요인들까지 겹쳐지면 이 모순감정으로 인해, 즉 소아기 성욕의 일반적 특성으로 인해 어머니에게서 떨어지는 방향으로 내몰릴 수밖에 없다.

이 설명에 대해선 즉각 이런 의문이 제기될 수 있다. 남자아이도 여자아이 못지않게 어머니에게 강한 애착을 갖는데, 왜 남자아이들의 애착은 훼손되지 않고 유지될 수 있을까? 이에 대한 답도 질문만큼이나 빨리 준비되어 있다. 남자아이들은 모든 적대감을 아버지에게로 돌림으로써 어머니에 대한 모순감정을 적절히 처리할 수 있기 때문이다. 하지만 남자아이들의 오이디푸스 전 단계에 대해 더 철저한 연구가 이루어지기 전에는 이런 대답을 해서는 안 된다. 게다가 방금 알게 된 이 과정들에 대해 우리가 아직 제대로 알고 있지는 못하다는 사실을 고백하는 편이 좀 더 신중해 보인다.

3

또 다른 의문은 이렇다. 여자아이가 어머니에게 원하는 것은 무엇일까? 어머니에 대한 배타적 애착 시기의 성적 목표는 어떤 종류일까? 정신분석을 통해 추출해 낸 답은 예상과 일치했다. 어머니를 향한 여자아이의 성적 목표는 능동적인 동시에 수동적인 성격을 띠고 있으며 아이가 거치는 리비도의 단계를 통해 정해진다는 것이다. 여기서 특히 관심을 끄는 것은 능동성과 수동성의 관계다. 어린아이의 경우, 성욕의 영역뿐 아니라 정신적 경험의 모든 영역에서 수동적으로 받은 인상이 능동적인 반응을 불러일으키는 것은 쉽게 관찰된다. 다시 말해 아이들은 자신을 두고 이리저리 행해졌던 것을 스스로 직접 한 번 해보고자 하는 것이다. 이는 외부 세계를 정복하려는 작업의 일부로서 스스로에게 부과한 과제다. 그래서 괴로운 내용 때문에 회피하고자 했던 그런 인상들을 반복하려는 시도로 이어질 수 있다. 아이들의 놀이도 그런 의도에 부합한다. 즉 능동적 행위를 통해 수동적 경험을 보완하고, 이로써 수동적 경험을 상쇄하려는 것이다. 의사가 억지로 아이의 입을 벌려 목구멍 상태를 검진했다고 가정해 보자. 아이는 집에 돌아와 의사 놀이를 하면서 자기가 의사 앞에서 그랬던 것처럼 자기 앞에서 꼼짝 못하는 동생에게 자기가 당한 그 폭력적인 행동을 반복하려고 한다. 이 예에서 우리는 수동적 역할에 대한 반감과 능동적 역할에 대한 선호 심리를 분명히 엿볼 수 있다. 물론 수동성에서 능동성으로의 전환이 모든 아이들에게 똑같은 강도로 일어나는 것은 아니다. 가령 그런 전환이 전혀 일어나지 않는 경우도 있다. 우리는 아이들의 이런 태도에서 아이가 성욕 속에서 드러내는 남성성과 여성성의 상대적인 강도에 대해 하나의 결론을 도출해 낼 수 있다.

아이가 어머니에게서 겪는 첫 번째 성적 경험, 또는 성적 색채가 짙은 경험은 당연히 수동적 성격을 띤다. 아이는 어머니의 도움으로 젖을 빨고, 음식을 먹고, 몸을 씻고, 옷을 입고, 그 밖의 다른 일도 전적으로 어머니에게 의존한다. 아이의 리비도 중 일부는 이런 경험에 계속 집착하면서 그와 연결된 만족감을 즐기지만, 리비도의 다른 일부는 그 경험들을 자꾸 능동적인 것으로 바꾸려 한다. 처음엔 그냥 젖이 물려지던 것이 적극적으로 젖을 빠는 행위로 대체되는 것이 그런 예 중 하나다. 다른 관계에서도 아이는 능동적 독자성, 즉 지금까지는 자신에게 일어나기만 했던 것을 이제 자신이 직접 해보는 것에 만족해 하거나, 아니면 놀이에서 수동적 경험을 능동적으로 반복하는 것에 만족해 하거나, 아니면 자신이 적극적 주체가 되어 대상인 어머니에게 뭔가를 해보기도 한다. 이 마지막 행동의 경우, 사실 나는 경험을 통해 그게 어떤 의심도 허용하지 않을 정도로 명백하게 확인되기 전까지는 오랫동안 믿지 않았다.

우리는 여자아이에게서 어머니를 씻기고 입히거나, 용가를 누이고 싶다는 말을 들은 적이 거의 없다. 물론 이따금 〈이제부터는 내가 엄마고, 엄마는 내 아이야, 알았지?〉 하고 말하는 아이들이 있기는 했지만, 대체로 여자아이들은 그런 적극적인 소망을 인형 놀이를 통해 간접적으로 해소한다. 이 놀이에서 여자아이는 엄마 역을 맡고, 인형은 아이 역을 맡는다. 남자아이들과는 대조적으로 여자아이들이 특히 인형 놀이를 좋아하는 것은 보통 일찍 깨어난 여성성의 징후로 해석된다. 틀린 말은 아니지만, 간과하지 말아야 할 것이 있다. 즉 인형 놀이에서 드러나는 것은 여성성의 능동성이고, 여자아이들이 인형 놀이를 선호하는 것은 아버지에 대한 무시와 더불어 어머니에 대한 배타적 애착의 증거라는 것이다.

어머니에 대한 여자아이들의 이런 깜짝 놀랄 성적 적극성은 시간 순서대로 보면 어머니를 향한 구강기적 추구, 사디즘적 추구, 마지막으로 남근기적 추구 속에서 표출된다. 여기서 이것들을 상세히 설명하기는 어렵다. 왜냐하면 이 추구들에는 모호한 충동적 흐름들이 자주 나타나는데, 이런 흐름이 나타날 당시 아이들은 그것을 정신적으로 이해할 수 없고, 그래서 나중에야 그 부분을 해석해야 할 뿐 아니라 정신분석으로 되살린다고 하더라도 원래의 내용을 그대로 담고 있다고 보기 힘들기 때문이다. 가끔 우리는 그런 충동적 흐름이 나중에 아버지라는 대상에게 전이되는 것을 보기도 하는데, 본디 그 흐름은 아버지에게로 갈 것이 아니기에 오히려 이 상황을 이해하는 데 방해만 된다. 공격성을 띤 구강기적 소망과 사디즘적 소망은 이른 시기의 억압에 의해 강요된 형태 속에서 불안, 그러니까 어머니에게 죽임을 당할지도 모른다는 불안으로 나타나고, 이 불안은 결국 아이의 입장에선 어머니가 죽었으면 하는 소망으로 이어진다. 이런 불안이 아이가 짐작하는 어머니에 대한 무의식적 적대감에 얼마만큼 근거하고 있는지는 말하기 어렵다(지금껏 나는 잡아먹힐지도 모른다는 불안을 남자들에게서만 발견했고, 그것을 아버지하고만 관련시켰다. 하지만 이제는 이것이 어쩌면 어머니를 향한 구강기적 공격성이 아버지에게로 전이된 것이 아닐까 하는 생각이 든다. 아이는 자신을 먹여 준 어머니를 잡아먹고 싶어 한다. 아버지의 경우는 그런 소망을 불러일으킬 만한 명확한 동기가 보이지 않는다).

내가 오이디푸스 전 단계를 연구했던, 어머니에게 강한 애착을 보이는 여자들은 하나같이 이런 말을 했다. 어머니가 자신에게 관장을 할 때 두려움과 분노의 비명을 내지르며 극렬하게 저항했다는 것이다. 이런 반응은 어쩌면 아이들에게서 자주 나타나거나, 아니면 아이들의 일반적인 행동일 수 있다. 나는 이런 격렬한 반발의 원인을 러스 맥 브런스윅의 발언을 통해 알게 되었다. 비슷한 문제를 나와 동시에 연구하던 브런스윅은 관장 직후에 아이들에게서 나타나는 분노의 폭발을 생식기 자극 뒤의 오르가슴과 비교하고 싶다고 말했다. 관장할 때의 두려움은 깨어난 공격욕의 변형으로 이해할 수 있다는 것이다. 나도 그렇게 생각한다. 또한 사디즘적-항문 성애적 단계에서는 창자 부위의 강한 외부 자극이 공격욕의 분출을 유발하고, 이 공격성은 직접적인 분노나 억압을 통한 불안으로 표출된다는 점에 동의한다. 물론 이러한 반응은 어느 시기에 이르면 사라지는 것처럼 보인다.

남근기의 수동적 움직임 가운데 두드러지는 것은 여자아이들이 전반적으로 어머니를 성적 유혹자로 지목한다는 사실이다. 그러니까 어머니(또는 어머니를 대신하는 보호자)가 그들의 몸을 씻거나 어루만져 줄 때 생식기에 강한 흥분을 느꼈다는 것이다. 게다가 어머니들도 두세 살짜리 딸을 관찰한 결과를 내게 이렇게 들려주었다. 아이들이 그런 느낌을 좋아하고, 심지어 만지고 비비는 행위의 반복으로 그런 느낌을 더욱 강화해 줄 것을 요구한다는 것이다. 내가 보기엔, 훗날 딸들의 판타지에서 아버지가 성적 유혹자로 자주 등장하는 것도 모두 어머니들이 이런 식으로 불가피하게 딸에게 남근기로 들어가는 길을 열어 주었기 때문인 듯하다. 그러니까 여자아이가 어머니에게서 등을 돌리는 것과 함께 성생활도 아버지에게로 넘어가는 것이다.

어머니에게 반발하는 강렬한 능동적 소망도 마침내 남근기에서 성취된다. 이 시기의 성적 활동은 클리토리스의 자위행위에서 절정을 이룬다. 이때 어머니를 떠올릴 가능성이 무척 크지만, 그게 아이에게 성 목표에 관한 생각을 떠올리게 하는지, 그리고 그 목표가 어떤 것인지는 내 경험으론 짐작이 되지 않는다. 그런 목표는 동생이 태어남으로써 아이의 관심에 새로운 동력이 생겼을 때에야 분명히 알 수 있다. 여자아이들은 남자아이들과 마찬가지로 엄마에게 새 아기를 만들어 준 사람이 자기라고 생각한다. 또한 이 사건에 대한 반응과 동생에 대한 태도 역시 남자아이들과 다를 게 없다. 이 말은 터무니없이 들릴 수도 있겠지만, 어쩌면 아직 생소해서 그런 것뿐일 수도 있다.

어머니에게서 등을 돌리는 것은 여자아이의 성장 과정에서 굉장히 중요한 발걸음이다. 그것은 단순히 대상 전환 이상의 의미를 담고 있다. 우리는 이미 그 과정과 동기들에 대해 설명했는데, 여기서 덧붙이자면, 어머니에게서 등을 돌리는 것과 발맞추어 능동적 성 충동은 현저하게 줄고 대신 수동적 성 충동이 대폭 증가하는 것이 관찰된다. 사실 능동적인 흐름은 좌절당하면 크게 동요한다. 다시 말해 현실에서 이룰 수 없다는 게 분명해지면 쉽게 리비도를 포기해 버린다. 물론 수동적 흐름에도 실망은 없지 않다. 어머니에게서 등을 돌리는 것과 함께 클리토리스의 자위행위가 중단되는 경우도 잦다. 또한 지금껏 이어져 온 남성성의 억압과 함께 성 흐름의 상당 부분이 영구적 손상을 입을 때도 많다. 아버지로의 대상 전환은 수동적 흐름의 도움으로 이루어진다. 이 흐름에 전반적인 이상이 생기지만 않는다면 말이다. 이젠, 극복된 오이디푸스 전 단계에 있던 어머니 애착의 잔재에 의해 제한되지 않는 한 여자아이 앞엔 여성성의 발달로 나아가는 통로가 활짝 열려 있다.

지금까지 설명한 여자의 성적 발달에 관한 부분들을 종합해 보면 여자의 성욕 전반에 관한 특정한 판단을 억누를 길이 없다. 다만 우리는 남자아이들과 똑같은 리비도의 힘이 여자아이들에게도 작용하는 것을 발견했고, 그것이 여자아이건 남자아이건 한동안 똑같은 길을 걸으면서 똑같은 결과를 낳는다는 사실도 확신하게 되었다.

그렇다면 리비도의 힘을 (여자아이의 경우) 처음의 목표에서 벗어나게 하고, 남성적인 의미의 능동적인 힘까지 여성성의 경로로 이끄는 것은 생물학적 요인들이다. 성적 흥분이 특정 화학 물질의 작용으로 생기는 것이라는 생각을 지울 수 없기에 생화학이 언젠가 남성의 성적 흥분을 야기하는 물질과 여성의 성적 흥분을 야기하는 물질을 밝혀낼 수 있을 거라는 기대가 솟구친다. 그러나 이런 기대는 현미경으로 히스테리와 강박신경증, 우울증 등의 병원체를 따로따로 찾아낼 거라는 희망(다행히 이제는 누구도 이런 희망을 갖지 않는다) 못지않게 순진한 생각으로 보인다.

성(性) 화학의 사정도 간단치 않은 게 분명하지만, 어쨌든 심리학의 입장에서는 우리 몸속에 성적 자극 물질이 하나가 있건 둘이 있건, 아니면 무수히 많건 그건 상관없다. 정신분석이 우리에게 가르쳐 주는 것은 이렇다. 능동적 목표와 수동적 목표, 그러니까 만족의 종류를 알고 있는 단 하나의 리비도를 갖고 계속 연구해 나가라는 것이다. 나머지 문제는 능동적 목표와 수동적 목표의 대립 속에, 그중에서도 특히 수동적 목표를 가진 리비도의 흐름들 속에 담겨 있다.

4

이 논문의 주제인 여자의 성욕을 다룬 정신분석적 자료들을 살펴보면 내가 여기서 거론한 모든 것들이 이미 거기에 언급되어 있음을 알 수 있다. 그래서 접근하기가 쉽지 않은 연구 분야에서 나름의 경험이나 개인적 견해에 관한 보고가 그리 가치 있는 것이 아니라면 구태여 이런 글을 추가로 발표할 필요는 없을 것이다. 또한 나는 관련 내용을 좀 더 명확하게 파악했고, 좀 더 세심하게 분류했다. 다른 사람들의 논문 중에는 여자의 성욕을 다루면서 초자아나 죄의식 문제를 동시에 논의함으로써 설명이 일목요연하지 않고 혼란스러운 것들이 더러 있었다. 나는 그런 일을 피했다. 또한 이 성장 단계에서 파생된 여러 결과들을 설명할 때 여자아이가 아버지에 대한 실망 때문에 이미 과거에 돌아섰던 어머니에 대한 애착으로 되돌아가거나, 삶의 과정에서 반복해서 입장을 바꿀 때 생기는 복잡한 문제들도 다루지 않았다. 나는 이 글 역시 다른 많은 논문들 가운데 하나일 뿐이라고 여기기에 굳이 다른 글들에 대한 상세한 인정은 필요 없다고 생각한다. 대신 다른 논문들과의 유의미한 일치점을 포함해서 그보다 더 중요한 몇몇 차이점을 강조하는 데 그칠 생각이다.

아브라함의 논문 「여자의 거세 콤플렉스에 관한 견해」(1921)

는 정말 탁월하다. 다만 여자아이들이 초기에 보이는 어머니에 대한 배타적 애착 요소를 추가했으면 어땠을까 싶다. 잔[4] 람플-더흐로트의 논문[5]에 대해서도 나는 그 본질적인 부분에 동의한다. 흐로트도 남자아이와 여자아이의 오이디푸스 전 단계가 완전히 똑같다는 사실을 인식했고, 어머니에 대한 성적(남근기적) 활동을 관찰을 통해 입증했다. 또한 어머니로부터 등을 돌리는 것의 원인을 여자아이가 인지한 거세의 영향으로 보았고, 그 영향으로 여자아이가 이전의 성적 대상과 결별하면서 자위행위도 그만두게 된다고 생각했다. 이 전 과정을 요약하자면 여자아이는 〈긍정적인〉 오이디푸스 콤플렉스 단계로 들어서기 전에 〈부정적인〉 오이디푸스 콤플렉스 단계를 거친다는 것이다. 다만 내가 잔 람플-더흐로트의 논문에서 아쉽게 생각하는 부분은 어머니로부터의 돌아섬을 단순히 대상 교체로만 설명하면서, 그게 아주 뚜렷한 적대감의 신호들과 함께 일어난다는 점에 주목하지 않았다는 사실이다. 이 적대감을 충분히 인지한 것은 헬레네 도이치의 최근 논문 「여성의 마조히즘과 불감증과의 관계 Der feminine Masochismus und seine Beziehung zur Frigidität」(『국제정신분석학회지』 16권, 1930)다. 여기서 저자는 여자아이들의 남근적 활동과 어머니에 대한 강렬한 애착을 인정했고, 아버지로의 전환이 이미 어머니에게서 활성화되었던 수동적 흐름의 길 위에서 일어난다고 설명했다. 다만 헬레네 도이치도 그보다 일찍 발표한 책 『여성의 성 기능에 관한 정신분석 *Psychoanalyse der weiblichen Sexualfunktionen*』(1925)에서는 오이디푸스 도식을 오이디푸스 전 단계로까

4 저자의 바람에 따라 나는 『국제정신분석학회지』에 A. L. de Groot로 소개된 이름을 이렇게 수정했다 — 원주.

5 「여성적 오이디푸스 콤플렉스의 발달사 Zur Entwicklungsgeschichte des Ödipuskomplexes der Frau」(『국제정신분석학회지』 13권, 1927) — 원주.

지 적용하는 것에서 자유롭지 못했고, 그 때문에 여자아이의 남근적 행동을 아버지와의 동일시로 해석했다.

페니헬O. Fenichel은「오이디푸스 콤플렉스의 예비 성기기 전사(前事)Zur prägenitalen Vorgeschichte des Ödipuskomplexes」(1930)에서 정신분석 자료들 가운데 어떤 부분이 오이디푸스 전 단계의 변경되지 않는 내용인지, 또 어떤 부분이 퇴행적으로 또는 다른 식으로 왜곡된 것인지 알아내는 작업의 어려움을 강조했다. 맞는 말이다. 다만 페니헬은 람플-더흐로트와 달리 여자아이들의 남근적 활동을 인정하지 않았고, 멜라니 클라인Melanie Klein이「오이디푸스 갈등의 초기 단계들Frühstadien des Ödipuskonfliktes」(1928)에서 제시한 오이디푸스 콤플렉스의 〈예비 전이〉도 부인했다. 클라인은 오이디푸스 콤플렉스가 두 살 초반에 시작되는 것으로 보았다. 어린아이의 발달에 관한 모든 견해를 수정해야 할 정도로 파격적인 이 시점 결정은 실제론 우리가 성인에 대한 분석으로 알아낸 결과들과 일치하지 않는다. 특히 오이디푸스 전 단계에서 여자아이들이 어머니에게 보이는 긴 애착 기간에 관한 내 소견과도 합치되지 않는다. 다만 이 영역에서 생물학적 법칙에 따라 확고하게 뿌리를 내리고 있는 것과 우연한 경험에 따라 얼마든지 바뀔 수 있는 것 사이를 우리가 아직 명확하게 구분할 수 없다는 점을 고려하면 이런 모순은 어느 정도 완화되는 듯하다. 유혹의 영향이야 오래전부터 잘 알려져 있지만, 그 밖의 다른 요소들, 예를 들어 동생의 출생 시점, 남녀 차이의 발견 시점, 성행위 장면의 직접적인 목격, 부모의 성적인 구애나 퇴짜 행위 등은 아이의 성적 발달을 가속화할 수 있다.

일부 저자들의 경우, 나중의 성장 과정에만 집중하다 보니 아이들에게서 처음 나타나는 근원적인 리비도의 의미를 무시하는 경향이 있다. 그래서 그들은 극단적으로 말해서, 아주 어릴 때의 리비도에는 모종의 방향을 제시하는 역할밖에 남아 있지 않고, 이 과정에서 분출되는 강렬한 (심리적) 인상들은 이후의 퇴행과 반동 형성에 의해 부정된다는 식으로 설명한다. 예를 들어 카렌 호나이Karen Horney는 「여성성으로부터의 도피Flucht aus der Weiblichkeit」(『국제정신분석학회지』 12권, 1926)에서 이렇게 말한다. 여자아이들의 일차적 남근 선망은 과대평가되는 측면이 강하고, 나중에 남성적 흐름이 강하게 발달하는 것은 여성적 흐름을 가로막는 데 사용되는, 특히 아버지에 대한 애착을 가로막는 데 사용되는 이차적 남근 선망 때문이라는 것이다. 이는 내 생각과 일치하지 않는다. 퇴행과 반동 형성으로 나중에 성 충동이 확실히 강화되기는 하더라도, 또한 합류한 리비도 요소들의 상대적 강도를 가늠하는 것이 어렵다고 하더라도, 나는 최초의 리비도적 흐름에 이후의 어떤 충동보다 더 월등한 힘, 아니 헤아릴 수 없는 무한한 힘이 있다는 사실을 간과해서는 안 된다고 생각한다. 아버지에 대한 애착과 남성성 콤플렉스 사이에 대립이, 즉 능동성과 수동성, 남성성과 여성성의 일반적 대립이 존재한다는 것은 분명 맞는 말이다. 하지만 그중 하나만이 일차적이고, 다른 것은 단순히 방어만을 위해 존재하는 것이라고 가정하는 것은 옳지 않아 보인다. 게다가 만일 여성성에 대한 방어력이 그렇게 강력하다면 아이의 남근 선망 속에서 처음으로 표출되고, 그래서 그런 이름까지 얻은 남성성의 흐름 말고 대체 어디서 그 힘을 얻을 수 있겠는가?

어니스트 존스Ernest Jones의 견해도 비슷하게 반박할 수 있다. 즉 그는 「여성 성욕의 초기 발달The Early Development of Female Sexuality」(1927)에서 여자아이들의 남근기 단계가 실질적인 성장 단계라기보다 부차적인 방어적 반응에 지나지 않는다고 주장했는데, 이는 성장의 역동성에도, 성장의 시간적 순서에도 맞지 않는다.

프로이트의 삶과 사상

— 제임스 스트레이치

지크문트 프로이트Sigmund Freud는 1856년 5월 6일, 그 당시에는 오스트리아-헝가리 제국의 일부였던 모라비아의 소도시 프라이베르크에서 출생했다. 83년에 걸친 그의 생애는 겉으로 보기에는 대체로 평온무사했고, 따라서 장황한 서술을 요하지 않는다.

그는 중산층 유대인 가정에서 두 번째 부인의 맏아들로 태어났지만, 집안에서 그의 위치는 좀 이상했다. 프로이트 위로 첫 번째 부인 소생의 다 자란 두 아들이 있었기 때문이다. 그들은 프로이트보다 스무 살 이상 나이가 많았고, 그중 하나는 이미 결혼해서 어린 아들을 두고 있었다. 그랬기에 프로이트는 사실상 삼촌으로 태어난 셈이었지만, 적어도 그의 유년 시절에는 프로이트 밑으로 태어난 일곱 명의 남동생과 여동생 못지않게 조카가 중요한 역할을 했다.

그의 아버지는 모피 상인이었는데, 프로이트가 태어난 후 얼마 지나지 않아 사업이 어려워지기 시작했다. 그래서 프로이트가 겨우 세 살이었을 때 그는 프라이베르크를 떠나기로 결심했고, 1년 뒤에는 온 가족이 빈으로 이주했다. 이주하지 않은 사람은 영국 맨체스터에 정착한 두 이복형과 그들의 아이들뿐이었다. 프로이트는 몇 번인가 영국으로 건너가서 그들과 합류해 볼까 하는 생각을 했지만, 그것은 거의 80년 동안 실행에 옮겨지지 못했다.

프로이트가 빈에서 어린 시절을 보내는 동안 그의 집안은 몹시 궁핍한 상태였지만, 어려운 형편에도 불구하고 그의 아버지는 언제나 셋째 아들의 교육비를 최우선으로 꼽았다. 프로이트가 매우 총명했을 뿐 아니라 공부도 아주 열심히 했기 때문이다. 그 결과 그는 아홉 살이라는 어린 나이에 김나지움에 입학했고, 그 학교에서 보낸 8년 가운데 처음 2년을 제외하고는 자기 학년에서 수석을 놓친 적이 없었다. 그는 열일곱 살 때 아직 어떤 진로를 택할 것인지 결정을 하지 못한 채 김나지움을 졸업했다. 그때까지 그가 받았던 교육은 지극히 일반적인 것이어서, 어떤 경우에든 대학에 진학할 것으로 보였으며, 서너 곳의 학부로 진학할 길이 그에게 열려 있었다.

프로이트는 수차례에 걸쳐, 자기는 평생 동안 단 한 번도 〈의사라는 직업에 선입관을 가지고 특별히 선호한 적이 없었다〉고 주장했다.

> 나는 그보다는 오히려 일종의 호기심을 느꼈다. 하지만 그것은 자연계의 물체들보다는 인간의 관심사에 쏠린 것이었다.[1]

그리고 어딘가에서는 이렇게 적었다.

> 어린 시절에 나는 고통받는 인간을 도우려는 어떤 강한 열망도 가졌던 기억이 없다. (……) 그러나 젊은이가 되어서는 우리가 살고 있는 세상의 수수께끼들 가운데 몇 가지를 이해하고, 가능하다면 그 해결책으로 뭔가 기여도 하고 싶은 억누를 수 없는 욕망을

1 「나의 이력서」(1925) 앞부분 참조.

느꼈다.[2]

또 그가 만년에 수행했던 사회학적 연구를 논의하는 다른 글에서는 이렇게 적기도 했다.

> 나의 관심은 평생에 걸쳐 자연 과학과 의학과 심리 요법을 두루 거친 뒤에 오래전, 그러니까 내가 숙고할 수 있을 만큼 충분히 나이가 들지 않았던 젊은 시절에 나를 매혹시켰던 문화적인 문제들로 돌아왔다.[3]

프로이트가 자연 과학을 직업으로 택하는 데 직접적인 계기가 되었던 사건은 — 그의 말대로라면 — 김나지움을 졸업할 무렵 괴테가 썼다고 하는(아마도 잘못된 것으로 보인다) 〈자연〉에 관한 매우 화려한 문체의 에세이를 낭독하는 독회에 참석한 일이었다고 한다. 하지만 그 선택이 자연 과학이긴 했지만, 실제로는 의학으로 좁혀졌다. 그리고 프로이트가 열일곱 살 때인 1873년 가을, 대학에 등록했던 것도 의과대 학생으로서였다. 하지만 그는 서둘러 의사 자격을 취득하려고 하지는 않았다. 한두 해 동안 그가 다양한 과목의 강의에 출석했던 것만 보더라도 이를 알 수 있다. 그러나 차츰차츰 관심을 기울여 처음에는 생물학에, 다음에는 생리학에 노력을 집중했다. 그가 맨 처음 연구 논문을 쓴 것은 대학 3학년 때였다. 당시 그는 비교 해부학과 교수에게 뱀장어를 해부해서 세부 사항을 조사하라는 위임을 받았는데, 그 일에는 약 4백 마리의 표본을 해부하는 일이 포함되었다. 그로부터 얼마 지

2 「비전문가 분석의 문제」(1927)에 대한 후기 참조.

3 「나의 이력서」에 대한 후기 참조.

나지 않아서 그는 브뤼케Brücke가 지도하는 생리학 연구소로 들어가 그곳에서 6년 동안 근무했다. 그가 자연 과학 전반에 대해 보이는 태도의 주요한 윤곽들이 브뤼케에게서 습득되었다는 것은 의심할 여지가 없는 일이다. 그 기간 동안 프로이트는 주로 중추 신경계의 해부에 대해서 연구했고, 이미 책들을 출판하고 있었다. 그러나 실험실 연구자로서 벌어들이는 수입은 대가족을 부양하기에는 충분하지 못했다. 그래서 마침내 1881년 그는 의사 자격을 따기로 결정했고, 그로부터 1년 뒤에는 많은 아쉬움을 남긴 채 브뤼케의 연구소를 떠나 빈 종합 병원에서 근무하기 시작했다.

그러나 결국 프로이트의 삶에 변화를 가져다준 결정적인 계기가 있었다면, 그것은 생각보다도 더 절박한 가족에 대한 것이었다. 1882년에 그는 약혼을 했고, 그 이후 결혼을 성사시키는 데 모든 노력을 기울였다. 그의 약혼녀 마르타 베르나이스Martha Bernays는 함부르크의 이름 있는 유대인 집안 출신으로, 한동안 빈에서 지내고 있었지만 얼마 안 가서 곧 머나먼 독일 북부에 있는 그녀의 집으로 돌아가야 했다. 그 뒤로 4년 동안 두 사람이 서로를 만나 볼 수 있었던 것은 짧은 방문이 있을 때뿐이었고, 두 연인은 거의 매일같이 주고받는 서신 교환으로 만족해야 했다. 그 무렵 프로이트는 의학계에서 지위와 명성을 확립해 가고 있었다. 그는 병원의 여러 부서에서 근무했지만, 얼마 지나지 않아 곧 신경 해부학과 신경 병리학에 몰두하기 시작했다. 또 그 기간 중에 코카인을 의학적으로 유용하게 이용하는 첫 번째 연구서를 출간했고, 그렇게 해서 콜러에게 그 약물을 국부 마취제로 사용하도록 제안하기도 했다. 바로 뒤이어 그는 두 가지 즉각적인 계획을 수립했다. 하나는 객원 교수 자리에 지명을 받는 것이었고, 다른 하나는 장학금을 받아 얼마 동안 파리로 가서 지내려는 것이었다. 그곳에서는 위대한 신경 병리학자 샤르코Charcot가 의학계를 주도하고 있었다. 프로이트는 그 두 가지 목적이 실현된다면 자기에게 커다란 도움이 될 것이라고 생각했고, 열심히 노력한 끝에 1885년에 두 가지 모두를 얻어 냈다.

프로이트가 파리 살페트리에르 병원(신경 질환 치료로 유명한 병원)의 샤르코 밑에서 보냈던 몇 달 동안, 그의 삶에는 또 다른 변화가 있었다. 이번에는 실로 혁명적인 변화였다. 그때까지 그의 일은 전적으로 자연 과학에만 관련되었고, 파리에 있는 동안에도 그는 여전히 뇌에 관한 병력학(病歷學) 연구를 계속하고 있었다. 그 당시 샤르코의 관심은 주로 히스테리와 최면술에 쏠려 있었는데, 빈에서는 그런 주제들이 거의 생각할 만한 가치가 없는 것으로 여겨졌다. 그러나 프로이트는 그 일에 몰두하게 되었다. 비록 샤르코 자신조차 그것들을 순전히 신경 병리학의 지엽적인 부문으로 보았지만, 프로이트에게는 그것이 정신의 탐구를 향한 첫걸음인 셈이었다.

1886년 봄, 빈으로 돌아온 프로이트는 신경 질환 상담가로서 개인 병원을 열고, 뒤이어 오랫동안 미루어 왔던 결혼식을 올렸다. 하지만 그렇다고 해서 그가 당장 자기가 하던 모든 신경 병리학 업무를 그만둔 것은 아니었다. 그는 몇 년 더 어린아이들의 뇌성 마비에 관한 연구를 계속했고, 그 분야에서 주도적인 권위자가 되었다. 또 그 시기에 실어증에 관해서 중요한 연구 논문을 쓰기도 했지만, 최종적으로는 신경증의 치료에 더욱 노력을 집중했다. 전기 충격 요법 실험이 허사로 돌아간 뒤 그는 최면 암시로 방향을 돌려서, 1888년에 낭시를 방문하여 리에보Liébeault와 베르넴Bernheim이 그곳에서 괄목할 만한 성공을 거두는 데 이용한 기법을 배웠다. 하지만 그 기법 역시 불만족스러운 것으로 밝혀지자, 또 다른 접근 방법을 강구하지 않을 수 없었다. 그는 빈의 상담가이자 상당히 손위 연배인 요제프 브로이어Josef Breuer 박사가 10년 전쯤 아주 새로운 치료법으로 어떤 젊은 여자의 히스테리 증세를 치료했다는 사실을 알고 있었다. 그는 브로이어에게 그 방법을 한 번 더 써보도록 설득하는 한편, 그 스스로도 새로운 사례에 그 방법을 몇 차례 적용해서 가망성 있는 결과를 얻었다. 그 방법은 히스테리가 환자에게 잊힌 어떤 육체적 충격의 결과라는 가정에 근거를 둔 것이었다. 그리고 치료법은 잊힌 충격을 떠올리기 위해 적절한 감정을 수반하여 환자를 최면 상태로 유도하는 것으로 이루어져 있었다. 얼마 지나지 않아 프로이트는 그 과정과 저변에 깔린 이론 모두에서 변화를 일으키기 시작했고, 마침내는 그 일로 브로이어와 갈라설 정도까지 되었지만, 자기가 이루어 낸 모든 사상 체계의 궁극적인 발전에 곧 정신분석학이라는 이름을 붙였다.

그때부터 — 아마도 1895년부터 — 생을 마감할 때까지 프로이트의 모든 지성적인 삶은 정신분석학의 발전과 그 광범위한 언외(言外)의 의미, 그리고 그 학문의 이론적이고 실제적인 영향을 탐구하는 데 바쳐졌다. 프로이트의 발견과 사상에 대해서 몇 마디 말로 일관된 언급을 하기란 물론 불가능하겠지만, 그가 우리의 사고 습관에 불러일으킨 몇 가지 주요한 변화를 단절된 양상으로나마 지적하기 위한 시도는 얼마 안 가서 곧 이루어질 것이다. 그러는 동안 우리는 그가 살아온 삶의 외면적인 과정을 계속 좇을 수 있을 것이다.

빈에서 그가 영위했던 가정생활에는 본질적으로 에피소드가 결여되어 있다. 1891년부터 47년 뒤 그가 영국으로 떠날 때까지 그의 집과 면담실이 같은 건물에 있었기 때문이다. 그러나 행복한 결혼 생활과 불어나는 가족 — 세 명의 아들과 세 명의 딸 — 은 그가 겪는 어려움들, 적어도 그의 직업적 경력을 둘러싼 어려움들에 견실한 평형추가 되어 주었다. 의학계에서 프로이트에 대해 편견을 가지고 있었던 이유는 그가 발견한 것들의 본질 때문만이 아니라, 어쩌면 그에 못지않게 빈의 관료 사회를 지배하고 있던 강한 반유대 감정의 영향 때문이기도 했을 것이다. 그가 대학교수로 취임하는 일도 정치적 영향력 탓으로 끊임없이 철회되었다.

그러한 초기 시절의 특별한 일화 한 가지는 그 결과 때문에 언급할 필요가 있다. 그것은 프로이트와, 명석하되 정서가 불안정한 베를린의 의사 빌헬름 플리스Wilhelm Fließ의 우정에 관한 것이다. 플리스는 이비인후과를 전공했지만 인간 생태학과 생명 과정에서 일어나는 주기적 현상의 영향에 이르기까지 관심 범위가 매우 넓었다. 1887년부터 1902년까지 15년 동안 프로이트는 그와 정기적으로 편지를 교환하면서 자기의 발전된 생각을 알렸고, 자기가 앞으로 쓸 책들의 윤곽을 개술한 긴 원고를 그에게 미리 보냈다. 그리고 무엇보다도 중요한 것은 「과학적 심리학 초고」라는 제목이 붙은 약 4만 단어짜리 논문을 보낸 것이었다. 이 논문은 프로이트의 경력에서 분수령이라고도 할 수 있는, 즉 그가 어쩔 수 없이 생리학에서 심리학으로 옮겨 가고 있던 1895년에 작성된 것으로, 심리학의 사실들을 순전히 신경학적 용어들로 서술하려는 시도였다. 다행스럽게도 이 논문과 프로이트가 플리스에게 보낸 다른 편지들도 모두 보존되어 있는데, 그것들은 프로이트의 사상이 어떻게 발전되었는가에 대해 매혹적인 빛을 던질 뿐 아니라, 정신분석학에서 나중에 발견된 것들 중 얼마나 많은 것이 초기 시절부터 이미 그의 마음속에 있었는지를 보여 준다.

플리스와의 관계를 제외한다면, 프로이트는 처음에는 외부의 지원을 거의 받지 못했다. 빈에서 점차 프로이트 주위로 몇몇 문하생이 모여들었지만, 그것은 대략 10년쯤 후인 1906년경, 즉 다수의 스위스 정신 의학자가 그의 견해에 동조함으로써 분명한 변화가 이루어진 뒤의 일이었다. 그들 가운데 중요한 인물로는 취리히 정신 병원장인 블로일러E. Bleuler와 그의 조수인 융C. G. Jung이 있었는데, 그것으로 우리는 정신분석학이 처음으로 확산되기 시작했음을 알 수 있다. 1908년에는 잘츠부르크에서 정신분석학자들의 국제적인 모임이 열린 데 이어, 1909년에는 미국에서 프로이트와 융을 초청해 여러 차례의 강연회를 열어 주었다. 프로이트의 저서들이 여러 나라 말로 번역되기 시작했고, 정신분석을 실행하는 그룹들이 세계 각지에서 생겨났다. 그러나 정신분석학의 발전에 장애가 없지는 않았다. 그 학문의 내용이 정신에 불러일으킨 흐름들은 쉽게 받아들이기에는 너무 깊이 흐르고 있었던 것이다. 1911년 빈의 저명한 프로이트 지지자들 중 한 명인 알프레트 아들러Alfred Adler가 그에게서 떨어져 나갔고, 이삼 년 뒤에는 융도 프로이트와의 견해 차이로 결별했다. 그 일에 바로 뒤이어 제1차 세계 대전이 발발하자, 정신분석의 국제적인 확산은 중단되었다. 그리고 얼마 안 가서 곧 가장 중대한 개인적 비극이 닥쳤다. 딸과 사랑하는 손자의 죽음, 그리고 삶의 마지막 16년 동안 그를 가차 없이 쫓아다닌 악성 질환의 발병이었다. 그러나 어떤 질병도 프로이트의 관찰과 추론의 발전을 막을 수는 없었다. 그의 사상 체계는 계속 확장되었고, 특히 사회학 분야에서 더욱더 넓은 적용 범위를 찾았다. 그때쯤 그는 세계적인 명사로서 인정받는 인물이 되어 있었는데, 1936년 그가 여든 번째 생일을 맞던 해에 영국 왕립 학회Royal Society의 객원 회원으로 선출된 명예보다 그를 더 기쁘게 한 일은 없었다. 1938년 히틀러가 오스트리아를 침공했을 때 국가 사회주의자들의 가차 없는 박해로부터 그를 보호해 주었던 것도 — 비록 그들이 프로이트의 저서들을 몰수해서 없애 버리기는 했지만 — 들리는 말로는 루스벨트 대통령까지 포함된, 영향력 있는 찬양자들의 노력으로 뒷받침된 그의 명성이었다. 그렇다 하더라도 프로이트는 어쩔 수 없이 빈을 떠나 그해 6월 몇몇 가족과 함께 영국으로 건너갔고, 그로부터 1년 뒤인 1939년 9월 23일 그곳에서 세상을 떠났다.

프로이트를 현대 사상의 혁명적인 창립자들 중 한 사람으로 일컬으며, 그의 이름을 아인슈타인Albert Einstein에 결부시켜 생각하는 것은 신문이나 잡지에 실릴 법한 진부한 이야기가 되었다. 그러나 대부분의 사람은 그나 아인슈타인에 의해 도입된 변화들을 간략하게 설명하기가 매우 어려울 것이다.

프로이트의 발견들은 물론 서로 연관되어 있기는 하지만 크게 세 가지로 묶을 수 있다. 연구의 수단, 그 수단에 의해 생겨난 발견들, 그리고 그 발견들에서 추론할 수 있는 이론적 가설들이 그것이다. 그런데 여기서 우리는 프로이트가 수행했던 모든 연구 이면에 결정론 법칙의 보편적 타당성에 대한 믿음이 있었다는 사실을 인정해야 한다. 자연 과학 현상과 관련해서는 이 믿음이 아마도 브뤼케의 연구소에서 근무한 경험에서 생겨났을 것이고, 궁극적으로는 헬름홀츠Helmholtz 학파로부터 생겨났을 것이다. 그러나 프로이트는 단호히 그 믿음을 정신 현상의 분야로 확장시켰는데, 그러는 데는 자기의 스승이자 정신 의학자인 마이네르트Meynert에게서, 그리고 간접적으로는 헤르바르트Herbart의 철학에서 영향을 받았을 수도 있다.

무엇보다도 먼저 프로이트는 인간의 정신을 과학적으로 탐구하기 위한 첫 번째 도구를 찾아낸 사람이었다. 천재적이고 창조적인 작가들은 단편적으로 정신 과정을 통찰해 왔지만, 프로이트 이전에는 어떤 체계적인 탐구 방법도 없었다. 그는 이 방법을 단지 점차적으로 완성시켰을 뿐인데, 그것은 그러한 탐구에서 장애가 되는 어려움들이 점차적으로 분명해졌기 때문이다. 브로이어가 히스테리에서 설명한 잊힌 충격은 가장 최초의 문제점을 제기했고, 어쩌면 가장 근본적인 문제점을 제기했을 수도 있다. 관찰자나 환자 본인 모두에 의해서 검사에 즉각적으로 개방되지 않는, 정신의 활동적인 부분들이 있다는 것을 결정적으로 보여 주었기 때문이다. 정신의 그러한 부분들을 프로이트는 형이상학적 논쟁이나 용어상의 논쟁을 고려하지 않고 〈무의식〉이라고 기술했다. 무의식의 존재는 최면 후의 암시라는 사실로도 증명되는데, 이 경우 환자는 암시 그 자체를 완전히 잊었다 하더라도 충분히 깨어 있는 상태에서 조금 전 그에게 암시되었던 행동을 수행한다. 그러므로 어떠한 정신의 탐구도 그 범위에 이 무의식적인 부분이 포함되지 않고는 완전한 것으로 여겨질 수 없었다. 그렇다면 이것이 어떻게 완전해질 수 있었을까? 명백한 해답은 〈최면 암시라는 수단에 의해서〉인 것처럼 보였다. 그리고 이 방법은 처음엔 브로이어에 의해, 다음에는 프로이트에 의해 이용된 수단이었다. 그러나 얼마 안 가서 곧 그 방법은 불규칙하거나 불명확하게 작용하고, 때로는 전혀 작용하지 않는 불완전한 것임이 밝혀졌다. 따라서 프로이트는 차츰차츰 암시의 이용을 그만두고 나중에 〈자유 연상〉이라고 알려진 완전히 새로운 방법을 도입했다. 즉 정신을 탐구하려는 상대방에게 단순히 무엇이든 머릿속에 떠오르는 것을 말하라고 요구하는, 전에는 들어 보지 못했던 계획을 채택했다. 이 중대한 결정 덕분에 곧바로 놀라운 결과가 도출되었다. 프로이트가 채택한 수단이 초보적인 형태였음에도 불구하고 그것은 새로운 통찰력을 제시했던 것이다. 한동안은 이런저런 연상들이 물 흐르듯 이어진다 하더라도 조만간 그 흐름은 고갈되기 마련이고, 환자는 더 말할 것을 아무것도 생각하지 않거나 또는 할 수 없게 된다. 그렇게 해서 저항의 진상, 즉 환자의 의식적인 의지와 분리되어 탐구에 협조하기를 거부하는 힘의 진상이 드러난다. 여기에 아주 근본적인 이론의 근거, 즉 정신을 뭔가 역동적인 것으로, 일부는 의식적이고 일부는 무의식적이며, 때로는 조화롭게 작용하고 때로는 서로 상반되는 다수의 정신적인 힘들로 이루어져 있다고 가정할 근거가 있었다.

그러한 현상들은 결국 보편적으로 생겨난다는 것이 밝혀지기는 했지만, 처음에는 신경증 환자들에게서만 관찰 연구되었고, 처음 몇 년 동안 프로이트의 연구는 주로 그러한 환자들의 〈저항〉을 극복하여 그 이면에 있는 것을 밝혀낼 수단을 발견하는 일과 관련되었다. 그 해결책은 오로지 프로이트 편에서 극히 이례적인 자기 관찰 — 지금에 와서는 자기 분석이라고 기술되어야 할 — 을 함으로써만 가능해졌다. 다행스럽게도 우리는 앞에서 얘기한, 그가 플리스에게 보냈던 편지로 그 당시의 상황을 직접적으로 알 수 있다. 즉 그는 분석 덕분에 정신에서 작용하는 무의식적인 과정의 본질을 발견하고, 어째서 그 무의식이 의식으로 바뀔 때 그처럼 강한 저항이 있는지를 이해할 수 있었다. 또 그의 환자들에게서 저항을 극복하거나 피해 갈 기법을 고안할 수 있었고, 무엇보다도 중요한 것, 즉 그러한 무의식적인 과정의 기능 방식과 익히 알려진 의식적인 과정의 기능 방식 사이에 아주 큰 차이점이 있음을 알아낼 수 있었다는 것이다. 다음 세 가지는 그 하나하나에 대해서 언급이 좀 필요할 것 같다. 왜냐하면 사실 그것들은 정신에 관한 우리의 지식에 프로이트가 미친 공적들의 핵심을 구성하고 있기 때문이다.

정신의 무의식적인 내용들은 대체로 원초적인 육체적 본능에서 직접 그 에너지를 이끌어 내는 능동적인 경향의 활동 — 욕망이나 소망 — 으로 이루어져 있는 것으로 보인다. 이 무의식은 즉각적인 만족을 얻는 것 외에는 전혀 아무것도 고려하지 않고 기능하며, 따라서 현실에 적응하고 외부적인 위험을 피하는 것과 관련된, 정신에서 더욱더 의식적인 요소들과 동떨어져 있기 마련이다. 더군다나 이러한 원초적인 경향은 훨씬 더 성적이거나 파괴적인 경향을 지니며, 좀 더 사회적이고 개화된 정신적인 힘들과 상충할 수밖에 없다. 이것을 계속 탐구함으로써 프로이트는 오랫동안 숨겨져 있던 어린아이들의 성적인 삶과 오이디푸스 콤플렉스의 비밀을 알아낼 수 있었다.

두 번째로, 그는 자기 분석을 함으로써 꿈의 본질을 탐구하기 시작했다. 이 꿈들은 신경증 증상들과 마찬가지로 원초적인 무의식적 충동과 2차적인 의식적 충동 사이에서 생겨나는 갈등과 타협의 산물임이 밝혀졌다. 그것들을 구성 요소별로 나누어 분석함으로써 프로이트는 숨어 있는 무의식적인 내용들을 추론할 수 있었으며, 꿈이 거의 모든 사람들에게 보편적으로 일어나는 공통된 현상인 만큼 꿈의 해석이 신경증 환자의 저항을 간파하기 위한 기술적 도구 중의 하나임을 밝혀냈다.

마지막으로, 꿈에 대해 면밀하게 고찰함으로써 프로이트는 그가 생각의 1차적 과정과 2차적 과정이라고 명명한 것, 즉 정신의 무의식적 영역에서 일어나는 일과 의식적 영역에서 일어나는 일

사이의 엄청난 차이점들을 분류할 수 있었다. 무의식에서는 조직이나 조화는 전혀 발견되지 않고, 하나하나의 독립적인 충동이 다른 모든 충동과 상관없이 만족을 추구한다. 그 충동들은 서로 영향을 받지 않고 진행되며, 모순은 전혀 작용하지 않고 가장 대립되는 충동들이 아무런 갈등 없이 병존한다. 그러므로 무의식에서는 또한 생각들의 연상이 논리와는 아무런 관련도 없는 노선들을 따라 진행되며, 유사한 것들은 동일한 것으로, 반대되는 것들은 긍정적으로 동등하게 다루어진다. 또 무의식에서는 능동적인 경향을 수반한 대상들이 아주 이례적으로 가변적이어서, 하나의 무의식이 아무런 합리적 근거도 없는 온갖 연상의 사슬을 따라 다른 무의식으로 대체될 수도 있다. 프로이트는 원래 1차적 과정에 속하는 심리 기제가 의식적인 생각으로 침투하는 것이 꿈뿐만 아니라 여러 가지 다른 정상적 또는 정신 병리학적인 정신적 사건의 기이한 점을 설명해 준다는 사실도 분명히 알아냈다.

프로이트가 했던 연구의 후반부는 모두 이러한 초기의 사상들을 무한히 확장하고 정교하게 다듬는 데 바쳐졌다고 해도 과언이 아닐 것이다. 그러한 사상들은 정신 신경증과 정신 이상의 심리 기제뿐 아니라 말이 헛나온다거나 농담을 한다거나 예술적 창조 행위라거나 정치 제도 같은 정상적인 과정의 심리 기제를 설명하는 데도 적용되었고, 여러 가지 응용과학 — 고고학, 인류학, 범죄학, 교육학 — 에 새로운 빛을 던지는 데도 일익을 담당했다. 그리고 정신분석 요법의 효과를 설명하는 데도 도움이 되었다. 마지막으로, 프로이트는 이러한 근본적인 관찰들을 근거로 해서 그가 〈초심리학〉이라고 명명한 좀 더 일반적인 개념의 이론적인 구조를 세우기도 했다. 그러나 많은 사람들이 이 일반적 개념을 매혹적이라고 생각할지라도, 프로이트는 언제나 그것이 잠정적인 가설의 속성을 띤다고 주장했다. 만년에 그는 〈무의식〉이라는 용어의 다의성과 그것의 여러 가지 모순되는 용법에 많은 영향을 받아 정신에 대한 새로운 구조적 설명 — 여러 가지 문제점을 해명하기 위해 만들어진 것이 분명한 새로운 설명 — 을 제시했는데, 거기에서는 조화되지 않은 본능적인 경향은 〈이드〉로, 조직된 현실적인 부분은 〈자아〉로, 비판적이고 도덕적인 기능은 〈초자아〉로 불렀다.

지금까지 훑어본 내용으로 독자들은 프로이트의 삶에 있었던 외면적인 사건들의 윤곽과 그가 발견한 것에 대해 어느 정도 조망했을 것이다. 그런데 더 많은 것을 요구하는 것이, 좀 더 깊이 파고들어 가서 프로이트가 어떤 부류의 사람이었는지를 알아보는 것이 과연 적절할까? 아마도 그렇지 않을 것이다. 그러나 위인에 대한 사람들의 호기심은 만족할 줄 모르며, 그 호기심이 진실된 설명으로 충족되지 않으면 필연적으로 꾸며 낸 이야기라도 붙잡으려고 할 것이다. 프로이트는 초기에 낸 두 권의 책(『꿈의 해석』과 『일상생활의 정신 병리학』)에서 그가 제기한 논제로 인해 개인적인 사항들을 예외적으로 많이 제시하지 않을 수 없었다. 그럼에도 불구하고, 또는 바로 그런 이유로 그는 자기의 사생활이 침해당하는 것을 완강히 거부했으며, 따라서 여러 가지 근거 없는 얘깃거리의 소재가 되었다. 일례로 처음에 떠돌았던 아주 단순한 소문에 따르자면, 그는 공공 도덕을 타락시키는 데 온 힘을 쏟는 방탕한 난봉꾼이라는 것이었다. 또 이와 정반대되는 터무니없는 평가도 없지 않았다. 그는 엄격한 도덕주의자, 가차 없는 원칙주의자, 독선가, 자기중심적이고 웃지도 않는 본질적으로 불행한 남자로 묘사되었다. 그를 조금이라도 알고 있는 사람들이라면 누구에게나 위의 두 가지 모습은 똑같이 얼토당토않은 것으로 보일 것이다. 두 번째 모습은 분명히 부분적으로는 그가 말년에 육체적으로 고통받았다는 것을 아는 데서 기인한 것이다. 그러나 또 한편으로는 가장 널리 퍼진 그의 몇몇 사진이 불러일으킨 불행해 보이는 인상에 기인한 것일 수도 있다. 그는 적어도 직업적인 사진사들에게는 사진 찍히기를 싫어했으며, 그의 모습은 때때로 그런 사실을 드러냈다. 화가들 역시 언제나 정신분석학의 창시자를 어떻게든 사납고 무서운 모습으로 표현할 필요를 느꼈던 것처럼 보인다. 그러나 다행히도 좀 더 다정하고 진실한 모습을 보여 주는 다른 증거물들도 있다. 예를 들면 그의 장남이 쓴 아버지에 대한 회고록(마르틴 프로이트Martin Freud, 『명예로운 회상』, 1957)에 실려 있는, 휴일에 손자들과 함께 찍은 스냅 사진 같은 것들이다. 이 매혹적이고 흥미로운 책은 실로 여러 가지 면에서 좀 더 형식적인 전기들 — 그것들도 매우 귀중하기는 하지만 — 의 내용에서 균형을 회복하는 데 도움을 주는 한편, 일상생활을 하는 프로이트의 모습도 얼마간 드러내 준다. 이러한 사진들 가운데 몇 장은 그가 젊은 시절에 매우 잘생긴 용모였다는 것을 보여 준다. 하지만 나중에 가서는, 그러니까 제1차 세계 대전 뒤 병이 그를 덮치기 얼마 전부터는 더 이상 그렇지 못했고, 그의 용모는 물론 전체적인 모습(대략 중간 키 정도인)도 주로 긴장된 힘과 빈틈없는 관찰력을 풍기는 인상으로 널리 알려졌다. 그는 공식적인 자리에서는 진지하되 다정하고 사려 깊었지만, 사사로운 곳에서는 역설적인 유머 감각을 지닌 유쾌하고 재미있는 사람이기도 했다. 그가 가족에게 헌신적인 애정을 기울인 사랑받을 만한 남자였다는 것을 알아보기란 그리 어려운 일이 아니다. 그는 다방면으로 여러 가지 취미가 있었고 — 그는 외국 여행과 시골에서 보내는 휴일, 그리고 등산을 좋아했다 — 미술, 고고학, 문학 등 좀 더 전념해야 하는 주제에도 관심이 많았다. 프로이트는 독일어 외에 여러 외국어에도 능통해서 영어와 프랑스어를 유창하게 구사했을 뿐 아니라, 스페인어와 이탈리아어에도 상당한 지식을 갖고 있었다. 또 그가 후기에 받은 교육은 주로 과학이었지만(대학에서 그가 잠시 철학을 공부했던 것은 사실이다), 김나지움에서 배웠던 고전들에 대한 애정 또한 잃지 않았다. 우리는 그가 열일곱 살 때 한 급우[4]에게 보냈던 편지를 가지고 있는데, 그 편지에서 그는 졸업 시험의 각기 다른 과목에서 거둔 성과들, 즉 로마의 시인 베르길리우스에게서 인용한 라틴어 구절, 그리고 무엇보다도 『오이디푸스왕』에서 인용한 30행의 그리스어 구절을 적고 있다.

한마디로 우리는 프로이트를, 영국에서라면 빅토리아 시대 교육의 가장 뛰어난 산물과 같은 인물로 볼 수도 있을 것이다. 그러므로 프로이트의 문학과 예술에 대한 취향은 분명 우리와 다를 것이며, 윤리에 대한 견해도 자유롭고 개방적일지언정 프로이트 이후 세대에 속하지는 않을 것이다. 그러나 우리는 그에게서 많은 고통을 겪으면서도 격한 태도를 보이지 않는, 충만한 감성을 지닌 인간형을 본다. 그에게서 두드러지는 특징들은 완전한 정직과 솔직성, 그리고 아무리 새롭거나 예외적이더라도 자기에게 제시된 사실을 어떤 것이든 기꺼이 받아들여 숙고할 준비가 되어 있는 지성이다. 그가 이처럼 놀라운 면을 지니게 된 것은, 아마도 표면적으로 사람들을 싫어하는 태도가 숨기지 못한 전반적인 너그러움을 그러한 특징들과 결합하여 확장시킨 필연적인 결과일 것이다. 미묘한 정신을 지녔음에도 불구하고 그는 본질적으로 순

4 에밀 플루스Emil Fluss. 이 편지는 『프로이트 서간집』(1960)에 들어 있다.

박했으며, 때로는 비판 능력에서 예기치 않은 착오를 일으키기도 했다. 예를 들어 이집트학이나 철학 같은 자기 분야가 아닌 주제에서 신빙성이 없는 전거(典據)를 받아들이는 실수를 한다든가, 그리고 무엇보다도 이상한 것은 그 정도의 인식력을 지닌 사람으로 믿기 어려울 만큼 때로는 그가 알고 있는 사람들의 결점을 보지 못한 것 등이 그렇다. 그러나 프로이트가 우리와 같은 인간이라고 단언함으로써 허영심을 만족시킬 수 있다 하더라도, 그 만족감은 쉽사리 도를 넘어설 수 있다. 이제까지는 정상적인 의식에서 제외되었던 정신적 실체의 모든 영역을 처음으로 알아볼 수 있었던 사람, 처음으로 꿈을 해석하고, 유아기의 성욕이라는 사실을 처음으로 인정하고, 사고의 1차적 과정과 2차적 과정을 처음으로 구분한 사람 — 우리에게 무의식을 처음으로 현실로 제시한 사람 — 에게는 사실상 매우 비범한 면들이 있었을 것이다.

프로이트 연보

1856년 5월 6일, 오스트리아 모라비아의 프라이베르크에서 태어남.

1860년 가족들 빈으로 이주, 정착.

1865년 김나지움(중등학교 과정) 입학.

1873년 빈 대학 의학부에 입학.

1876년 1882년까지 빈 생리학 연구소에서 브뤼케의 지도 아래 연구 활동.

1877년 해부학과 생리학에 관한 첫 번째 논문 출판.

1881년 의학 박사 과정 졸업.

1882년 마르타 베르나이스와 약혼. 1885년까지 빈 종합 병원에서 뇌 해부학을 집중 연구, 논문 다수 출판.

1884년 1887년까지 코카인의 임상적 용도에 관한 연구.

1885년 신경 병리학 강사 자격(프리바트도첸트) 획득. 10월부터 1886년 2월까지 파리의 살페트리에르 병원(신경 질환 전문 병원으로 유명)에서 샤르코의 지도 아래 연구. 히스테리와 최면술에 대해 소개하기 시작.

1886년 마르타 베르나이스와 결혼. 빈에서 개업하여 신경 질환 환자를 치료하기 시작. 1893년까지 빈 카소비츠 연구소에서 계속 신경학을 연구. 특히 어린이 뇌성 마비에 관심을 가지고 많은 출판 활동을 함. 신경학에서 점차 정신병리학으로 관심을 돌리게 됨.

1887년 장녀 마틸데 출생. 1902년까지 베를린의 빌헬름 플리스와 교분을 맺고 서신 왕래. 이 기간에 프로이트가 플리스에게 보낸 편지는 프로이트 사후인 1950년에 출판되어 그의 이론 발전 과정에 많은 시사점을 주고 있음. 최면 암시 요법을 치료에 사용하기 시작.

1888년 브로이어를 따라 카타르시스 요법을 통한 히스테리 치료에 최면술을 이용하기 시작. 그러나 점차 최면술 대신 자유 연상 기법을 시도하기 시작.

1889년 프랑스 낭시에 있는 베르넴을 방문. 그의 〈암시〉 요법을 연구. 장남 마르틴 출생.

1891년 실어증에 관한 연구 논문 발표. 차남 올리버 출생.

1892년 막내아들 에른스트 출생.

1893년 브로이어와 함께 히스테리의 심적 외상(外傷) 이론과 카타르시스 요법을 밝힌 『예비적 보고서』 출판. 차녀 소피 출생. 1896년까지 프로이트와 브로이어 사이에 점차 견해차가 생기기 시작. 방어와 억압의 개념, 그리고 자아와 리비도 사이의 갈등의 결과로 생기는 신경증 개념을 소개하기 시작. 1898년까지 히스테리, 강박증, 불안에 관한 연구와 짧은 논문 다수 발표.

1895년 브로이어와 함께 치료 기법에 대한 증례 연구와 설명을 담은 『히스테리 연구』 출판. 감정 전이 기법에 대한 설명이 이 책에서 처음으로 나옴. 『과학적 심리학 초고』 집필. 플리스에게 보내는 편지 속에 그 내용이 포함되어 있는 이 책은 1950년에야 비로소 첫 출판됨. 심리학을 신경학적인 용어로 서술하려는 이 시도는 처음에는 빛을 보지 못했지만 프로이트의 후기 이론에 관한 많은 시사점을 담고 있음. 막내딸 아나 출생.

1896년 〈정신분석〉이란 용어를 처음으로 소개. 부친 향년 80세로 사망.

1897년 프로이트의 자기 분석 끝에 심적 외상 이론을 포기하는 한편, 유아 성욕과 오이디푸스 콤플렉스에 대해 인식하게 됨.

1900년 『꿈의 해석』 출판. 책에 표시된 발행 연도는 1900년이지만 실제로 책이 나온 것은 1899년 11월임. 이 책의 마지막 장에서 정신 과정, 무의식, 〈쾌락 원칙〉 등에 대한 프로이트의 역동적인 관점이 처음으로 자세하게 설명됨.

1901년 『일상생활의 정신 병리학』 출판. 이 책은 꿈에 관한 저서와 함께 프로이트의 이론이 병적인 상태뿐만 아니라 정상적인 정신생활에까지 적용된다는 것을 분명히 보여주고 있음.

1902년 특별 명예 교수에 임명됨.

1905년 「성욕에 관한 세 편의 에세이」 발표. 유아에서 성인에 이르기까지 인간의 성적 본능의 발전 과정을 처음으로 추적함.

1906년 융이 정신분석학의 신봉자가 됨.

1908년 잘츠부르크에서 제1회 국제 정신분석학회가 열림.

1909년 프로이트와 융이 미국으로부터 강의 초청을 받음. 〈꼬마 한스〉라는 다섯 살 어린이의 병력(病歷) 연구를 통해 처음으로 어린이에 대한 정신분석을 시도. 이 연구를 통해 성인들에 대한 분석에서 수립된 추론들이 특히 유아의 성적 본능과 오이디푸스 콤플렉스 및 거세 콤플렉스에까지 적용될 수 있음을 확인함.

1910년 〈나르시시즘〉 이론이 처음으로 등장함.

1911년 1915년까지 정신분석 기법에 관한 몇 가지 논문 발표. 아들러가 정신분석학회에서 탈퇴. 정신분석학 이론을 정신병 사례에 적용한 슈레버 박사의 자서전 연구 논문이 나옴.

1912년 1913년까지 『토템과 터부』 출판. 정신분석학을 인류학에 적용한 저서.

1914년 융의 학회 탈퇴. 「정신분석 운동의 역사」라는 논문 발표. 이 논문은 프로이트가 아들러 및 융과 벌인 논쟁을 담고 있음. 프로이트의 마지막 주요 개인 병력 연구서인 『늑대 인간』(1918년에 비로소 출판됨) 집필.

1915년 기초적인 이론적 의문에 관한 〈초심리학〉 논문 12편을 시리즈로 씀. 현재 이 중 5편만 남아 있음. 1917년까지 『정신분석 강의』 출판. 제1차 세계 대전까지의 프로이트의 관점을 광범위하고도 치밀하게 종합해 놓은 저서임.

1919년 나르시시즘 이론을 전쟁 신경증에 적용.

1920년 차녀 사망. 『쾌락 원칙을 넘어서』 출판. 〈반복 강박〉이라는 개념과 〈죽음 본능〉 이론을 처음 명시적으로 소개.

1921년 『집단 심리학과 자아 분석』 출판. 자아에 대한 체계적이고 분석적인 연구에 착수한 저서.

1923년 『자아와 이드』 출판. 종전의 이론을 크게 수정해 마음의 구조와 기능을 이드, 자아, 초자아로 나누어 설명. 암에 걸림.

1925년 여성의 성적 발전에 관한 관점을 수정.

1926년 『억압, 증상 그리고 불안』 출판. 불안의 문제에 대한 관점을 수정.

1927년 『어느 환상의 미래』 출판. 종교에 관한 논쟁을 담은 책. 프로이트가 말년에 전념했던 다수의 사회학적 저서 중 첫 번째 저서.

1930년 『문명 속의 불만』 출판. 이 책은 파괴 본능(〈죽음 본능〉의 표현으로 간주되는)에 대한 프로이트의 첫 번째 본격적인 연구서임. 프랑크푸르트시로부터 괴테상(賞)을 받음. 어머니 향년 95세로 사망.

1933년 히틀러 독일 내 권력 장악. 프로이트의 저서들이 베를린에서 공개적으로 소각됨.

1934년 1938년까지 『인간 모세와 유일신교(有一神敎)』 집필. 프로이트 생존 시 마지막으로 출판된 책.

1936년 80회 생일. 영국 왕립 학회의 객원 회원으로 선출됨.

1938년 히틀러의 오스트리아 침공. 빈을 떠나 런던으로 이주. 『정신분석학 개요』 집필. 미완성의 마지막 저작인 이 책은 정신분석학에 대한 결정판이라 할 수 있음.

1939년 9월 23일 런던에서 사망.

역자 해설

창조적 에너지로서의 성욕과 억압의 문화적 변증법

좀 민망한 얘기지만, 주변에 감기 걸린 사람이 있으면 나는 종종 농반진반으로 야한 생각을 해보라고 권한다. 짝사랑으로 가슴 설레던 시절도 좋고, 달콤했던 첫 키스도 좋고, 아름다웠던 성애 장면도 좋고, 아니면 꿈의 연인과 환상의 성애를 떠올려도 좋다. 개인적으로 어느 정도 효과를 보았다고 생각하기에 오해하지 않을 만한 사람들에게 슬쩍 권해 보는 것이다. 외부에서 들어온 바이러스와 싸우려면 약물 같은 의료 처치도 일정 부분 도움이 되겠지만, 자기 몸 안에서 바이러스와 맞서 싸울 힘을 키우는 것도 그에 못지않게 중요하다는 것은 누구나 짐작할 수 있다. 몸 안에 그런 힘을 일으키는 데는 성 에너지만큼 강한 에너지는 없다. 성 에너지야말로 무한하고 창조적인 생명 에너지이기 때문이다. 프로이트의 성 이론을 번역하면서 새삼 이런 생각에 확증을 얻은 느낌이다.

인간을 비롯한 모든 생물에게는 두 가지 근본 본능이 있다. 자기 보존 본능과 종족 보존 본능이다. 자기 보존 본능은 양분 섭취, 수면, 배변 같이 생명 유지에 필수적인 욕구를 가리킨다. 아기가 태어나자마자 어미젖을 찾고, 배고프면 우는 것은 그 때문이다. 이는 자신을 보존하는 데만 관심을 보이는 지극히 이기적인 행위다. 반면에 성 본능을 의미하는 종족 보존 본능은 이타적인 행위다. 개체에게 이기적인 본능만 존재한다면 종은 유지될 수 없다. 생식은 많은 비용과 에너지를 요하는, 자기 보존 본능의 입장에서 보자면 매우 비효율적이고 비합리적인 일이다. 자식을 배 속에 품는 순간부터 자기 스스로 세상을 살아갈 수 있을 때까지 양육하는 것은 많은 수고와 비용이 든다. 하지만 종의 보존이 모든 생명의 선천적인 사명이라면, 자연은 어떻게든 종족 보존이라는 이 이타적 행위에 뿌리칠 수 없는 매력을 장착함으로써 개체들이 자연스럽게 그 책무를 다할 수 있도록 만들어야 한다. 그 매력이 바로 섹스의 즐거움이다. 아마 섹스에 그런 즐거움이 없었다면 어떤 개체도 그 일에 나서지 않을 것이고, 그랬다면 종은 순식간에 소멸되었을 것이다. 그런 면에서 성욕과 성적 쾌락은 자연에 의해서건, 아니면 조물주에 의해서건 종족 보존을 위해 마련된 선물이자 근원적인 장치가 아닐까?

이런 자연스러운 성 본능도 유독 인간 세계에서만 아주 오래전부터 억압의 대상으로 자리 잡아 왔다. 성 본능을 타도의 대상으로 여기고, 성적인 것을 근본적으로 영혼을 더럽히고 오염시키는 비천한 짓으로 지목한 문명사회의 위선적 도덕관념 탓이다. 그에 반해 자연계에는 그런 도덕관념이 없다. 성욕은 때에 맞춰 발현되고, 때에 맞춰 충족된다. 외부에 의한 제한은 없고, 내면화된 억압 기제도 작동하지 않는다. 그러나 인간 사회에서는 아주 어렸을 때부터 성적 욕구는 억눌리고, 몸은 이미 성적으로 충분히 성숙했는데도 성적인 충족은 사회적으로 용납되지 않는다. 어찌 보면 성적 성숙과 실제 성생활 사이의 이 오랜 지체에서 청소년과 기성세대 간의 근본적인 갈등이 시작되는 게 아닌지 모르겠다.

프로이트는 인간에겐 영아기 때부터 성욕이 존재한다고 과감하게 주장한다. 물론 영아기 때는 아직 생식기가 성숙하지 않아 다른 형태로 성욕을 표출하는 것에 불과하지만, 성적인 것과 연결된 좋은 느낌, 즉 쾌감을 추구한다는 점에서는 어른과 다를 바가 없다는 것이다. 그에 따르면, 구강기에는 엄마의 젖이나 손가락을 빠는 것에서 즐거움을 느끼고, 항문기에는 항문의 조임과 배변 과정에서 쾌감을 맛보고, 소아 남근기에는 고추를 만지고 노는 것에서 쾌감을 얻고, 이후엔 잠복기로 들어갔다가 사춘기에 이르러 모든 쾌감이 생식기로 집중되면서 성기기가 시작된다.

그런데 어린 시절의 이런 욕구는 완전히 충족되지는 못한다는 데 그 특징이 있다. 어머니의 젖에서 얻었던 구강기의 쾌감은 일정 시간이 지나면 동생에게 넘겨주어야 하고, 배변을 참음으로써 좋은 느낌을 극대화하려는 시도는 어서 똥을 누라는 보호자의 어름과 설득으로 중단되고, 고추를 만지작거리며 노는 행위는 어른들에 의해 못된 장난질로 낙인찍히고, 사춘기의 자위행위는 몸과 정신을 망치는 행위로 강력하게 저지당한다. 쾌감에 대한 이런 금지는 아이의 전체적인 발달 과정에 결정적인 영향을 끼친다. 아이는 이 금지를 통해 주변 환경이 자신의 본능적인 충동에 얼마나 적대적인지 깨닫고, 그래서 자신을 그런 외부 환경과 분리하는 법을 배우고, 자신의 그런 욕구에 처음으로 억압을 가한다. 억압의 주요 기제는 수치심과 역겨움, 그리고 도덕관념이다. 억압과 함께 인간의 성 에너지를 가로막는 강력한 차단벽이 생긴다. 이 차단벽을 넘는 과정에서 많은 사람들은 도덕과 본능 사이에서 적당히 타협하면서 〈정상〉이라 불리는 성생활을 향해 나아가지만, 성 본능이 유난히 강한 사람이나 억압의 강도가 무척 셌던 사람, 또는 어릴 적에 특별한 경험을 한 사람들은 균형점을 찾지 못하고 도착적인 성생활로 나아가거나, 신경증이나 정신병으로 넘어갈 수 있다.

인간은 억압에 의해 성적 흐름이 막히면 다른 대상으로 성욕을 전이하거나, 대체물을 찾거나, 아니면 다른 것에서 보상을 찾는다. 그중에서 가장 건강하고 건설적인 방법이 바로 승화다. 즉 사회적으로 허용되지 않는 충동을 예술이나 학문 같은 사회적 정신적으로 가치가 있는 것으로 치환해서 충족한다는 말이다. 프로이트가 성욕과 문명 발달의 상관관계를 이 승화로 해석하는 것은 퍽 흥미롭다.

그의 말에 따르면 인류사에서 지적으로 뛰어났던 사람들은 대개 어릴 때 성적으로 조숙했다고 한다. 그렇다면 성 에너지와 지적 능력 사이에는 모종의 통로가 있다. 프로이트는 성 에너지가 차단벽에 막혀 이지적인 방향으로 물꼬를 틀면 창조적인 힘으로 나타난다고 보았고, 그것이 문명의 발달을 이끈 원동력이라고 설명한다. 성 충동이 원래의 목표에서 벗어나 문화적 성취의 막대한 에너지로 작용한다는 것이다. 역설적인 얘기지만, 만일 성욕에 대한 억압이 없었더라면, 또 그 차단벽이 그렇게 강력하지 않았더라면 우리 문명은 이렇게까지 발달하지 못했을지 모른다. 생각해 보라. 우리가 만일 성 충동의 여러 요소를 정연하게 분배해서 온전히 쾌락을 누렸다면 성 에너지를 다른 영역에 사용할 이유가 어디 있겠는가? 인간은 결코 성적 쾌락을 포기하지 않았을 것이고, 인류의 진보를 위해 노력하지도 않았을 것이다. 그렇다면 성 충동과 억압 사이의 갈등이 결국 인간에게 더 큰 문화적 성취를 이루게 한 동기였다는 가정은 어느 정도 가능해 보인다.

이러한 억압과 차단벽은 리비도의 관점에서 봐도 자못 흥미롭다. 만일 억압과 차단벽이 없다면 성적 만족감도 그만큼 올라갈

까? 그렇지 않을 것이다. 어떤 대상에 금지와 제한이 가해지는 순간 그 대상의 가치는 더 높아지고, 금지와 제한이 풀리는 순간 그 가치도 떨어지는 것이 인간 심리의 일반적 현상이기 때문이다. 말하자면 성적 만족을 쉽게 얻을 수 있는 순간부터 성적인 것에 대한 심리적 가치는 감소된다. 성적 만족을 고도로 끌어올리려면 장애물이 필요하다. 그 장벽이 높지 않을 경우 인간들은 관습과 도덕의 장애물을 더욱 높이 세운다. 고대 문명의 쇠퇴기처럼 성적 만족을 누리는 데 아무 장애가 없었던 시대에는 사랑은 무가치해졌고, 인생은 공허해졌다. 그래서 인간 삶에 없어서는 안 될 성적 욕구의 가치 복원을 위해 강력한 반동이 형성되었는데, 그중 하나가 기독교의 금욕적 경향이다. 그렇다면 이교도의 고대 문명에서는 낮은 수준에 머물 수밖에 없었던 사랑의 심리적 가치를 더 한층 높인 것은 기독교라고 할 수도 있다.

오이디푸스 콤플렉스와 관련된 프로이트의 언급도 눈길을 끈다. 원래 아들이 어머니를 사랑의 대상으로 여기고 아버지를 경쟁자로 여긴다는 것이 이 콤플렉스의 핵심인데, 텍스트를 좀 더 면밀히 읽어 보면 이것이 결코 생물학적인 어머니를 가리키는 말이 아님을 알 수 있다. 부모, 특히 어머니는 어린 자식을 쉴 새 없이 입 맞추고 어루만진다. 아이는 당연히 이런 애정 표현을 좋은 느낌으로 받아들인다. 그리고 이렇게 처음으로 자신에게 성 충동을 일깨워 준 사람에게 사랑을 느끼고, 그 감정은 오래 지속된다. 그게 보모건, 유모건, 다른 양육자건 상관없다. 그런 느낌을 준 첫 사람이 중요하고, 그 사람에게 애착을 보인다. 물론 어떤 타인보다 어머니만큼 지극한 애정과 보살핌을 보이는 사람은 없기에 아이의 사랑은 당연히 어머니에게 향할 때가 많고, 그래서 오이디푸스 콤플렉스도 어머니에 대한 성애로 흐를 가능성이 크지만,

그게 꼭 생물학적인 어머니일 필요는 없다. 아이에게 처음으로 성적 충동을 일깨워 준 사람이 오이디푸스 콤플렉스의 대상이 될 수 있다는 것이다.

사실 어머니의 이런 애정 표현은 아이의 성 충동을 일깨우고, 나중의 성 충동을 강화시켜 주는 준비 과정이다. 어머니는 이런 행위를 성적인 것과는 관련이 없는 순수한 사랑으로 여긴다. 만일 성 충동이 아이의 윤리적·심리적 영역뿐 아니라 정신생활 전반에 끼치는 중요성을 안다면 어머니는 자신의 그런 행동에 자책감을 느낄 필요가 없다. 자신은 아이에게 사랑하는 법을 가르치는 임무를 다한 것뿐이기 때문이다.

프로이트의 성 이론은 지금으로선 받아들이기 어려운, 일부 편향적이거나 과격한 부분이 있는 것이 사실이다. 하지만 어린아이에게도 성욕이 있고, 그 성욕의 억압이 이후의 삶에 지대한 영향을 끼치고, 성 에너지는 무한한 창조적 힘이고, 또 현대인들의 신경증과 정신병이 성욕과 관련이 있고, 성도착증이 비단 소수의 환자들에게만 존재하는 특이 현상이 아니라 모든 사람들에게 존재하는 보편적 성격을 띠고, 환자들에게는 그런 성향이 상대적으로 과하게 표출된 것일 뿐이라는 그의 설명은 100년이 지난 지금도 전혀 시대에 뒤떨어졌다는 느낌이 들지 않는다. 많은 것이 개방된 21세기 들어서도 여전히 쓰레기통 속에 처박혀 있는 성욕의 민낯을 〈학문〉이라는 이름으로 과감하게 드러내는 것을 보면서 그가 왜 20세기 가장 혁명적 지성 중 하나로 꼽히는지 짐작이 간다.

2020년 9월

박종대

참고 문헌

프로이트의 저술은 『표준판 전집』에 있는 논문 제목과 권수를 표시하고 열린책들 프로이트 전집의 권수를 병기했다.

Abraham, K. (1916) "Untersuchungen über die früheste prägenitale Entwicklungsstufe der Libido", *Int. Z. ärztl. Psychoanal.*, 4, 71.

(1921) "Äusserungsformen des weiblichen Kastrationskomplexes", *Int. Z. Psychoanal.*, 7, 422.

(1924) *Versuch einer Entwicklungsgeschichte der Libido*, Leipzig, Wien, Zürich.

Adler, A. (1907) *Studie über Minderwertigkeit von Organen*, Berlin and Wien,

(1910) "Der psychische Hermaphroditismus im Leben und in der Neurose", *Fortschr. Med.*, 28, 486.

Andreas-Salom , L. (1916) " 'Anal' und 'Sexual' ", *Imago*, 4, 249. (1966)

Arduin (1900) "Die Frauenfrage und die sexuellen Zwischenstufen", *Jb. sex. Zwischenstufen*, 2, 211.

Baldwin, J. M. (1895) *Mental Development in the Child and the Race*, New York.

Bayer, H. (1902) "Zur Entwicklungsgeschichte der Gebärmutter", *Dt. Arch. klin. Med.*, 73, 422.

Bell, J. Sanford (1902) "A Preliminary Study of the Emotion of Love between the Sexes", *Am. J. Psychol.*, 13, 325.

Binet, A. (1888) *Études de psychologie expérimentale: le fétichisme dans l'amour*, Paris.

Bleuler, E. (1908) "Sexuelle Abnormitäten der Kinder", *Jb. schweiz. Ges. SchulgesundPfl.*, 9, 623.

(1913) "Der Sexualwiderstand", *Jb. psychoanlayt. psychopath. Forsch.*, 5, 442.

Bloch, I. (1902-3) *Beiträge zur Ätiologie der Psychopathia sexualis* (2 vols.), Dresden.

Brunswick, R. Mack (1928) "Die Analyse eines Eifersuchtswahnes", *Int. Z.*

Psychoanal., 14, 458.

Chevalier, J. (1893) *L'inversion sexuelle*, Lyon.

Crawley, E. (1902) *The Mystic Rose, A Study of Primitive Marriage*, London.

Dessoir, M. (1894) "Zur Psychologie der Vita sexualis", *Allg. Z. Psychiat.*, 50, 941.

Deutsch, H. (1925) *Psychoanalyse der weiblichen Sexualfunktionen*, Wien.

(1930) "Der feminine Masochismus und seine Beziehung zur Frigidität", *Int. Z. Psychoanal.*, 16, 172.

Diskussionen der Wiener Psychonalytischen Vereinigune, 2, *Die Onanie*, Wiesbaden, 1912.

Dulaure, J. A. (1905) *Des divinités génératrices*, Paris.(1st ed., 1805.)

Eckstein, E. (1904) *Die Sexualfrage in der Erziehung des Kindes*, Leipzig.

Ellis, Havelock (1897) *Studies in the Psychology of Sex*, Vol, II [first issued as Vol., 1]: *Sexual Inversion*, London. (3rd ed., Philadelphia, 1915.)

(1898) "Auto-Erotism; a Psychological Study", *Alien. & Neurol.*, 19, 260.

(1903) *Studies in the Psychology of Sex, Vol. III: Analysis of the Sexual Impulse; Love and Pain; the Sexual Impulse in Women*, Philadelphia. (2nd ed., Philadelphia, 1913.)

(1910) *Studies in the Psychology of Sex, Vol. VI: Sex in Relation to Society*, Philadelphia. (2nd ed., Philadelphia, 1913.)

(1927) "The Conception of Narcissism", *Psychoan. Rev.*, 14, 129; *Studies in the Psychology of Sex, Vol. VII: Eonism and Other Supplementary Studies*, Philadelphia, 1928, Chap. VI.

Featherman, A. (1885-91) *Social History of the Races of Mankind* (7 vols.), London.

Fenichel, O. (1930) "Zur prägenitalen Vorgeschichte des dipus-komplexes", *Int. Z. Psychoanal.*, 16, 139.

Ferenczi, S. (1908) "Analytische Deutung und Behandlung der psychosexuellen Impotenz beim Manne", *Psychiat.-neurol.* Wschr., 10, 298.

(1909) "Introjektion und ertragung", *Jb. psychoanalyt. psychopath. Forsch.*, 1, 422.

(1914) "Zur Nosologie der männlichen Homosexualität (Homoerotik)", *Int. Z. ärztl. Psychoanal.*, 2, 131.

(1920) Review of Lipschütz, *Die Pubertätsdrüse*, *Int. Z. Psychoanal.* 6, 84.

(1923) "Zur Symbolik des Medusenhauptes", *Int. Z. Psychoanal.*, 9, 69.

(1924) *Versuch einer Genitaltheorie*, Leipzig and Wien.

Fließ, W. (1906) *Der Ablauf des Lebens*, Wien.

Floerke, G. (1902) *Zehn Jahre mit Böcklin* (2nd ed.), Munchen.

Frazer, J. G. (1911) *Taboo and the Perils of the Soul* (*The Golden Bough*, 3rd ed., Part II), London.

Freud, M. (1957) *Glory Reflected*, London.

Freud, S. (1891b) *On Aphasia*, London and New York, 1953.

(1893a) & Breuer, J., "On the Psychical Mechanism of Hysterical Phenomena: Preliminary Communication", in *Studies on Hysteria*, *Standard Ed*., 2, 3; 열린책들 3.

(1895b[1894]) "On the Grounds for Detaching a Particular Syndrome from Neurasthenia under the Description 'Anxiety Neurosis' ", *Standard Ed*., 3, 87; 열린책들 10.

(1895d) & Breuer, J., *Studies on Hysteria*, London, 1956; *Standard Ed*., 2; 열린책들 3.

(1896c) "The Aetiology of Hysteria", *Standard Ed*., 3, 189.

(1898a) "Sexuality in the Aetiology of the Neuroses", *Standard Ed*., 3, 261.

(1899a) "Screen Memories", *Standard Ed*., 3, 301.

(1900a) *The Interpretation of Dreams*, London and New York, 1955; *Standard Ed*., 4-5; 열린책들 4.

(1901a) *On Dreams*, London and New York, 1951; *Standard Ed*., 5, 633.

(1901b) *The Psychopathology of Everyday Life*, *Standard Ed*., 6; 열린책들 5.

(1905c) *Jokes and their Relation to the Unconscious*, *Standard Ed*., 8; 열린책들 6.

(1905d) *Three Essays on the Theory of Sexuality*, London, 1962; *Standard Ed*., 7, 130; 열린책들 7.

(1905e[1901]) "Fragment of an Analysis of a Case of Hysteria", *Standard Ed*., 7, 3; 열린책들 8.

(1906a[1905]) "My Views on the Part played by Sexuality in the Aetiology of the Neuroses", *Standard Ed*., 7, 271; 열린책들 10.

(1907a) *Delusions and Dreams in Jensen's 'Gradiva'*, *Standard Ed*., 9, 3; 열린책들 14.

(1907c) "The Sexual Enlightenment of Children", *Standard Ed*., 9, 131; 열린책들 7.

(1908a) "Hysterical Phantasies and their Relation to Bisexuality", *Standard Ed*., 9, 157; 열린책들 10.

(1908b) "Character and Anal Erotism", *Standard Ed*., 9, 207; 열린책들 7.

(1908c) "On the Sexual Theories of Children", *Standard Ed.*, 9, 207; 열린책들 7.
(1908d) " 'Civilized' Sexual Morality and Modern Nervous Illness", *Standard Ed.*, 9, 179; 열린책들 12.
(1908e[1907]) "Creative Writers and Day-dreaming", *Standard Ed.*, 9, 143; 열린책들 14.
(1908f) *Preface to Stekel's Nervöse Angstzustände und ihre Behandlung*, *Standard Ed.*, 9, 250; 열린책들 9.
(1909b) "Analysis of Phobia in a Five-Year-Old Boy", *Standard Ed.*, 14, 3; 열린책들 8.
(1909c) "Family Romances", *Standard Ed.*, 9, 237; 열린책들 7.
(1909d) "Notes upon a Case of Obsessional Neurosis", *Standard Ed.*, 10, 105; 열린책들 9.
(1910a[1909]) *Five Lectures on Psycho-Analysis*, *Standard Ed.* in *Two Short Accounts of Psycho-Analysis*, Penguin Books, Harmondsworth, 1962.
(1910c) *Leonardo da Vinci and a Memory of his Childhood*, *Standard Ed.*, 11, 59; 열린책들 14.
(1910h) "A Special Type of Choice of Object made by Men", *Standard Ed.*, 11, 165; 열린책들 7.
(1910i) "The Psycho-Analytic View of Psychogenic Disturbance of Vision", *Standard Ed.*, 11, 211; 열린책들 10.
(1911c[1910]) "Psycho-Analytic Notes on an Autobiographical Account of a Case of Paranoia (Dementia Paranoides)", *Standard Ed.*, 12, 3; 열린책들 9.
(1912c) "Types of Onset of Neurosis", *Standard Ed.*, 12, 229; 열린책들 10.
(1912d) "On the Universal Tendency to Debasement in the Sphere of Love", *Standard Ed.*, 11, 179; 열린책들 7.
(1912f) "Contributions to a Discussion on Masturbation", *Standard Ed.*, 12, 243.
(1912-13) *Totem and Taboo*, London, 1950; New York, 1952; *Standard Ed.*, 13, 1; 열린책들 13.
(1913i) "The Disposition to Obsessional Neurosis", *Standard Ed.*, 12, 313; 열린책들 10.
(1914c) "On Narcissism: an Introduction", *Standard Ed.*, 14, 69; 열린책들 11.
(1914d) "On the History of the Psycho-analytic Movement", *Standard Ed.*, 14, 3; 열린책들 15.
(1915c) "Instincts and their Vicissitudes", *Standard Ed.*, 14, 111; 열린책들 11.
(1915d) "Repression". *Standard Ed.*, 14, 143; 열린책들 11.

(1915f) "Case of Paranoia Running Counter to the psycho-Analytic Theory of the Disease", *Standard Ed*., 14, 263; 열린책들 10.

(1916d) "Some Character-Types Met with in Psycho-Analytic Work", *Standard Ed*., 14, 311; 열린책들 14.

(1916-17[1915-17]) *Introductory Lectures on Psycho-Analysis*, New York, 1966; London 1971; *Standard Ed*., 15-16; 열린책들 1.

(1917c) "On Transformations of Instinct as Exemplified in Anal Erotism", *Standard Ed*., 17, 127; 열린책들 7.

(1918a) "The Taboo of Virginity", *Standard Ed*., 11, 193; 열린책들 7.

(1918b[1914]) "From the History of an Infantile Neurosis", *Standard Ed*., 17, 3; 열린책들 9.

(1919e) "A Child is Being Beaten", *Standard Ed*., 17, 177; 열린책들 10.

(1920a) "The Psychogenesis of a Case of Female Homosexuality", *Standard Ed*., 18, 147; 열린책들 9.

(1920g) *Beyond the Pleasure Principle*, London, 1961; *Standard Ed*., 18, 7; 열린책들 11.

(1921c) *Group Psychology and the Analysis of the Ego*, London and New York, 1959; *Standard Ed*., 18, 69; 열린책들 14.

(1923b) *The Ego and the Id*, London and New York, 1962; *Standard Ed*., 19, 3; 열린책들 11.

(1923d[1922]) "A Seventeenth-Century Demonological Neurosis", *Standard Ed*., 19, 69; 열린책들 14.

(1923e) "The Infantile Genital Organization", *Standard Ed*., 19, 141; 열린책들 7.

(1924b[1923]) "Neurosis and Psychosis", *Standard Ed*., 19, 149; 열린책들 10.

(1924c) "The Economic Problem of Masochism", *Standard Ed*., 19, 157; 열린책들 11.

(1924d) "The Dissolution of the Oedipus Complex", *Standard Ed*., 19, 173; 열린책들 7.

(1924e) "The Loss of Reality in Neurosis and Psychosis", *Standard Ed*., 19, 183; 열린책들 10.

(1925d[1924]) *An Autobiographical Study*, *Standard Ed*., 20, 3; 열린책들 15.

(1925h) "Negation", *Standard Ed*., 19, 235; 열린책들 11.

(1925j) "Some Psychical Consequences of the Anatomical Distinction between the Sexes", *Standard Ed*., 19, 243; 열린책들 7.

(1926d[1923]) *Inhibitions, Symptoms and Anxiety*, London, 1960; *Standard Ed*.,

20, 77; 열린책들 10.
(1926e) *The Question of Lay Analysis*, London, 1947; *Standard Ed*., 20, 179; 열린책들 15.
(1927a) "Postscript to *The Question of Lay Analysis*", *Standard Ed*., 20, 251; 열린책들 15.
(1927c) *The Future of an Illusion*, London, 1962; *Standard Ed*., 21, 3; 열린책들 12.
(1927e) "Fetishism", *Standard Ed*., 21, 149; 열린책들 7.
(1928b) "Dostoevsky and Parricide", *Standard Ed*., 21, 175; 열린책들 14.
(1930a) *Civilization and its Discontents*, New York, 1961; London, 1963; *Standard Ed*., 21, 59; 열린책들 12.
(1931a) "Libidinal Types", *Standard Ed*., 21, 215; 열린책들 7.
(1931b) "Female Sexuality", *Standard Ed*., 21, 223; 열린책들 7.
(1932a) "The Acquisition and Control of Fire", *Standard Ed*., 22, 185; 열린책들 13.
(1933a) *New Introductory Lectures on Psycho-Analysis*, New York, 1966; London, 1971; *Standard Ed*., 22; 열린책들 2.
(1935a) Postscript(1935) to *An Autobiographical Study*, new edition, London and New York; *Standard Ed*., 20, 71; 열린책들 15.
(1939a[1934-8]) *Moses and Monotheism*, *Standard Ed*., 23, 3; 열린책들 13.
(1940a[1938]) *An Outline of Psycho-Analysis*, New York, 1968; London, 1969; *Standard Ed*., 23, 141; 열린책들 15.
(1940a[1922]) "Medusa's Head", *Standard Ed*., 18, 273.
(1940e[1938]) "Splitting of the Ego in the Process of Defence", *Standard Ed*., 23, 273; 열린책들 11.
(1950a[1887-1902]) *The Origins of Psycho-Analysis*, London and New York, 1954. (Partly, including "A Project for a Scientific psychology", in *Standard Ed*., 1, 175.)
(1960a) *Letters 1873-1939* (ed. E. L. Freud) New York, 1960; London, 1961.
(1963a[1909-39]) *Psycho-Analysis and Faith. The Letters of Sigmund Freud and Oskar Pfister* (ed. H. Meng & E. L. Freud), London and New York, 1963.
(1965a[1907-26]) *A Psycho-Analytic Dialogue. The Letters of Sigmund Freud and Karl Abraham* (ed. H. C. Abraham & E. L. Freud), London and New York, 1965.
(1966a[1912-36]) *Sigmund Freud and Lou Andreas-Salom : Letters* (ed. E.

Pfeiffer), London and New York, 1972.
(1968a[1927-39]) *The Letters of Sigmund Freud and Arnold Zweig* (ed. E. L. Freud), London and New York, 1970.
(1970a[1919-35]) *Sigmund Freud as a Consultant. Recollections of a Pioneer in Psychoanalysis* (Freud가 Edoardo Weiss에게 보낸 편지, Weiss의 회고와 주석, Martin Grotjahn의 서문과 해설 포함), New York, 1970.
(1974a[1907-23]) *The Freud/Jung Letters*(ed. W. McGuire) London and Princeton, N.J., 1974.
Galant, S. (1919) "Sexualleben im Säuglings- and Kindesalter", *Neurol. Zentbl.* 38, 652. Reprinted, *Int. Z. Psychoanal.*, 6(1920), 164.
Gley, E. (1884) "Les aberrations de l'instinct sexuel", *Rev. phil.*, 17, 66.
Groos, C. (1899) *Die Spiele der Menschen*, Jena.
(1904) *Das Seelenleben des Kindes*, Berlin.
Halban, J. (1903) "Die Entstehung der Geschlechtscharaktere", *Arch. Gynaek*, 70, 205.
(1904) "Schwangerschaftsreaktionen der fötalen Organe und ihre puerperale Involution", *Z. Geburtsh. Gynäk.*, 53, 191.
Hall, G. Stanley (1904) *Adolescence: its psychology and its relations to Physiology, Anthropology, Sociology, Sex, Crime, Religion and Education*, 2 vols, New York.
Heller, T. (1904) *Grundriss der Heilpädagogik*, Leipzig.
Herman, G. (1903) *'Genesis,' das Gesetz der Zeugung*, Bd. 5, *Libido und Mania*, Leipzig.
Hirschfeld, M. (1899) "Die objective Diagnose der homosexualität", *Jb. sex. Zwischenstufen*, 1, 4.
(1904) "Statistische Untersuchungen über den Prozentsatz der Homosexuellen", *Jb. sex. Zwischenstufen*, 6.
Horney, K. (1923) "Zur Genese des weiblichen Kastrationskomplexes", *Int. Z. Psychoanal.*, 9, 12.
(1926) "Flucht aus der Weiblichkeit", *Int. Z. Psychoanal.*, 12, 360.
Hug-hellmuth, H. von (1913) *Aus dem Seeleneben des Kindes*, Leipzig and Wien.
Jeremias, A. (1904a) *Das alte Testament im Lichte des alten Orients*, Leipzig. (2nd, revised, ed., Leipzig, 1906.)
(1904b) *Monotheistische Strömungen innerhalb der babylonischen Religion*, Leipzig.
(1905) *Babylonisches im Neuen Testament*, Leipzig.

Jones, E. (1927) "The Early Development of Female Sexuality", *Int. J. Psycho-Analysis*, 8, 459; in *Papers on Psycho-Analysis*, 4th and 5th eds., London and New York, 1938; London and Baltimore, 1948.

(1953) *Sigmund Freud: Life and Work*, Vol. 1, London and New York.

(1955) *Sigmund Freud: Life and Work*, Vol. 2, London and New York.

(1957) *Sigmund Freud: Life and Work*, Vol.3, London and New York.

Jung, C. G. (1906, 1909) (ed.) *Diagnostische Assoziationsstudien* (2 vols.), Leipzig.

(1909) "Die Bedeutung des Vaters für das Schicksal des Einzelnen", *Jb. psychoanalyt. psychopath, Forsch.*, 1, 155.

(1911-12) "Wandlungen und Symbole der Libido", *Jb. psychoanalyt. psychopath. Forsch.*, 3, 120 and 4, 162; in book form, Leipzig und Wien, 1912.

(1913) "Versuch einer Darstellung der psychoanalytischen Theorie", *Jb. psychoanalyt. psychopath. Forsch.*, 5, 307; in book form, Leipzig und Wien, 1913.

Kiernan, J. G. (1888) "Sexual Perversion and the Whitechapel Murders", *Med. Standard Chicago*, 4, 170.

Klein, M. (1928) "Frühstadien des dipuskonfliktes", *Int. Z. Psychoanal.*, 14, 65.

Krafft-Ebing, R. von (1892) "Bemerkungen über 'geschlechtliche Hörigkeit' und Masochismus", *Jb. Psychiat. Neurol.*, 10, 199

(1895) "Zur Erklärung der conträren Sexualempfindung", *Jb. Psychiat Neurol.*, 13, 1.

Laforgue, R. (1926) "Verdrängung und Skotomisation", *Int. Z. Psychoanal.*, 12. 54.

Lampl-de Groot. J. (1927) "Zur Entwicklungsgeschichte des Ödipus-komplexes der Frau", *Int. Z. Psychoanal.*, 13, 296.

Lindner, S. (1879) "Das Saugen an den Fingern, Lippen, etc., bei den Kindern (Ludeln)", *Jb. Kinderheilk.*, N. F., 14, 68.

Lipschütz. A. (1919) *Die Pubertätsdrüse und ihre Wirkungen*, Bern.

Lydston, G. F. (1889) "A Lecture on Sexual Perversion, Satyriasis and Nymphomania", *Med. Surg. Reporter*, Philadelphia, 61, Sept. 7.

Möbius, P. J. (1900) " er Entartung", *Grenzfr. Nerv.-u. Seelenleb.* No. 3, 95, Weisbaden.

Moll, A. (1898) *Untersuchungen über die Libido sexualis*, Vol., 1, Berlin.

(1909) *Das Sexualleben des Kindes*, Berlin.

Multatuli [E. D. Dekker] (1906) *Multatuli-Briefe* (2 vols.), Frankfurt.

Nachmansohn, M. (1915) "Freuds Libidotheorie verglichen mit der Eroslehre Platos", *Int. Z. ärztl. Psychoanal.*, 3, 65.

Ophuijsen, J. H. W. van (1917) "Beiträge zum Männlichkeitskomplex der Frau", *Int. ärztl. Psychoanal.*, 4, 241.

Pérez, B. (1886) *L'enfant de trois à sept ans*, paris.

Ploss, H. H., & Bartels, M. (1891) *Das Weib in der Natur- und Völkerkunde*, Leipzig.

Preyer, W. (1882) *Die Seele des Kindes*, Leipzig.

Rank, O. (1909) *Der Mythus von der Geburt des Helden*, Leipzig and Wien.

(1924) *Das Trauma der Geburt*, Wien.

Rieger, C. (1900) *Die Castration*, Jena.

Rohleder, H. (1890) *Die Masturbation*, Berlin

Sachs, H. (1945) *Freud, Master and Friend*, Cambridge (Mass.) and London.

Sadger, I. (1912) "Von der Pathographie zur Psychographie", *Imago*, 1, 158.

Schrenck-Notzing, A. von (1899) "Literaturzusammenstellung über die Psychologie und Psychopathologie der Vita sexualis", *Z. Hypnot.*, 9. 98.

Smith, R. Brough (1878) *The Aborigines of Victora* (2 vols.), London.

Spencer, B., & Agillen, F. J. (1899) *The Native Tribes of Central Australia*, London.

Steiner, M. (1907) "Die funktionelle Impotenz des Manners und ihre Behandlung", *Wien. med. Pr.*, 48, 1535.

Stekel, W. (1908) *Nervöse Angstzustände und ihre Behandlung*, Berlin und Wien.

Storfer, A. J. (1911) *Zur Sonderstellung des Vatermords*, Leipzig und Wien.

Strümpell, L. (1899) *Die padagogische Pathologie*, Leipzig.

Sully, J. (1895) *Studies of Childhood*, London.

Taruffi, C. (1903) *Hermaphroditismus und Zeugungsunfähigkeit*, Berlin.

Thomson, J. (1887) *Through Masai Land*, London.

Weininger, O. (1903) *Geschlecht und Charakter*, Wien.

찾아보기

ㄱ

ㄴ

ㄷ

ㄹ

ㅁ

ㅂ

ㅅ

ㅇ

ㅈ

ㅊ

ㅋ

ㅌ

ㅍ

ㅎ

옮긴이 **박종대** 성균관대학교에서 독어독문학과와 대학원을 졸업하고 독일 쾰른에서 문학과 철학을 공부했다. 지금껏 『미의 기원』, 『데미안』, 『수레바퀴 아래서』, 『위대한 패배자』, 『인식의 모험』, 『만들어진 승리자들』, 『그리고 신은 얘기나 좀 하자고 말했다』, 『공산당 선언』, 『세상을 알라』, 『너 자신을 알라』, 『어느 독일인의 삶』 등 다수의 책을 번역했다.

프로이트 전집 7

성욕에 관한 세 편의 에세이

발행일 1996년 10월 25일 초판 1쇄
2002년 10월 5일 초판 7쇄
2003년 9월 30일 2판 1쇄
2020년 7월 15일 2판 20쇄
2020년 10월 30일 신역판 1쇄
2023년 11월 25일 신역판 4쇄

지은이 지크문트 프로이트
옮긴이 박종대
발행인 홍예빈·홍유진
발행처 주식회사 열린책들

경기도 파주시 문발로 253 파주출판도시
전화 031-955-4000 팩스 031-955-4004
홈페이지 www.openbooks.co.kr 이메일 humanity@openbooks.co.kr

ISBN 978-89-329-2055-9 94180
ISBN 978-89-329-2048-1 (세트)

이 도서의 국립중앙도서관 출판예정도서목록(CIP)은 서지정보유통지원시스템 홈페이지(http://seoji.nl.go.kr)와 국가자료공동목록시스템(http://www.nl.go.kr/kolisnet)에서 이용하실 수 있습니다.(CIP제어번호: CIP2020039774)